Studies In the Sermon on the Mount

산상설교

(상)

Studies In the Sermon on the Mount

산상설교
(상)

마틴 로이드 존스 지음

문창수 · 안광현 옮김

 베드로서원

서 문

이 책은 제가 웨스트민스터 교회에서 목회할 때 주일 오전 예배 때 산상보훈에 관해서 설교했던 60편을 모은 것입니다. 이 책을 출판하게 된 한 가지 이유가 있습니다. 많은 사람들이 산상설교를 책으로 출판해 달라는 부탁을 더 이상 저버릴 수가 없었기 때문입니다.

저의 설교를 직접 들은 분들이나 교회 간행물을 통해 읽은 분들에게는 이 설교가 어떤 형태로 출판되든 설명이 필요 없겠지만, 그렇지 않은 다른 독자들에게는 설명이 조금 필요할 것입니다.

이 설교는 속기로 받아 적은 것이므로 거의 수정을 가하지 않은 원형 그대로입니다. 설교 형태를 가감하려는 시도를 일체 하지 않았습니다. 그 이유는 몇 가지가 있습니다.

현재 교회에 가장 절실히 요구되는 것은 강해설교로 다시 돌아가는 것이라고 저는 확신하고 있습니다. '강해와 설교' 이 두 단어를 모두 강조해야 하지만, 특히 후자를 강조하고 싶습니다.

'설교'의 목적은 수필이 아니고, 출판하기 위한 것도 아니며, 청중에게 들려져서 즉각 충격을 주는 데 있습니다. 그러므로 설교는 책에서는 찾아볼 수 없고 기대할 수 없는 어떤 특징들을 지니고 있습니다. 따라서 저는 설교를 책으로 출판할 때 이 특징들을 배제시키는 것은 큰 잘못이라고 생각하고 있습니다.

오늘날 활자화된 대다수 설교의 문제는 원래 교인들에게 들려지기 위한 것이 아니라 읽히기 위해서 지나치게 꾸며지는 것이라고 생각합니다. 이러한 설교들의 맛과 형식은 설교적이라기보다 문학적입니다.

'강해설교'의 또 다른 특징은 단순히 어떤 성구의 해석이나 주석이라는 것에만 있지 않습니다. 본문 해석을 설교로 전달할 때 이것은 하나의 메시지가 되고, 또한 뚜렷한 형식과 형태를 띠게 되며 더 나아가 항상 그때그때의 상황에 적용되고 연관을 가져야 합니다.

이 책에는 부족한 점도 많으나 이런 점에서 도움이 될 수 있었으면 합니다. 이 책의 본문은 설교형태 그대로입니다. 해석설교에 관심이 없는 분들은 문체상의 결점, 예를 들어 강조하기 위해 '반복된 문체' 소위 '설교 투' 때문에 기분이 상할지도 모르겠습니다. 그러나 저는 이 설교를 있는 그대로, 의도된 그대로 읽어주실 것을 부탁드립니다.

저의 가장 큰 소원은 이 설교들이 강해설교에 대해 새로운 관심을 자극할 수 있기를 바라는 것입니다. 이 책이 활자화된 데에는, 제가 설교할 때 거의 기적적으로 속기로 적어 두었던 허칭스(F. Hutchings) 부인과 저의 큰딸 엘리자베스 캐서우드(Elizabeth Catherwood)의 수고에 힘입었습니다. 수많은 동료 설교자들도 마찬가지겠지만 저에게 있어서도 최선의 청취자인 동시에 가장 혹독한 비평자는 제 아내였다는 점을 인정합니다.

1959년 3월

런던 웨스트민스터 교회에서

마틴 로이드 존스

목차

....

1장

총서론

무릇 어떤 교훈을 검토할 때에는 포괄적인 것에서부터 시작하여 구체적인 것으로 전개해나가는 것이 현명한 방법이라 하겠습니다. 이러한 방법이 '나무들 때문에 숲을 보지 못하는' 위험을 피할 수 있기 때문입니다. 그러므로 우리는 우선 산상설교에 관한 몇 가지 일반적인 질문과 함께 기독교인의 생활, 사상, 견해 등에서 차지하는 이 설교의 위치에 관해 알아보아야 하겠습니다. 그러기 위해서 맨 처음 해야 할 질문은 "왜 우리는 산상설교를 검토해야 하고, 왜 그 가르침으로 이끌어야만 하는가?"입니다.

설교자는 하나님께서 자기에게 '메시지'를 주신 줄로 느끼지 못한다면 그 누구도 설교를 해서는 안 될 것입니다. 하나님의 지도하심과 인도하심을 앙망하는 것이야말로 성경을 설교하고 해석하려는 사람의 임무인 줄로 저는 생각합니다. 그래서 제가 산상보훈을 가지고 설교하게 된 주된 이유는, 성령의 권고와 강요하심과 인도하심을 감지하였기 때문입니다. 굳이 이 말씀을 드리는 이유는, 만약 저의 선택에만 맡겨져 있었다면 저는 산상보훈 설교를 선택하지 않았을 것이기 때문입니다. 그리고 성령의 강한 이끌림에 의하여 산상설교를 택한 또 다른 특별한 이유는 오늘날 교회의 특수한 상황 때문입니다. 교회사를 읽고, 성령운동의 역사를 다시 읽어보고, 모든 시대에 있어 교회에서 일어난 사건들을 살펴보는 일은 매우 유익한 일입니다. 이런 배경 아래 현재의 교회 상태를 고찰해 볼 때 오늘날 교회의 가장 두드러진 특징은 천박성이라는 달갑지 않은 결론에 도달할 것이라고 생각합니다.

오늘날의 복음전도 활동을 과거의 교회들이 실현했던 위대한 복음전도 노력과 비교해 볼 때, 요란스러우며 경악할만한 끔찍스러운 수단을 사용 하는 것을 볼 수 있습니다. 이러한 천박성이 문제가 되는 것은 이 천박성이 오늘날 교회의 성결개념과 성화론에 두루 영향을 미치고 있기 때문입니다.

이러한 현상은 성경에 대한 우리의 태도가 잘못되어 있기 때문입니다. 즉 성경을 소중히 여기지 않고, 성경을 있는 그대로 받아들이지 않는다는 것입니다. 성경이 우리에게 스스로 말씀하시도록 놓아두지를 않습니다. 또한 극과 극으로 치닫기를 좋아하는 우리의 고질적인 성향마저 가세하고 있습니다.

기독교인의 생활에서 성경을 연구하고 읽는 것보다 더 중요한 것은 없을 것입니다. 성경은 우리의 교범(모범으로 삼아 가르치는 원칙)이요, 유일한 자료요, 유일한 권위입니다. 성경을 떠나서는 하나님에 대하여, 기독교인의 생활에 대하여 아무 것도 알 수 없습니다. 물론 자연(때로는 신비체험)으로부터 여러 가지의 추론을 연역함으로써 창조주에 대한 신앙에 도달할 수는 있습니다. 그러나 성경만이 절대 권위라는 점에서 대부분의 기독교인이 동의하는 바이며, 오랜 교회사를 일관하여 전통적으로 지지되고 있습니다.

우리가 주관적 체험에만 의존할 수 없는 것은 선한 영도 있지만 악한 영도 있기 때문입니다. 그리고 가짜 체험도 있는 법입니다. 우리의 유일한 권위는 오직 성경 안에 있습니다. 그러므로 중요한 것은 성경에 대한 접근 방법이 바르게 되어 있어야 한다는 것입니다.

성경을 읽는 것만으로서는 충분하지 못합니다. 성경을 무작정 기계적인 방법으로 읽어서는 아무런 유익도 얻지 못하는 경우가 많습니다. 성경을 매일 읽는 것은 좋은 일입니다. 그러나 성경을 매일 읽기 위한 목적으로 그렇게 하는 것뿐이라면 아무 유익도 없을 것입니다. 저는 계획을 세우고 성경을 읽는 것을 강조하는 사람입니다. 그러나 이 같은 계획을 실천할 때에 그 날의 분량을 읽은 다음, 생각이나 묵상도 하지 않고 무조건 다음 분량을 읽어 나가는 것으로 만족하지 않도록 주의해야 할 것입니다.

성경에 대한 접근 방법은 대단히 중요한 문제입니다. 성경 자체가 이것을 말해 주고 있습니다. 여러분은 사도 바울의 서신에 관해 사도 베드로가 한 유명한 논평을 기억하실 것입니다. 베드로는 "그 중에 알기 어려운 것이 더러 있으니 무식한 자들과 굳세지 못한 자들이 다른 성경과 같이 그것도 억지로 풀다가 스스로 멸망에 이르느니라"(벤후 3:16)라고 했습니다. 이 말의 뜻은, 그들은 바울서신을 읽기는 읽지만 그것을 왜곡시켜 자신의 멸망을 초래했다는 것입니다.

바울서신을 쉽게 읽을 수는 있으나 읽은 후의 지혜가 전보다 더 나아지기는커녕 그것을 왜곡시킴으로써 파멸을 자초하였습니다. 이 이치는 성경 전반에 관해 우리가 마음속에 간직해 두어야 할 원리이기도 합니다. 이 모든 잘못의 가장 통상적인 원인은 선입관념과 이론을 가지고 성경에 접근하는 경향에 있습니다. 우리는 이론을 가지고 성경을 대하는 방법에 대단히 익숙해 있습니다. 우리가 성경에서 증명해 보이고 싶은 것은 무엇이든지 증명할 수 있다고 말하는 데는 일리가 없는 것도 아닙니다.

이단들도 이렇게 해서 생겨났습니다. 이단들은 결코 부정직한 사람들이 아니었습니다. 그저 판단을 그르친 사람들이었습니다. 그들을 볼 때, 일부러 잘못을 행하기 위하여, 또 잘못을 가르치기 위하여 나선 사람들로 생각해서는 안 됩니다. 그들은 교회가 이미 알고 있는 가장 신실한 사람들 가운데 있었습니다. 그들이 어떻게 했는지 아십니까? 그들은 하나의 이론(理論)으로 발전시켜 그것에 꽤 만족을 느끼고, 그리고 그 이론을 가지고 성경에 임하게 되었으며, 성경의 이곳 저곳에서 그 이론을 발견하는 것처럼 보였습니다. 만약 여러분이 어떤 성구(聖句)의 반만 읽고, 또 다른 곳에서 어떤 성구의 반만을 지나치게 강조한다면 여러분의 이론도 문제가 될 것입니다.

하나의 이론, 선입관념과 자신의 고정관념(stereotype)을 가지고 성경에 임하는 것보다 더 위험한 일도 없을 것입니다. 왜냐하면 이렇게 하는 순간 어떤 한 부분을 지나치게 강조하게 되고, 다른 면은 과소평가하는 유혹에 빠질 것이기 때문입니다. 이러한 위험은 주로 율법과 은혜의 관계를 다루게 될 경우 특히 두드러지게 나타나는 경향이 있습니다. 이런 경향은 예나 지금이나 마찬가지입니다.

어떤 사람들은 율법이라는 그 영광스러운 자유와 함께 한 가지 측면만을 너무 강조한 나머지 예수 그리스도의 복음을 한낱 도덕률의 집합쯤으로 변형시키고 맙니다. 복음이 그들에게는 온통 율법이 되므로 은혜는 조금도 남아 있지 않게 됩니다. 그들은 기독교인의 생활을 기독교인이 되기 위해서 해야 할 그 무엇이라고 말하기 때문에, 기독교는 순전히 율법주의가 되며 그 속에 은혜는 사실상 하나도 없게 되는 것입니다.

그러나 우리가 역시 기억해야 할 것이 있습니다. 율법을 희생하고 은혜만을 지나치게 강조함으로써 신약성경의 복음이라 할 수 없는 이질적 요소를 가지게 될 수도 있다는 것입니다. 이에 대하여 한 가지 고전적인 실제 사례를 들어 설명해 드리겠습니다.

누구보다도 사도 바울은 끊임없이 이 같은 어려움에 직면해야 했습니다. 그의 설교는 은혜를 크게 강조한 것 때문에 이로 말미암아 자주 오해를 받았습니다. 로마서 6장에서 로마와 기타 지역의 일부 사람들이 도출해 낸 억지 추론을 기억하실 것입니다. 그들은 말합니다. "그렇다면 이 사람 바울의 가르침에 따라 은혜를 더하기 위해 악을 행하자. 그의 가르침은 악을 행하자는 결론 외에 아무것도 아니니까 말이다. 바울은 죄가 많은 곳에 은혜가 훨씬 많았다고 말해왔지 않는가. 옳거니! 그러니 은혜를 더하기 위하여 죄를 계속 짓자." 이에 바울은 대답합니다. "그럴 수 없느니라." 바울은 지금도 그렇게 대답할 것입니다. 은혜 아래 있으므로 율법과는 아무 관계도 없으며, 율법을 잊어버릴 수 있다고 말하는 것은 성경의 가르침이 아닙니다.

이제 우리는 율법 아래 있지 않고 은혜 아래 있는 것이 확실합니다. 그렇다고 율법을 지킬 필요가 없다는 말이 아닙니다. 율법 아래 있지 않다는 것은 율법이 우리를 정죄하지 않는다는 의미입니다. 율법은 이제 우리에게 심판이나 정죄를 선언하지 않습니다. 그렇습니다! 그러나 우리는 율법대로 살게 되어 있습니다. 아니 그 이상으로 살게 되어 있습니다. 여기에서 사도 바울의 주장은 율법 아래 있는 사람으로서가 아니라 그리스도의 자유인으로서 살아야 한다는 것입니다. 그리스도는 율법을 지키셨으며 율법대로 사셨습니다.

산상설교가 강조하는 바와 같이, 우리의 의는 서기관(율법학자)과 바리새인들의 의보다 나아야 합니다. 예수 그리스도는 율법을 폐하러 오신 것이 아닙니다. 성경의 일점일획은 모두 성취되고 온전해져야 합니다. 이 점을 망각하기 때문에 율법과 은혜를 서로 반대되는 것으로 보게 됩니다. 그리하여 율법을 완전히 무시해버리는 오류가 종종 일어나게 되는 것입니다.

우리의 은혜론에 대한 견해가 예수 그리스도의 명백한 가르침을 진지하게 대하지 않는 안이한 형태라고 한다면 틀린 말이 되겠습니까? 모든 것은 은혜로 말미암으며, 자신을 기독교인으로 만들기 위해 그리스도의 모범을 본받을 필요까지는 없다는 교훈을 너무 강조한 나머지, 사실상 그의 교훈을 아주 무시해버리며, 은혜 아래 있으므로 그의 교훈은 우리와 아무 상관이 없다고 말하는 입장에까지 서게 되는 것입니다.

이 문제 해결에 집중하는 최선의 방법은 산상설교를 대면하는 것이라고 생각합니다. 산상설교에 대한 우리의 견해는 어떠합니까? "산상설교는 우리에게 무엇을 의미하는가? 산상설교는 우리의 생활과 어떤 관계가 있으며, 또 우리의 사고와 관점에서 어떤 위치에 있는가? 마태복음에서 세 장에 걸쳐 그토록 두드러진 위치를 차지하고 있는 이 비상한 설교에 대한 우리와의 관계는 무엇인가?' 저는 여러분의 답이 매우 흥미 있고 매우 놀라울 것이라고 생각합니다.

그렇습니다. 우리는 은혜와 용서에 대하여 잘 알고 있으며, 예수 그리스도를 바라봅니다. 우리가 권위를 주장하는 성경 속에 이 산상설교가 들어 있습니다. 도대체 이 설교는 우리의 성경읽기 계획과 어떤 관계가 있습니까? 제가 이 책의 서론으로 다루고자 하는 것은 바로 이것입니다. 그러나 한 걸음 더 나아가 또 다른 중요한 질문을 하겠습니다. "산상설교는 누구를 위한 것이며, 누구에게 적용되는 것입니까? 산상설교의 목적은 사실상 무엇이며, 그것의 당면 문제와의 관련성은 무엇입니까?" 이에 관해서는 서로 상반된 견해가 많이 있었습니다.

한 때는 산상설교에 대해 '사회복음(social gospel)'적 견해라는 것이 있었습니다. 그 내용인즉 신약성경에서 중요한 것은 사실상 이 산상설교뿐이며, 이 속에 이른바 사회복음의 기초가 있다는 것입니다. 우리가 어떤 삶을 살아야 하는가에 대한 여러 원칙이 그 속에 깔려 있으며, 우리가 행해야 할 바 모든 것은 산상설교를 적용하는 것이라고 주장했던 것입니다. 이렇게 함으로써 지구상에 하나님의 나라를 건설할 수 있으며, 전쟁은 끝이 나고 우리의 모든 어려운 문제도 해결될 것이라는 주장입니다. 이것이 전형적인 사회복음주의 견해이지만 이것으로 시간을 낭비할 필요는 없습니다.

사회복음주의는 이미 시대에 뒤쳐진 것이 확인되었습니다. 1, 2차 세계대전은 이 견해를 기초에서부터 뒤흔들어 놓았습니다. 신학상의 '바르트 운동(Barthian movement)'에 대해 우리는 여러 점에서 비판적이지만, 이것만은 바르트 운동의 공이라 하겠습니다. 그것은 사회복음주의를 단번에 그리고 영원히 웃음거리로 만들어 놓았던 것입니다. 그러나 산상설교에 대한 사회복음주의의 더 큰 잘못은 산상설교의 처음 말씀인 "심령이 가난한 자는 복이 있나니"와 "애통하는 자는 복이 있나니"를 항상 무시해 왔다는 점입니다.

내가 여러분에게 알려 드리고자 하는 것은, 이 말씀들이야말로 사람은 그 누구도 도움을 받지 않고서는 스스로 산상보훈대로 살 수 없음을 의미한다는 것입니다. 사회복음주의자들은 팔복을 속 편하게 무시해버리고서는 상세한 명령을 고찰하는 데로 성급하게 치달려, "이것이 복음이다"라고 말했던 것입니다.

또 다른 견해는 이보다 좀 더 심각한 것인데, 산상설교를 모세 율법을 정교화한 것이거나 그 해석쯤으로 보는 것입니다. 우리 주님께서는 모세를 통하여 하나님께서 백성에게 주신 율법을 그들이 잘못 해석하고 있음을 아시고, 산상설교에서 모세의 율법을 정교화하고 바르게 해석하심으로써, 율법에 보다 높은 영적 내용을 더 하셨다는 것입니다.

이것은 분명히 더 심각한 견해입니다. 하지만 단순히 이런 이유 때문에 팔복을 무시하는 것이라면, 이 견해는 전적으로 부당한 것이라고 생각합니다. 팔복은 모세의 율법을 완전히 초월하는 영역으로 우리를 즉각 이끌어갑니다. 산상설교가 어떤 관점에서는 율법을 해석하고 설명하는 것이 사실입니다. 그러나 율법의 범위를 초월하는 것입니다.

다음으로 말씀드리는 견해는 산상설교에 대한 이른바 '세대주의 견해'(dispensational)입니다. 세대주의 견해는 어떤 '성경'을 통해 보급되어 왔습니다. (저는 이 '어떤'이란 형용사를 좋아하지 않습니다. 오직 하나의 성경만이 있기 때문입니다. 그러나 불행하게도 '아무 아무개의 성경'이라고 말하는 경향이 있습니다.) 이런 식으로 보급되고, 산상설교가 현대 기독교인들과 아무 관계가 없다고 말하는 세대주의 산상설교관을 가르치는 교훈들이 우리 주위에 있습니다. 그들은 우리 주님이 천국에 대해 설교하기 시작했으며, 산상설교는 천국의 시작과 관계가 있다고 말합니다. 그런데 불행하게도 유대인들이 예수의 가르침을 믿지 않았다고 그들은 말하는 것입니다. 그래서 우리 주님은 천국을 세우실 수 없었으므로 일종의 때늦은 방편으로써 십자가 위에서의 죽음이 오게 되고, 또 하나의 때늦은 방편으로써 교회와 교회 세대가 오게 되고, 이 상태가 역사의 어느 시점까지 지속될 것이라는 주장입니다. 그때가 되면 우리 주님이 천국을 가지고 재림하실 것이며, 그때 다시 산상설교가 소개될 것이라는 주장입니다. 이 말은 사실상 산상설교가 우리와 아무 상관이 없다는 주장입니다. 본 설교는 왕국 시대와 천국의 법이며, 그 사이의 기독교인들과는 아무런 상관이 없다는 것입니다.

이것은 매우 심각한 문제입니다. 우리가 이 견해에 따라 산상설교를 읽을 필요도 없고 세대주의 교훈에 관심을 가질 필요도 없습니다. 우리가 이 견해에 따라 어떤 일을 행하지 않는다고 해서 정죄감을 느낄 필요도 없습니다. 이것은 우리와 관계가 없습니다. 세대주의대로 한다면 이런 이야기가 되겠습니다. 즉 산상설교는 원래 특별히 제자들에게 설교했다는 것입니다. "예수께서… 앉으시니 제자들이 나아온지라… 가르쳐 이르시되." 이것은 본 설교가 제자들에게 설교되었다는 것을 대전제로 삼습니다.

주님께서 "너희는 세상의 소금이니" "너희는 세상의 빛이니"라고 그들에게 하신 말씀을 예로 들어봅시다. 만일 산상설교가 지금의 기독교인들과 아무 상관이 없다면, 우리가 세상의 소금이라든가, 세상의 빛이라고 우리는 말할 필요가 없습니다. 왜냐하면 본 설교는 첫 제자들에게만 적용되었고, 이후의 일부 사람들에게만 적용될 것이기 때문입니다. 그러므로 우리와는 아무 상관이 없는 것이 됩니다.

그렇게 되면 우리는 본 설교의 은혜로운 약속도 따라서 무시해야 합니다. 우리가 사람들 앞에 빛을 비춰 그들로 우리의 선한 행실을 보고 하늘에 계신 우리 아버지께 영광을 돌리도록 해야 한다고 말할 필요도 없습니다. 그래서 만일 산상설교가 현대 기독교인들에게 적용될 수 없다면 이것은 모두 우리와 아무 상관이 없게 되는 것입니다.

그러나 분명히 우리 주님은 여기 세상에 계실 때뿐 아니라, 올라가신 후에도 이 사람들이 이 세상에서 행해야 할 것을 그들에게 설교하셨고 말씀하셨습니다. 산상설교는 그 당시와 그 이후에 항상 이것을 실천하도록 작정된 사람들에게 설교된 것입니다.

이뿐만 아닙니다. 산상설교에 있는 교훈이 하나도 빠짐없이 신약성경의 여러 서신들에서도 나타나 있다는 점은 또 하나의 중요하게 고려해야 할 사항입니다. 산상설교의 가르침을 목록으로 만들고 이것과 서신들을 비교해서 읽어보십시오. 산상설교의 교훈이 거기에도 있음을 발견하게 될 것입니다. 모든 서신은 오늘의 기독교인들을 위한 것입니다. 그러므로 만일 서신들의 가르침이 산상설교의 가르침과 같다면 산상설교의 가르침 역시 오늘의 기독교인들을 위한 것이 확실합니다.

주님의 새 계명은 그가 우리를 사랑하신 것 같이 우리도 서로 사랑하라는 것입니다. 산상설교는 이 명령을 위엄 있게 정교화 한 것에 지나지 않습니다. 우리가 그리스도에게 속해있다면, 그리고 주님이 이 말씀을 우리에게 하신 것이라면 우리는 산상설교에서 이것을 실천하는 법을 보게 되는 것입니다.

세대주의 견해는 잘못된 천국관에 기초하고 있습니다. 여기에서 혼란이 일어납니다. 천국이 어떤 의미에서는 아직 땅 위에 임하지 않은 것이 사실입니다. 천국은 장차 올 나라입니다. 하지만 천국은 동시에 이미 땅위에 임한 나라이기도 합니다. 하늘나라는 여러분 가운데 있습니다. 천국은 참된 모든 기독교인과 교회 안에 있습니다. 천국은 '하나님의 통치', '그리스도의 통치'라는 뜻입니다.

주님은 교회가 그분을 참으로 인정할 때 교회에서 다스리십니다. 천국은 어떤 의미로 임했고, 임하고 있으며, 앞으로 임해야 합니다. 우리는 이 점을 마음속에 항상 명심해야 합니다. 그리스도가 왕으로 좌정하고 계신 곳마다 천국은 임한 것이요, 따라서 그분이 현재 온 세상을 모두 다스리고 있다고 우리가 말할 수는 없어도, 주님은 자기 백성들의 마음과 삶에서 이렇게 통치하고 계시는 것입니다. 그러므로 산상설교가 현대의 기독교인과 아무 상관이 없다고 말하는 것처럼 위험한 말은 없습니다. 이것을 이렇게 표현해 보겠습니다. "산상설교는 모든 기독교인들을 위한 것이다." 산상설교는 천국생활의 완전한 표현입니다. 산상설교가 마태복음 첫머리에 놓인 것도 이 때문이라는 것을 저는 조금도 의심하지 않습니다.

마태가 그의 복음을 특히 유대인들을 위해 썼다는 것에 의견이 일치되고 있습니다. 이것이 그의 뜻한 바였습니다. 이런 이유 때문에 이렇게 온통 천국을 강조하고 있습니다. 마태는 천국을 강조하려고 했는데 그것은 유대인들이 거짓된 물질적 천국관을 갖고 있었기 때문입니다. 그들은 메시야를 그들의 정치적 해방을 주기 위해 오시는 분으로 생각했습니다. 그들은 로마제국의 속박과 법에서 그들을 구해줄 분을 기다리고 있었습니다. 그들은 천국관을 항상 외적 의미로, 기계적이며 군사적이며 물질적인 의미로만 생각했습니다. 그래서 마태는 천국에 대한 참 교훈을 그의 복음서 첫머리에 놓고 있는 것입니다.

본 설교의 목적은 천국을 본질적으로 영적인 것으로 설명하려는 것이기 때문입니다. 천국은 원래 '너희 안에' 있습니다. 천국은 사람의 마음과 정신과 인생관을 지배하고 조정하는 것입니다. 천국은 큰 군사력으로 이끄는 것과는 거리가 먼 '심령이 가난해지는' 것과 관계가 있습니다. 바꾸어 말하면 산상설교에는 "이렇게 살아라. 그래야 기독교인이 될 것이다."가 아니라 "너희가 기독교인이니까 이렇게 살아라."라는 것입니다.

그러나 이 부분의 논증을 완결 짓기 위해 우리는 또 다른 난제에 직면하게 됩니다. 어떤 사람들은 이렇게 말합니다. "산상설교는 우리가 다른 사람들을 용서해야만 우리 죄를 용서받는다고 가르치고 있음이 확실하다. 주님도 '너희가 다른 사람의 잘못을 용서하면 너희 하늘 아버지께서도 너희 잘못을 용서하려니와'(마 6:14)라고 말씀하지 않았는가? 그러므로 이것은 율법이 아닌가? 여기에 어디 은혜가 있는가? 그러므로 우리가 용서하지 않는다면 우리가 용서받지 못하리라고 말하는 것은 은혜가 아니다." 이처럼 그들은 산상설교가 우리에게 적용되지 않음을 증명하려고 하는 것 같습니다. 그러나 만일 이렇게 말한다면 이것은 복음에서 기독교의 전체를 빼어버리는 것이 될 것입니다.

우리 주님도 마태복음 18장 끝부분에 기록된, 주인에게 빚을 진 청지기 비유에서 똑같은 것을 가르치신 사실을 기억해야 합니다. 이 사람은 주인에게 가서 용서해달라고 사정했습니다. 그랬더니 주인이 그를 용서했습니다. 그러나 그는 자기에게 똑같이 빚진 부하 한 사람을 용서하려고 하지 않았습니다. 이것은 그의 주인이 용서를 철회하고, 그를 처벌하는 결과를 가져왔습니다.

주님은 여기에 대해서 "너희가 각각 마음으로부터 형제를 용서하지 아니하면 나의 하늘 아버지께서도 너희에게 이와 같이 하시리라"(35절)고 말씀했습니다. 이것 역시 똑같은 가르침입니다. 그러나 이 말씀이 단지 용서했기 때문에 용서받았다고 가르치는 것이겠습니까? 그렇지 않습니다. 우리는 이 교훈을 신중히 받아들여야 합니다. 이 가르침은 만일 내가 용서하지 않으면 용서받지 못한다는 것입니다.

이것을 이렇게 설명할 수 있겠습니다. 그것은 마치 천국의 하나님 앞에서 죄인임을 깨닫고 보아 온 사람들은 하나님께서 그를 대가 없이 용서해 주심을 압니다. 이것을 실제로 보고, 알고, 믿는 사람은 다른 사람을 용서하는 것을 거절할 수 없을 것입니다. 그러므로 다른 사람을 용서하지 않는 사람은 그 자신의 용서를 모르는 사람입니다. 나의 마음이 하나님 앞에서 깨어져 있는데, 내가 남을 용서하기를 거절할 수 없습니다. 그러므로 자신은 다른 사람을 용서하지도 않으면서 그리스도에게 자기 죄를 용서 받았다고 속 편하게 상상하는 사람들은 영원 세계에서 깨어날 때 주님께 "내가 너희를 도무지 알지 못하니 내게서 떠나가라"는 말을 듣지 않도록 정신 차리시기 바랍니다. 이런 사람들은 하나님의 은혜론을 오해하고 있는 것입니다. 참으로 용서를 받고 용서받은 것을 아는 사람은 용서할 줄 아는 사람입니다. 이 점에서 산상설교의 의미가 이와 같습니다.

이제 마지막으로 질문을 하겠습니다. "왜 우리가 이 문제를 연구해야 하는가? 왜 우리가 산상설교의 말씀대로 살려고 해야 하는가?" 이 질문에 몇 가지 답을 말씀드리겠습니다. 그리스도는 우리가 산상설교의 말씀대로 살아가도록 하기 위해서 돌아가셨습니다. 왜 그렇게 하셨습니까? "우리를 깨끗하게 하사 선한 일을 열심히 하는 자기 백성이 되게 하려 하심"이었다고 은혜의 사도인 바울은 말하고 있습니다(딛 2:14). 이것은 우리가 산상설교대로 지금 살아갈 수 있도록 그가 죽으셨다는 뜻입니다. 그는 우리에게 이것을 가능하게 하셨습니다.

산상설교를 연구해야 하는 둘째 이유는, 이 설교만큼 중생과 성령과 그의 내적 사역의 절대 필요함을 보여 주는 것은 없다는 것입니다. 팔복의 말씀은 나를 바닥에 꿇어 엎드리게 합니다. 팔복은 내게 내 자신이 철저히 무력함을 보여줍니다. 중생이 아니면 나는 파멸인 것입니다.

팔복의 말씀을 읽고 연구하고, 자신을 여기에 비추어 보십시오. 이 말씀은 여러분에게 궁극적인 중생의 필요와 성령의 은혜로운 사역을 깨닫게 할 것입니다. 산상설교처럼 복음과 복음의 은혜로 이끌어주는 것은 없습니다.

또 한 가지 이유는 이것입니다. 우리가 산상설교를 듣고(그 안에 살며) 실천하면 할수록 더 많은 복을 체험한다는 것입니다. 이것을 실천하는 사람들에게 약속된 복에 주목하십시오. 만일 여러분이 생활의 능력을 얻으며 복 받기를 원한다면 산상설교의 말씀대로 살고, 실천하며 몸을 내어 맡기십시오. 그럴 때 약속된 복이 임할 것입니다. "의에 주리고 목마른 자는 복이 있나니 그들이 배부를 것임이요." 만일 여러분이 배부르기를(채워지기를) 원한다면 어떤 신비한 복(체험)을 찾지 마십시오. 이 복을 얻으려고 여러 집회에 달려가지 마십시오. 그 대신 산상설교와 그 의미와 요구에 정면으로 대하십시오. 여러분에게 철저하게 요구되는 것을 살피십시오. 그러면 그것을 얻게 될 것입니다. 이것이 복의 지름길입니다. 저는 여러분의 마음속에 이것을 남기고 싶습니다. 저는 전도의 최선의 수단은 이것이라고 제안합니다. 지금 이 시대는 이것에 관심을 가져야 할 것이 절실히 요청됩니다. 오늘의 세계는 참된 기독교인들을 찾고 있고, 절실히 요구하고 있습니다.

오늘의 교회가 먼저 해야 할 일은 외부 사람들을 끌어들이기 위해 전도대를 조직하는 일이 아니라, 교회 자체가 기독교인의 삶을 다시 살기 시작해야 할 것이라고 거듭 강조하는 데 저는 주저하지 않을 것입니다. 교회가 이렇게 할 때 사람들은 우리의 건물 속으로 밀려들 것입니다. 그들은 "그 비결이 무엇인가?"라고 물을 것입니다.

제가 얼마 전에 읽어 본 것을 소개하겠습니다. 인도 정부에서 한 때 법무장관을 지낸 '암베드카'(Ambedkar) 박사란 분이 있었습니다. 그는 천민 출신(out-caste)이었고, 인도의 천민 계급의 지도자였습니다. 제가 설교하고 있던 때에 그는 불교의 가르침에 큰 관심을 갖고 있었으며, 세계 불교 대회를 발기하기 위해 스리랑카에 모인 27개국의 큰 모임에 참석했습니다. 그가 그 회의에 참석한 이유는 불교가 살아 움직이는 종교인가를 발견하고자 소원했기 때문입니다. 그는 말했습니다. "불교가 생명 있는 종교인가 발견하고 싶습니다. 불교가 우리에게 무엇인가 줄 것을 갖고 있는가? 그 속에 다이내믹한 것이 있는가? 불교가 백성들을 향상시킬 수 있는 것인가?" 그러나 이 유능하고 유식한 사람의 비극은 그가 벌써 미국과 영국에서 기독교를 연구하며 많은 시간을 보냈다는 데 있습니다.

그가 지금 불교에서 무엇인가 찾고 있다는 것은 기독교에서는 생명력을 느끼지 못했으며, 그 속에 다이내믹한 것이 없음을 발견했기 때문입니다. 물론 그가 불교를 받아들이진 않았지만, 불교가 그가 찾고 있던 세력(능력)인가 아닌가를 발견하고자 했던 것입니다.

오늘날 여러분과 저에게 부딪쳐 오는 도전이 이와 같습니다. 우리는 불교가 해답이 아님을 잘 압니다. 우리는 하나님의 아들이 세상에 오셨고, 성령을 우리에게 보내시어 우리 속에 내주하시며, 주님과 같은 생명과 절대 능력을 보유함을 잘 압니다. 그가 오셨고, 죽으셨고, 다시 살아나셨고, 성령을 보내신 것은 여러분과 제가 산상설교를 실천하며 살 수 있게 하기 위함이었습니다.

본 설교가 나와 상관이 없다고 말씀하지 마십시오. 본 설교는 어느 면으로나 우리 모두와 관계가 있습니다! 우리 모두가 산상설교대로 살기만 한다면, 사람들은 기독교인의 복음에 다이내믹한 것이 있음을 알 것입니다. 그들은 기독교가 살아 움직이는 종교임을 알 것입니다. 그들은 다른 것을 찾으려 하지 않을 것입니다. 그들은 "여기에 그것이 있다."라고 말하게 될 것입니다.

교회사를 읽어보면, 진정한 부흥은 성도들이 항상 산상설교를 소중히 여기고 산상설교에 있는 말씀과 성도의 생활이 일치되었을 때에 일어났던 것임을 발견할 수 있습니다. 세상 사람들은 참 기독교인을 통하여 우리에게 끌려오고 매혹되는 것입니다. 그러므로 우리가 어떤 사람이 되어야 하는가를 보여 주는 이 산상설교를 세심히 연구해 보아야 합니다. 우리가 어떤 사람이 될 수 있는가를 알기 위해서 말입니다. 산상설교는 요구 사항만 말씀하고 있지 않고 힘의 공급원임을 보여 주고 있습니다.

간절히 소원하기는 우리 모두가 산상설교의 산 모범이 되며 이 설교의 영광스런 실례가 되기까지 산상설교를 신중하고 정직하게 기도하는 마음으로 받아들이도록 하나님께서 은혜 주시기를 기도합니다.

2장

개관 및 분석

1장에서는 산상설교의 배경과 서론을 살펴보았습니다. 이제 산상설교의 세부 내용과 진술에 앞서 산상설교를 전체(포괄적)적으로 살펴보는 것이 매우 유익하고도 중요하리라 생각되어 2장에서는 개관 및 분석적인 차원에서 살펴보고자 합니다.

권위 있는 학자들은 토론을 좋아합니다. 예를 들어 마태복음 5,6,7장에 기록된 산상설교와 누가복음 6장에 기록된 설교가 동일한 것인가 하는 것입니다. 이에 대한 여러 가지 해석이 있지만 저는 별로 관심이 없습니다. 그렇다고 제가 성의 있는 토론의 가치와 이런 유형의 성경 연구를 비난하는 것은 결코 아닙니다. 저는 그저 성경의 기술적 문제에 너무 몰두하므로 성경의 메시지를 놓치지 않도록 저 자신과 모든 사람에게 항상 경고할 필요를 느낍니다.

지금까지 마태복음 5장, 6장, 7장에 기록된 설교에 여러 가지 분류법과 세분법이 제시되어 왔습니다. '복은 몇 개가 있는가? 일곱인가? 여덟인가? 아홉인가?' 이 같은 유형의 문제에 관하여 많은 논증과 논란도 있었습니다. 그러나 제게 중요한 것은 숫자에 있지 않고 우리가 이 복들을 마주 대해야 한다는 것입니다. 그러나 이런 이유로 이 같은 유형의 성경연구에 관심을 가지는 사람들을 낙심하게 할 생각은 없습니다. 이 문제와 관련해서 저는 어떤 사람을 잊을 수가 없습니다. 제가 그를 만날 때마다 그는 늘 자기가 위대한 성경학자라는 인상을 주었습니다. 그러나 그의 생활은 유감스럽게도 신약성경에 있는 가르침과는 너무나 거리가 멀었습니다. 그런데도 그는 성경연구를 전문으로 하는 학자였습니다. 이것이 제가 두려워하는 일입니다.

여러분도 기계적 의미에서 성경학자가 될 수는 있습니다. 셰익스피어를 분석하면서 시간을 보내듯이 성경을 분석하며 시간을 보낼 수도 있습니다. 그러나 성경은 유일무이한 하나님의 말씀이므로, 어느 다른 책들과 같은 접근방식으로 접근해서는 안 됩니다. 우리가 무릎을 꿇지 않고 성경을 읽어서는 안 된다고 말하던 신앙의 선조들과 성자들의 말을 저는 점차 이해하게 되었습니다. 하나님의 말씀을 대할 때 우리는 이것을 항상 기억해야 합니다. 성경은 실로 우리에게 직접 말씀하시는 하나님의 말씀인 것입니다.

본 설교의 세목을 살피기에 앞서 전체로 파악하고 살피는 것이 중요하다고 생각하는 이유는 '나무들만 보다가 숲을 보지 못하는', 이 변함없는 위험 때문입니다. 이상과 같은 경향을 시정하는 길은 본 설교의 어느 부분도 본 설교 전체에 비추어 보지 않고는 이해할 수 없다는 것을 깨닫는 일입니다. 비유컨대 산상설교는 하나의 웅장한 음악과 같습니다. 이를테면 교향곡이라 말할 수도 있겠습니다. 전체는 단순한 부분의 집합보다 더 훌륭합니다. 그러므로 전체를 보아야 합니다.

만일 본 설교를 전체로 이해하고 파악하지 못한다면 우리는 그 속의 특정 명령의 어느 하나라도 적절히 이해할 수 없으리라고 말하는 데 저는 주저하지 않겠습니다. 만일 누가 팔복을 이미 믿고, 받아들여 쓰면서도 이 말씀에 따라 살지 않는다면, 그가 산상설교의 어느 특정 명령과 마주 대하는 일은 시간 낭비요, 쓸데없고 무익한 일입니다.

소위 '현대적 요구에 부응한 산상설교의 사회적 적용'이 그토록 완전한 허위가 되고, 이단이 된 것은 이 때문입니다. 사람들은 본 설교를 자주 이런 식으로 적용했습니다. 예를 들면 그들은 '다른 편 뺨을 돌려대는' 문제를 들어 말할 것입니다. 그들은 본 설교에서 이 말씀을 뽑아내어 그것을 고립시키고 이것을 기초로 해서, 무릇 모든 형태의 전쟁은 비기독교적인 것이라고 비판합니다.

제가 지금 화평론을 논하려는 것은 아닙니다. 저의 관심사는 여러분이 만일 어느 개인이나 어느 국가나 전 세계가 팔복의 말씀에 따라 살며 실천하지 않는 한, 어느 특정 명령 한 개를 취해서 그것을 어느 개인이나 국가나 세계에 적용할 수 없다는 것입니다. 우리가 앞으로 살펴보려는 모든 특정 명령은 본 설교의 서두에 있는 복에 입각해 있습니다. 제가 어느 특정 부분을 살피기 전에 전체에 대한 일종의 전반적 개관으로 출발해야 한다고 말하는 것도 이 때문입니다.

다시 말하면, 우리가 본 설교를 올바로 다루고, 여기서 유익을 얻으려면 본 설교의 모든 것을 있는 그대로 받아들여야 한다는 것입니다. 그리고 제가 지금까지 강조한 대로 본 설교의 순서야말로 이런 의미에서 실로 매우 중요합니다. 팔복은 끝 부분에 오지 않고 처음에 위치해 있습니다. 만일 우리가 팔복에 대해 완전하고 분명하게 알고 있지 못하다면 우리는 더 이상 나아갈 권리가 없는 것입니다.

본 설교에는 일종의 논리적 연결이 있습니다. 그 뿐 아니라 영적인 순서와 연결이 있습니다. 주님은 이 말씀들을 아무렇게나 말씀하신 것이 아닙니다. 전체의 짜임새가 계획된 것입니다. 어떤 기초원칙이 설정되고 그것을 기초로 다른 기초 원리들이 뒤를 잇고 있습니다. 이런 이유로 기독교인이 아닌 사람에게 산상설교 대로 살며 실천하도록 노력하라고 요구하는 것은 잘못입니다. 거듭나지 못한 사람에게서 기독교인의 행위를 기대하는 것은 이단입니다. 행위와 윤리와 도덕면에서 복음의 호소는 교훈을 듣는 사람이 크리스천이어야 한다는 전제에 항상 기초를 두고 있습니다. 이 점은 신약성경의 어느 서신에서나 분명하며, 이 점은 여기서도 분명합니다. 여러분이 어느 서신이나 들춰보십시오. 그러면 각 서신의 분류 내용이 모두 동일함을 발견할 것입니다. 먼저는 교리요 그 다음에는 교리로부터 추론이 항상 이어 나오는 것입니다. 큰 원칙들과 그 편지를 받은 기독교인들에 대한 서술이 나오고, 그것 때문에, 혹은 그들이 그것을 믿기 때문에 '그러므로' 그들은 어떠어떠한 일들을 하라고 권면을 받습니다. 신약의 모든 서신이 비기독교인(자연인)이 아닌 기독교인들을 위해 쓰인 것을 우리는 늘 잊어버리는 경향이 있습니다.

모든 서신의 윤리적인 면에서의 호소는 항상 신자들, 즉 그리스도 안에서 새 사람들이 된 사람들에게만 말씀되어진 것입니다. 산상설교도 이와 정확히 같습니다. 이제 산상설교의 내용에 대한 총괄적 분류를 제시하겠습니다. 본 설교 내용의 정확한 분류법과 세분법이 여러 가지 있겠지만 제게는 다음의 것이 가장 좋게 보입니다. 일반적인 것과 특수적인 것으로 분류하고자 합니다.

본 설교의 일반 부분은 마태복음 5장 3절에서 16절까지입니다. 이 부분에서 여러분은 기독교인에 대한 어떤 광범위한 진술을 봅니다. 그 다음 본 설교의 나머지는 기독교인의 생활과 행위에 관한 특정 국면과 관련되어 있습니다. 먼저 전반적인 주제가 나오고, 그 다음에 이 주제의 구체적 예증이 나옵니다.

우리는 이것을 편의상 좀 더 자세히 세분할 필요가 있습니다. 마태복음 5장 3절부터 10절에서 기독교인의 본질적 성격이 서술되어 있음을 봅니다. 이것은 기독교인의 일반적인 성격의 서술입니다. 그런 다음 11, 12절에서는 그에 대한 세상의 반응에 의해 증명된 기독교인의 성격을 보게 됩니다. "나로 말미암아 너희를 욕하고 박해하고 거짓으로 너희를 거슬러 모든 악한 말을 할 때에는 너희에게 복이 있나니 기뻐하고 즐거워하라 하늘에서 너희의 상이 큼이라 너희 전에 있던 선지자들도 이같이 박해하였느니라."란 말씀이 있습니다. 다시 말씀 드리면 기독교인의 성격이 긍정적인 면과 부정적인 면으로 서술되어 있는 것입니다.

먼저 우리는 기독교인이 어떤 유형의 인간인가를 보게 되고 다음으로 그가 그러하기 때문에, 그에게 어떠한 일이 일어난다는 것을 보게 됩니다. 그러나 이것은 어디까지나 일반적 서술입니다. 그런 다음 13절에서 16절까지는 세상에 대한 기독교인의 관계를 서술합니다. 즉 사회와 세상에서의 기독교인의 기능이 서술 강조되었고, 그 다음에는 이렇게 끝을 맺고 있습니다. "이같이 너희 빛을 사람 앞에 비치게 하여 그들로 너희 착한 행실을 보고 하늘에 계신 너희 아버지께 영광을 돌리게 하라." 여기까지는 기독교인에 대한 일반적 서술을 말씀드렸습니다.

여기서 계속해서 이런 사람이 세상에서 어떻게 사는가에 대한 실례와 예증을 살펴보겠습니다. 우리는 이것을 다음과 같이 세분할 수 있겠습니다. 17절부터 48절까지는 하나님의 율법과 율법의 요구에 직면하는 기독교인을 다룹니다. 이 대목은 기독교인의 의에 대한 대략적 서술입니다. 그런 다음 살인과 간음과 이혼 등에 대한 기독교인의 관계가 기록되었고, 그런 다음 어떻게 말해야 하는가와 보복과 자기 방어와 이웃에 대한 태도에 대한 기독교인의 입장이 기록되었습니다.

여기 내포된 원칙은 기독교인은 율법조문보다 영(spirit)에 더 관심을 가진다는 것입니다. 그렇다고 기독교인이 율법조문(letter)을 무시한다는 뜻은 아니고, 영과 더 관계가 있다는 것뿐입니다. 바리새인과 서기관들의 과오는 그들이 기계적인 것에만 관심을 가졌다는 데 있습니다. 기독교인의 율법관은 영과 관련되어 있습니다. 그리고 우리가 율법에 세밀한 관심을 가지는 것도 율법이 영의 표현일 때에 한정되는 것입니다. 이것이 많은 구체적 표본과 실례로서 전개되었습니다.

마태복음 6장 전장은 하나님 존전에서 그에게 능동적으로 순종하고 전적으로 의지하며 생활하는 기독교인을 말하고 있습니다. 마태복음 6장은 시종 기독교인의 아버지에 대한 관계에 관여하고 있습니다. 첫 절을 예로 들어봅시다. "사람에게 보이려고 그들 앞에서 너희 의를 행하지 않도록 주의하라 그리하지 아니하면 하늘에 계신 너희 아버지께 상을 받지 못하느니라." 마태복음 6장은 시종 이렇게 계속됩니다. 그리고 끝에 가서도 사실상 같은 것을 말씀하고 있습니다. "그러므로 염려하여 이르기를 무엇을 먹을까 무엇을 입을까 하지 말라 이는 다 이 방인들이 구하는 것이라 너희 하늘 아버지께서 이 모든 것이 너희에게 있어야 할 줄을 아시느니라 그런즉 너희는 먼저 그의 나라와 그의 의를 구하라 그리하면 이 모든 것을 너희에게 더하시리라"(31-33절). 그리고 여기서 기독교인은 자기가 항상 하나님 존전에 있음을 앎으로 그가 관심 갖는 것은 자신이 다른 사람들에게 어떤 인상을 주는가가 아니라 하나님과의 관계임을 아는 사람으로서 서술되어 있습니다.

이런 이유로 기도할 때 그는 다른 사람이 그의 기도를 칭찬하든 비판하든 다른 사람이 생각하는 것에 관심을 갖지 않습니다. 그는 자기가 아버지 앞에 있음을 알며 하나님께 기도하는 것입니다. 그가 구제할 때도 시종 마음속에 두고 있는 것은 하나님입니다. 더구나 삶의 여러 문제들 즉 양식 문제와 의복 문제와 외부 사건에 대한 그의 반응 등등, 모든 것을 그가 아버지에 대해 가지는 이 관계에 비추어 검토하는 것입니다. 이것은 기독교인의 생활에 대단히 중요한 원리가 됩니다.

이어서 마태복음 7장은 하나님의 판단에 비추어 항상 살며, 하나님을 두려워하며 사는 자로서의 실천하는 기독교인의 기술로 간주될 수 있습니다. '비판을 받지 아니하려거든 비판하지 말라', '좁은 문으로 들어가라', 거짓 선지자들을 삼가라', '주여 주여 하는 자마다 다 천국에 들어갈 것이 아니요 다만 하늘에 계신 내 아버지의 뜻대로 행하는 자라야 들어가리라.' 더구나 기독교인은 앞으로 '테스트' 받아야 할 집을 짓는 사람으로 비유되었습니다. 지금까지 우리는 산상설교에 대한 전반적 분석뿐만 아니라 기독교인에 대한 하나의 완전한 묘사와 표현에 대해 논했습니다. 기독교인 특유의 자질들이 있습니다. 이 자질들에는 매우 중요한 세 가지 원칙이 있습니다.

첫째로, 기독교인은 필연적으로 하나님의 법과 관련되는 사람입니다. 저는 1장 총서에서 율법과 은혜가 서로 정반대되는 것으로 규정하는, 극히 위험한 경향을 말씀드렸습니다. 우리는 '율법 아래' 있지 않지만 율법을 지키도록 되어 있습니다. '율법의 의'는 '우리 안에서' 이뤄져야 한다고 사도 바울은 로마서에서 말씀했습니다. 그리스도는 '죄 있는 육신의 모양으로 오셔서 육신에 죄를 정하셨습니다.' 어떤 이유에서일까요? "육신을 따르지 않고 그 영을 따라 행하는 우리에게 율법의 요구가 이루어지게 하려 하심이니라"(롬 8:3-4)고 했습니다. 그러므로 기독교인은 항상 하나님의 법에 따라 살며 그 법을 지키는 데 관심을 가지는 사람입니다. 이런 이유로 기독교인은 이 일이 어떻게 이뤄질 수 있는가를 항상 명심해야 합니다.

둘째로, 기독교인의 가장 본질적이며 명료한 일들 중 하나는 그가 하나님의 앞에 있음을 항상 인식하는 사람이라는 사실입니다. 그러나 세상 사람들은 이런 식으로 살지 않습니다. 이것이 기독교인과 비기독교인의 차이점입니다. 기독교인은 하나님과의 이 친밀한 관계에 비추어서 행동하는 사람입니다. 기독교인은 말하자면 자유로운 행위자가 아닙니다. 기독교인은 하나님의 자녀입니다. 그러므로 그가 행하는 모든 것을 하나님께서 보시기에 좋은 관점에서 행하는 것입니다.

기독교인이 필연적으로, 이 세상에서 그에게 일어나는 모든 것을 기독교인이 아닌 사람들과 전혀 다르게 관망하는 이유도 이 때문입니다. 신약성경은 이것을 어디서나 강조하고 있습니다. 기독교인은 음식이나 마시는 것이나 주택 문제나 의복에 대해 염려하지 않습니다. 이런 것들이 중요하지 않다는 말이 아니라, 이것들이 기독교인의 주요 관심사가 아니라는 것이며, 이런 것들을 위해 사는 것이 아니라는 말씀입니다. 기독교인은 이 세상과 이 세상일들에 대해서는 별 관심을 갖지 않습니다. 어떤 이유 때문입니까? 기독교인은 이 세상 나라와는 다른 나라에 속해 있기 때문입니다. 세상 밖으로 나가는 것은 로마 가톨릭의 수도원 제도의 과오라 하겠습니다.

산상설교는 기독교인으로 살기 위해 세상 밖으로 나가라고 말씀하지 않습니다. 그러나 한편 이 설교는 우리의 태도가 비기독교인의 태도와는 전혀 달라야 한다고 말씀합니다. 그것은 기독교인들은 하나님을 철저히 의존하기 때문입니다. 그러므로 기독교인은 하나님과의 관계 때문에 이 세상에서 그의 환경에 대해 염려해서는 안 됩니다. 거듭 말씀드리거니와 이것이 기독교인에게는 중요한 것입니다.

세 번째, 원칙 역시 매우 중요합니다. 기독교인은 항상 하나님을 두려워함으로 행하는 사람입니다. 비겁한 두려움 때문에서가 아닙니다. "온전한 사랑이 두려움을 내쫓기 때문입니다." 기독교인은 히브리 서신의 말씀을 빌리면 '경건함과 두려움으로' 하나님께 접근할 뿐만 아니라 자기의 모든 삶을 이처럼 사는 것입니다. 기독교인들만이 항상 이 같은 판단의식을 지니고 삽니다. 이런 삶을 사는 것은 주님께서 그렇게 살라고 말씀하셨기 때문입니다.

주님은 기독교인에게 그가 세우는 집이 심판을 받으리라고, 다시 말씀드리면 삶을 시험할 날이 앞으로 있을 것이라고 말씀하셨습니다. 주님은 '주여, 주여'라고 말하지 말며, 교회 안에서의 활동만으로 다 된 것으로 생각하여 이것에 의존하지 말라고 말씀하셨습니다. 그 이유는 심판이 오고 있으며 마음을 감찰하시는 분이 심판하시기 때문입니다.

주님은 겉을 보시지 않고 내부를 살피십니다. 그래서 기독교인은 항상 이것을 기억해야 합니다. 저는 앞에서 우리 현대 기독교인을 고발할 최후의 죄는 얄팍함과 입담의 죄가 될 것이라고 말씀드렸습니다. 지나간 세대의 기독교인의 삶을 살펴보는 일이 유익할 것이라고 말씀드린 것도 이런 이유 때문입니다.

신약성경에 나오는 사람들은 하나님을 두려워하는 삶을 살았습니다. 그들은 모두 사도 바울의 "우리가 다 반드시 그리스도의 심판대 앞에 나타나게 되어 각각 선악 간에 그 몸으로 행한 것을 따라 받으려 함이라"(고후 5:10)는 가르침을 받아들였던 것입니다. 이 말씀은 기독교인들에게 하신 것입니다. 그러나 현대 기독교인들은 이 교훈을 좋아하지 않습니다. 현대 기독교인은 이 교훈과 아무 상관이 없다고 말합니다. 그러나 이것은 산상설교의 교훈인 동시에 바울서신의 교훈입니다. '우리가 다 반드시 그리스도의 심판대 앞에 모든 것이 드러나야 합니다.' 심판이 다가오고 있으며, 하나님 집에서 심판이 시작되려 하고 있습니다. 심판의 도장이 여기 산상설교 끝 부분에서 우리 모두에게 찍혔습니다.

우리는 하나님 앞에 심판받아야 할 것을 알기 때문에 항상 육신과 자기를 부인하는 생활을 하며 행해야 합니다. 이것이 '좁은 문'입니다. 이것이 '좁은 길'입니다. 이 길이 생명으로 인도하는 길입니다. 그러므로 산상설교에서 왼편 뺨을 돌려대라 할 때 이 말씀의 의미를 서로 논하기에 앞서 이 설교를 전반적으로 살펴보는 일이 얼마나 중요할까요? 이 설교의 전반적인 것을 살펴보기에 앞서 구체적인 세부사항에 뛰어드는 사람들이 많습니다. 그런데 이것은 이 설교에 대한 올바른 접근방법이 아니며, 철저하게 거짓된 접근방법입니다.

이제 산상설교의 해석을 지배하는 몇 가지 원칙을 말씀드리겠습니다. 가장 중요한 원칙은 산상설교는 어떤 윤리나 도덕적 규범이 아니라, 어떤 성격의 서술이라는 것을 항상 기억해야 한다는 것입니다.

본 설교는 우리가 준수해야 할 일종의 새 '십계명' 이라든가, 규칙과 규범으로 간주되어서는 안 되며, 일부 구체적인 실례에 나타나있는 대로, 기독교인은 어떤 사람이 되게 되어 있는가를 설명하는 것으로 간주되어야 합니다. 주님은 여기서 '너희가 이런 사람이니 너희는 율법을 이렇게 대해야 하며 율법에 따라 이렇게 살아야 한다'라고 말씀하시는 것 같습니다. 주님의 각 명령을 기계적으로, 또는 주먹구구식으로 생각하거나 적용해서는 안 되는 것도 이런 이유 때문입니다. 그렇게 하면 이것은 필시 우스꽝스러워지고 말 것이기 때문입니다.

사람들은 본 설교에 대해서 "또 너를 고발하여 속옷을 가지고자 하는 자에게 겉옷까지도 가지게 하며"(마 5:40)라는 명령을 예로 들면서 만일 우리들이 이대로 한다면 곧 옷장에 아무것도 남아나지 않을 것이라고 말합니다. 그러나 이것은 올바른 접근방법이 아닙니다. 우리는 각 명령을 서로 분리시켜서 '이렇게 적용시켜야 한다.'고 말해서는 안 됩니다. 이것은 본 설교를 바르게 보는 방법이 아닙니다.

본 설교가 거듭 우리에게 일러주는 교훈은 우리가 어떤 주어진 환경과 조건 안에 있으므로 그것을 행할 수 있는 심령 상태가 되어야 한다는 것입니다. 즉 내가 속옷을 벗어주며 십리를 가주는 것과 같은 일들입니다. 이것은 기계적으로 적용되어야 할 규범이 아니라 내가 이와 같은 사람이기에, 그것이 하나님의 뜻이요, 그의 영광을 위한 것이라면 나는 그렇게 할 자세가 되어 있다는 것입니다. '나와 나의 모든 소유는 주의 것이니 이제 내 것은 하나도 없다.' 이것이 본 설교의 전반원칙과 자세에 대한 구체적인 설명입니다.

어떤 구체적인 것에 대한 일반적인 것의 관계를 말로 나타내는 일은 어려운 일입니다. 사실 저는 어떤 사상분야에서 나를 막론하고 가장 어려운 일들의 하나는 이 관계를 올바로 정의하는 것이라고 생각합니다. 여기에 접근하는 최선의 접근방법은 이럴 것입니다. 즉 영적생활에 대한 어느 특정 명령의 관계는 예술가의 일을 지배하는 어떤 특정규칙과 법에 대한 예술가의 관계라고 생각합니다.

음악의 분야를 예로 들어보면 음악가가 명곡을 정밀하게 연주할 수는 있고 조금도 '미스'를 범하지 않을 수도 있습니다. 그러나 그 음악가가 베토벤의 「월광소나타」를 사실상 연주했다고는 말할 수 없을 경우도 있습니다. 그는 악보대로 정확하게 연주했으나 그것이 그 소나타는 아닐 수도 있다는 것입니다. 그렇다면 그가 한 것은 무엇이었겠습니까? 그는 그저 악보를 기계적으로 두들기긴 했으나, 그 정신과 올바른 해석을 빠뜨렸던 것입니다. 그는 베토벤이 의도한대로 연주하지 않았습니다. 전체와 세부를 비교하자면 이런 것이라고 생각합니다. 위대한 예술가로 만드는 것은 그의 표현이요, 영이요, 생명입니다. 이럴 때 그는 '전체'를 전달할 수 있는 것입니다.

이렇게 산상설교에는 전체에 대한 세부적인 관계가 있는 것 같습니다. 우리는 이것을 분리시켜서는 안 되는 것입니다. 기독교인은 영을 강조하고 있을 때에도 동시에 그는 문자에도 관심을 가집니다. 그러나 문자에만 관심을 가질 뿐만이 아닙니다. 문자를 영에서 분리시켜 생각해서는 안 되는 것입니다.

지금까지 말씀드린 것을 요약해보겠습니다. 여기에 우리가 적용시켜야 할 몇 가지 시금석을 소개하겠습니다. 만일 여러분이 산상설교의 세부 부분에 어떤 문제점이 있음을 발견하게 된다면 그것은 여러분에게 잘못이 있든가 아니면 산상설교에 대한 여러분의 해석이 잘못되었거나 둘 중의 하나입니다.

우리가 이 설교를 읽어갈 때 어떤 의문점이 일어나면 우리는 그 문제와 다투려고 합니다. 그러나 그럴 때는 나의 심령 상태가 잘못되어 있고, 내가 팔복의 교훈대로 살지 않으며 이 교훈을 실천하지 않거나, 내가 그 명령을 잘못 해석하거나 둘 중의 하나입니다.

산상설교는 매우 두려운 교훈입니다. 그러므로 읽으실 때 조심해야 합니다. 그러므로 야고보서의 말씀대로 듣기는 속히 하고 말하기는 더디 하며, 성내기도 더디 해야 합니다. 만일 우리의 해석 때문에 이 말씀 속의 어느 명령이 우스꽝스럽게 보인다면 그때는 우리의 해석이 잘못된 것입니다. 여러분은 저의 논법을 이해하실 줄로 압니다. 저는 앞서 겉옷과 속옷의 예에서 이것을 이미 말씀드렸습니다. 주님의 교훈은 아무것도 우스꽝스러울 수가 없기 때문입니다.

끝으로, 만일 여러분에게 본 설교의 어느 명령이 불가능한 것으로 생각된다면 여러분의 해석과 이해가 잘못되어 있음이 틀림없습니다. 이 교훈을 가르치신 것은 주님이요, 주님은 우리가 산상설교 속에 있는 말씀대로 살기를 기대하십니다. 주님께서 전도하라고 파송하신 제자들에게 하신 최후의 말씀은 "그러므로 너희는 가서 모든 족속을 제자로 삼아 아버지와 아들과 성령의 이름으로 세례를 베풀고 내가 너희에게 분부한 모든 것을 가르쳐 지키게 하라"(마 28:19-20)였습니다. 주님은 이 교훈을 가르치고 지키게 하실 작정이었습니다. 주님 자신이 산상설교대로 사셨고 제자들도 산상설교대로 살았습니다.

여러분이 지난 몇 세기에 걸쳐 살다 간 성자들의 생활과 하나님께 크게 쓰임을 받은 사람들의 삶의 모습을 읽어 보신다면 어느 시대의 성도들을 막론하고 산상설교를 중요하게 여겼을 뿐만 아니라 문자 그대로 받아들였던 사실을 발견하실 수 있을 것입니다.

허드슨 테일러 같은 분의 전기를 읽어보시면 그가 이 설교를 문자 그대로 생활화한 사실을 발견할 것입니다. 이 분만이 아닙니다. 이것은 주님께서 자기백성인 우리에게 가르치신 교훈입니다. 이 설교는 모름지기 기독교인이 생활화해야 할 교훈인 것입니다. 기독교인에게 '하나님을 두려워하는 사람'이란 표현이 적용되던 시대가 있었습니다. 이것은 비겁자의 두려움을 의미하지 않으며, 형벌의 두려움도 뜻하지 않습니다. 이 말은 참 기독교인에게 딱 들어맞는 표현입니다.

마태복음 7장에서 매우 힘차게 연상되고 있지만 기독교인들은 하나님을 두려워하며 사는 사람들입니다. 우리는 주님께서 하나님을 두려워하는 삶을 사셨다고 말할 수 있습니다. 제가 지적한대로 현대 기독교인들이 그들의 체험담을 설명하고 감동적으로 간증할 수 있을지는 몰라도 하나님을 두려워하는 사람들임을 보여주지 못하며, 옷에서나 외모에서나 요란스러움과 안이한 확신을 갖는 데 있어서나 모두 세속인의 인상을 주는 일이 많습니다. 그러므로 우리는 산상설교의 명령을 중대하게 여겨야 할 뿐만 아니라, 제가 여러분에게 제시한 원칙에 비추어 그 명령에 대한 해석을 검토해야 합니다.

이 산상설교의 교훈들과 다투는 심령이 되지 않도록 조심하십시오. 이 산상설교의 명령을 우스꽝스럽게 만들지 않도록 주의하십시오. 이 명령이 하나라도 불가능하게 보이지 않도록 해석에 주의하십시오. 여기에 우리들이 살아야 할 삶이 있습니다. 만일 오늘의 모든 기독교인이 산상설교대로 산다면 우리 모두가 기도

하며 동경하는 엄청난 부흥은 이미 시작됐을 것이라고 저는 확신합니다. 아마 신기하고 놀라운 일들이 일어날 것입니다. 세상은 충격을 받을 것이며, 사람들은 우리 주 예수 그리스도에게 이끌려올 것입니다.

간절히 소원하기는 우리가 산상설교를 다시 음미해볼 수 있도록 하나님께서 은혜를 주시며 우리가 산상설교를 비판하는 자리에 있지 않게 하옵소서. 원컨대 우리들 자신이 본 설교의 심판 아래 있게 하옵시며, 우리가 이 세상에서 세우고 있는 집이 주님의 마지막 테스트와 죽임을 당하신 어린양의 엄위하신 눈앞에서 넘어지지 않게 하옵소서.

3장

팔복 서론

산상설교에 대한 전반적인 분석을 앞장에서 다루었으므로 이제는 산상설교의 첫 부분인 팔복에 대해 고찰하겠습니다. 팔복에는 기독교인의 기본 면모와 특징이 내포되어 있습니다.

앞에서 말씀드린 대로 저는 산상설교의 복이 일곱인가 여덟인가 혹은 아홉인가 하는 문제에는 관심이 없습니다. 제가 중요하게 생각하는 것은 복이 몇 개 있는가가 아니라 기독교인의 교훈이 무엇인가 하는 문제입니다. 성경 연구에서 세부에 주의를 기울이기에 앞서 총괄적으로 시작해야 하는 것은 불가피한 원칙입니다. 전체보다 세부에서 시작하는 일처럼 이단과 오류로 인도하는 것은 없을 것입니다.

산상설교의 명령을 실천할 수 있는 사람은 오로지 기독교인의 기본 성격을 분명히 깨닫고 있는 사람뿐입니다. 이런 사람이 참으로 '복 있는' 사람이라고 주님은 말씀하셨습니다. 어떤 사람의 표현을 빌리면 이런 사람들만이 축하를 받으며 부러워할 대상이라고 했습니다. 그들은 참으로 행복한 사람이기 때문입니다. 행복이야말로 인류가 당면한 최대 문제라 하겠습니다. 온 세상이 행복을 추구하고 있습니다. 그런데 사람들이 행복을 추구하는 데 사용하는 방법을 보면 비극입니다. 절대 다수가 불행을 불러오는 방법을 사용하고 있기 때문입니다. 어려움을 일시 피함으로 한 순간만 행복하게 되는 것은 결국 불행과 문제를 더 하게 할 뿐입니다. 이런 곳에 죄의 기만성이 스며듭니다. 죄가 항상 행복을 제공하는 것 같기는 해도 죄는 항상 불행과 마침내는 비참함으로 인도합니다. 그러나 산상설교는 우리가 진실로 행복하기를 원한다면 여기에 그 방법이 있다고 말씀합니다.

참되고 복되고 행복한 사람은 이런 유형의 사람일 뿐이라고 말씀하는 것입니다. 그러면 팔복을 하나하나 살펴보기 전에 팔복을 개관해 보면서 전반적인 면에서 살펴보겠습니다.

첫째로, 기독교인은 '모두' 이렇게 되어야 한다는 것입니다. 팔복을 읽어 보십시오. 그러면 기독교인의 본분이 어떻게 서술되어 있는가를 아실 것입니다. 이것은 일부 특수 기독교인들을 위해 서술한 말씀이 아닙니다. 우리 주님은 소수의 뛰어난 인물들의 성격을 묘사하고 계신다고도 말씀하시지 않았습니다. 이것은 모든 기독교인 개개인에 대한 서술인 것입니다.

로마가톨릭교회와 '가톨릭'이란 말을 사용하기 좋아하는 개 교회들이 끌어들인 치명적으로 위험한 경향은 기독교인들을 두 집단으로, 즉 성직자와 평신도, 특수 기독교인과 보통 기독교인, 기독교인의 생활을 직업으로 삼는 사람과 세속 일에 종사하는 사람을 구별하는 경향입니다. 이 경향은 철저하고 완전하게 비성경적일 뿐만 아니라 궁극적으로는 참된 경건을 파괴하며 여러 가지로 우리 주 예수 그리스도의 복음을 부정하는 것입니다.

성경에는 이 같은 구별이 없습니다. 직책에 구별이 있는 것은 사실입니다. 즉 사도와 선지자와 교사와 목사와 전도자 등등입니다. 그러나 팔복은 직책을 서술하고 있지 않습니다. 팔복은 인물(성격)에 대한 서술입니다. 우리가 목표하는 인물의 관점에서 볼 때 이 기독교인과 저 기독교인과의 사이에는 차이가 없습니다. 바꾸어 말씀드리면 어떤 사람들을 성자열전에 가입시키고 있는 것(성자로 인정하는 것)은 로마가톨릭교회이지 신약성경은 아닙니다. 신약의 서신을 아무데나 펼쳐서 그 서신의 서문을 읽어보십시오. 그러면 고린도교회에 부치는 편지에서처럼 모든 신자가 "성도로 부르심을 받은"이라는 문구를 보실 것입니다. 이처럼 차원 높은 기독교인의 삶이 선택된 소수의 기독교인만을 위한 것이라는 관념과, 우리들은 이 축에 끼지 못한다는 견해는 산상설교 특히 팔복을 전적으로 부정하는 것입니다.

우리는 여기 팔복에 내포되어 있는 것은 무엇이나 본을 보여야 합니다. 그러므로 우리는 단번에, 그리고 영원히 이 거짓된 관념을 내버립시다. 이것은 허드슨 테일러 같은 사람이나, 조지 뮐러 같은 사람들이나, 윗필드나 웨슬리 같은 사람들에 대한 서술이 아닙니다. 이것은 기독교인 모두에 대한 서술입니다. 우리는 모두 산상설교의 모범과 표준에 맞추어야 하기 때문입니다.

두 번째 원칙은, 모든 기독교인은 이런 특징을 '모두' 나타내야 한다는 것입니다. 이 특징은 모든 기독교인들을 위한 것이므로 필연적으로 모든 기독교인들은 이런 특징을 나타내게 되어 있습니다. 다시 말하면 어떤 사람은 이런 특징을, 또 어떤 사람은 저런 특징을 나타내야 한다는 말이 아닙니다. 어떤 사람은 '심령이 가난해야 하게' 되어 있고, 또 어떤 사람은 '애통해야 하게' 되어 있고, 또 어떤 사람은 '화평하게 해야 하게' 되어 있다는 말은 가당찮은 말입니다. 그렇습니다. 기독교인이면 누구나 이 모든 특징을 동시에 나타내게 되어 있습니다.

어떤 기독교인에게 있어 어느 특징이 다른 특징보다 더 두드러지게 나타날 수 있는 것은 사실입니다. 그러나 이것은 아직 우리 속에 남아 있는 불완전성 때문입니다. 기독교인들이 마침내 완성에 이를 때에는 이 모든 특징들을 완전하게 나타내게 될 것입니다.

이 세상에서는 다양성이 있습니다. 저는 이것을 정당화시키고 있는 것이 아닙니다. 저는 그저 이것을 인정할 뿐입니다. 제가 강조하고 있는 점은 우리가 이 모든 특징을 함께, 동시에 나타내게 되어 있다는 것입니다.

우리가 팔복을 하나씩 분석해보는 순간 각 복은 또 다른 복들을 암시하고 있음이 분명하게 나타납니다. 예를 들면, 이런 의미에서 '애통함'이 없이는 '심령의 가난'이 있을 수 없으며 '의에 주리고 목마름' 없이는 애통할 수가 없습니다. 그리고 '온유'하고 '화평'한 사람이 되지 아니하고는 온유와 화평을 행할 수 없습니다. 어떤 의미에서 이 복들은 각기 다른 복들을 요구한다고 하겠습니다. 이 은혜들의 하나만을 나타내며 이 은혜에 따르는 복을 받는 일은, 이와 동시에 다른 은혜와 복을 보여주지 않을 수 없다는 말입니다.

팔복은 하나의 완전한 전체이므로 우리는 이것을 분리시킬 수 없습니다. 그러므로 어느 사람에게 팔복의 하나가 다른 복에 비해 좀 더 두드러지게 나타날 수는 있으나 그럴 때도 팔복은 그에게 모두 있는 것입니다. 팔복의 비율이 변화할 수는 있어도 팔복은 모두 나타나 있는 것이며, 이 팔복은 모두 동시에 나타나게 되어 있는 것입니다. 이처럼 두 번째 원칙은 매우 중요한 것입니다.

그러나 셋째 원칙은 더 중요한 것 같습니다. 즉 이들 서술의 어느 하나도 세상에 태어난 이래 가지고 있는 생래적(生來的 - 세상에 태어난 이래 가지고 있는)인 성품을 가리켜 말하는 것은 하나도 없다는 것입니다. 각 특징은 오직 성령의 사역에 의해서만 은혜로 산출될 수 있는 하나의 기질(disposition)인 것입니다. 이 점은 아무리 강조해서 말씀드려도 오히려 부족한 감이 있습니다.

그 누구도 팔복에 서술된 것과 생래적으로 일치하는 사람은 없습니다. 우리는 팔복에 서술된 영적 자질과 그것을 비슷하게 닮은 생래적 자질을 명확히 구별하는 일에 조심해야 합니다. 생래적으로 '심령이 가난한' 것처럼 보이는 사람들도 있습니다. 그러나 이것은 주님께서 말씀하신 것과는 차원이 다릅니다. 생래적으로 '온유'해 보이는 사람들도 있습니다. 그러나 산상설교에서 주님이 말씀하시는 온유는 생래적인 자질이 아닙니다. 그 아무도 출생에 의해 자연적으로 이렇게 될 수는 없는 것입니다. 이것은 미묘한 문제이므로 사람들이 이것에 자주 어려움에 부딪치는 것도 무리가 아닙니다. 사람들은 이렇게 말합니다. "나는 기독교인으로 자처하지 않는 사람을 알고 있습니다. 그는 예배 장소에 가지 않습니다.

성경도 읽지 않습니다. 기도도 하지 않습니다. 솔직히 말해서 그는 이런 일들에 관심이 없다고 말합니다. 그러나 나는 그가 예배장소에 가며 기도하는 수많은 사람들보다 더 기독교인답다고 생각합니다. 그는 항상 사람이 좋고, 예의 바르고, 거친 말이나 불친절한 판단의 말은 한 마디도 하지 않을 뿐더러 항상 선행을 일삼습니다.”라고 말입니다.

이런 사람들은 그들이 살피고 있던 사람들의 어떤 특징을 보고, “그의 속에는 팔복의 모든 특징이 눈에 띠게 나타나 있습니다. 그가 기독교 신앙을 부정하긴 해도 그는 기독교인임이 틀림없습니다.”라고 말합니다. 이것은 그들이 팔복의 특징을 분명히 알지 못하는 데서 오는 혼란 때문입니다. 다시 말하면 우리가 여기 여러 복에서 볼 수 있는 것은 생래적 성격의 서술이 아니라 은혜로 산출된 기질이라는 점입니다.

날 때부터 훌륭한 기독교인인 것처럼 보이는 사람을 예로 들어봅시다. 그의 특징이 팔복과 일치되는 조건이나 상태라고 말한다면, 이 말은 전혀 부당하다고 말씀드리는 바입니다. 그것은 생래적 기질의 문제이기 때문입니다. 사람이 어느 정도까지는 자기의 자연기질을 지배할 수는 있어도 그의 자연기질을 결정지을 수는 없기 때문입니다. 우리들 가운데는 날 때부터 전투적인 사람도 있고, 조용한 사람도 있으며, 민첩하고 불과 같은 사람도 있고, 느린 사람도 있습니다. 우리는 우리 자신의 타고난 모습을 발견할 따름입니다.

복음적 신앙에 반대되는 논증으로 자주 제시되고 있는 선량한 이 사람들은 그 같은 사람들이 된 것에 조금도 책임이 없습니다. 그들의 상태는 생물학적으로 설명이 됩니다. 그들의 상태는 영성(靈性)과는 아무 상관이 없으며, 사람과 하나님에 대한 관계와도 상관이 없습니다. 그것은 순전히 동물적이며 물질적인 것입니다. 사람들의 몸매가 각기 다르듯 그들의 기질도 다릅니다. 만일 이것으로 기독교인인지 아닌지를 구별한다면 이것은 전혀 부당한 일이라고 말씀 드립니다.

그러나 감사하게도, 이것은 기독교인의 입장이 아닙니다. 우리들의 태생과 출신이야 어떠하든 우리는 모두 기독교인으로서 이렇게 작정되어 있을 뿐만 아니라 이렇게 될 수 있습니다. 이것이 복음의 영광스러움입니다.

복음은 천성으로 가장 교만한 사람도 심령이 가난한 사람으로 만들 수 있습니다. 여기에는 신기하고 영광스러운 실례들이 있습니다. 생래적으로는 요한 웨슬리보다 더 자만심이 강했던 사람이 다시없다고 하겠습니다. 하지만 그는 심령이 가난한 사람이 되었습니다. 그렇습니다. 우리는 생래적 성격이나 순전히 육체적이며, 동물적이거나 기독교인의 성격을 가장하는 것에는 관심이 없습니다. 제가 뒤에 가서 분석할 때 여러분은 그들의 본질적 차이를 곧 보시게 될 것입니다. 이것은 은혜의 결과이며 성령의 산물이므로 따라서 모든 사람에게 가능한 특성과 기질이 됩니다.

이 성격과 기질은 모든 생래적 상태와 생래적 기질을 도외시하고 곧바로 질러 갑니다. 이것은 중요한 기본원칙이 되므로 우리가 이 개별적 서술을 살펴볼 때 우리는 이것을 생래적인 성질과 혼동해서는 안 될 뿐만 아니라, 동시에 생래적인 용어로 정의하지 않도록 조심해야겠다는 데 의견이 일치되어야할 줄 압니다. 우리는 이 같은 차이를 영적으로, 신약성경의 가르침을 기초로 해서 구별해야 합니다.

이번에는 다음의 원칙을 생각해봅시다. 이 서술들은 분명히 성경의 어느 것보다도 더 분명히 "기독교인과 비기독교인과의 사이에 근본적이며 절대적인 차이를 나타낸다."고 하겠습니다. 이것은 정작 우리의 관심사가 되어야 할 것입니다. 그리고 제가 산상설교를 고려해보는 일이 무엇보다 중요하다고 말씀드리는 이유도 이 때문입니다. 이것은 단순히 어떤 사람의 행실을 서술하는 것이 아닙니다. 사실상의 핵심은 기독교인과 비기독교인과의 이 같은 차이점에 있는 것입니다. 신약성경은 이 점을 절대 기본적이며, 근본적인 것으로 간주하고 있습니다.

그리고 제가 현시대의 여러 가지 사태를 관망해 볼 때 교회에 가장 필요한 것은 이 본질적 차이에 대한 이해인 것입니다. 이 같은 이해가 무디어져 있습니다. 즉 세상이 교회 안에 들어옴으로 교회는 세속화 되었습니다. 한계가 분명하지 않게 되었습니다. 이 차이가 매우 분명했던 때가 있었습니다. 그때는 기독교 역사상 가장 위대한 시대였습니다.

여기서 잠깐 앞에 말씀드린 반대론들을 다시 생각해봅시다. 우리들은 교회를 외부 사람들에게 매력 있는 곳으로 만들어야 한다는 말을 들어왔습니다. 이것은 우리가 할 수만 있으면 외부 사람과 비슷해지라는 소리입니다. 제1차 대전 중에 부하들을 격려하기 위해 부하들과 어울려 함께 담배를 피우고, 이것저것을 한 군목이 있었습니다. 이렇게 함으로써 전쟁이 끝나면 퇴역 군인들이 교회 안으로 몰려들어올 것이라고 생각했던 것이었습니다. 그러나 사실은 그렇지 않았습니다. 그런 식으로는 사람들이 교회 안에 밀려들어오지 않습니다. 오직 복음의 영광스러움으로 교회가 세상과 절대 다를 때에만 외부 사람들을 끌어들이게 되어 있습니다.

세상이 처음에는 미워해도 교회의 메시지에 귀를 기울이게 되는 것은 이럴 때 뿐입니다. 이렇게 해서 부흥은 임하는 것입니다. 이것은 우리 개인의 경우에 있어서도 마찬가지입니다. 우리가 할 수 있는 대로 다른 모든 사람들을 닮는 것이 우리의 바라는 바는 아닙니다. 우리는 가능한 한 기독교인이 아닌 사람들과 다르게 되어야 합니다. 우리의 소원은 그리스도를 닮는 데 있습니다. 우리가 그와 같이 되면 될수록 우리는 비기독교인과 다르게 될 것입니다.

이것을 다시 자세히 말씀드리겠습니다. 기독교인과 비기독교인은 그들 각자가 기뻐하는 대상에서 절대 차이가 납니다. 기독교인은 '심령이 가난한 자'를 사모하는 반면, 헬라 철학자들은 그런 사람을 멸시했으며, 지식적으로든 실제적으로든 헬라철학을 추종하는 사람들도 똑같이 멸시하고 있습니다. 세상은 참된 기독교인을 향해서, 약골이며 사람답지 못하다거나 남자답지 못하다고 말합니다.

세상의 평가가 이러합니다. 세상은 자기 신념과 자기표현과 삶의 지배를 신앙하지만, 기독교인은 '심령이 가난'하게 됨을 신앙합니다. 신문을 들고 세상이 동경하는 유형의 사람들이 어떤 사람들인가 보십시오. 여러분은 자연인과 세속인에게 호소하는 것보다 팔복에서 더 거리가 먼 것을 찾아보지 못할 것입니다.

세상 사람의 동경하는 것은 여기서 우리가 찾아볼 수 있는 것과는 정반대입니다. 자연인은 자랑거리를 좋아합니다. 그러나 팔복에서는 이것이 정죄 받고 있습니다. 그러므로 기독교인은 구하는 것에서도 그들과 달라야 합니다. '주리고 목마른 자는 복이 있나니', 무엇에 주린다는 말입니까? 부귀, 돈, 지위, 신분, 명성을 구한다는 말입니까? 결코 아닙니다. '의'를 구한다는 말입니다. 의는 하나님과 바른 관계에 있는 것을 말합니다.

기독교인이라 주장하지도 않으며 기독교에 대해 흥미가 없다는 사람을 예로 들어 봅시다. 그가 구하는 것과 원하는 것을 살펴보십시오. 그가 바라는 것은 여기의 이것과는 항상 다르다는 것을 아실 것입니다. 그러므로 그들의 행함도 이와 전혀 다르다는 것은 두말 할 것도 없습니다. 만일 그들이 다른 것들을 사모하고 추구한다면 그들은 분명히 다른 행실을 행할 것인데 그 결과는 기독교인의 생활이 비기독교인의 생활과 본질적으로 다르다는 점입니다.

비기독교인은 매사에 있어 철저하게 이 세상을 위해 산다고 말합니다. 그는 "이 세상만이 있을 뿐이므로 나는 세상에서 손에 넣을 수 있는 모든 것을 얻어야 하겠다."고 말합니다. 반면에 기독교인은 이 세상을 위해 살고 있지 않다는 말로 서두를 꺼냅니다. 기독교인은 세상을, 크고 영원하고 영광스러운 곳에 들어가는 과정으로 간주합니다. 그의 전망과 소망은 다르기에 그는 다르게 살아야 하겠다고 느끼는 것입니다. 세상에 속한 사람이 철저한 만큼 기독교인 역시 철저해야 합니다. 그리고 기독교인이라면 세상에 속한 사람과 또한 달라야 합니다.

베드로는 그의 첫 번 서신 2장에서 이 점을 완벽하게 언급했습니다. 즉 우리가 "어두운 데서 불러내어 그의 기이한 빛에 들어가도록" 불러내심을 받은 백성임을 진실로 믿을진대 우리는 이것을 그의 영광을 나타내기 위해 우리에게 되어진 일로 믿어야 합니다. 그런 다음 베드로는 이렇게 계속했습니다. "거류민과 나그네 같은 너희를 권하노니 영혼을 거슬러 싸우는 육체의 정욕을 제어하라 너희가 이방인 중에서 행실을 선하게 가져 너희를 악행한다고 비방하는 자들로 하여금 너희 선한 일을 보고 오시는 날에 하나님께 영광을 돌리게 하려 함이라"(벧전 2:11, 12). 이 말씀은 기독교인들의 논리의식에 대한 호소에 불과합니다.

사람들을 구별하는 또 하나의 본질적 차이는 그들이 무엇을 행할 수 있는가에 대한 그들의 신념에 있습니다. 세상에 속한 사람은 자기 능력에 대해 크게 자신을 가지며 무엇이나 할 준비가 되어 있습니다. 그러나 기독교인은 자기 자신의 한계를 사실대로 알고 있는 유일한 사람인 것입니다.

이것에 대해서는 뒤에 가서 자세히 취급해 보려고 하지만, 이상 말씀드린 것은 기독교인과 비기독교인과의 본질적이며 명백한 외면상의 차이점 일부에 지나지 않습니다. 우리가 어떤 사람이 되게 되어 있으며, 어떻게 살아야 하게 되어 있으며, 그리스도에게 속하지 않은 모든 사람과 완전히 대조됨으로써 그리스도처럼 되어야 할 것을 산상설교 이상으로 권고하는 것은 없습니다. 그러므로 우리 중에 그 누가 지금까지 세상에 속한 사람처럼 되려고 애쓴 사실 때문에 가책을 받는 사람이 있으면 이제부터 그렇게 하지 말아야 할 것입니다.

마지막으로, 기독교인과 비기독교인은 두 개의 전혀 다른 세계에 속해 있다는 사실입니다. 여러분은 팔복에서 첫째 복과 마지막 복에 똑같은 보상이 약속되어 있음을 주목하실 것입니다. "천국이 그들의 것임이요" 주님이 천국으로 시작하여 천국으로 끝맺으심에 있어 우리 자신에 대해 분명히 해야 할 것은 우리가 전혀 다른 세계에 소속되어 있다는 사실입니다. "너희는 본질에서만 다르지 않다.

너희는 전혀 다른 두 세계에서 살고 있다. 너희가 이 세상에 있기는 하지만 이 세상에 속해 있지 않다. 너희는 다른 백성들과 함께 살고 있다. 그렇다. 너희는 다른 나라의 시민이다."라고 주님께서 말씀하시는 것입니다. 이것은 이 인용절 어디에서나 강조되어야 할 중요한 점입니다.

천국이란 무슨 뜻이겠습니까? 여러분은 '천국'과 '하나님의 나라'를 구별해야 한다는 말을 들었을 것입니다. 그러나 저는 그 차이가 무엇인지 알 수 없습니다. 마태가 '하나님의 나라'라고 하지 않고 '천국'이라고 한 것은 어떤 이유에서였습니까? 그 대답은 마태가 원래는 유대인들을 위해 본 복음을 썼으며, 마태의 주요 목적은 유대인의 하늘나라 개념(혹은 천국관)을 정정해주려는 데 있었기 때문입니다. 그들은 물질적 천국관을 갖고 있었습니다. 그들은 물질적·군사적 의미의 천국관을 갖고 있었습니다.

그래서 우리 주님의 목적은 그의 나라가 근본 영적인 나라라는 것을 보여 주고자 했던 것입니다. 바꾸어 말하면 주님은 그들에게 이렇게 말씀했다고 생각할 수 있습니다. "너희는 천국을 세상 나라로 생각해서는 안 된다. 천국은 하늘에 있는 나라이다. 천국은 여러 가지 모양으로 땅에 영향을 미치게 되어 있다. 하지만 천국은 본질적으로 영적인 나라이다. 천국은 지상의 인간 영역에 속하여 있지 않고 하늘에 있다."라고 말입니다. 그렇다면 천국은 어떤 것이겠습니까? 천국은 본질적으로 그리스도의 통치와 그리스도가 다스리는 영역을 의미합니다.

천국은 다음과 같이 세 가지로 생각할 수 있습니다. 주님은 땅 위에 계실 때 천국이 임했다고 여러 번 말씀했습니다. 어디서나 그가 나타나서서 권세를 행사하시는 곳은 천국이었습니다. 여러분은 바리새인들이 바알세불을 힘입어 예수가 귀신들을 내쫓는다고 비난했을 때 예수께서 그 말이 어리석은 말인 것을 보여 주신 일을 기억하십니까? 그 때 예수께서는 "그러나 내가 하나님의 성령을 힘입어 귀신을 쫓아내는 것이면 하나님의 나라가 이미 너희에게 임하였느니라."(마

12:28)고 하셨습니다. 여기에 하나님의 나라가 있습니다. 그의 권세, 그의 통치가 실시되고 있었던 것입니다.

하나님의 나라가 '너희 안에', 또는 '너희 속에(가운데)' 있다고 말씀하신 때도 있었습니다. 주님께서는 "천국이 너희 가운데 나타나고 있다. 천국이 '여기 있다', '저기 있다' 하지 말라. 이 같은 물질적 천국관을 내버리라. 나는 여기 너희들 가운데 있다. 내가 일하고 있는 곳은 여기이다."라고 말씀하시려고 했던 것 같습니다. 그리스도의 통치가 나타나는 곳은 어디나 천국이 거기 있는 것입니다. 주님께서 제자들을 전도하러 보내실 때 주님은 그들을 영접하지 않는 사람들에게 "천국이 너희에게 가까이 왔다"라고 말하라고 하셨습니다. 천국의 뜻은 이상과 같습니다. 그러나 천국은 동시에, 모든 참 신자들 안에 있다는 것을 의미합니다. 로마가톨릭교회는 이 나라(this kingdom)와 교회를 동일시합니다. 그러나 이것은 옳지 않습니다.

교회는 혼합 대중을 내포하고 있기 때문입니다. 하나님의 나라는 교회에, 신자들의 마음속에 그리스도에게 복종하는 사람들 속에만 있습니다. 그리스도께서 그들 속에, 그들 가운데서 통치하십니다. 여러분은 사도 바울이 베드로의 말씀을 연상시키는 말씀으로 이것을 어떻게 표현했는지 기억하실 것입니다. 바울은 골로새서를 기록하는 가운데 "우리를 흑암의 권세에서 건져내사 그의 사랑의 아들의 나라로 옮기"신 아버지께 감사를 드렸습니다(골 1:13). '그의 사랑하는 아들의 나라'는 '하나님의 나라', 곧 '하늘나라'요, 우리가 들어갈 새 나라입니다.

예를 또 하나 들면, 바울은 빌립보서에서 '우리의 시민권은 하늘에 있다'고 했습니다. "우리의 시민권은 하늘에 있는지라 거기로부터 구원하는 자 곧 주 예수 그리스도를 기다리노니"인 것입니다(빌 3:20). 그리스도를 우리의 주님으로 인정하며 지금의 삶에서 그의 통치와 지배를 받고 있는 우리는 하늘나라에 있으며 천국은 우리 속에 있습니다. 우리는 그의 '사랑하는 아들의 나라'로 옮겨졌습니다.

우리는 '제사장들의 나라'가 된 것입니다.

천국을 바라보는 세 번째 방법은 다음과 같습니다. 천국이 앞으로 임할 것이라는 말에 저는 이의가 있습니다. 천국은 임했습니다. 천국은 임하고 있습니다. 천국은 지금 우리 속에 있습니다. 그러나 천국은 임하려 하고 있습니다. 천국은 그리스도의 통치가 온 세계 위에, 물리적이며, 물질적인 의미에서까지, 확립될 때에 임할 것입니다.

이 세상 나라들이 '우리 주와 그리스도의 나라'가 될 날이 오고 있습니다. 그 때는 천국이 완전한 형태로 온전히 임할 것입니다. 그리고 모든 것은 그의 통치와 지배를 받게 될 것입니다. 악과 사탄은 완전히 제거될 것이며, "의가 있는 곳인 새 하늘과 새 땅"(벧후 3:13)이 임할 것입니다. 그때는 천국이 물질적인 형태로 임할 것입니다. 그때는 영적인 것과 물질적인 것이 어떤 의미에서는 하나가 될 것이며, 만물은 그의 지배를 받을 것입니다. "하늘에 있는 자들과 땅에 있는 자들과 땅 아래에 있는 자들로 모든 무릎을 예수의 이름에 꿇게 하시고 모든 입으로 예수 그리스도를 주라 시인하여 하나님 아버지께 영광을 돌리게"(빌 2:10-11) 할 것입니다.

지금까지 우리는 팔복의 말씀에서 기독교인에 대한 일반적 서술을 살펴보았습니다. 그렇다면 여러분은 기독교인이 비기독교인과 본질상 얼마나 다른가를 아셨습니까? 그러므로 우리가 자문해 보아야 할 문제들은 이것입니다. 우리는 천국에 소속되어 있는가? 우리는 그리스도의 통치를 받고 있는가? 예수는 우리의 왕이요 주가 되시는가? 우리는 매일의 생활에서 이런 자질들을 나타내고 있는가? 이렇게 하는 것이 우리의 소망이 되고 있는가? 우리가 이렇게 되도록 작정되어 있는 사실을 알고 있는가? 우리는 참으로 복된 자인가? 우리는 행복한가? 우리는 가득 채워졌는가? 우리는 평화를 얻었는가? 하는 것입니다. 저는 총서론에서 "우리의 상태는 어떠합니까?"라고 여러분께 질문을 던졌습니다. 참으로 복되며, 행복한 사람은 주님께서 복되다고 하신 사람들뿐입니다.

"우리의 상태는 어떠합니까?"라는 질문은 간단한 질문입니다. 하지만 팔복에 대한 우리의 즉각적 반응에 따라 우리가 어떤 사람인가가 정확히 판별될 것입니다. 내게 팔복의 말씀이 거칠고 가혹하게 느껴지거나, 팔복이 내가 싫어하는 인물의 성격과 삶의 양상을 묘사한다고 느껴진다면 이것은 내가 기독교인이 아니라는 사실을 의미합니다.

만일 내가 이렇게 되고 싶지 않다면 나는 '허물과 죄로' 죽은 사람임에 틀림없습니다. 그러나 내가 보잘것없는 자이지만 내게 그렇게 되고자 하는 소원이 있을 때, 그리고 내가 아무리 부족하더라도 이것이 소원이요, 의욕일 때, 내 속에는 생명이 있다는 증거이며, 나는 하나님의 자녀임에 틀림없는 것이며, 하늘나라와 하나님의 아들의 나라의 시민임에 틀림없는 것입니다. 자 그럼 각자 자신을 살펴보시기 바랍니다.

4장

심령이 가난한 사람들은 복이 있나니

"심령이 가난한 자는 복이 있나니 천국이 그들의 것임이요" 마 5:3

우리는 이제 첫 번째 복 '심령이 가난한 자는 복이 있나니 천국이 그들의 것임이요'를 생각하게 되었습니다. 앞에서 말씀드린 바 있지만 심령이 가난한 자가 복이 있다는 말씀이 처음에 오는 것은 이상할 것이 없습니다. 이 말씀은 뒤에 오는 모든 복의 열쇠가 되기 때문입니다.

팔복에는 매우 뚜렷한 순서가 있습니다. 주님은 팔복의 순서를 아무렇게나 정해놓은 것이 아닙니다. 여기에는 영적·논리적 순서가 있습니다. 본문이 반드시 팔복의 첫머리에 와야 할 이유는 심령이 가난해지지 않고는 천국(혹은 하나님 나라)에 들어갈 수 없기 때문입니다.

천국에는 심령이 가난하지 않은 사람은 한 사람도 없습니다. 심령이 가난한 것은 크리스천과 천국시민의 가장 기본적인 특징이 되기 때문이며, 그 외의 모든 특징은 이 한 가지 특징의 결과인 것입니다.

심령이 가난해진다는 것은 속을 비우는 것을 의미하며, 나머지 복은 가득 채우는 것을 의미합니다. 우리가 먼저 비워지지 않으면 채워질 수 없습니다. 옛 술을 따라버리지 않는 한, 옛 술이 아직 채워져 있는 병에 새 술로 채울 수는 없습니다. 채우기 전에 먼저 비워야 한다는 것입니다. 복음에는 항상 이 두 가지 면이 있습니다. 먼저 허문 후에 세웁니다. 여러분은 시므온이 아기예수님을 팔에 안고 주님에 관해 한 말을 기억할 것입니다. "이(아이)는 이스라엘 중 많은 사람을 패하거나 흥하게 하며 비방을 받은 표적이 되기 위하여 세움을 받았고"(눅 2:34)라고 했습니다. 세워지기 전에 먼저 넘어짐이 있어야 합니다. 개심(改心)에 앞서 뉘우침이 선행해야 하는 것이 복음의 본질입니다.

그리스도의 복음은 해방하기에 앞서 정죄를 선언합니다. 이것은 매우 중요한 점입니다. 제가 이것을 신학적이며 교리적인 형태로 말씀드린다면, 첫 번째 복, "심령이 가난한 자는 복이 있나니 천국이 그들(만)의 것임이요"보다 더 완전한 믿음에 의한 칭의론은 없을 것입니다.

이상과 같이 첫째 복이 다른 모든 것의 기초가 된다는 점을 말씀드렸지만 이것이 전부가 아닙니다. 복음은 우리가 우리 자신을 마주 대할 때뿐만 아니라, 특히 산상설교의 '메시지'를 대할 때 우리 모두에게 엄중하고 철저한 테스트가 됩니다.

이 말씀은 여러분이나 제가 산상설교에 관해 갖고 있는 안이한 관념들, 즉 산상설교를 우리의 힘으로 행할 수 있다는 생각들을 즉각 정죄합니다. 이 말씀은 이것을 처음부터 부정하고 있습니다. 이 말씀은 앞서 우리가 생각해본 것처럼 산상설교를 새 율법으로 생각하거나 천국을 사람들에게 가져오는 조건으로 생각하는 견해들을 명확히 정죄하는 것입니다.

이 견해가 금세기 초에는 매우 유행했습니다. 사람들은 "천국을 가져오게"란 말을 많이 했으며, 산상설교를 이 말을 하기 위한 본문으로 사용했습니다. 그들은 이 설교를 그들에게 충분히 적용될 수 있는 것으로 생각하였습니다. "우리는 이 설교를 전하고, 사람들은 이것을 즉시 실천에 옮겨야 합니다."라고 그들은 말했습니다. 그러나 이 견해는 위험할 뿐 아니라, '심령이 가난한' 것을 기본 전제로 시작하는 본 설교 자체를 철저히 부정하는 견해입니다.

다시 말하면 산상설교는 우리에게 이렇게 말합니다. "너희가 가늠해야 할 산이 있다. 너희는 그 산을 올라가야 한다. 너희가 이 산을 바라볼 때 먼저 알아야 할 것은 너희가 혼자 힘으로는 이 산을 오를 수 없으며, 너희 자신의 힘으로 올라가 보려는 모든 시도는 너희가 아직 그 높이를 알지 못하고 있다는 증거이다."라고 말입니다. 이 말씀은 즉각 실천에 옮길 수 있는 하나의 프로그램으로 간주하는 관념을 처음부터 정죄하는 것입니다.

이것을 보다 영적인 관점에서 취급하기에 앞서 본 절의 해석에 관한 문제를 먼저 생각해봐야 하겠습니다. 본문을 "가난한 자는 영적으로 복이 있다"로 읽어야 한다고 주장하는 사람들이 있습니다. 그들은 누가복음 6장 20절에 "심령이 가난한"이란 말이 없고 단지 "가난한 자는 복이 있나니"라고 되어 있는 유사 어구로부터 이와 같은 결론을 끌어내는 것 같습니다. 그래서 그들은 이 어구를 가난을 권장하는 말씀으로 간주합니다. 하지만 이것은 전혀 잘못된 것임이 분명합니다. 성경은 아무데서도 이와 같이 가난이 좋은 것이라고 가르치지 않습니다.

생래적인 의미에서 말할 때 가난한 사람도 부자와 똑같이 하늘나라와는 거리가 먼 것입니다. 가난한 것에 미덕이나 유익한 것은 없습니다. 가난은 영성을 보장해 주지 못합니다. 그러므로 분명코 이 어구는 이것을 의미하는 것일 수 없습니다.

만일 여러분이 누가복음 6장의 문단을 전체로써 취한다면, 주님은 '가난'이란 말씀을 세속 정신에 지배를 받지 않고 있다는 의미로 말씀하신 것이며, 여러분이 부귀에 의존하지 말라는 의미로 가난을 말씀하신 것입니다. 부귀에 의존하는 정신은 정죄를 받은 정신입니다.

많은 부자들과 똑같이 부귀에 의존하는 가난한 사람들이 많은 것도 분명합니다. 그들은 "만일 내가 무엇 무엇만 갖고 있다면"이라고 말하며 그것을 갖고 있는 사람들을 부러워합니다. 그들이 이 같은 상태에 있다면 그들은 복되지 못합니다. 그러므로 이 말씀은 그와 같은 가난을 말씀하신 것일 수 없습니다. 제가 이 점을 강조해야 하는 이유는 로마가톨릭 주석가들의 대다수와 영국교회 안의 그들의 모방자들은 이 말씀을 그와 같은 의미로 해석하기를 매우 좋아하기 때문입니다. 그들은 이 말씀을 자발적 빈궁을 권장하는 성경의 근거로 삼습니다. 그들의 후원자는 아시시의 성 프란시스이며 그들은 그와 같은 '타입'의 사람들만이 이 복에 부합하는 사람들인 것으로 생각합니다. 그들은 말하기를 이 말씀은 일부러 스스로 가난해지고 부귀에 등을 돌린 사람들을 가리켜 하신 말씀이라고 합니다.

여러분은 고(故) 고어(Gore) 주교가 산상설교에 관한 저서에서 이렇게 가르친 것을 보게 될 것입니다. 그의 글은 이 복에 대한 가톨릭교회의 특색을 나타내는 해석입니다. 하지만 지금까지 제가 말씀드린 몇 가지 이유로 해서 이 해석은 성경에 위배됩니다.

우리 주님께서 여기서 관심을 가지신 것은 '영'입니다. '영'의 가난입니다. 환언하면 이것은 사람의 자기 자신에 대한 태도를 말합니다. 그가 부자이든 가난뱅이든 중요한 것은 이 부분입니다. 이 복이 성경의 다른 어느 구절보다 자연인과 기독교인과의 본질적인 차이를 보다 분명하게 가리킨다고 우리가 말할 때, 우리는 앞에서 살펴 본 여러 일반 원칙 중 하나에 대해서 완벽한 실례를 가지는 셈이라 하겠습니다.

우리는 이 두 나라 즉 하나님의 나라와 이 세상 나라, 기독교인과 자연인 사이에 하나의 명백한 구별 즉 완전하고 절대적인 구별과 구분을 보게 됩니다. "심령이 가난한 자는 복이 있다"란 말씀보다 이 차이를 더 강조하는 진술은 없다고 하겠습니다.

여러분에게 이것을 대조해 보여드리겠습니다. 이 말씀은 세상의 칭찬을 받지 못할 뿐 아니라 멸시를 받습니다. 여러분은 이 구절 이상으로 세속정신과 견해에 반하는 것을 결코 찾아볼 수 없을 것입니다. 세상은 자기 신념과 자기 의지와, 자신과 자기표현을 얼마나 크게 강조합니까? 문학을 보십시오. 문학은 만일 여러분이 이 세상에서 처세를 하려면 자신을 믿으라고 합니다. 이런 관념이 현대인들의 생활을 지배하고 있습니다. 이런 관념이 기독교 메시지 바깥의 모든 생활을 지배하고 있습니다. 예를 들어 현대 관념에 따를 것 같으면 훌륭한 '세일즈맨십'의 본질은 무엇이라고 말합니까? 그것은 자신감과 확신이라고 합니다. 고객에게 감명을 주고 싶으면 여러분은 이 방법을 따라야 합니다. 이런 관념이 어느 영역에서나 통용되고 있습니다.

만일 여러분이 직업에 성공하고 싶으면 여러분은 이미 성공한 사람이라는 인상을 주어야 합니다. 따라서 여러분은 사실 이상으로 여러분이 성공적이라고 암시하게 됩니다. 그리고 사람들은 "저 사람을 만나봐야 하겠다."라고 말하게 됩니다. 현대에 통용되는 생활원칙은 이것입니다. 너 자신을 표현하고, 너 자신을 믿고, 네 속에 있는 능력을 인식하고, 온 세상으로 하여금 그 능력들을 보고 알게 하라는 것입니다. 그들은 자신감과 신념과 자기를 의지하라고 말합니다. 그리고 사람들은 이 원칙을 그 나라에 갖고 들어갈 수 있다고 생각하는 모양입니다. 이 원칙은 여러분이 법률에 의해서만 완전한 사회를 만들 수 있다는 거짓된 가정의 기초가 되고 있습니다. 우리는 교육과 지식의 힘으로 사람을 구원하며, 그들을 변화시키며 고상한 인간으로 만들 수 있다고 합니다. 우리는 이 비극적 자신감의 표현을 어디서나 볼 수 있습니다.

본문에서 우리는 이와 철저하고 절대적으로 대조되는 것과 마주 치게 됩니다. 사람들이 이런 유형의 진술을 어떻게 보는가를 우리가 알게 되는 것은 비극입니다. 어떤 사람이 몇 년 전에 찰스 웨슬리의 유명한 찬송 「비바람이 칠 때와」를 비평한 내용을 인용해보겠습니다.

'신의 이름은 의롭고 거룩하오나 나는 온통 불의뿐이오며,
나에게는 죄악이 가득하게 찼으나 예수께는 진리와 은혜 충만하도다.'

그는 이 구절을 비웃고, "직업이나 직장을 구하는 사람이 고용주에게 가서 말하기를 '저는 죄와 악함이 가득하게 찼습니다.'라고 말한다는 것을 상상이나 할 수 있겠습니까? 웃기는 소리요."라고 했습니다. 그리고 그는 자기 딴에는 기독교라고 생각하는 입장에서 이렇게 말했으니 참으로 유감입니다. 여러분은 그가 이 첫 번째 복에 대하여 얼마나 완전히 오해하고 있는가를 보게 됩니다. 우리는 서로 마주 서 있는 사람들을 보고 있는 것이 아니요 하나님과 얼굴을 대하고 있는 사람들을 보고 있는 것입니다.

만일 그 누군가가 하나님 앞에서 철저한 가난한 영 이외 다른 것을 느끼게 된다면, 그가 근본적으로 하나님을 바라보고 있지 않다는 것을 의미할 뿐입니다. 이 첫 번째 복의 의미는 이상과 같습니다. 하지만 이 복은 오늘의 교회에서도 인기가 없습니다. 앞에서 말씀드린 대로 오늘의 교회와 과거시대, 특히 청교도시대와의 대조는 너무나 크고 놀라우며 매우 유감스럽습니다.

오늘의 교회에 '개성' 운운하는 말들처럼 어리석고 비기독교적인 것이 없습니다. 여러분은 화자(話者)들의 '개성'에 관하여 "저 사람은 얼마나 훌륭한(멋진) 개성을 지니고 있습니까?"와 같은 말을 사용하는 것을 보았을 것입니다. 이처럼 말하는 사람들이 개성을 정의하는 방법을 보노라면 비극입니다. 그것은 대체로 혈육적·육적인 것이며, 일종의 외모를 두고 하는 말들입니다. 하지만 더 위험한 것은 이런 태도는 대체로 자신감과 자존심과 자기표현과 한편으로는 참된 개성을 혼동하는데 근거하고 있습니다.

저는 성경에서 가장 큰 덕목으로 간주되는 것, 즉 겸손을 올바르게 평가하지 못하는 경향을 가끔 봅니다. 저는 언젠가 어떤 위원회의 사람들이 어떤 후보자에 대하여 "네, 매우 좋습니다. 하지만 그는 개성이 부족해요."라고 말하는 것을 들은 일이 있는데, 내 견해에 의하면 그 사람은 겸손했던 것입니다.

세상에는 도전성과 자신감을 격려하고 높이며, 자기와 자기 자신의 개성을 이

용하며 개성을 나타내려 애쓰며 끔찍하게도 '개성을 인정받으려' 애를 쓰는 경향이 있습니다. 기독교의 사역과 관련해서 사용되고 있는 광고도 점차 이런 경향을 매우 크게 나타내고 있습니다. 여러분은 하나님의 가장 위대한 일꾼들과 위대한 전도자들의 활동기록을 보십시오. 그들이 얼마나 표면에 나서지 않는가를 아실 것입니다. 하지만 오늘에는 이와 완전히 반대되는 것을 체험하게 됩니다.

오늘날에는 사역에 관한 광고와 사진들이 표면에 잘 드러나고 있습니다. 이것은 무엇을 의미하는 것이겠습니까? "우리는 우리 자신을 전함이 아니요, 주 예수 그리스도를 전한다."라고 바울은 말했습니다. 그가 고린도에 갔을 때 그는 "약하고 두려워하고 심히 떨었노라"(고전 2:3)고 했습니다. 바울은 자신을 가지고 속편한 마음으로 강단에 올라서지 않았으며, 큰 개성을 갖고 있다는 인상을 주지도 않았습니다. 사람들은 오히려 "그의 외모가 보잘것없고 말이 시원하지 않다."고 했습니다. 우리는 성경의 진리와 귀감에서 얼마나 멀리 떠나 방황하고 있는 것이겠습니까? 아! 교회가 세상과 세상의 방법으로 그 전망과 생활에 영향을 받게끔 허용하는 것은 얼마나 비극입니까?

교회에서는 심령이 가난한 자와 가난하게 되는 것이 항상 인기가 있어야 마땅한데, 과거에는 인기가 있었지만 오늘날에는 교회에서마저도 인기가 없습니다. 기독교인들은 이 문제들을 다시 생각해봐야 하겠습니다. 여러 가지 세상일들을 액면 그대로 받아들이지 말아야 합니다. 무엇보다도 이 세상 심리에 유혹되지 않도록 합시다. 우리는 이 '악한 세상'에 속하는 어느 것과도 다른 나라에 살고 있다는 것을 처음부터 분명히 하십시다.

이제는 이 문제에 대하여 더욱 긍정적으로 접근해봅시다. 심령이 가난하다는 것은 무엇을 의미하는 것입니까? '심령이 가난하다'는 것은 우리가 소심하거나 자신 없어야 한다거나 용기가 부족하다거나 교제를 싫어하며 수줍어하는 것을 의미하는 것이 아닙니다. 세상과 교회가 어리석게도 '개성'이라고 일컫는 이 같은 자기주장에 반대하여, 어떤 사람들은 개성이란 바로 이런 것을 의미하는 것이라고 생각하는 사람들이 있는 것이 사실입니다. 생래적으로 주제넘게 앞으로 나서지 않고 항상 뒤에 머물러서며, 남에게 참견하고 나서기를 싫어하는 사람들이 있습니다. 그들은 아예 날 때부터 그 모습으로 태어나며 심지어 나약하기까지 하며 용기가 부족하고 수줍어합니다.

팔복에 나타나 있는 자질 중 생래적 자질로 되어 있는 것은 하나도 없다는 사실을 저는 앞에서 강조한 바 있습니다. 그러므로 '심령이 가난하다'는 것은 여러분이 그와 같이 태어났다는 것을 의미하지 않습니다. 이런 생각은 아예 영원히 제거해버려야 됩니다. 그리고 이 말은 '우라이어 히프'(Uriah Heep, 찰스 디킨즈의 자서전적 소설 David Copperfield에 나오는 인물)의 모방자들이 되는 것을 의미하지도 않습니다. 이것을 '심령이 가난하다'는 뜻으로 오해하는 사람들이 적지 않습니다.

제가 어떤 도시에 설교하러 간 적이 있는데, 토요일 아침에 그곳에 도착하였을 때 어떤 사람이 역에서 저를 만나 내 가방을 즉각 달라고 하면서 그것을 제 손에서 강제로 거의 빼앗다시피 했습니다. 그는 "저는 당신이 오늘 설교하려는 교회의 집사입니다."라고 말한 다음, "저는 아무것도 아닌 존재입니다. 매우 하찮은 사람입니다. 저는 중요하지 않은 사람입니다. 저는 저희 교회의 큰 사람이 아닙니다. 저는 그저 목사님의 가방이나 들고 다닐 그런 사람들의 하나입니다."라고 말했습니다.

그는 자기가 얼마나 '심령이 가난한' 사람인가를 저에게 보이려는 열심에서 이렇게 말했던 것입니다. 하지만 이렇게 함으로써 그는 자기가 입증하려던 바로 그것을 부정하고 있었습니다. 말하자면 자기의 가난한 심령을 자랑스럽게 여기는 '우라이어 히프' 같은 그 사람은 이렇게 함으로써 자기가 겸손하지 못함을 증명했습니다. 그는 자기가 분명히 느껴보지 못한 그 무엇을 가장한 것입니다. 오늘에 와서는 이것이 과거처럼 그리 심하지는 않지만 많은 사람들에게 큰 위험이 되고 있습니다. 이것이 한때는 교회의 저주거리가 되어 사람의 용모와 심지어 걸음걸이에까지 영향을 주었던 때도 있었습니다. 이것은 그리스도의 대의에 큰 해를 끼쳤습니다. 현대인들은 이것을 맹렬하게 공격했습니다. 어떤 경우에서는 극단의 반대방향으로까지 나아간 일도 있습니다.

저는 목사의 가운을 옹호하는 사람이 아닙니다. 하지만 만일 제가 목사의 가운이나, 자기가 목사라는 인상을 주지 않기 위해 고의로 피하려는 사람의 옷 가운데 하나를 택해야 한다면 저는 분명코 가운을 택할 것입니다. 어떤 사람이 얼마 전에 어떤 목사님에 관한 이야기를 하는 가운데 그가 아무개 목사는 목사처럼 보이지 않는다는 사실에 크게 감명을 받은 것 같았습니다. "그는 설교자처럼 보이지 않습니다. 그 분은 번창하는 사업가 같았어요."라고 말했습니다. 저는 사람들의 외모에는 관심이 없습니다. 하지만 하나님의 사람이 '번창하는 사업가'처럼 보여서는 안 되겠고, 그런 인상을 일부러 주려고 해서도 안 되는 것이라고 말씀 드립니다.

우리는 영에 관심을 가져야 합니다. '심령이 가난한' 사람은 자기의 외모와 인상에 대해 염려할 필요가 없습니다. 그는 항상 올바른 인상을 줄 것이기 때문입니다.

다시 말씀드리면 '심령이 가난하다'는 것은 개성을 억압하는 것이 아닙니다. 이 점 역시 매우 중요한 것입니다. 개중에는 제가 지금까지 말씀드린 내용과 의견을 같이 하기는 하되 '심령이 가난하다'는 말씀을 이런 식으로 해석하여 자기 개성을 억압할 필요를 강요하는 사람들이 있습니다. 그 실례 하나를 들어야만 설명이 될 유형의 주제는 「아라비아의 로렌스」의 이야기에서 볼 수 있습니다.

여러분은 자기를 숨기고 자기의 개성을 억누르기 위해 자기 이름까지 바꾸어 영국 공군의 평범한 병사가 된 사람을 기억하실 것입니다. 여러분은 그가 자전거 사고로 비극적인 최후를 마친 사실과, 그가 겸손과 자기희생의 모범인으로 얼마나 찬양을 받았는가를 회상하실 것입니다. 심령이 가난하다는 것은 이런 일을 의미하지 않으며, 여러분이 이름을 바꾸고 여러분 자신을 거짓되게 십자가에 못 박거나 다른 사람의 성격이나 개성을 가져야 함을 의미하지도 않습니다. 이 것은 철저할 정도로 비성경적이며, 전혀 비기독교적인 것입니다.

이와 같은 유형의 행동이 세상에 감명을 주는 일이 많고 기독교인들에게도 감명을 주는 일이 있습니다. 그들은 이것을 놀랍게 겸손한 것으로 간주하기 때문입니다. 참으로 '심령이 가난한' 사람은 큰 희생을 하는 사람이라거나 승려들처럼 생활의 어려움과 책임을 벗어나는 사람이라고 생각하는 경우가 있는데, 이것은 교묘한 유혹이 되고 있습니다. 하지만 이것은 성경적인 방법이 아닙니다. 여러분은 '심령이 가난하기' 위해 삶의 길에서 벗어나서는 안 됩니다. 여러분은 이름만을 바꾸어서는 안 됩니다. 왜냐하면 심령이 가난하다는 것은 영의 문제이기 때문입니다.

한 걸음 더 나아가 '심령이 가난한' 것은 위대한 학자들의 겸손을 논할 때와 같은 의미의 겸손도 아닙니다. 대체로 말해서 참으로 위대한 사상가는 겸손합니다. '위험한 것'은 바로 '눈곱만한 지식'인 것입니다. 그러므로 '심령이 가난하다'는 것이 이런 것을 의미하지 않는 이유는 그 겸손이 지식의 광대함을 의식한 데서 산출된 것이기 때문이며, 성경적인 의미의 '영의 겸손'이 아니기 때문입니다.

이상 말씀드린 것이 부정적인 면들이라고 하면, '심령이 가난한' 것의 긍정적인 면은 어떤 것이겠습니까? 이 문제에 대한 최상의 대답을 성경 말씀에서 가져온다면 "지극히 존귀하며 영원히 거하시며 거룩하다 이름 하는 이가 이와 같이 말씀하시되 내가 높고 거룩한 곳에 있으며 또한 통회하고 마음이 겸손한 자와 함께 있나니 이는 겸손한 자의 영을 소생시키며 통회하는 자의 마음을 소생시키려 함이라"(사 57:15). 이것이 겸손의 특성입니다. 여러분은 구약성경에서 끝없이 많은 실례를 보실 수 있습니다. 예를 들어 기드온과 같은 사람의 영입니다. 주님께서 해야 할 큰일을 그에게 전하기 위해 사자를 보내셨을 때 그는 "보소서 나의 집은 므낫세 중에 극히 약하고 나는 내 아버지 집에서 가장 작은 자니이다"(삿 6:15)라고 했습니다. 이것은 모세의 정신과 같았습니다. 그는 자기에게 부과된 임무를 수행할 자격이 없음을 깊이 느끼고 자신의 부족과 부적격을 의식했던 것입니다.

우리는 그것을 다윗에게서도 볼 수 있습니다. 그는 "주여, 내가 누구이기에 당신이 제게로 오시나이까?"라고 말했습니다. 그 일이 그에게는 믿어지지가 않았고 그 일로 매우 놀랐습니다.

우리는 이것을 이사야에게서도 보게 됩니다. 환상을 본 이사야는 "나는 입술이 부정한 사람이요"(사 6:6)라고 했습니다. '심령이 가난한' 것이란 바로 이런 것입니다. 또한 사도 베드로와 같은 사람에게서도 볼 수 있습니다. 그는 생래적으로 공격형이요, 자기 주장적이요, 자신감으로 가득하고 자신을 믿는 현대의 전형적인 세속인이라고 할 수 있습니다. 하지만 그가 주님을 볼 때 그는 "주여 나를 떠나소서 나는 죄인이로소이다"(눅 5:8)라고 했습니다. 사도 바울에게 찬사를 바칠 때의 그를 보십시오(벧후 3:15, 16). 하지만 동시에 그는 담대한 사람이었습니다. 그는 나약하거나 약한 사람이 되지 않았습니다. 그렇습니다. 베드로 고유의 개성은 변함없이 그대로였습니다. 하지만 동시에 그는 심령이 가난했습니다.

이것을 사도 바울에게서도 찾아봅니다. 그는 큰 능력을 가졌고 그 능력을 충분히 의식하고 있던 사람이었습니다. 하지만 그의 서신을 읽으면서 여러분은 그의 생애 끝까지 그가 싸워야 했던 싸움은 자만에 대항하는 싸움이었음을 보게 됩니다. '자랑'이란 말을 그가 계속 사용한 것도 이런 까닭에서였습니다.

그는 빌립보교회에 부치는 편지(3장)에서 육체를 신뢰하는 일에 대해 우리에게 말했습니다. 그것이 경쟁의 문제라면 그는 아무것도 무서울 것이 없다고 했습니다. 그런 다음 그가 자랑할 수 있는 것들의 목록을 우리에게 보여주었습니다. 하지만 다메섹으로 가는 길에서 부활하신 주님을 보고 난 후로 그는 모든 것을 '해

(손실)'로 여겼습니다. 이 같은 능력을 소유했던 그가 고린도에 나타났을 때에는 제가 이미 상기시킨 바와 같이 "약하고 두려워하고 심히 떨기까지"(고전 2:3) 하였습니다. 이것은 그 후에도 여전하였습니다. 바울은 전도의 임무를 계속하면서 "이런 일들에 자격 있는 자가 누구냐?"라고 물었습니다. 만일 어느 누구가 '자격이 있다'고 생각할 권리가 있었다면 그것은 바로 바울이었습니다. 그러나 그는 '심령이 가난했으므로' 자신이 부적격자라고 느꼈던 것입니다.

하지만 무엇보다도 우리는 이것을 우리 주님의 생애에서 보게 됩니다. 그는 사람이 되셨고, '죄인인 육신의 모양'을 입으셨습니다. 그는 하나님과 동등하셨지만 신성의 대권을 쥐지 않으셨습니다. 그는 하나님이셨지만 여기 땅 위에 계시는 동안 사람처럼 사시기로 결정하셨습니다. 그는 "나 스스로는 아무것도 할 수 없노라"고 말씀하셨습니다. 또한 "내가 너희에게 이르는 말은 스스로 하는 것이 아니라 아버지께서 내 안에 계셔 그의 일을 하시는 것이라"(요 14:10)고도 했습니다. "나는 아무것도 할 수 없고 그에게 절대 의존한다." 바로 이런 뜻입니다. 그리고 그의 기도생활을 보십시오. 여러분이 주님의 가난한 영과 하나님을 의뢰하신 것을 보게 되는 것은 그가 기도하시는 것을 살펴보고 그가 기도로 보낸 시간을 살필 때입니다.

이것이 '심령이 가난하다'는 의미입니다. 이것은 자만심이 없으며 자신과 자기의존이 완전한 없음을 의미합니다. 이것은 우리가 하나님 앞에서 아무것도 아닌 존재라는 의식을 의미합니다. 우리 스스로 할 수 있는 것은 하나도 없습니다. 가난하다는 것은 우리가 하나님과 마주 대할 때 느끼는 우리의 철저한 무능에 대한 이 엄청난 인식입니다. 이것이 '심령이 가난하다'는 것입니다.

저는 할 수 있는 한 성경의 가르침을 근거해서 강하게 이것을 표현하려고 합니다. 그것은 우리가 기독교인이라면 우리는 생래적 혈통을 의뢰하지 않아야 한다는 것입니다. 우리는 가문에 의존하지 않아야 한다는 것입니다. 우리는 어떤 국가나 국적에 속해 있다고 자랑하지 않아야 한다는 것입니다. 우리는 생래적 기질(성질)을 기초로 삼아 그 위에 세우지 않아야 한다는 것입니다. 우리는 생래적 지위나 우리에게 부여된 어떤 능력을 신앙하거나 의뢰하지 않아야 한다는 것입니다. 우리가 자랑해야 할 것은 우리가 받은 교육이나 어떤 특정 학교나 대학이 아닙니다. 이것들은 모두 바울이 "배설물"(빌 3:8)로 간주한 바로 그것입니다. 이것은 그를 지배하고 통제하는 경향이 있었으므로 보다 더 큰일을 하는데 장애가 되었습니다.

기독교인은 타고난 '개성'이라든가, 지능이라든가 일반적 혹은 특수적 능력이나 재능을 의뢰해서는 안 됩니다. 자신의 도덕성이나 선한 행실을 신뢰해서도 안 됩니다. 우리가 지금까지 살아왔거나 또는 앞으로 살려고 애쓰는 삶에 조금이라도 의지해서는 안 됩니다. 우리는 바울이 간주한 것처럼 이 모든 것을 배설물로 간주해야 합니다. 이것이 '심령의 가난'입니다. 이 모든 것에서 완전히 벗어나야 합니다.

거듭 말씀드리면 그것은 우리가 아무것도 아니라는 느낌이며, 우리가 아무것도 소유하고 있지 않으며, 우리가 철저히 복종한 상태로 하나님을 바라보며 그와 그의 은혜와 자비를 철저하게 의뢰하는 것입니다. 예컨대 이사야가 환상을 보고 "화로다 나는 입술이 부정한 사람이라"고 말할 때의 체험 같은 것입니다. 이것이 '심령이 가난한 것'입니다. 이생에서 다른 사람들과 경쟁할 때 우리는 "나는 그들의 호적수야."라고 말을 합니다.

이런 말들이 그 나름대로는 모두 옳습니다. 하지만 하나님에 대한 개념을 가지고 있는 사람이라면 밧모섬의 사도 요한처럼 필시 '죽은 자처럼' 느끼게 됩니다. 우리는 하나님 앞에서 이와 같은 느낌이 되어야 합니다. 우리 속에 있는 생래적 심령이 쇠퇴하는 것은 생래적 심령이 왜소함과 연약함에 노출되기 때문만이 아니라 그 죄악성과 불결성이 동시에 나타나기 때문입니다.

여기서 이렇게 질문해봅시다. '나도 그와 같은가? 나는 심령이 가난한가? 내가 하나님께 비추어 하나님 앞에서 나를 살펴볼 때 나는 어떻게 느끼게 되는가? 나는 일상생활에서 무엇을 말하고 있는가? 나는 어떤 내용의 기도를 하는가? 나 자신에 대하여 나는 어떤 것들을 즐겨 생각하는가?' 우연한 일들, 내가 그 일에 대해 책임이 없는 것들, 우리가 하나님 앞에 서서 심판받을 때 무로 간주될 이 인위적인 것들을 이렇게 자랑하는 것은 얼마나 가련한 일이냐! 이 가련한 자아여!

래베이더의 찬송은 이 점을 완벽하게 표현하고 있습니다. "이 가련한 자아는 점점 쇠하게 하시고…" "오, 예수 그리스도여 내 안에서 흥하소서." 결국 사람은 어떻게 해서 '심령이 가난'해지는 것이겠습니까? 그 대답은 여러분이 여러분 자신을 바라보거나 여러분 자신을 위하여 일을 하려고 애쓰는 것에 있지 않습니다. 바로 이것이 수도원의 과오였습니다. 이 가련한 사람들은 심령이 가난해지려는 열심에서 "나는 사회에서 벗어나야 하겠다. 나는 내 육신을 괴롭히고 신고(辛苦)를 당하며 내 몸을 불구로 만들어야 하겠다!"고 했습니다. 이것은 아닙니다. 이런 일을 하면 할수록 여러분은 자신을 더 의식하게 될 것이며, 심령이 덜 가난하게 될 것입니다.

심령이 가난하게 되는 길은 하나님을 바라보는 것입니다. 성경을 읽고, 하나님의 법을 읽고, 하나님께서 우리에게 무엇을 기대하시는가를 살피고 우리가 하나님 앞에 서 있음을 응시하십시오. 동시에 주 예수 그리스도를 바라보고, 우리가 주님을 복음서에서 보게 되는 그대로 주님을 바라보십시오. 이렇게 하면 할수록 여러분은 주님과 주님의 하신 일을 보면서, "주여, 믿음을 더하소서."라고 말한 사도들의 반응을 이해하게 될 것입니다.

그들은 그들의 믿음이 아무것도 아닌 것으로 느껴졌습니다. 그들은 그들의 믿음이 너무 약하고 너무 빈약한 것으로 느껴졌습니다. "주여, 우리에게 믿음을 더하소서. 우리가 귀신을 쫓아내고 당신의 말씀을 설교했기 때문에 우리는 무언가를 가지고 있다고 생각했습니다. 하지만 이제 아무것도 없다고 느끼게 되었습니다.

주여, 우리에게 믿음을 더하소서." 주님을 바라봅시다. 주님을 바라보면 볼수록 우리 스스로는 무력하다는 것을 느끼게 됩니다. 그래서 우리들은 더욱 '심령이 가난하게' 될 것입니다.

바로 이것이 우리에게 행해져야 할 것들입니다. 여러분이 자신의 절대 가난함과 공허함을 느끼지 않고는 주님을 참으로 바라볼 수 없을 것입니다. 그런 다음 주님에게 말씀하십시오.

내 손에 있는 것은 하나도 없으니 오, 주여! 당신의 십자가를 붙들 뿐입니다. 속이 비고 무력하고 벌거벗은 죄인이지만 주님은 항상 충족시켜 주십니다. 제게 필요한 것이 모두 당신에게만 있사오니 오! 하나님의 어린양이시여, 주께로 갑니다.

5장

애통하는 사람들은 복이 있나니

"애통하는 자는 복이 있나니 그들이 위로를 받을 것임이요" 마 5:4

우리는 이제 두 번째 복을 생각하게 되었습니다. "애통하는 자는 복이 있나니 그들이 위로를 받을 것임이요." 이 복도 첫째 복처럼 기독교인을 기독교인이 아닌, 세상에 속한 사람과는 전혀 다른 존재로 눈에 띄고 구별되게 합니다.

참으로 세상은 '애통하는 자는 복이 있나니' 이 말을 우습게 여기고 있으며 가능한 피하고 싶어 하는 것이 하나 있다면 그것은 애통하는 것입니다. 세상의 철학은 두통거리들을 잊어버리라, 이런 것들에 등을 돌려 버리라, 이런 것들을 피할 수만 있다면 무슨 일이든 불사하라는 것입니다. "두통거리를 찾지 않아도 귀찮은 일들이 이렇게 많은데 하필이면."이라고 세상은 말합니다. 그러므로 할 수 있는 대로 행복하자라고 말합니다. 향락을 즐기려는 사람들이 좇고 있는 쾌락과 돈, 에너지, 열광들은 모두 이 애통하는 마음에서 벗어나기 위한 표현이라 하겠습니다. 하지만 복음은 '애통하는 자가 복이 있다'라고 합니다. 참으로 애통하는 자들만이 행복하다는 것입니다.

여러분이 누가복음 6장의 병행어구를 보신다면, 이 말씀이 더욱 돋보이게 기록되어 있음을 아실 것입니다. 그곳에는 부정적인 표현이 사용되었기 때문입니다. "화 있을진저 너희 지금 웃는 자여 너희가 애통하며 울리로다"(눅 6:25). 이 말씀은 화를 선언함으로써 이 세상의 웃음과 유쾌함과 행복을 정죄하고 있습니다. 하지만 이 말씀은 애통하는 사람들에게는 복과 행복과 기쁨과 평화를 약속합니다.

기독교인에 관한 이 예비적인 진술들은 매우 중요한 진술입니다. 우리는 여기서 영적 의미의 애통을 취급하고 있음이 다시 한번 분명해졌습니다. 우리 주님은 생래적 의미로, 어떤 사람의 죽음 때문에 당하는 그런 의미로 애통하는 사람들이 복이 있다고 말씀하지 않았습니다.

이것은 영적인 애통인 것입니다. 심령의 가난이 금전적인 것이 아니고 본질적으로 영적인 것임은 이미 살펴 본 바와 같이 이것도 전적으로 영적인 것이며, 이 세상에서의 자연적 삶과는 아무 관계가 없습니다. 팔복은 영적 상태와 영적 자세를 가리켜 주님은 애통하는 사람들이 복되다고 말씀하십니다.

앞에서 살펴본 대로 이것은 속세에서는 찾아볼 수 없는 것이며, 속세에서 찾아볼 수 있는 것과는 현격한 대조를 이루고 있습니다. 하지만 이것이 오늘의 교회에서는 분명하지 않습니다. 제가 이미 말씀드린 대로 어떤 의미에서는 이것이 우리가 산상설교를 고찰해보아야 할 주요 이유가 됩니다. 교회가 세상에 큰 충격을 주지 못하는 것은 산상설교를 주목하거나 실천하지 못하기 때문이라고 말하겠습니다.

많은 사람들이 생각하는 대로, 교회 자체는 모두 옳고 교회가 해야 할 일은 모두가 바깥세상을 복음화 하는 것뿐이라는 생각보다 더 비극적이고 근시안적이고 통찰력이 부족한 생각도 없습니다. 어느 부흥운동을 막론하고 무릇 모든 부흥운동은 교회 자체가 기독교회로서, 그리고 여기 팔복에 서술된 내용에 근사한 개개 기독교인들로서의 참된 기능을 발휘하기 시작할 때에 교회밖에 있던 사람들이 이끌려 들어온 사실을 증명하고 있습니다. 그러므로 우리는 오늘의 교회가 세상에 영향력을 주지 못하는 이유는 분명하다 하겠습니다. 이것은 부분적으로는 가짜 청교도주의에 대한 영향으로서(청교도주의가 아니라 '거짓된' 청교도주의입니다.) 나타난 현상입니다. 솔직히 말해서 이것(거짓된 청교도주의)은 지난 19세기말과 20세기 초에 너무나도 크게 눈에 띄었습니다. 이것은 자연스런 것이 아니고 사람들이 경건의 모양을 가장해서 나타낸 것입니다. 따라서 신앙생활은 거의 비참한 것이라는 인상을 주었고 자연스럽고 진정한 많은 것들에 등을 돌리게 했습니다. 그래서 기독교인은 매력이 없다는 인상을 주었으며 그리하여 이것에 대해서 맹렬한 반대급부 현상이, 너무나도 맹렬해서 다른 극단으로 치달려버린 현상이 일어났다고 생각합니다.

이것에 대한 또 한 가지 원인을 말씀드리면, 우리가 기독교인으로서 기독교인이 아닌 사람들을 끌어들이려면 우리는 일부러 밝고 명랑한 모양을 가장해야겠다는 생각이 유포된 것입니다. 이리해서 많은 사람들이 속사람의 기쁨과 행복을 가지려 애쓰지 않고 겉치레를 도모했습니다. 오늘의 교회생활에서 애통의 특징이 사라진 이유는 이것입니다. 이러한 피상성과 수다스러움이나 가장된 쾌활은 비지성적인 것이라 하겠습니다. 하지만 이 모든 것에 대한 궁극적 원인, 오늘의 교회 상태에 대한 최종적 원인은 잘못된 죄의식과 잘못된 죄론 때문이라고 하지 않을 수 없습니다. 또한 기독교인의 참된 기쁨의 성격을 이해하지 못하는 데에도 그 원인이 있습니다. 이와 같이 이중의 잘못이 있는 셈입니다.

과거에는 그렇지 않았으나 현대에 와서는 죄에 대한 참되고 깊은 확신이 없으며, 한편에는 신약성경에서 찾아볼 수 있는 것과는 아예 다른 피상적인 기쁨과 행복만이 있습니다. 이처럼, 잘못된 죄론과 피상적인 기쁨과 행복관이 복합 작용하여 필연적으로 피상적인 유형의 인간과 매우 부적당한 유형의 오늘날 기독교 모습을 낳고 있는 것입니다.

이것이 전도문제로 넘어올 때에는 더욱 중요한 문제로 대두됩니다. 죄와 기쁨에 대한 교회의 이중개념이 이처럼 잘못되어 있고 부적당한 것이라면 교회가 전도에 실패하고 있는 것은 무리가 아닙니다. 그러므로 대규모적 조직이든 소규모 조직이든 그렇게도 많은 전도운동이(그 많은 숫자와 결과를 주장하고 있음에도 불구하고) 교회에 깊은 영향을 주고 있지 못하고 있습니다. 오늘날 교회의 통계는 이 점에 있어 실패한 것이 증명된 셈입니다.

이런 이유로 심각하게 고려해 보아야 할 문제임이 분명하기에 우리는 이 문제를 산상설교의 관점에서 먼저 부정적인 면에서부터 시작하겠습니다. 성령으로 충만해 질 수 있기 전에 우리는 심령이 가난해져야 합니다. 긍정적인 것에 앞서 부정적인 것이 있기 마련입니다. 구원의 참 기쁨이 있기 전에 죄의식이 있어야 한다는 것입니다. 이것이 복음의 본질입니다.

현대 기독교인들이 기쁨을 찾으려고 애쓰지만 그들은 삶을 낭비하고 있습니다. 그들은 기쁨을 체험할 수 있기 전에 죄의 문제를 해결해야 함을 알지 못하였습니다. 그들은 죄론을 싫어하고 매우 증오하며 죄론의 설교를 반대합니다. 그들은 정죄의식을 떠나서 기쁨을 원합니다. 하지만 이것은 불가능하며 이렇게 해서는 기쁨을 얻을 수 없습니다.

개심하여 참으로 행복하고 복되려는 사람들은 무엇보다 먼저 애통하는 사람이어야 합니다. 정죄의식은 참된 개심에 예비적으로 앞서는 본질적 요소입니다. 그러므로 '애통하는 자는 복이 있다'라고 말씀하신 주님의 뜻을 아는 것은 매우 중요합니다.

대체로 신약성경의 가르침을 이 주제와 관련해서 살펴보면 그 해답을 찾을 수 있을 것입니다. 주님으로부터 시작해봅시다. 성경은 우리가 기독교인으로서 주님의 형상과 모범을 닮는다고 말씀합니다.

기독교인은 주 예수 그리스도를 닮는 사람들입니다. 주님은 '많은 형제 가운데 첫째 아들'이십니다. 이것이 여러분과 저의 궁극적인 표준입니다. 자, 그러면 주님을 바라봅시다. 무엇이 보이십니까? 우리에게 보이는 한 가지는 주님이 성경 어디에서도 웃었다는 기록을 찾아볼 수 없다는 것입니다. 주님이 노하셨다는 기록이나, 굶주림과 갈증으로 고통을 당하셨다는 기록은 있으나, 그의 생애에 웃음의 기록은 없습니다. 침묵에서 증거를 끌어내는 것은 위험한 일입니다. 하지만 우리는 이 사실에 주목해야 하겠습니다. 우리는 이사야 53장에서 주님에 관한 예언을 기억합니다. 주님은 "슬픔을 많이 겪었으며 질고를 아는 자"가 되어야 했고, 그의 용모는 너무 상하여 아무도 그를 바라지 않을 정도일 것이라고 기록되어 있습니다. 그에 관한 예언이 이러합니다. 그리고 복음서의 기록을 보면 이 예언이 문자 그대로 성취된 사실을 보게 됩니다.

요한복음 8장 57절에 우리 주님께서는 실제 나이보다 훨씬 더 들어보였다는 징후가 있습니다. 주님이 "아브라함은 나의 때 볼 것을 즐거워하다가 보고 기뻐하였느니라"라고 하시자, 그들은 그를 보고 "네가 아직 오십 세도 못 되었는데 아브라함을 보았느냐?"라고 한 것을 기억하실 것입니다. 이 말은 방금 30세가 넘은 사람에게 한 말입니다. 저는 이 진술로부터 우리 주님이 자기의 나이보다 훨씬 늙어 보였다고 주장하는 해석가들의 의견에 적극적으로 동의합니다.

그의 전 생애를 통틀어 웃음의 기록은 없습니다. 하지만 그가 나사로의 무덤에서 우셨다는 기록을 봅니다(요 11:35). 그가 우신 것은 그의 친구가 죽었기 때문이 아닙니다. 그는 그를 죽은 자 가운데서 살리기 위해 가셨기 때문입니다. 그는 나사로가 잠시 후에 다시 살아날 것을 아셨습니다. 그렇습니다. 그가 우신 것은 매우 다른 까닭이었는데 우리 모두가 생각해보아야 할 문제입니다.

또한 그가 돌아가시기 전에 예루살렘을 보시며 우셨다는 기록이 있습니다(눅 19:41-44). 여러분이 복음서에서 주님을 바라볼 때에 알 수 있는 모습이 이러합니다. 우리는 주님을 닮아야 합니다. 우리 주님의 이 모습을 세상과만 비교할 뿐 아니라 오늘의 수많은 기독교인이 기독교인의 올바른 모습이라고 생각하는, 이 가장된 쾌활함과 명랑함과도 비교해보십시오. 주님에게는 그런 모습이 하나도 없었습니다.

예를 들어 로마서 7장에서 볼 수 있는 대로 사도 바울의 가르침을 살펴봅시다. 우리가 참된 기독교인이 되어야 한다면 우리는 이 사도 바울과 기타 사도들과 모든 세대의 거룩한 성도들을 닮아야 합니다.

기독교인은 "아 나는 얼마나 비참한 인간입니까? 누가 이 죽음의 몸에서 나를 건져 주겠습니까?"란 외침이 무엇인지 아는 사람임을 기억합시다. 이 구절은 애통의 의미가 무슨 뜻인가를 시사해 줍니다. 여기에 자기에 대하여 비탄에 잠겨 고통 중에 울부짖는 사람이 있습니다. 기독교인들은 모두 이와 같이 되어야 합니다. 기독교인은 자기에 대하여 철저할 정도의 절망감을 가지고 바울처럼 "내 안에 곧 내 육신 안에는 선한 것이 있지 않다는 것을 나는 압니다."라고 말하게 됩니다.

바울은 "내가 원하는 것(선)은 행하지 아니하고 도리어 미워하는 것(악)을 행함이라"(롬 7:15)라고 말할 수 있었던 체험이 무엇인지 알았습니다. 바울은 마음의 법과 몸의 지체들의 법 사이에 이와 같은 갈등을 충분히 알았습니다. 이것들이 비참한 싸움을 하고 있었던 것입니다.

하지만 어떤 사람들은 바울이 로마서 8장의 내용으로 인해서 바울이 8장부터는 다시는 그가 애통하는 것이 무엇인가를 알지 못했다고 생각하는 사람들이 있습니다. 로마서 8장 23절에 이런 구절이 있습니다. "그뿐 아니라 또한 우리 곧 성령의 처음 익은 열매를 받은 우리까지도 우리 몸을 온전히 속량해주시기를 기다리고 있습니다." 그리고 다시 고린도후서 5장에서 "이 장막 집에 사는 동안 우리는 무거운 짐에 눌려 신음합니다."라고 말하며 "우리는 이 하늘에서 오는 우리가 살 집을 우리 위에 덧입기를 사모하면서 이 장막 집에서 신음하고 있습니다."라고 그 자신이 직접 서술했습니다.

바울은 이것을 목회서신에서 좀 더 뚜렷이 나타내었습니다. 디모데와 디도에게 보낸 편지에서 그들이 다른 사람들을 어떻게 가르쳐야 할 것인가를 말했습니다. 바울은 "나이 많은 남자들은 자제력이 있고 위엄이 있고 신중해야" 한다고 했습니다. 또한 "이와 같이 젊은 남자들도 신중해야" 한다고 말씀하셨습니다.

여기에는 입담 좋은 유쾌함과 쾌활함이 하나도 없습니다. 젊은 그리스도인들까지도 그들이 얼마나 행복한가를 세상에 보여 주기 위해 항상 얼굴에 밝은 미소를 띨 정도의 그처럼 놀라운 기쁨을 나타내려고 가장해서는 안 됩니다.

저는 지금까지 몇몇 성구를 뽑아 보았습니다. 다른 신약성경 저자들의 글에서 더 보충할 수도 있었습니다. 이것은 무엇을 의미합니까? 그 의미를 가장 잘 드러내는 것은 '애통한다'는 것은 '심령이 가난한'데서 필연적으로 따라 오는 것입니다. 이것은 불가피한 것입니다.

내가 하나님과 그의 성결을 대면하고, 내가 살아야 할 삶을 응시해 볼 때 나는 나의 철저한 무능과 절망을 봅니다. 내가 나의 영의 상태를 볼 때, 이것은 즉각 나를 애통하게 합니다. 그와 같다는 사실 때문에 애통하지 않을 수 없는 것입니다. 하지만 여기에서 끝나는 것이 아닙니다. 참으로 자기 삶을 점검하는 사람이면 자기 죄 때문에 필연적으로 애통해야 하는 것입니다. 영적인 생활을 한 성자들은 항상 자기 점검을 권장하였습니다. 그들 스스로가 이것을 권장하며 실천했습니다.

무릇 사람이 하루 일을 끝내고 모든 일을 잠깐 멈추고 명상하는 가운데 자기 삶을 훑어보고 "나는 오늘 무엇을 했는가? 나는 무엇을 말했는가? 나는 다른 사람들에 대하여 어떤 행동을 했는가?"라고 자문해 보는 것은 좋은 일이라고 그들은 말해 줍니다.

만일 여러분이 어느 날 밤 기독교인으로서 마땅히 해서는 안 될 일을 했음을 발견한다면, 여러분은 마땅히 해서는 안 될 일을 했다는 것과 여러분은 전혀 무가치한 생각과 관념과 감정을 품었던 것을 의식하게 될 것입니다. 그리고 이런 일을 인식하게 될 때 기독교인이라면 그런 행동과 생각을 할 수 있었다는 사실 때문에 고통과 슬픔으로 타격을 받게 될 것이며, 이 때문에 애통하게 됩니다. 하지만 여기서 멈추는 것이 아니라 그는 자기의 행동과 죄성의 상태를 명상하고 응시해야합니다. 그리고 자기 자신을 이처럼 검토하면서 로마서 7장의 체험을 통과해야 합니다. 그는 자기 안에 있는 이 여러 악의 원칙들을 의식하게 되어야 합니다. 그는 자기 자신에게 "내 속에서 나를 이처럼 행동하게 하는 것은 무엇일까? 어째서 나는 화를 잘 내는가? 어째서 내 성질은 이리 못됐는가? 어째서 나를 억제할 수 없는 것일까? 어째서 나는 이렇게 불친절하고, 시기심 많고 악한 생각을 품는가? 그것은 내 속의 무엇일까?"라고 물어야 합니다. 그리고 이 싸움이 그의 지체들 속에 있음을 발견하며 그것을 미워하며 그것 때문에 애통해야 합니다.

이처럼 애통은 불가피한 것이며 매우 철저한 시금석입니다. 만일 내가 이와 같은 유형의 가르침을 반대한다면, 이것은 곧 내가 애통하지 아니하며 그러므로 우리 주님이 복되다고 하신 백성들의 한 사람이 아님을 의미하는 것입니다. 만일 내가 이것을 병적인 상태(성질) 이외의 다른 것이 아닌 것으로, 사람이 해서는 안 될 그 무엇으로 생각한다면, 나는 내가 영적인 사람이 아니며 사도 바울과 다른 사도들과 모든 성도와 다른 유형의 사람이며 주 예수 그리스도의 가르침을 반대하고 있다는 사실을 선언하고 있는 셈입니다. 하지만 만일 내 속에 있는 이런 것들 때문에 애통한다면 나는 참으로 애통하는 사람인 것입니다.

기독교인은 여기에 머물러 서지 않습니다. 참된 기독교인은 다른 사람들의 죄 때문에도 애통합니다. 그는 자기 자신에 머물지 않습니다. 그는 다른 사람들 속에서도 같은 것을 봅니다.

기독교인은 사회 상태와 세계 상태에 관심을 가집니다. 그리고 신문을 읽고 보면서 혐오감을 표하는 것에 머물지 않습니다. 그는 그것 때문에 애통합니다. 이 생에서 삶을 그처럼 낭비하는 사람들이 많기 때문입니다. 그는 다른 사람들의 죄 때문에 애통합니다. 그리고 더 나아가 세상의 도덕적 혼란과 인류의 불행과 고통을 보면서 세상의 상태 때문에 애통합니다. 그는 온 세상이 불건전하고 불행한 상태에 있음을 봅니다. 그는 이것이 모두 죄 때문이라는 것을 알며 이 때문에 애통해 합니다.

우리 주님이 애통하신 것도 이와 같습니다. 그가 "슬픔을 많이 겪었고 질고를 아는 자"이셨던 이유도 이와 같습니다. 그가 나사로의 무덤에서 우신 것도 이 때문입니다. 주님은 우리에게 죽음을 가져오고, 삶을 망쳐 놓고 불행하게 만든 죄라고 하는 무섭고 추하고 더러운 것을 보셨던 것입니다. 주님은 이 때문에 우셨습니다. 그리고 예루살렘 사람이 그를 배척하고 정죄를 초래하는 것을 보고 이 때문에 우셨습니다. 그는 예루살렘 성을 보고 애통하셨습니다. 그의 성품을 받고 그를 참으로 따르는 사람도 그래서 애통합니다.

다시 말하면 그는 바로 죄 그 자체의 성격 때문에 애통해야 하며, 죄가 세상에 들어와 이런 무서운 결과를 가져왔기 때문에 애통해야 합니다. 참으로 그는 죄가 하나님께 대하여 어떤 의미를 가지는가, 즉 하나님의 철저한 혐오와 증오, 말하자면 할 수만 있으면 하나님의 마음을 찢으려는 이 무서운 실제를 알며 사람들의 반역과 오만과 사탄에게 귀를 기울인 결과를 알기 때문에 애통합니다. 그는 이것 때문에 고뇌하며, 그는 이것 때문에 애통하는 것입니다.

이 문제에 대한 신약성경의 가르침이 있습니다. 신약성경에서 영적 의미의 애통이 곧 그것입니다. 그것은 세상의 영과 정신과 전망과는 정반대가 됩니다. 우리 주님이 말씀하신 대로 '지금 웃고 있는' 바깥세상을 보십시오. 전쟁 중인데도 말입니다. 세상은 아직도 실제 상태를 바로 보지 않았으며, 이것을 무시하며 행복해지려는 노력을 계속하고 있습니다. 세상의 표어는 '먹고 마시고 즐기자'입니다. 세상은 웃으며 말하기를 "이런 일들에 너무 집착하지 말라."고 합니다. 애통하는 것은 이것과 정반대입니다.

이처럼 기독교인의 자세는 본질적으로 다른 것입니다. 하지만 우리는 이 점에 머물러 서 있지 않습니다. "애통하는 사람들은 복이 있다. 그들이 위로를 받을 것이다."라고 주님은 말씀하십니다. 애통하는 사람이 참으로 복되다고 말씀하십니다. 이것은 하나의 역설입니다. '어떤 의미에서의 행복입니까?' 그는 일신상의 의미에서 행복합니다. 죄의 상태 때문에 참으로 애통하는 사람은 회개하려는 사람입니다. 사실은 이미 회개하고 있습니다. 그리고 성령의 사역의 결과로 참으로 회개하는 사람은 주 예수 그리스도에게 인도받을 것이 분명한 사람입니다. 그는 자기의 철저한 죄성과 절망을 보고 구주를 찾습니다. 그는 그리스도 안에서 구주를 발견합니다.

애통의 의미를 먼저 알기 전에 주님을 그의 구주로, 구속주로 알 수 있는 사람은 없습니다. "아, 나는 얼마나 비참한 사람입니까? 누가 이 죽음의 몸에서 나를 건져주겠습니까?"라고 울부짖으며 "우리 주 예수 그리스도를 통하여 나를 건져주신 하나님께 감사할 따름입니다."라고 말할 수 있는 사람뿐입니다. 우리가 참으로 애통한다면 우리는 즐겁게 될 것이며 위로를 받을 것입니다.

성령께서 그의 완전한 만족의 대상으로서 예수 그리스도를 그에게 계시할 때는 사람이 이 철저한 절망 속에 있는 자기를 볼 때입니다. 그는 성령으로 그리스도가 자기 죄를 위해 돌아가셨으며 하나님 앞에 그의 변호인으로 서 계심을 봅니다. 그는 그 속에서 하나님께서 예비하신 완전한 준비를 보며 즉각 위로를 받습니다. 이것이 기독교인의 삶에 있는 놀라운 일입니다.

여러분의 슬픔은 기쁨으로 변합니다. 그러므로 슬픔이 없이는 기쁨도 없습니다. 이것은 개심에 있어서 뿐만 아니라 기독교인에게 계속 되는 일입니다. 그는 죄책이 자기에게 있음을 발견합니다. 처음에는 이것 때문에 낙심하고 애통합니다. 하지만 이것이 그를 그리스도에게 돌아가게 합니다. 그가 그리스도에게로 돌아서는 순간 주님의 평화와 행복이 돌아오며 위로를 받게 됩니다. 이처럼 여기에 즉각 가득 채워질 그릇이 있는 셈입니다. 참으로 애통하는 사람은 위로를 받으며 행복합니다.

이처럼 기독교인의 삶은 이렇게 애통과 기쁨이, 슬픔과 행복이 교차하는 삶입니다. 이것이 즉각 저것으로 변하는 그런 삶인 것입니다. 하지만 기독교인에게 제공되는 이 즉각적 위로만이 있는 것은 아닙니다. 또 다른 위로, 이미 언급한 바와 같이 로마서 8장에서 사도 바울이 정교화 한 '복된 소망'이 있습니다.

바울은 이 순간에도 "성령의 처음 익은 열매를 받은 우리까지도 속으로 탄식하여 하나님께서 우리를 아들로 삼으시고 곧 우리 몸의 속량을 기다리고 있습니다."(23절)라고 했습니다. 그리고 계속하여 "우리는 이 희망으로 구원을 받았기 때문입니다. 현재 우리가 당하는 고난은 장차 우리에게 나타날 영광에 비하면 아무것도 아니라고 나는 생각합니다."라고 했습니다. 다시 말하면 기독교인은 세상을 바라보고, 자기 자신을 바라볼 때에는 불행합니다. 그는 심령으로 신음합니다. 그는 사도들과 주님이 느끼신 죄의 짐을 느끼는 것입니다. 하지만 즉각 위로를 받습니다. 그는 다가오는 영광을 압니다. 그는 그리스도께서 돌아오실 날이 반드시 올 것을 압니다. 그러면 죄는 땅 위에서 물러갈 것이며 '의의 거하는 바 새 하늘과 새 땅이' 임할 것입니다.

"애통하는 사람들은 복이 있습니다. 그들이 위로를 받을 것이기 때문입니다." 하지만 이런 것을 믿지 않는 사람에게는 무슨 소망이 있겠습니까? 기독교인이 아닌 사람에게 무슨 소망이 있겠습니까? 세상을 바라보고, 신문을 읽어 보십시오. 여러분은 무엇을 의지할 수 있겠습니까?

50여 년 전에는 세계가 급속히 개선되고 호전되고 있다는 사실에 의지하였습니다. 그러나 지금은 그렇게 할 수 없습니다. 교육에 의지할 수도 없습니다. 국제연맹이나 국제연합(UN)도 이제는 의지할 수 없습니다. 수많은 것들이 시도되었으나 실패했습니다. 세상에 무슨 소망이 있습니까? 없습니다. 이제 세상을 위한 위로는 없습니다. 하지만 죄와 세상의 비참함 때문에 애통하는 기독교인에게는 위로, 복된 소망의 위로, 장차 올 영광이 있습니다. 그러므로 기독교인이 신음하더라도 동시에 그 앞에 있는 소망 때문에 행복합니다. 기독교인에게는 궁극적인 영원한 소망이 있습니다. 우리는 저 영원한 상태에서 복을 누리게 될 것입니다.

우리의 삶을 해치거나, 삶의 가치를 떨어뜨리거나 그르칠 것이 하나도 없을 것입니다. 슬픔과 탄식은 다시없을 것이며, 모든 눈물을 씻겨주실 것이며, 영원한 빛 속에서 영원히 그의 빛을 누릴 것이며, 순수하고 온전한 기쁨과 복과 영광을 체험할 것입니다.

"애통하는 사람은 복이 있나니 그들이 위로를 받을 것이기 때문입니다." 얼마나 참된 것이겠습니까! 이것을 알지 못한다면 우리는 기독교인이 아닙니다. 하지만 우리가 기독교인이라면 압니다. 용서받은 죄로 인한 이 기쁨, 화해의 기쁨, 우리가 하나님에게서 이탈해나갔을 때 하나님이 우리를 도로 찾으신 것을 아는 기쁨, 앞에 있는 영광의 기쁨과 기대감, 영원한 상태를 기대하는 데에서 오는 기쁨을 아는 것입니다.

그러면 애통하는 사람을 정의해 봅시다. 어떤 사람입니까? 슬픈 사람이지만 병적인 사람은 아닙니다. 슬픈 사람이지만 비참한 사람은 아닙니다. 심각한 사람이지만 엄숙한 사람은 아닙니다. 신중한 사람이지만 퉁명스럽지는 않습니다. 위엄 있는 사람이지만 냉정하거나 부정적인 사람은 아닙니다. 위엄 속에는 따스함과 끌어당기는 힘이 있습니다. 이 사람은 항상 신중합니다. 하지만 심각을 가장하지는 않습니다.

참된 기독교인은 비탄이나 유쾌한 모습을 가장해야 할 사람이 아닙니다. 그렇습니다. 그는 삶을 심각하게 바라보는 사람입니다. 그는 삶을 영적으로 응시합니다. 그는 삶 속에서 죄와 그 결과를 봅니다. 그는 심각하고 신중한 사람입니다. 하지만 이러한 견해와 진리에 대한 이해 때문에 그는 '말할 수 없이 영광으로 가득한 기쁨'을 갖고 있습니다. 그러므로 그는 '속으로 신음한' 사도 바울과 같지만 그리스도를 체험함과 장차 올 영광 때문에 행복합니다. 기독교인은 어떤 의미에서든 피상적인 사람이 아니며 본질상 심각하고 본질상 행복합니다. 기독교인의 기쁨은 거룩한 기쁨이요, 그 기쁨은 심각한 행복입니다. 피상적인 행복과 기쁨의 모습은 없습니다. 그렇습니다. 그것은 엄숙한 기쁨이요, 거룩한 기쁨이요, 신중한 행복입니다. 그러므로 그는 위엄이 있고, 침착하고 심각하지만 결코 냉정하거나 부정적인 사람은 아닙니다. 그는 우리 주님을 닮아서 신음하고 울지만, 그 앞에 있는 기쁨으로 인하여 십자가를 참으며 부끄러움도 상관하지 않습니다.

이것이 애통하는 사람입니다. 이것이 기독교인입니다. 이것이 죄론을 설교하고 강조하고, 사람들에게 돌연한 결정을 강요만 하지 않는 과거 시대에 교회에서 볼 수 있었던 기독교인의 모습입니다.

심오한 죄론과 차원 높은 기쁨의 교리, 이 둘이 합하여 애통하며 동시에 위로를 받는 복되고 행복한 사람을 만들어냅니다. 이것을 체험하는 길은 성경을 읽고 연구하고 묵상하고, 성령께서 우리 속의 죄를 계시해주시도록 하나님께 기도하며, 주 예수 그리스도를 충만하게 계시해주시도록 기도하는 길입니다. 애통하는 사람은 복이 있습니다. 그가 위로를 받을 것이기 때문입니다.

6장

온유한 사람들은 복이 있나니

"온유한 자는 복이 있나니 그들이 땅을 기업으로 받을 것임이요" 마 5:5

팔복을 고찰함에 있어 팔복에 모두 적용되는 어떤 한가지의 특징이 있다는 사실을 우리는 이미 발견한 바 있습니다. 그리고 세부적으로 각 복을 연구해보더라도 그러한 사항을 발견하게 됩니다.

본문에서도 마찬가지로 기독교인들에게만 일어나는 이 한 가지 특징인 이것이 자연인이 생각하는 것과는 완전히 반대되는 것이기 때문이라는 것을 지적하고자 합니다. "온유한 사람은 복이 있습니다. 그들이 땅을 물려받을 것이기 때문입니다." 그러나 세상은 힘과 세력, 능력, 자신과 공격성이란 관점에서 생각합니다. 이것이 세상의 정복관과 소유관입니다.

세상은 자신의 권리를 주장하고 자신을 표현하며 세력과 능력을 계획하고 나타내면 나타낼수록 성공하며 처세할 수 있다고 합니다. 하지만 여기에 놀라운 진술이 있습니다. "온유한 사람은 복이 있다. 그들만이 땅을 물려받을 것이기 때문이다."라는 것입니다.

여기서 다시 한번 우리는 기독교인은 세상과 전혀 다르다는 것을 상기하게 됩니다. 그것은 질의 차이, 본질적인 차이입니다. 그는 새 사람, 새 피조물입니다. 그는 전혀 다른 나라에 속해 있습니다. 세상은 그와 다를 뿐만 아니라 그를 이해할 수도 없습니다. 그는 세상에서 수수께끼 같은 존재입니다. 만일 여러분과 제가 근본적인 의미에서 우리 주변의 비기독교인들에게 문제와 수수께끼 같은 존재가 되지 못한다면 우리 기독교 신앙고백에 대하여 매우 중요한 문제가 제기되는 셈입니다. 이 진술은 주님 당시의 유대인들에게 큰 충격으로 임했을 것이 틀림없습니다. 그리고 마태가 이것을 원래 유대인들을 위해 기록했다는 것은 의심할 바 없습니다. 마태는 이런 이유로 팔복을 복음서 앞부분에 놓았던 것입니다. 당시 유대인들은 기억하시다시피 물질적일 뿐만 아니라 군사적 천국관을 가지고 있었고, 그들에게 있어 메시야는 그들을 전쟁의 승리로 이끌어줄 분을 의미했습니다. 그러므로 그들은 물질적인 의미에서, 정복과 싸움의 관점에서 생각했고, 주님은 즉각 그들의 이 같은 생각을 물리치셨습니다.

마치 주님께서 "아니다. 아니다. 이것은 그 길이 아니다. 나는 그와 같지 않다. 내 나라는 그와 같지 않다." "온유한 사람만이 복이 있다. 그들이 땅을 물려받을 것이기 때문이다."라고 말씀하시는 것 같습니다.

이것은 유대인의 사고방식과 크게 대조되는 것이었습니다. 하지만 더 나아가서 이 복은 안타깝게도 오늘의 교회의 사고방식과도 매우 현저한 대조를 이루고 있습니다.

세계 온 교회를 지배하고 만연되어 있는 사상이 본문과 바로 정반대로 보인다고 해서 제가 잘못된 것은 아니겠지요? 그들은 "우리에게 대항하는 강력한 원수가 있고, 교회가 분열되어 있으니, 우리는 모두 합해야 한다. 우리는 저 조직된 원수와 대결하기 위해 단 하나 거대한 조직(기구)을 가져야 한다. 그래야만 충격을 줄 수 있고, 싸움에서 이기고 정복할 수 있다."라고 말합니다. 하지만 "온유한 사람들이 복이 있다."입니다. 자신의 조직을 의지하지 않고 자신의 세력과 능력과 제도를 의지하지 않는 사람들입니다. 이것은 본문에서만 그러할 뿐 아니라 성경 전체에서도 그러합니다.

여러분은 기드온의 이야기에게 이것을 볼 수 있습니다. 거기서 하나님은 수를 늘이시지 않고 계속 줄이셨습니다. 이것이 영적 방법입니다. 그리고 여기 산상설교의 이 놀라운 진술에서 다시 한 번 강조되었습니다. 이 진술에 접근할 때 우리는 무엇보다도 본문을 다른 복들과의 관계에서 보아야 합니다. 이 진술은 앞의 것으로부터 계속되는 것이 분명합니다.

각 복은 다음의 복을 암시하며 다음의 복으로 연결됩니다. 무엇보다 먼저 '심령의 가난'에 대한 선결 조건이 나옵니다. 그 조건이란 우리가 죄를 알게 될 때 차례로 애통의 상태로 인도되는 원래적이며 근본적인 영을 말합니다. 그리고 이 영은 차례로 온유한 영으로 인도합니다.

우리는 각 복들 사이에 이런 논리적 관계를 발견하는 것뿐만이 아닙니다. 동시에 저는 이 팔복이 진행됨에 따라 점점 어려워진다는 점을 지적하고 싶습니다. 다른 말로 하면 우리가 지금 고찰하고 있는 것은 지금까지 우리가 산상설교에서 고찰한 어느 복보다 탐사성(探査性)이 있고, 더 난해하고, 우리로 하여금 더욱 더 겸손하게 무릎을 꿇게 합니다. 그래서 이 복은 우리의 연약함과 무능인식을 요구합니다. 이것은 십계명과 도덕률에서 뿐만 아니라 산상설교에서와 그리스도의 생활에서도 우리가 하나님과 대면해야 한다는 사실을 눈앞에 들이댑니다.

자기 힘으로 모든 것을 성취할 수 있다고 생각하는 사람은 아직 기독교인이 되기 위한 시작도 못한 것입니다. 그렇습니다. 이 복은 우리가 가진 것이 없다고 느끼게 합니다. 우리는 '심령이 가난하게' 됩니다. 그래서 우리는 참으로 무력하게 됩니다. 기독교인의 삶을 스스로 할 수 있다고 생각하는 사람은 자기가 기독교인이 아니라고 선언하는 셈입니다.

우리의 사람됨이 무엇이며 우리가 무엇을 해야 하는가를 인식할 때, 우리는 '심령이 가난'해지지 않을 수 없습니다. 이것은 둘째 진술로 인도됩니다. 여기서 우리의 죄성과 우리의 성품을 알게 되고, 우리 속에 거하는 죄 때문에 우리가 너무나 무력함을 알고, 최선의 행동과 생각과 의욕에도 죄가 있음을 보게 됩니다. 우리도 그 위대한 사도와 함께 "아, 나는 얼마나 비참한 인간입니까? 누가 이 죽음의 몸에서 나를 건져주겠습니까?"라고 부르짖게 됩니다. 하지만 여기에 더욱 탐사성(探査性) 있는 것이 있습니다. 즉 "온유한 사람은 복이 있다"는 것입니다. 어째서 그렇습니까? 여기서 우리가 다른 사람에게 관심을 가지기 시작하는 지점에 도달하기 때문입니다. 이것을 다음과 같이 표현해보겠습니다. 저는 저 자신의 철저한 하찮음과 무능이 하나님의 복음과 율법의 요구에 직면하는 것을 볼 수 있습니다. 나에게 정직할 때, 나는 내 속에서 나를 이끄는 죄와 악을 보게 됩니다.

나는 이 두 가지를 모두 대면할 준비가 되어 있습니다. 하지만 다른 사람들이 나에 대하여 같은 것들을 말하게 허용하는 것은 얼마나 더 어려운 일이겠습니까! 나는 본능적으로 분개합니다. 다른 사람이 우리를 정죄하는 것보다는 우리 자신을 정죄하는 편을 택합니다. 나 자신은 내가 죄인이라고 말합니다. 하지만 본능적으로 다른 사람이 나에게 죄인이라고 말하는 것을 좋아하지 않습니다. 이것이 이 시점에서 도입된 원칙입니다. 지금까지 내가 나를 보는 입자에서 살펴보았습니다.

이제는 다른 사람들이 나를 보는 입장에서 살펴봅시다. 나는 그들과 관계되어 있고, 그들은 나를 향해 어떤 일들을 하고 있습니다. 나는 그것에 어떻게 반응합니까? 이것이 여기에서 취급되어야할 문제입니다. 이것이 앞의 복들보다 더 우리를 겸손하게 하며 굴욕을 느끼게 한다는데 여러분은 의견을 같이 하실 것입니다. 나 자신이 그것을 하는 대신 다른 사람들이 나에게 '서치라이트(searchlight)'를 비추게 허락하는 일인 것입니다.

이것에 접근하는 최선의 방법은 어떤 실례에 비추어보는 것입니다. 온유한 사람은 어떤 사람입니까? 많은 실례가 있지만 우선 가장 중요하고 뚜렷한 몇몇 구약성경의 인물들을 봅시다. 구약성경의 가장 위대한 신사는 아브라함입니다. 그의 기록을 보면 그는 위대하고 놀라운 온유한 인물입니다. 여러분은 롯에 대한 그의 행동을 기억하실 것입니다. 어린조카 롯이 자기 멋대로 주장하며 마음대로 먼저 선택하되 한 마디 불평이나 불만도 없었습니다. 이것이 온유입니다. 또한 모세는 땅 위의 모든 사람보다 가장 온유한 사람이라고 서술되어 있습니다. 그의 인물됨을 살펴보시면 자기를 비천하게 생각하고, 자기주장을 하지 않고 자기를 낮추고 비하(卑下)하는 온유를 보실 것입니다.

그는 애굽왕인 바로의 딸(공주)의 아들로서의 모든 가능성이 있었습니다. 하지만 모세는 이 모든 것을 하나님의 뜻에 자신을 완전히 낮추었습니다. 이것은 다윗의 경우, 특히 사울과의 관계에서 더욱 그렇습니다. 다윗은 자기가 왕이 될 것을 알았습니다. 그는 왕이 되리라는 전갈을 들었고 기름부음을 받았습니다. 하지만 사울의 부당하고 불친절한 처리를 어떻게 참았습니까! 다윗의 이야기를 거듭 읽어보십시오. 그러면 비상한 양태로 나타난 온유를 보실 것입니다.

예레미야와 그에게 주신, 백성들에게 인기 없던 내용의 메시지를 예로 들어봅시다. 그는 백성들에게 진실을 말해주라는 부르심을 받았습니다. 이것은 그는 원하지 않던 것이었습니다. 그런데 다른 선지자들은 평온하고 안이한 내용의 것들만을 말하고 있었습니다. 예레미야는 고립되어 있었습니다. 그는 다른 사람들이 말하고 있는 것을 말하지 않았다는 이유로 따돌림을 당한 셈입니다.

오늘의 사람들은 그를 비협력자라 부를 것입니다. 그는 이것을 비통하게 느꼈습니다. 하지만 그의 이야기를 읽어보십시오. 그가 이것을 어떻게 견뎌냈으며, 다른 사람들로 하여금 그의 등 뒤에서 그에게 불친절한 말을 허용한 사실과 그의 메시지를 어떻게 계속 전달했는가를 보십시오. 이것은 온유의 놀라운 실례입니다.

스데반을 보십시오. 하나님의 능하신 사람 바울의 경우를 보십시오. 그가 여러 다른 교회의 손과 자기 백성들의 손과 여러 다른 백성들의 손에 얼마나 고통을 당했는지 보십시오. 여러분이 그의 서신들을 읽으실 때 이 온유의 자질이 눈에 띄게 나타났음을 볼 것이며, 특히 자기에게 그토록 불친절하고 헐뜯는 말을 한 고린도 교인들에게 보내는 편지를 쓸 때 그렇습니다. 이것 역시 놀라운 온유의 실례입니다. 하지만 우리는 최고의 실례를 살펴야 합니다. 주님을 바라보십시오. "수고하고 무거운 짐 진 자들아 다 내게로 오라 내가 너희를 쉬게 하리라 나는 마음이 온유하고 겸손하니"(마 11:28-29)라고 하셨습니다. 여러분은 이것을 그의 전 생애에서 보게 될 것입니다. 여러분은 이것을 다른 사람들에 대한 그의 반응에서 보며, 특히 박해와 경멸과 야유와 조롱을 참으신 것에서 볼 것입니다. "상한 갈대를 꺾지 아니하시며 꺼져가는 심지를 끄지 아니하시는 이"란 표현은 참으로 옳은 말씀입니다. 그의 원수들에 대한 태도, 더욱이 아버지에 대한 철저한 복종은 그의 온유를 보여 줍니다. 그는 말씀하셨습니다. "내가 너희에게 이르는 말은 내 말이 아니요 내 속에 계시는 아버지의 말씀이다."라고 말입니다.

겟세마네 동산에서의 그를 보십시오. 바울이 빌립보서 2장에서 기록한 주님의 모습을 보십시오. 거기서 바울은 주님이 하나님과의 동등됨을 어떤 희생을 치러서라도 붙잡아야 할 특권 또는 그 무엇으로 간주하지 않았다고 했습니다. 주님은 사람으로서 사시기를 결심하셨고, 또한 그렇게 사셨습니다. 그는 스스로 겸손하여 종과 같이 되셨고 십자가를 지셨습니다. 이것이 온유입니다. 이것이 겸양이고 참된 겸손인 것입니다.

지금까지 우리는 실례를 살펴보았습니다. 우리는 그들 속에서 무엇을 보았습니까? 온유는 생래적 기질이 아닙니다. 기독교인은 모두 이와 같이 되도록 작정되어 있기 때문입니다. 이것은 일부 기독교인들에게 국한되는 것이 아닙니다. 그의 생래적 기질과 심리야 어떻든 기독교인은 누구나 이같이 되어야 하는 것입니다. 이 점을 쉽게 입증할 수 있습니다.

주님을 제외하고 제가 말씀드린 인물들을 예로 들어봅시다. 어느 경우에서나 천성으로는 이와 같지 않았던 점을 발견하실 것입니다. 다윗과 같은 사람의 강력하고 특이한 성품을 보십시오. 그러나 그의 온유를 볼 수 있습니다. 예레미야도 그와 같이 비밀을 알려 줍니다. 그는 자기가 거의 끓는 가마솥과 같다고 했지만 온유했습니다. 막강한 지도자요, 비상한 인격자요, 강인한 성품인 사도 바울과 같은 사람을 보십시오. 그러나 그의 철저한 겸손과 온유를 생각해보십시오. 그렇습니다. 온유는 생래적 기질이 아닙니다. 오직 온유는 하나님의 성령께서 만드시는 것입니다. 온유를 다음과 같이 강조해보겠습니다. 온유는 태만을 의미하지 않습니다. 생래적 의미에서 온유한 것처럼 보이는 사람들이 있습니다. 그러나 그들은 조금도 온유하지 않습니다. 그들은 태만합니다. 그것은 성경에서 말씀하는 자질이 아닙니다. 온유는 무기력을 의미하지도 않습니다. 안이한 사람들이 있습니다. 여러분은 그들이 정말로 온유하다고 말하는 경향이 있습니다. 그러나 그것은 온유가 아니요, 무기력입니다. 온유는 마음에 들고 친절한 것을 의미하지 않습니다.

생래적으로 친절하고 마음에 들게 태어난 것 같아 보이는 사람들이 있습니다. 하지만 '온유한 사람은 복이 있다'고 말씀하신 뜻과는 완전히 다릅니다. 이런 것은 순전히 생물학적인 것으로서 동물들에서도 찾아 볼 수 있는 것입니다. 이 개가 저 개보다 싹싹할 수 있습니다. 그러나 그것이 온유는 아닙니다. 그러므로 온유는 싹싹하다거나 그와 사귀기 쉬운 것을 의미하지 않습니다. 온유는 인격이나 인물됨의 연약함을 의미하지 않습니다. 더구나 타협정신이나 '어떤 희생을 치르고서라도 얻는 평화'를 의미하지도 않습니다.

이런 것들을 온유로 오해하는 일이 얼마나 많습니까. "불일치와 상이한 의견을 피하기 위해서라면 어떤 일도 불사합시다. 동의합시다. 이런 차이와 알력을 깨뜨리고, 이런 소소한 견해 차이는 덮어버립시다. 자 모두 부드럽고 즐겁고 행복하게 해봅시다."라는 식으로 말하는 사람을 온유한 사람으로 인정하는 때도 많습니다. 그러나 아닙니다. 온유는 위대한 능력과 모순되지 않습니다. 온유는 큰 권세와 능력과 양립될 수 있습니다.

지금까지 살펴본 사람들은 진리의 위대한 수호자들이었습니다. 온유한 사람은 진리를 굳게 믿는 까닭에 필요하다면 진리를 위해 목숨을 버릴 사람들입니다. 순교자들은 온유했지만 결코 약하지는 않았습니다. 강한 사람들이었지만 모두 온유한 사람들이었습니다. 이 고상한 자질, 모든 자질 중 가장 숭고한 자질의 하나를 동물적인, 육체적, 생래적인 것과 혼동해서는 안 됩니다.

온유가 아닌 것 중에 끝으로 말씀드릴 것은, 온유란 외적 태도의 문제일 뿐만 아니라 내적 정신의 문제입니다. 그러면 결국 온유는 무엇이겠습니까?

온유를 요약하면, 온유는 본질적으로 다른 사람들에 대한 태도와 행동에서 표현되는 자기에 대한 올바른 견해라 하겠습니다. 그러므로 온유는 두 가지입니다. 온유는 나 자신에 대한 자세인 동시에, 다른 사람들에 대한 관계에 있어서의 나의 태도의 표현입니다.

여러분은 온유가 어떻게 해서 '가난한 심령'과 '애통'에 뒤이어 오지 않을 수 없는가를 보아야 합니다. 사람의 심령이 가난해지지 않고는 결코 온유할 수 없습니다. 자기가 악한 죄인임을 보지 못하고는 결코 온유할 수 없습니다. 나의 죄성 때문에 가난한 심령과 애통을 통하여 나 자신에 대한 바른 견해를 갖게 될 때에만 교만은 없어질 수 있음을 깨닫게 되는 것입니다.

온유한 사람은 자기를 자랑스럽게 여기거나 자랑하는 사람이 아닙니다. 자기에게는 자랑할 만한 것이 하나도 없다고 느낍니다. 동시에 온유한 사람은 자기를 주장하지 않습니다. 온유한 사람은 또 자기를 위해 아무것도 요구하지 않습니다. 자기의 모든 권리를 청구물(請求物)로 취하지 않습니다. 또한 자기의 지위나 특권이나 소유물이나 신분을 요구하지 않습니다. 빌립보서 2장에서 바울이 묘사한 사람과 같습니다. "여러분은 이 마음을 품으시오. 곧 그리스도 예수의 마음입니다"(4절). 그리스도는 하나님과 동등됨을 주장하지 않았습니다. 이것이 여러분과 제가 살펴야 할 점입니다. 더 나아가 온유한 사람은 자기 자신에 대하여 민감하지 않습니다. 자기 자신이나 자기의 이익을 언제나 살피지 않습니다. 그는 아무 때나 방어적 자세를 취하지도 않습니다. 타락의 결과로 찾아온 삶의 가장 큰 저주가 자기에 대한 민감성입니다. 우리 자신을 살피면서 삶을 거의 소비하고 있습니다. 온유한 사람은 자신을 향해 다른 사람들이 말하는 것에 대해 염려하지 않습니다.

참된 온유는 우리 자신을 더 이상 방어하지 않는 것을 의미합니다. 방어할 만큼 가치 있는 것이 우리 속에 없기 때문입니다. 그러므로 방어 자세를 취하지 않습니다. 참으로 온유한 사람은 자기 연민을 하지 않습니다. 그는 결코 자기를 불쌍히 생각하지 않습니다. 온유한 사람은 결코 "너는 어려운 시기를 맞고 있다. 너를 이해하지 못하다니, 얼마나 불친절한 사람들이냐."라고 말하지 않습니다. 온유한 사람은 '나에게 한 번 기회만 준다면', ' 나는 실로 얼마나 놀라운 사람이냐'라고 생각하지 않습니다. 자기 연민! 우리는 이것으로 얼마나 크게 시간을 낭비하고 있습니까? 온유한 사람은 이것을 모두 넘어선 사람입니다.

여러분은 그 아무도 여러분을 해할 수 없음을 알게 됩니다. 존 번연(John Bunyan)은 이것을 완벽하게 표현했습니다. 이미 "넘어져 있는 사람은 넘어질 것을 두려워할 필요가 없다."라고 말입니다. 사람이 자기를 올바로 본다면 다른 사람이 자기를 아무리 나쁘게 말해도 그것을 나쁘다고 생각하지 않습니다. 다른 사람들의 말이나 행동을 두려워할 필요가 없습니다. 여러분은 그것과 그 이상의 것을 받아 마땅함을 알기 때문입니다. 그러므로 저는 온유를 이렇게 다시 정의하고 싶습니다.

참으로 온유한 사람은 하나님과 다른 사람이 어떻게 하든 그에 대해서 고맙게 생각하는 사람입니다. 이것이 온유의 본질이라 생각됩니다.

온유는 다른 사람들에 대한 우리의 태도와 행동에서 나타나야 합니다. 다시 주 예수 그리스도를 생각해 봅시다. 온유하고 부드럽고 겸손한 분입니다. 여기에 더하여 조용한 영은 곧 '온유하고 겸손한' 영입니다. 어떤 의미에서 이 세상이 지금까지 보아온 가장 접근하기 쉬운 인물은 주 예수 그리스도였습니다. 그러나 여기에는 우리에게 배후가 있고 다른 분이 그것을 갚아 줄 것을 알기 때문에 보복의 영을 완전히 버려야 할 것을 의미합니다. 그러므로 우리가 부당한 취급을 받을 때 인내하고 오래 참아야 할 것을 의미합니다.

여러분은 베드로가 베드로전서 2장에서 "우리들이 그리스도의 발자취를 따라오게 하려는 것입니다. … 그리스도께서 죄를 지으신 일이 없고 그의 입에서는 아무 거짓도 찾아볼 수 없었습니다. 그는 욕을 당하셨으나 욕으로 갚으시지 않고 고난을 당하셨으나 위협하시지 않고 공의로 심판하시는 분에게 다 맡기셨습니다."라고 했습니다. 이것은 우리가 부당하게 고난을 당할 때마저도 인내하고 오래 참아야 할 것을 의미합니다. 죄를 짓고 매를 맞으면서 참으면 그것이 영광이 못되지만 선을 행하다가 고통을 당하면서 참으면 하나님 보시기에 아름다운 일이라고 했습니다. 이것이 온유입니다. 하지만 동시에 온유는 우리가 귀를 기울여 배울 자세가 되어 있음과 우리가 다른 사람들에게 귀를 기울여 우리 자신과 우리 능력이 아무것도 아니라는 생각을 품고 있음을 의미합니다. 무엇보다 성령의 가르침을 받고 주 예수 그리스도의 인도를 받을 준비가 되어야 합니다.

온유는 항상 배우려는 영을 의미합니다. 이것을 다시 우리 주님의 경우에서 봅니다. 주님은 성삼위의 제이위셨지만 사람이 되셨고, 하나님께서 주신 그것에 전적으로 의존하고 하나님께서 가르치시고 하라고 말씀하신 것에 의존할 만큼 자기를 낮추셨습니다. 이것이 온유의 의미입니다. 배우고, 귀를 기울일 자세가 되어 있어야 합니다. 특히 성령께 우리 자신을 맡겨야 합니다.

끝으로, 저는 온유를 이렇게 말씀드리려고 합니다. 모든 것, 우리 자신, 권리, 대의, 앞날의 모두를 하나님의 손에 맡겨야 합니다. 특히 부당하게 고통을 당하고 있다고 생각될 때도 그래야 합니다. 사도 바울처럼 "원수 갚는 것은 내가 할 일이니 내가 보상하겠다고 주께서 말씀하신다."라고 말하는 법을 배워야 합니다. 우리는 갚을 필요가 없습니다. 하나님의 손에 맡기기만 하면 됩니다. 주님께서 갚으실 것입니다. 우리 자신과 우리의 대의와 권리와 기타 모든 것을 조용한 영과 생각과 마음으로 하나님께 맡깁시다. 이것이 산상설교의 가르침 중에 하나입니다. 온유한 사람에게 어떤 일이 있게 되는가를 주목합시다. "온유한 사람들은 복이 있다. 그들이 땅을 얻을 것이다." 무슨 뜻입니까? 이것을 간략하게 요약할 수 있겠습니다. 온유한 사람은 이미 이생에서 땅을 얻습니다. 참으로 온유한 사람은 항상 만족을 얻는 사람입니다. 그는 이미 만족하고 있는 사람입니다. 골드스미스(Goldsmith, 영국작가,《웨이크필드의 목사》의 저자)는 이것을 잘 표현해서 말하기를 "아무것도 갖고 있지 않으나 모든 것을 가지고 있다."라고 했습니다.

　사도 바울은 이것을 더 훌륭히 표현해서 "아무것도 가지지 않은 자 같으나 모든 것을 소유한 자로다"라고 했습니다. 바울은 다시 빌립보교회에 편지하기를 "여러분이 선물을 보내주신 것을 감사합니다. 내가 이 선물을 좋아하는 것은 그 무언가를 원하기 때문이 아니라 그것을 보낸 여러분의 정신을 좋아하기 때문입니다. 하지만 나 자신으로 말하면 나는 모든 것을 소유하고 있고 풍족합니다"라고 했습니다. 바울은 이미 그들에게 "나는 비천하게 살줄도 알고 부요하게 살줄도 압니다." "내게 능력을 주시는 분 안에서 나는 무엇이든지 할 수 있습니다."라고 말씀한 바 있습니다. 그리고 고린도전서 3장에서 이와 동일한 생각을 표현한 것에 주목하십시오. 그들은 이런 일들에 시기하거나 관심을 가질 필요가 없다고 말씀한 뒤에 "만물이 여러분의 것"이라고 했습니다. 즉 "바울이나 아볼로나 게바나 세상이나 삶이나 죽음이나 현재 일이나 장래 일이나 모든 것이 다 여러분의 것입니다"라고 했습니다. 여러분이 온유하여 참된 기독교인이라고 하면 모든 것은 여러분의 것입니다. 여러분은 이미 땅을 얻은 것입니다. 동시에 이 말씀은 미래를 가리켜 하신 말씀입니다.

바울은 고린도전서 6장에서 "성도가 세상을 심판하리라는 것을 여러분은 알지 못합니까?"라고 했습니다. 여러분은 세상을 심판하게 되어 있습니다. 여러분은 천사들을 심판하게 되어 있습니다. 그때 여러분은 땅을 얻을 것입니다.

로마서 8장에서 바울은 이것을 이렇게 표현했습니다. 우리는 하나님의 자녀입니다. "자녀라면 상속자도 될 것입니다…." 우리는 하나님의 상속자요 그리스도와 함께 상속할 사람이 됩니다. 바로 이것입니다. 우리는 땅을 소유할 것입니다. 바울은 디모데에게 "우리가 고난을 받으면 또 그와 함께 왕 노릇 할 것이요"라고 했습니다. 다른 말로 하면 "디모데야 너는 고난당함을 염려하지 마라. 너는 온유하며 고난을 받아라. 그러면 그와 함께 왕 노릇 할 것이다. 너는 그와 함께 땅을 얻을 것이다."라는 뜻입니다.

누가복음 14장 11절에서 "누구든지 자기를 높이면 낮아질 것이요, 자기를 낮추면 높아질 것이다." 이것이 온유입니다. 온유를 자연인에게서는 결코 찾아볼 수 없다는 것을 다시 강조할 필요가 있겠습니까? 우리 힘으로 온유해질 수는 없습니다. 속세를 떠나서 승려가 된 가련한 사람들은 자기 힘으로 온유해보려고 애를 씁니다. 하지만 그렇게 될 수 없는 것입니다.

성령이 아니시면 아무것도 우리를 겸손하게 할 수 없으며, 성령이 아니시면 아무것도 우리의 심령을 가난하게, 우리의 죄성 때문에 우리를 애통하게, 우리 자신에 대하여 이상과 같은 참되고 올바른 견해를 우리들 속에 산출하며, 우리에게 그리스도의 마음을 줄 수 없습니다. 이것은 중요한 문제입니다. 기독교인이라 주장하는 사람들은 동시에 이미 성령을 받았음을 반드시 주장해야 합니다. 그러므로 온유하지 못한 데 대한 구실은 없습니다. 교회 밖에 있는 사람은 구실을 댈 수 있습니다. 온유할 수 없기 때문입니다. 그러나 우리가 성령을 받았다고 주장한다면, 그리고 이것이 모든 기독교인들의 주장이라면 온유하지 못할 때 우리는 핑계할 수 없습니다.

온유는 여러분이나 제가 만들 수 있는 것이 아닙니다. 온유는 성령께서 우리들 속에 만드시는 하나의 성품입니다. 온유는 성령이 직접 만드신 열매입니다. 온유는 성령께서 우리에게 주시며, 우리들 모두에게 가능합니다. 그러면 우리는 무엇을 해야 합니까? 우리는 이 산상설교 말씀을 자주 대하여 온유에 대한 본문 말씀을 묵상해야 하며 그 실례들을 살펴보아야 합니다. 그리고 무엇보다 주님을 바라보아야 합니다. 그런 다음 겸손해져서 우리의 사람됨이 부족할 뿐 아니라 철저할 정도로 불완전함을 부끄럽게 고백해야 합니다. 그런 다음 우리의 모든 문제의 원인이 되는 자아와 절교해야 합니다. 그래야만 자기희생으로 우리를 값 주고 사신 주님께서 들어오셔서 우리를 소유하실 수 있습니다.

7장

의와 복

"의에 주리고 목마른 자는 복이 있나니 그들이 배부를 것임이요" 마 5:6

기독교인의 관심사는 온통 이생의 삶을 복음의 빛에 비추어 관찰하는 데 있어야 합니다. 그런데 복음의 관점에서 보면 인류의 불행은 어떤 특정한 죄가 밖으로 나타나는 것에 있지 않고 죄 자체에 있습니다. 만일 여러분이 세상의 형편과 전쟁의 위협 때문에 근심한다면 이와 같은 재난을 피할 가장 직접적인 방법은 지금 우리가 살피고 있는 이 말씀을 고찰해보는 것이라 확신합니다. "즉 의에 주리고 목마른 사람들은 복이 있습니다. 그들이 배부를 것입니다." 만일 이 세상의 모든 사람이 '의에 주리고 목마른 것'을 안다면 전쟁의 위협은 사라질 것입니다. 참된 평화의 길은 오직 여기에 있기 때문입니다.

우리는 이처럼 하나님 말씀을 살피는 대신 사람의 생각과 감정을 표현하며 하나님의 시간을 허무하게 낭비하고 있는 것입니다. 만일 모든 인류가 '의에 주리고 목마른 것'을 알았다면 이 모든 문제가 해결되었을 것입니다.

오늘날 세계에 가장 필요한 것은 기독교인들의 수, 개개 기독교인들의 수가 증가하는 데 있다고 하겠습니다. 만일 전 세계 국가들이 기독교인들로 구성되어 있다면 원자력이나 다른 아무것도 두려워할 필요가 없을 것입니다. 그러므로 그 접근성에서 막연하고 간접적인 것 같아 보이는 이 복음이 사실은 문제를 해결할 가장 직접적인 방법입니다. 오늘날 교회생활의 가장 큰 비극 중 하나는 너무 많은 교인들이 단순하고 순수한 복음을 설교하는 대신 전쟁과 평화에 대한 막연하고 일반적이며 쓸데없는 진술들에 만족한다는 데 있습니다. 국가의 지위를 고상하게 하고 높여주는 것은 의이며, 우리 모두에게 가장 중요한 것은 의가 무엇인가를 발견하는 데 있습니다.

우리는 산상설교의 이 특이한 본문에서 기독교인의 또 하나의 특징을 볼 수 있습니다. 앞에서 살펴본 대로 주께서 말씀하신 일련의 진술을 논리적 순서로 취급하는 것은 매우 중요합니다. 이 복 역시 앞의 복들을 논리적으로 뒤따르고 있기 때문입니다. 이 복은 다른 복들의 논리적 결론이며, 이 복으로 인해서 우리는 하나님께 깊이 감사하게 생각해야 할 것입니다.

본문은 기독교인들의 신앙고백을 테스트하는데 있어서 너무나 완벽하다고 생각합니다. 우리가 지금까지 생각해오던 것들의 해답이 나옵니다. 우리는 '심령이 가난'해야 하며, '애통'해야 하며 '온유'해야 합니다. 그런데 여기 본문에 이것들에 대한 해답이 있습니다.

이 복은 논리적으로 보아서 앞서 나온 모든 다른 복에 속하지만, 약간의 변화를 도입하고 있습니다. 이 복은 다소 부정적인 내용을 담고 있지만 사실은 긍정적 요소를 더 많이 담고 있습니다. 말하자면, 지금까지의 다른 복들은 우리로 하여금 자신을 살피고, 검토하게 하지만, 여기서는 해결책을 찾기 시작하며 강조점에 있어서도 다소 변화가 있는 것입니다.

우리는 우리의 철저한 무능과 연약함과 철저하게 가난한 심령과 이 같은 영적 문제들에서 파탄한 사실을 살펴보고 나서 우리들 속의 죄, 곧 하나님께서 완전하게 만드신 사람을 망쳐 놓은 죄를 살펴본 바 있습니다. 그리고 그런 다음 온유와 온유가 나타내는 모든 묘사를 보았습니다.

우리는 처음부터 무서운 자아의 문제, 즉 자기관심, 자기이익, 우리를 비참한 데로 인도하고 궁극적으로는 개인 간이든 국가 간이든 싸움의 원인이 되는 자기의지의 문제에 관심을 가졌습니다. 이렇게 이기주의와 자기중심성은 자아에 의지하여 자아를 신격화시키며 궁극적으로 모든 불행의 원인이 되는 무서운 실재입니다.

기독교인은 이 모든 것을 슬퍼하며 한탄하며 혐오하는 사람임을 살펴보았습니다. 그런데 여기서 우리는 방향전환을 하여 해결책(우리가 동경하는바 자아로부터 구원)을 모색하게 되는 것입니다. 본문은 그들 자신과 그들의 영적 상태에 대하여 불행하며, 그들이 지금까지 누리지 못한 질서와 삶의 특성을 동경하는 모든 사람들에게 주는 복음의 뚜렷한 선언입니다.

우리는 본문을 복음의 가장 전형적인 진술의 하나로도 서술할 수 있습니다. 본문은 매우 교리적인 것으로 복음의 가장 근본 교리 중의 하나, 곧 우리의 구원은 전적으로 은혜로 말미암으며, 전적으로 하나님의 선물임을 강조하고 있습니다.

본문에 접근하는 가장 단순한 방법은 그 용어들을 살펴보는 방법입니다. 우리가 우선해야 할 것은 여기에 사용된 여러 용어들의 의미를 살펴보는 일입니다. 우선 '의'란 용어입니다. "의에 주리고 목마른 사람들은 복이 있습니다." 이 사람들만이 참으로 행복한 사람들입니다. 온 세상은 행복을 추구하고 있습니다. 이 점에는 의문의 여지가 없습니다. 누구나 행복하기를 원합니다.

이것은 사람의 온갖 행동과 야심과 모든 일과 모든 노력의 배후에 도사리고 있는 커다란 동기가 되고 있습니다. 만사가 행복을 얻기 위한 목적에서 계획되고 있는 것입니다. 하지만 세상의 일대 비극은 세상이 행복을 갈구함에도 불구하고 행복을 발견할 수 없다는 것입니다. 오늘의 세상 형편은 이 사실을 매우 강렬하게 상기시켜주고 있습니다. 어떤 이유 때문입니까? 그 대답은 우리가 본문을 마땅히 이해해야 함에도 불구하고 이해하지 못하고 있다는 데에 있습니다.

그러면 여러분 "의에 주리고 목마른 사람들은 복이 있다." 무슨 뜻입니까? 부정적 접근방식으로 설명하면 우리는 복에 주리고 목마르지 말아야 합니다. 우리는 행복에 주리고 목말라서는 안 됩니다. 하지만 대다수 사람들은 바로 이것을 행하고 있습니다. 우리는 행복과 복만을 요구하기 때문에 오히려 이것을 항상 놓쳐 버리게 됩니다. 행복은 항상 우리를 피하고 있습니다.

성경에 의하면 행복은 직접 구해야 할 것이 못 됩니다. 행복이란 항상 다른 것을 구하는 데서 얻어지는 것이기 때문입니다. 이 점은 교회 밖에 있는 사람들이나 안에 있는 사람들에게도 마찬가지입니다. 이것은 교회 밖에 있는 사람들의 비극이 되고 있습니다. 세상은 행복을 희구하고 있습니다. 행복을 찾으려 애쓰며 이것을 그들의 목표로, 그들의 한 가지 목적으로 삼고 있습니다. 그래도 그것을 발견하지 못하는 까닭은 그들이 행복을 의(義)에 우선해서 찾을 때는 이미 비참해질 운명을 띠고 있기 때문입니다. 성경은 시작부터 끝까지 이것을 가리키고 있습니다. 의를 구하는 사람들만이 참으로 행복합니다. 행복을 의 대신 취할 때는 행복은 얻을 수 없게 되어 있습니다.

세상은 이 원초적인 기본적 오류에 빠져든 것이 분명합니다. 이 오류를 여러 가지 다른 방법으로 설명할 수 있습니다. 고통스런 질병으로 고생하는 사람을 생각해봅시다. 대체로 이런 환자는 고통에서 해방을 받고자 하는 한 가지 소원을 갖고 있습니다. 우리는 이 점을 잘 이해할 수 있습니다. 고통을 좋아할 사람은 아무도 없습니다. 그러므로 이 환자는 그에게서 고통을 면해줄만한 것이면 무엇이든 해보려고 생각합니다. 하지만 만일 이 환자를 치료하는 의사가 이 사람의 고통을 제거하는 일에만 관심을 갖고 있다면 그는 매우 서투른 의사일 것입니다. 의사의 기본의무는 고통의 원인을 발견하여 치료하는 데 있습니다. 고통에 대한 궁극적인 치료법은 질병을 치료하는 것이지 고통을 치료하는 것이 아닙니다. 그러므로 만일 어떤 의사가 고통의 원인을 찾지 않고 고통만을 치료하는 진통제를 사용한다면 자연에 역행할 뿐 아니라 환자의 생명에 극도로 위태한 일을 행하고 있는 셈입니다. 환자가 고통에서 헤어나 건강한 것처럼 보일 가능성도 있습니다. 하지만 말썽의 원인은 아직 그대로 남아 있습니다. 세상이 저지르고 있는 어리석음도 바로 이것입니다. 세상은 말하기를 "나는 고통을 제거하고 싶다. 그러므로 영화관으로, 마시러, 또는 나의 고통을 잊는데 도움이 되는 것이면 무슨 일이든 불사하겠다."라고 합니다. 하지만 문제는 고통과 불행과 비참의 원인이 무엇인가 하는 것입니다. 행복과 복에 주리고 목마른 사람들은 행복하지 못합니다.

그렇습니다. "의에 주리고 목마른 사람들은 복이 있다. 그들이 배부를 것이다."이기 때문입니다. 하지만 이 점은 교회 안에 있는 사람들에게도 마찬가지입니다. 교회 안에는 그들이 찾기는 찾되 찾을 수 없는 것 곧 어떤 유의 행복과 복을 찾으면서 한평생을 보내는 것 같아 보이는 사람들이 많습니다. 그들은 이 모임 저 모임으로, 이 집회 저 집회로 돌아다니며 이 놀라운 것 곧 그들에게 기쁨을 가득 채워주며 황홀감을 홍수처럼 채워 줄 체험을 얻어 보려 소원합니다.

다른 교인들은 그것을 갖고 있는데 그들 자신은 이것을 가진 것처럼 보이지 않는 것입니다. 그래서 그들은 이것을 구하고 탐하고, 항상 주리고 목마릅니다. 그래도 그것을 얻지 못합니다. 참으로 행복하고 복되려면 의에 주리고 목말라야 합니다. 복이나 행복이나 체험을 첫째 자리에 두어서는 안 됩니다. 그렇습니다. 하나님께서는 이것을 의를 구하는 사람들에게만 주십니다.

하나님 말씀의 단순한 가르침과 교훈은 따르지 않으면서 항상 이런 체험을 탐하며 추구하고 있다는 것은 얼마나 큰 비극입니까? 체험은 하나님의 선물입니다. 여러분과 제가 탐하고 구하고, 주리고 목말라야 할 것은 의입니다. 이것은 부정명제(不正命題)로서 매우 중요합니다. 그러면 이 의는 무엇을 의미합니까? 이것이 오늘에 많이 논의되고 있는 의, 곧 국가들 간의 일종의 일반 의(general righteousness)나 도덕이 아닌 것은 물론입니다. 국제 협약의 신성성이니, 규약의 영예로운 준수니, 약속 이행이니, 기타 공정한 처리니 '페어플레이'니 하는 말들이 많이 있습니다. 이것들을 비판할 생각은 없습니다. 이것들은 헬라 철학자들이 가르친 일종의 도덕입니다. 하지만 복음은 여기에 머무르지 않습니다. 복음의 의는 이것과는 전혀 다릅니다. 그런데 개인의 의(personal righteousness)에 대해서는 별로 모르면서 이런 유형의 의에 대해서는 웅변을 토하는 사람들도 있습니다.

그들은 여러 나라들이 세계 평화를 위협하고 있으며 그들의 규약을 깨뜨리는 데 대해서는 열변을 쏟지만, 동시에 아내들에게는 불충실하며 그들 자신의 결혼 규약과 맹세에 대해서는 불충실한 사람들이 있습니다. 복음은 이런 유형의 말에는 관심을 가지지 않습니다. 복음의 개념은 이보다 훨씬 깊습니다. 의란 단순하거나 막연하게 존경할 만한 태도라든가 보편적 도덕성을 의미하지 않습니다.

기독교적 관점에서 볼 때 더욱 중요하고 심각한 것은 여기서 말하고 있는 의를 칭의로 정의하는 것은 옳지 않습니다. 성구 색인을 들쳐서 '의'란 말을 살펴보면(물론 여러분도 여러 곳에서 이 말씀을 찾아볼 수 있습니다), 이 말이 칭의를 나타냄을 알 수 있을 것입니다. 사도 바울은 로마 사람들에게 보내는 편지에서 '의'를 이와 같은 뜻으로 말했습니다. 바울은 거기서 '믿음으로 말미암는 하나님의 의'에 대하여 기록했습니다. 거기서 바울은 칭의를 논하고 있는데, 그와 같은 경우에서라면 대체로 문맥상 의의 뜻이 분명합니다. 의는 칭의를 의미할 때가 허다합니다. 하지만 여기서는 그 이상의 것을 의미합니다. 이 말이 나오는 본 문맥상(특히 앞에 나온 세 가지 복과의 관계에서), 여기서의 의는 칭의일 뿐 아니라 성화(聖化)도 포함한다고 생각합니다. 다른 말로 하면 의에 대한 욕구, 의에 주리고 목마른 행위는 궁극적으로 온갖 형태의 죄에서 해방되고자 하는 욕구를 의미하는 것입니다.

이 의를 좀 더 세분해 보겠습니다. 이 의가 죄로부터의 해방을 의미하는 이유는 죄가 우리를 하나님과 분리시키기 때문입니다. 그러므로 적극적인 의미에서 '의'는 하나님과 바른 관계에 있는 것을 의미하며 결국 이것이 중요한 것입니다. 오늘 세상의 모든 문젯거리는 사람이 하나님과 바른 관계에 있지 못하다는 사실에 있습니다. 그 이유로 사람이 다른 일에서 잘못되는 것은 하나님과 바른 관계에 있지 않기 때문입니다. 이것이 모든 성경의 가르침입니다. 그러므로 의에 대한 욕구는 하나님과 바른 관계에 있고자 하는 욕구요, 죄를 제거하려는 욕구입니다. 그것은 죄가 우리와 하나님 사이를 가로막아 우리가 하나님을 아는 지식과, 우리가 하나님과 함께 하는 일과, 하나님께로부터 우리에게 오는 모든 것을 막고 있기 때문입니다. 그러므로 이 점을 첫째로 꼽아야 합니다. 의에 주리고 목마른 사람은 죄와 반역 때문에 사람이 하나님 존전에서 밀려난 사실을 보고 옛 관계로, 하나님 앞에서의 그 원초적 의의 관계로 되돌아오기를 바라는 사람입니다.

인간의 최초 조상은 하나님 앞에 의롭게 지음 받았습니다. 그들은 하나님과 함께 거하며 행하였습니다. 우리가 소원하는 것은 바로 이러한 관계입니다. 하지만 이 의는 필연적으로 죄의 세력으로부터 해방되고자 하는 욕망을 의미합니다. 심령의 가난이 무엇이며, 내부의 죄로 인한 애통이 무엇인지를 인식하고 나서 우리는 당연히 죄의 세력에서 해방되기를 소원하는 단계로 나갑니다.

우리가 지금까지 이 복들의 관점에서 살펴온 기독교인은 그가 발 딛고 사는 세상이 죄와 사탄의 조종을 받고 있음을 보는 사람입니다. 그는 자기가 악한 세력의 통제를 받고 있으며 지금 "불순종의 아들들 속에 역사하는 영인 공중의 권세 잡은 자에 따라" 행하고 있음을 봅니다. 그는 '이 세상 신(神)'이 그의 눈을 멀게 하여 여러 가지 일들에 이끌리고 있음을 보게 되므로, 이제는 그것에서 해방되려고 하는 사람입니다. 그는 바울이 로마서 7장에서 말하는 "그의 지체 속의 다른 법" 곧 자기도 모르게 그를 끌고 가는 이 악한 세력에서 벗어나고 싶어 합니다. 그는 죄의 세력과 횡포와 속박에서 해방되고 싶어 합니다. 여러분의 죄가, 국가와 국가 사이의 관계나 그와 비슷한 관계에 대한 막연히 일반화된 이야기들보다 얼마나 더 뿌리 깊은 것인지 아실 것입니다. 하지만 의는 그 이상입니다. 의는 죄를 지으려는 욕망에서 해방되려는 욕망을 의미합니다. 그 까닭은 성경에 비추어 자기를 검토하는 사람은 자기가 죄에 속박되어 있을 뿐만 아니라 그보다 더 무서운 것은 그가 죄를 좋아하며 그것을 원한다는 사실을 발견하기 때문입니다.

죄가 나쁘다는 것을 본 후에도 그는 여전히 그것을 원합니다. 하지만 지금 '의에 주리고 목마른 사람'은 죄를 지으려는 욕망을 자기 행동에서 뿐 아니라 마음속에서부터 제거하고 싶어 하는 사람입니다. 다시 말하면 그는 죄의 오염에서 구출되기를 갈망합니다. 죄는 우리의 전 존재와 우리의 성격의 본질을 오염시킨 실재입니다. 기독교인은 이 모든 것에서 해방되고자 하는 사람입니다. 우리는 이것을 다음과 같이 요약할 수 있겠습니다. "의에 주리고 목마른 것은 자아와 온갖 형태의 자아의 무서운 표현에서 해방되고자 욕망하는 것이다."라고 말입니다.

온유한 사람을 고찰할 때에 참으로 의의가 있는 것은 그가 자아의 모든 형태 즉 자기 관심, 자만, 자랑, 자기 보호, 자기 감수성, 항상 다른 사람들이 자기에게 반대하고 있다는 생각, 자아를 보호하고 자아를 영화롭게 하려는 욕망 등으로부터 해방되었다는 점입니다. 개인들 사이에 싸움을 붙이고 국가 간에 싸움을 일으키는 것은 자기주장 때문입니다. 그런데 의에 주리고 목마른 사람은 이 모든 것에서 해방되기를 갈망하는 사람입니다. 그는 자기 관심과 그 모든 형태와 모양에서 헤어나고 싶은 것입니다.

이제는 다음과 같이 긍정적 명제로 다루겠습니다. 즉 "의에 주리고 목마른 것은 적극적으로 성결해지기를 소원하는 것 이외에 아무것도 아니다."라고 말입니다. 저는 이것을 더 이상 훌륭히 정의할 수 없습니다. 의에 주리고 목마른 사람은 매일의 생활에서 팔복을 실천하는 사람입니다. 그는 그의 모든 행동과 온갖 생활과 활동에서 성령의 열매를 보여주는 사람입니다. 의에 주리고 목마른 것은 신약성경적인 사람 곧 예수 그리스도 안에 있는 새 사람을 닮기를 소원하는 것입니다. 이것이 의의 의미입니다. 즉 나의 전 존재와 나의 생활 전체는 새 사람과 같아야 한다는 것입니다.

좀 더 살펴보면 의는 인생의 최고 욕망이 하나님을 알고 그와 교제를 나누며, 하나님 아버지와 아들과 성령과 함께 빛 가운데서 동행하고자 하는 것을 의미합니다. 요한은 말하기를 "우리의 사귐은 하나님과 또 그의 아들 예수 그리스도와의 사귐입니다."라고 했고, 또 "하나님은 빛이시요 그 안에 어둠이 조금도 없다고 하는 것입니다"라고 했습니다.

하나님과 사귄다는 것은 하나님 아버지와 아들과 성령과 함께 빛 안에서, 그 복된 순결과 성결로 행하는 것을 의미합니다. 의에 주리고 목마른 사람은 다른 무엇보다 이것을 동경합니다. 그리고 결국 이것은 주 예수 그리스도를 닮으려는 갈망과 욕망 이외에 아무것도 아닌 것입니다. 복음서에 나타난 주님의 모습을 보십시오. 그가 여기 땅 위에 성육신 하신 상태에 계셨을 때의 그를 보십시오. 다른 사람들에 대한 그의 반응과 친절과 동정과 민감한 성품을 보십시오. 원수들에 대한 반응과 그 원수들이 그에게 행한 것을 보십시오. 복음서에 그의 모습이 나타나 있습니다.

신약성경 교리에 의하면 여러분과 저는 거듭났으며 그의 모양과 형상을 닮아 새로 빚어졌습니다. 그러므로 의에 주리고 목마른 사람은 그와 같이 되려고 하는 사람입니다. 최고의 욕망은 그리스도를 닮는 것입니다.

그렇습니다. 이것이 의입니다. "의에 주리고 목마른 사람들은 복이 있다." 이 말은 우리를 이 문제의 실제적인 면으로 이끌어주기 때문에 매우 중요합니다.

'주리고 목마르다'는 것은 무슨 뜻입니까? 우리가 자신의 노력과 힘으로 이 의를 얻을 수 있다는 생각을 의미하지 않는 것은 분명합니다. 이 같은 견해는 사람 자신에게 집착하는 세속적 의에 대한 관념입니다. 이런 의 관념은 바리새인식의 개인의 자만이나 자기네가 더 훌륭하며 우월하다고 여기는 교만으로 이끌어갑니다. 이 견해는 사도 사울이 빌립보서 3장에서 예로 든 '배설물'로 여긴 모든 것, 즉 온갖 자신, 자기에 대한 신념 따위로 이끕니다. '주리고 목마르다'는 것은 이런 뜻일 수가 없습니다.

그 이유는 첫째 복이 우리는 '심령이 가난해야 한다.'고 말해주기 때문인데, 이는 모든 형태의 자기 신뢰를 부정하는 것입니다. 그러면 주리고 목마르다는 것은 무슨 뜻입니까? 그것은 다음과 같이 단순한 것을 의미합니다. 그것은 우리의 궁핍의식을 의미합니다. 더 나아가서 우리의 절실한 고통스러울 정도의 심각한 궁핍의식을 의미합니다. 이 의식은 그것이 만족을 얻기까지 계속되는 의식을 의미합니다. 그것은 지나가는 어떤 감정이나 어떤 욕망만을 의미하지 않습니다.

여러분은 호세아 선지자가 이스라엘 나라에 대하여 한 말, 즉 이스라엘이 항상 회개하는 형태를 취하였다가는 다시 죄에 빠져들었다는 말을 기억할 것입니다. 호세아는 이스라엘의 의가 '아침 구름'과 같이 한순간 있다가 다음 순간에 사라져버리는 그런 것으로 말했습니다.

호세아는 이 말씀으로 올바른 방향을 지적하고 있습니다. "그러므로 우리가 여호와를 알기 위해 따른다면 우리는 여호와를 알 것이다."라고 했습니다. 이것이 '주리고', '목마른' 것입니다. 이것은 지나가 사라져버리는 감정이 아닙니다. 주림은 그것이 만족하기까지 계속되는 깊고 심오한 것입니다. 주림은 고통과 아픔을 줍니다. 영적 주림과 목마름은 실제의 육체적 주림과 목마름과 같습니다. 그것은 계속 증가하여 사람을 절망적으로 만드는 것입니다. 그것은 고통과 고뇌를 일으키는 그런 것입니다.

또 한 가지 유사점을 들어 설명하겠습니다. 주리고 목마른 것은 어떤 상태를 소원하는 사람과 같이 되는 것을 말합니다. 그는 쉼이 없고 잠잠히 있을 수가 없습니다. 그는 큰일을 하며 꾸준히 애를 쓰며 그것에 대해 생각하며 꿈을 꾸게 되며, 그의 야망은 그의 삶을 지배하는 정열로 화하게 됩니다. '주리고 목마른' 것이 이와 같습니다. 이 사람은 그 상태에 도달하려 주리고 목말라 합니다. 다른 말로 하면 그것은 흡사 어떤 사람을 그리워하는 것과 같습니다.

사랑에는 항상 큰 주림과 목마름이 따릅니다. 사랑하는 사람의 가장 큰 욕망은 사랑의 대상과 함께 있으려는 것입니다. 만일 사랑하는 사람들이 서로 떨어져 있다면 그들이 다시 함께 있게 되기까지 그들은 편안하지 않습니다. 주리고 목말라하는 것을 설명하기 위해 실례를 더 들 필요가 없을 정도로 완벽한 말씀이 있습니다.

시편기자는 이것을 고전적 형식으로 완벽하게 요약해서 표현했습니다. "하나님이여 사슴이 시냇물을 찾기에 갈급함 같이 내 영혼이 주를 찾기에 갈급하니이다"(시 42:1). 시편기자는 하나님을 찾아 주리고 목말랐습니다. 이것입니다. 이것을 매우 잘 표현한 유명한 다아비(J.N. Darby)의 말을 인용하겠습니다. 그는 "주리는 것(hungry)으로는 충분하지 못하다. 나는 하나님이 나를 향해 마음속에 어떤 뜻을 갖고 계시는지 알고 싶어 정말 주려 죽을(starving) 지경이 되어야 한다."라고 말했습니다.

이 모든 사실을 표현하는 완벽한 진술이 나옵니다. 요컨대 "탕자는 주렸을 때 쥐엄 열매를 먹으려 했습니다. 그러다가 그가 주려 죽게 되었을 때 그는 아버지에게로 향했습니다." 이것이 바로 원하는 상태입니다. 주리고 목마른 것은 절망 상태가 되며, 주려 죽으며, 생명이 꺼져가는 느낌이며, 궁극적인 도움의 필요를 인식하는 것을 말합니다. 곧 "의에 주리고 목마른 것"이요 "사슴이 시냇물을 찾기에 갈급함같이 내 영혼이 주를 찾기에 갈급한 것입니다."

끝으로, 주리고 목마른 사람들에게 약속된 것을 간단히 살펴봅시다. 이 약속은 성경에서 찾아 볼 수 있는 가장 은혜롭고 영광스런 진술 가운데 하나입니다. 이처럼 의에 주리고 목마른 사람들은 행복하고도 행복하며, 복을 받는다는 것입니다. 왜 그렇습니까? "그들이 배부를 것이기 때문입니다." 그들은 그의 욕망하던 것을 받을 것이기 때문입니다. 이것이 복음이며 은혜의 복음이 흘러 들어오는 지점입니다. 이것은 전적으로 하나님의 은혜입니다.

여러분은 하나님을 떠나서는 결코 의로 채워지지 못할 것이며 복을 찾지 못할 것입니다. 이것을 얻을 수 있고 하나님께서 요구하시는 자격은 하나님이 우리에게 절대 필요하다는 사실을 보는 데 있습니다. 그 이상, 그 이하도 아닙니다. 여러분과 제가 우리에게 필요한 것, 곧 주리고 목마른 것, 우리 속에 있는 이 죽음의 존재를 알게 될 때 하나님은 우리를 채워주실 것이며 이 복된 선물을 주실 것입니다. 주님은 "내게 오는 사람은 결코 내가 버리지 않는다"고 하셨습니다. 이것은 절대적이며 무조건적 약속입니다. 그러므로 여러분이 의에 주리고 목마르다면 배부를 것입니다. 이것은 의문의 여지가 없습니다.

여러분이 의에 주리고 목마르고 있는지를 살펴보십시오. 의에 주리고 목마른 것, 곧 그리스도처럼 되기를 사모한다면 여러분은 이 복을 받을 것입니다. 이 일은 즉각 일어납니다. 이것이 복음의 영광입니다.

"의에 주리고 목마른 사람들은 즉시 배부를 것입니다." 이것을 욕망하는 순간 우리는 그리스도와 그의 의로 의롭다 하심을 받으며, 우리와 하나님 사이의 죄와 죄책의 장벽은 제거됩니다. 이 점에 대하여 불확실하거나 불분명한 사람은 단 한 사람도 없으리라 생각합니다.

여러분이 주 예수 그리스도를 참으로 믿으며, 주님께서 여러분과 여러분의 죄를 위하여 십자가에 달려 돌아가셨음을 믿으면 여러분은 이미 용서를 받았습니다. 여러분은 용서를 구할 필요가 없습니다. 여러분은 이것에 대해 하나님께 감사해야 합니다. 여러분은 즉시 그의 의로 채워졌습니다. 그리스도의 의가 여러분에게 전가 되었습니다. 하나님은 여러분이 그리스도의 의 속에 있는 것을 보시며, 우리 속에서 죄를 보지 못하십니다. 하나님은 여러분을 용서받은 죄인으로 보십니다. 여러분은 이제 율법아래 있지 않으며 은혜아래 있습니다.

하나님 앞에 설 때 여러분은 그리스도의 의로 가득 채워지며 여러분의 칭의는 영광스럽고 놀라운 진실이 됩니다. 그러므로 기독교인은 항상 자기의 죄를 용서받은 사실을 아는 사람이어야 합니다. 그러므로 기독교인은 토플래디 (Augustus Toplady)처럼 말할 수 있습니다.

나는 율법이나 하나님을 두려워할 필요가 없습니다.
내 구주의 순종과 보혈은 나의 모든 죄와 허물을 감추었습니다.

이 일은 즉각 일어납니다. 하지만 동시에 계속되는 하나의 과정입니다. 이것은 앞에서 설명한 바와 같이 성령께서 우리들 속에서 죄의 세력과 죄의 오염에서 우리를 구출하는 위대한 사역을 시작하셨다는 뜻입니다. 이제 우리는 이 세력과 오염에서 구원받기 위해 주리고 목말라야 합니다. 그리고 여러분이 의에 주리고 목마르다면 이것을 얻으실 것입니다. 성령은 여러분 속에 들어오셔서 활동하시므로 그의 기뻐하시는 뜻을 따라 여러분에게 의욕을 일으켜 일하게 하실 것입니다. 그리스도께서 여러분 속에 들어오셔서 여러분 속에 사실 것이며, 그가 여러분 안에서 사시므로 여러분은 죄의 세력과 오염에서 점차 구원을 받을 것입니다.

여러분은 여러분을 공격하는 이 모든 것들을 정복하고도 남음이 있을 것이므로 이 해답과 복을 즉각 얻으실 뿐 아니라 여러분이 하나님과 그리스도와 여러분 속에 내주하시는 성령과 함께 동행하심에 따라 계속될 것입니다. 여러분은 사탄을 대항할 수 있게 될 것이며 사탄은 여러분에게서 도망칠 것입니다. 이 오염을 제거하는 작업은 여러분 안에서 내내 계속될 것입니다. 하지만 마침내 이 약속이 영원 세계에서 완전히, 절대적으로 성취될 것은 물론입니다. 그리스도 안에 있는 그에게 속한 모든 각 사람이 하나님 앞에 허물없이, 티 없이, 점과 주름 없이 서게 될 날이 오고 있습니다.

그때에는 모든 허물이 사라져 버릴 것입니다. 그때에는 완전한 몸으로 된 새롭고 완전한 사람이 될 것입니다. 그때에는 이 굴욕의 몸마저도 변화되어 그리스도의 영화로운 몸처럼 될 것입니다. 우리는 하나님 앞에 몸과 혼과 영이 절대 완전하여 온 몸이 주 예수 그리스도로부터 받게 될 완전하고 완벽한 의로 가득 채워질 것입니다.

기독교인은 완전해야 합니다. 바울은 고린도 교인들에게 편지하는 가운데 "그리스도는 하나님께로부터 주어진 우리의 지혜요 의와 성결과 속량이십니다."라고 했습니다. 이 순간도 저는 그리스도 안에서 완전합니다. 하지만 계속 완전해지고 있습니다. "나는 이 모든 것을 이미 얻었다는 것도 아니요 또 이미 완전해졌다는 것도 아닙니다. 다만 그것을 잡으려고 달려가는 것뿐입니다." 그렇습니다. 바울은 기독교인들에게 말씀하고 있으며 의와 칭의의 길에 관하여 이미 완전히 알고 있는 사람들에게 말씀하고 있는 것입니다. 그러므로 그들에 대한 바울의 격려는 어떤 의미에서는 "그러므로 완전을 향하여 앞으로 나아갑시다" 하는 것이 됩니다. 이 말씀은 매혹적입니다. 기독교인이 동시에 계속 주리고 목말라야 합니다. 그러면 가득 채워집니다. 그리고 채워지면 채워질수록 더욱 주리고 목마릅니다. 이것이 기독교인의 삶의 복입니다. 이 일은 계속됩니다. 여러분은 성화에 있어 일정 단계에 들어서 있습니다. 그러나 남은 생애를 이것에 의존하지는 않습니다. 여러분은 영광에서 영광으로 계속 변화를 받아 "하늘에서 우리 자리를 차지하기까지" 합니다.

여러분은 가득 채워졌습니까?

여러분은 이런 의미에서 복됩니까?

여러분은 주리고 목마르고 있습니까?

"의에 주리고 목마른 사람들은 복이 있다. 그들이 배부를 것이기 때문이다." 이 말씀은 이런 사람들에 대한 우리 하나님의 은혜롭고 영광스런 약속입니다.

8장

영적 의욕(desire)의 시금석

"의에 주리고 목마른 자는 복이 있나니 그들이 배부를 것임이요" 마 5:6

앞장에서 본문을 다루었지만 8장에서도 이 주제를 계속 검토하고자 합니다. 그 이유는 7장에서 고찰한 것만으로는 충분하지 못하다고 생각되기 때문입니다. 그리고 이 주제를 고찰함에서 충분한 유익을 얻으려면 지금까지보다는 좀 더 실제적인 방법으로 살펴보아야 하겠습니다. 이렇게 하는 것은 이 복이 여러모로 볼 때 팔복의 열쇠 중의 하나이며, 가장 중요한 복의 하나가 되기 때문입니다.

우리가 '의에 주리고 목마르지 않다면' 우리는 결코 의를 소유하지 못할 것이며, 본문에서 우리에게 약속된 충만(배부를 것)을 알지 못하게 될 것입니다. 저는 앞서 기독교의 구원의 본질이 본문에 제시되어 있다고 말했습니다. 본문은 오직 은혜로만 구원받음을 가르치는 구원론의 완벽한 진술입니다. 더욱이 이 복이 특이한 가치를 지니는 이유는 이 복이 우리가 자신에게 적용할 수 있는 하나의 완벽한 시금석, 즉 어떤 일정 시점에 있어서 우리의 상태일 뿐만 아니라 우리의 전 상태에 대한 시금석이 되기 때문입니다.

이 시금석은 크게 나누어 두 가지 방법으로 작용합니다. 이것은 교리를 시험하는 매우 훌륭한 시금석인 동시에, 우리가 정확히 어디에 서 있는가를 시험하는 매우 철저하고 실제적인 시금석이 되는 것입니다.

먼저 교리의 시금석인 측면에서 생각해보겠습니다. 이 복은 구원론에 대한 두 개의 가장 흔한 반대론을 다루고 있습니다. 복음을 받아들일 때 어째서 사람들은 두 가지 반대론을 갖게 되는가를 관찰하는 것은 매우 흥미롭습니다. 그런데 더욱 흥미로운 것은 이 두 반대론이 같은 사람들 속에서 발견될 때가 많다는 점입니다. 그들은 그들의 상태를 이것에서 저것으로 바꾸는 경향이 있습니다.

무엇보다 그들이 "의에 주리고 목마른 사람들은 복이 있다. 그들이 배부를 것이기 때문이다."라는 선언을 들을 때, 구원은 전적으로 은혜로 말미암는다는 말을 들을 때, 즉 구원은 하나님이 주신 것이며, 공로로 얻을 수 없다는 말을 들을 때, 그들은 즉각 반대하여 말하기를 "하지만 이 말은 구원을 너무 쉽게 얻는 것이 되게 합니다. 당신은 우리가 구원을 선물로 받으며, 용서와 새 생명을 받으며, 우리 자신은 아무것도 하지 않는다고 말씀합니다. 그렇지만 구원은 그렇게 쉽게 얻을 수 있는 것이 아닙니다."라고 합니다. 이것이 첫째 진술입니다. 그런데 본문에서 말하는 의의 성격 때문에 구원이 그와 같아야 한다고 지적을 해주면 그들은 반대하기를 그것이 참으로 너무 어려워 구원을 불가능하게 만든다고 말합니다.

우리에게 요구되는 것은 우리가 빛이신 하나님(그에게는 어둠이 조금도 없음) 앞에 서기에 적합하기만 하면 되기 때문에, 사람은 이 구원을 거저 주시는 선물로 받아야 한다고 그들에게 말해주고 우리가 주 예수 그리스도를 닮아야 하며 이 여러 가지 복에 순응해야 한다고 말하면, 그들은 "그것은 우리의 구원을 불가능하게 만듭니다."라고 말합니다. 그들이 이 의의 문제에 대해 잘못을 범하고 있음을 여러분은 발견할 수 있습니다. 그들에게 있어 의는 어느 정도의 예절 바르고 도덕적으로 훌륭한 것만을 의미하는 것입니다. 하지만 앞장에서 이것은 의에 대한 전혀 잘못된 정의임을 알았습니다.

의는 궁극적으로 주 예수 그리스도를 닮는 것을 의미하며 이것이 표준입니다. 하나님과 대면하여 하나님의 거룩한 존전에서 영원히 살게 되므로 우리는 하나님을 닮아야 합니다. 자기 속에 죄의 잔재를 가지고 있는 사람은 하나님 앞에 서 있을 수 없습니다. 이때는 절대 완전한 의가 요구됩니다. 이런 의에 도달해야 합니다. 물론 의가 어떤 것인가를 인식하는 순간, 이 의는 우리가 만들 수 없는 것임을 알게 되며 따라서 이것을 전적으로 거저 주시는 선물로 받아야 할 것을 인식하게 됩니다.

이 진술은 이 두 가지 면을 다루고 있습니다. 이것은 복음에 대한 복음주의적 제시가 구원을 너무 쉽게 만든다는 사실을 반대하는 사람들, 곧 구원 문제에 있어 인간의 활동을 강조하는 설교에 귀를 기울이고 있던 사람들이 "하나님께 감사하리로다. 결국 구원을 얻음에 있어 우리가 해야 할 것이 있구나."라고 말하는 사람들이 있습니다.

본문은 이와 같은 유형의 사람은 의의 의미를 깨닫지 못했으며, 우리들 속의 죄의 본질을 보지 못했으며, 하나님께서 우리에게 어떤 표준을 가지고 대면하시는지 알지 못하고 있음을 인정하는 셈입니다.

의가 무엇인지를 바로 이해한 사람들은 복음이 '구원을 너무 쉽게 만든다'는 사실에 반대하지 않습니다. 그들은 이 복음의 의를 떠나서는 소망이 전혀 없으며, 철저하게 버림받을 것을 압니다. "아무것도 제 손에는 없사오니 당신의 십자가만을 붙드나이다." 이것이 자기의 상태를 바로 본 사람들의 고백입니다. 그러므로 복음이 여러 가지를 너무 쉽게 만든다는 이유로 복음을 반대하거나, 복음이 여러 가지를 너무 어렵게 하기 때문에 복음을 반대하는 것은 우리가 기독교인이 아니라고 고백하는 셈이 됩니다.

기독교인은 복음의 진술과 요구가 불가능하되 복음이 우리에게 불가능한 것을 해주며 구원을 거저 주시는 선물로 주는 사실에 대하여 하나님께 감사하는 사람입니다. 그러므로 "의에 주리고 목마른 사람들은 복이 있습니다. 그들이 배부를 것이기 때문입니다." 그들은 아무것도 할 수 없습니다. 하지만 그들이 의에 주리고 목마르기 때문에 그들은 의로운 것입니다. 이와 같이 교리적 입장에서 시험하는 것이 있습니다. 그런데 우리는 이 두 가지 면은 항상 함께 적용되어야 한다는 점을 기억해야 하겠습니다.

자, 이번에는 실제생활에서의 시금석을 살펴보겠습니다. 이것은 기독교인으로서 우리의 삶이 어디에 있는가를 우리에게 정확히 계시해주는 진술들의 하나입니다. 이 진술은 절대적(categorical)진술입니다. 즉 의에 주리고 목마른 사람들은 '배부를 것입니다.' 그러므로 그들은 행복하며 참으로 복된 사람들입니다.

이것은 앞장에서 살펴본 바와 같이 우리가 즉시 채워지리라는 것, 어떤 의미에서는 우리가 이제는 다시 용서를 구하고 있지 않다는 것을 의미합니다. 기독교인은 자신이 채움을 받은 사실을 아는 사람입니다. 기독교인은 자신이 예수 그리스도의 의로 옷 입었으므로 "그러므로 믿음으로 의롭다 하심을 받았으니 하나님과 화평을 이루었다."라고 말하는 사람입니다. 기독교인은 이 즉각적 채움을 누리고 있습니다.

기독교인은 하나님 앞에서 그의 상태에 관해 완전히 만족하고 있습니다. 기독교인은 그리스도의 의가 이처럼 그에게 전가되었다는 것과 그의 죄가 용서받은 것을 압니다.

기독교인은 또 그리스도께서 성령으로 그 속에 거하시려 오신 것을 압니다. 성화에 대한 기독교인의 본질적인 문제도 역시 해결되는 것입니다. 기독교인은 그리스도께서 하나님께 대하여 그에게 "지혜와 의와 거룩함(성화)과 구원"이 되어주셨음을 압니다. 기독교인은 그가 이미 그리스도 안에서 완전하므로 그가 이제 다시는 그의 성화에 대하여 절망하지 않습니다. 동시에 즉각적인 만족감이 따라옵니다.

기독교인은 성령이 그 안에 거하시며, 하나님께서 그 안에서 활동하셔서 "자기의 기뻐하시는 뜻을 따라 여러분에게 의욕을 일으켜 일하게 하심"을 압니다. 그러므로 점이나 주름이나 허물 같은 것이 없는 저 궁극적인 완성의 최종 상태를 기다리고 있습니다. 그때 우리는 정말 완전할 것이며, 몸도 영화롭게 되어 절대 완전한 상태가 될 것입니다.

그렇습니다. 채워지는 것의 의미가 이것이라면 우리는 스스로 이와 같이 질문해보아야 합니다. 즉 "우리는 채워졌는가? 이런 만족을 얻었는가? 하나님께서 우리에게 이와 같은 일을 행하신 사실을 우리는 알고 있는가? 성령의 열매가 우리들 삶 속에 나타나고 있는가? 하나님과 다른 사람을 사랑하며 기쁨과 평화를 체험하고 있는가? 우리는 인내와 친절과 선함과 신실과 온유와 절제를 나타내고 있는가?" 의에 주리고 목마른 사람은 채워질 것이며 채워지고 있습니다. 그러므로 "우리가 이런 일들을 누리고 있는가?"라고 저는 묻고 싶습니다.

우리가 하나님의 생명을 받았는지 알고 있습니까? 우리 영혼 속에 하나님의 생명을 누리고 있습니까? 성령이 우리 속에 역사하셔서 우리 속에서 그리스도를 점점 닮게 하시는 성령의 강한 능력을 알고 있습니까? 그리스도인이라고 말하는 우리는 이 모든 문제들에 대하여 "네"라고 말할 수 있어야 합니다.

참된 기독교인들은 이런 의를 가득 채움을 받습니다. 여러분은 기독교인의 삶과 체험을 즐기고 있습니까? 우리의 죄가 용서받은 것을 알고 있습니까? 이 사실을 즐거워하고 있습니까? 아니면 아직도 여전히 우리 자신을 기독교인으로 만들려고 애쓰며 어떻게 해서든지 우리 자신을 의롭게 만들어보려고 애를 쓰고 있는 것은 아닙니까? 이것은 모두 헛된 노력이 아닙니까? 하나님과 화평을 누리고 있습니까? 주님 안에서 항상 즐거워합니까? 이 질문들은 우리 자신에게 적용해야 할 시금석들입니다.

우리가 참으로 이런 것들을 즐기지 못하고 누리지 못하는 단 한 가지 원인은 우리가 참으로 의에 주리고 목말라 있지 않기 때문입니다. 왜냐하면 의에 주리고 목마르다면 채워질 것이기 때문입니다. 이것은 절대적 의미의 약속입니다. "의에 주리고 목마른 사람들은 복이 있습니다. 그들은 배부를 것이기 때문입니다."

이제 남은 문제는 우리가 의에 주리고 목말라 있는가를 어떻게 알 수 있는가 입니다. 이것은 매우 중요한 문제입니다. 이 질문은 모두가 관심을 가져야 할 문제입니다. 이 문제의 해답을 찾는 방법은 성경을 연구하는 것입니다.

예를 들어 히브리서 11장에서 우리는 의에 주리고 목마르고, 채워진 위대하고 영광스런 사람들을 볼 수 있습니다. 따라서 성경 전체를 살펴보면 그 의미를 찾을 것입니다. 특히 신약성경에서는 더욱 그렇습니다. 다음으로 여러분은 그리스도 교회를 장식해 온 위대한 성도들의 전기를 읽음으로 성경의 기록을 보충할수 있습니다.

이 문제에 대한 기록은 매우 많습니다. 성 어거스틴의 《참회록》이나 루터와 칼빈과 존 낙스의 생애의 기록을 읽으십시오. 저명한 청교도들과 위대한 파스칼의 전기, 요한 웨슬리의 일기나 조지 횟필드의 놀라운 전기를 읽으십시오. 매들리의 존 플레쳐의 전기를 읽으십시오.

저는 그들에 대하여 모두 다 말할 시간이 없습니다. 그들은 이 충만함을 누린 사람들이었으며 그들의 거룩한 생애는 이 채워짐을 보여주는 삶이었습니다. 문제는 그들이 어떻게 이것에 도달했는가? 하는 것입니다.

주리고 목마른 것이 무엇인가 알고 싶다면 우리는 성경을 연구해야 하며 이와 같은 사람들의 전기를 읽음으로써 우리들 자신의 수준에서 볼 수 있기 위하여 계속해야 합니다. 이렇게 할 때 우리는 의에 주리고 목마르고 있는지 아닌지를 발견하기 위하여 우리들 자신에 적용해야 할 어떤 시금석들이 있습니다.

첫 번째는 우리는 우리 나름의 거짓된 의를 꿰뚫어 보는가? 인데 이것은 우리가 의에 주리고 목말라 있다는 첫째 징표가 될 것입니다. 빌립보서 3장에서 바울은 자기가 행하고 있던 놀라운 일들을 모두 말씀한 다음 그가 이것들을 모두 '배설물'로, 썩고 있는 쓰레기로 여겼습니다. 이것이 첫 번째 시금석입니다.

우리가 우리 속에 있는 어떤 것으로, 또는 우리가 지금까지 행한 어떤 것으로 자기 만족감을 가지고 있는 한 우리는 의에 주리고 목말라 있지 않는 것입니다. 의에 주리고 목마른 사람은 바울이 말한 "내 안에, 곧 내 육신 안에는 선한 것이 있지 않다는 것을 나는 압니다."가 무슨 뜻인지 아는 사람입니다.

우리가 자신의 등을 두드리고 싶어 하고 우리가 성취한 일들로 만족감을 느끼고 있다면 아직도 우리 자신의 의를 의지하고 매달리고 있음을 그대로 보여주는 셈입니다.

우리가 어떤 의미에서든 우리 자신을 변호하기 일쑤라면 이것은 우리가 여전히 우리 자신의 의에 매달리고 있음을 의미합니다. 이렇게 하고 있는 한 우리는 복되지 못합니다. 이런 의미에서 주리고 목마른 것은 존 다아비가 표현한 대로 굶어 죽어가는 것, 우리에게 아무것도 없기 때문에 우리가 죽어가고 있는 것을 인식하는 것임을 아는 것입니다. 이것은 첫 단계로서 우리 자신의 거짓된 의를 '누더기'와 '쓰레기'로 보는 단계입니다. 하지만 이것은 동시에 우리가 우리 자신의 구원의 구주가 필요함을 깊이 인식함을 의미하며, 우리의 철저한 무능을 인정해야 하며, 누군가가 와서 우리를 붙잡아주거나 우리에게 어떤 일을 해주지 아니하면 우리는 버림받은 상태에 있음을 알아야 합니다.

여러분은 모세나 아브라함이나 다니엘이나 혹은 교회사에 나오는 인물들과 같이 되고자 원하십니까? 그러나 우리가 이 사람들과 같이 되려고 하지만 우리는 그들과 같이 되려는 노력은 없이 그들이 누린 복만을 즐기려 할지 모릅니다. 이 것의 고전적 실례를 거짓 선지자 발람의 이야기에서 찾아볼 수 있습니다. 여러분은 그가 이렇게 말한 것을 기억하실 것입니다. "나는 의인의 죽음 같이 죽기를 원하며 나의 최후가 그의 것과 같기를 바라도다." 발람은 의인처럼 죽고 싶었습니다. 하지만 그는 의인과 같이 살고 싶어 하지 않았습니다. 이것은 우리의 경우에도 허다합니다. 우리는 의인의 복을 원하며 그들과 같이 죽기를 원합니다. 물론 우리는 임종할 때에 불행하게 되기를 원하지 않습니다.

우리는 이 영광스런 구원의 복을 즐기고 싶어 합니다. 하지만 우리가 의인처럼 죽기를 원한다면 동시에 의인처럼 살고 싶어 해야 합니다. 이 두 가지는 함께 붙어 다니는 것입니다.

　"나로 의인처럼 죽게 하십시오." 제가 하늘이 열리는 것을 보고도 계속해서 제멋대로 살 수만 있다면 저는 얼마나 복되겠습니까? 하지만 이것은 이렇게 작용하지 않습니다. 제가 그들처럼 죽고 싶으면 그들처럼 살려고 하지 않으면 안 되는 것입니다.

　어떤 것을 진정으로 원하는 사람들은 그 원하는 것을 항상 증거로써 보여주기 마련입니다. 전심으로 무언가를 바라는 사람들은 가만히 앉아 그것이 오기를 수동적으로 기다리지 않습니다. 이것은 우리들에게도 적용됩니다. 그러므로 우리는 의에 주리고, 목마르고 있는지 세밀히 검토를 해 보아야 합니다.

　참으로 의에 주리고 목마른 사람은 이와 같은 의와 반대되는 모든 것을 피하는 사람입니다. 우리는 스스로 이 의를 얻을 수 없습니다. 하지만 이것에 반대되는 것을 삼갈 수는 있습니다.

　우리 스스로 예수 그리스도처럼 될 수는 없으나 시궁창 같은 삶을 중단할 수는 있습니다. 이것은 주리고 목마른 것의 일부가 됩니다.

　이것을 세분해 봅시다. 이생에는 하나님과 그의 의에 공공연히 반대되는 것들이 있습니다. 우리는 이것들이 해로운 것임을 압니다. 우리는 이것들이 사악한 것임을 압니다. 의에 주리고 목마른 것은 우리가 전염병을 피하는 것만큼 피하고 싶어 하는 것들입니다.

　어떤 집에 전염병에 감염된 환자가 있는 것을 안다면 우리는 그 집을 피합니다. 우리는 열병을 앓고 있는 환자를 격리시킵니다. 이것은 영적 영역에 있어서도 마찬가지입니다. 하지만 이것은 여기에서 그치지 않습니다. 참으로 의에 주리고 목마르다면 우리는 나쁘고 해로운 것들을 피할 뿐만 아니라 우리의 영적 의욕을 마비시키거나 무디게 하는 것들을 피해야 할 것입니다. 그런데 이런 것들이 너무나도 많습니다. 그것들 자체로는 해가 없으며 완전히 합당한 것들도 있습니다. 하지만 우리가 이런 것들로 많은 시간을 보내고 있으며, 하나님의 일들을 이보다 적게 원한다면 우리는 이런 것들을 피해야 합니다. 이 의욕의 문제는 매우 민감한 문제입니다. 우리는 모두 신체적 의미에서 어떻게 하면 우리의 식욕을 잃으며 식욕을 무디게 하는지를 알고 있습니다. 말하자면 간식을 먹는 일입니다.

영적 영역에서도 마찬가지입니다. 그것들 자체만으로는 정죄할 수 없는 것들이 많이 있는 것이 사실입니다. 하지만 만일 이런 것들로 너무 시간을 많이 보낸다면 그리고 하나님과 영적 일들을 점점 적게 원하며 그러면서도 의에 주리고 목말라 하고 있다면 저는 이런 것들을 피해야만 합니다.

또 하나 다른 시금석을 제시하겠습니다. 의에 주리고 목마른 것은 우리가 이 의를 열심으로 상기하는 것을 의미합니다. 우리는 이 생각이 항상 변함없이 우리들 앞에 있도록 우리의 생활을 훈련하여야 합니다. 이 훈련의 주제는 매우 중요한 것입니다. 참으로 의에 주리고 목마른 사람은 이 의를 날마다 바라보는 사람입니다. "하지만 저는 너무 바쁩니다."라고 여러분은 말할 수 있습니다.

저는 이렇게 말씀드립니다. "만일 여러분이 의에 주리고 목마르다면 여러분은 시간을 내게 될 것입니다."라고 말입니다. "이런 문제들에는 우선순위라는 것이 있다. 내가 이러 저런 것을 해야 하겠지만 내가 이 일을 무시할 수 없는 까닭은 나의 영이 감금되어 있기 때문이다.", "뜻이 있는 곳에 길이 있다."라고 말하게 될 것입니다. 우리가 원하는 일들을 하기 위해 시간을 내는 것을 보노라면 신기합니다. 만일 여러분과 제가 의에 주리고 목마르다면 매일 적지 않은 시간을 이것을 생각하며 보내게 될 것입니다.

의에 주리고 목마른 사람은 항상 그것을 얻을 기회를 갖습니다. 여러분 자신은 이런 기회를 마련할 수는 없습니다. 하지만 어쨌든 여러분은 여러분이 읽어본 전기(傳記)에 나오는 성도들에게 있었던 것과 같은 길들이 있음을 압니다. 그러므로 여러분은 그들을 모방하기 시작할 것입니다.

여러분은 시각장애인 거지 바디매오를 기억하실 것입니다. 그는 자기 스스로 고칠 수 없었습니다. 그는 갖은 방법을 다해도 시력을 회복할 수 없었습니다. 그러나 시력을 얻을 기회를 가졌습니다. 그는 나사렛 예수가 그 길로 지나간다는 소문을 듣고 그 길에 자리를 잡았습니다. 그는 할 수 있는 한 가까이 갔습니다. 그 스스로 눈 뜰 수는 없었지만 시력을 회복할 기회를 가졌습니다.

의에 주리고 목마른 사람은 이 의를 발견하는 기회를 놓치지 않는 사람입니다. 교회에서 나는 그들의 영적 문제들을 말해준 사람들을 만나고 있습니다. 그들은 기독교인이 되기 원한다고 말합니다. 그러나 이런 저런 것이 부족합니다. 그들이 교회에 자주 가지 않거나 되는대로 출석하는 것을 너무 허다하게 봅니다. 그들은 의에 주리고 목마른 것이 무엇인지 모릅니다. 그러나 이 의를 소유하고 있는 사람들은 이렇게 말합니다. "내가 경건한 성도들의 모임에 자주 가면 갈수록 내게는 유익할 것이다. 나는 저 사람이 의를 소유하고 있음을 안다. 나는 그런 사람과 시간을 보내고 싶다. 나는 내게 유익을 주지 못하는 다른 사람들과 많은 시간을 보내고 싶지 않으며 이 의를 소유하고 있는 이 사람들에게 가까이 하고 싶다."라고 말입니다.

이번에는 성경을 읽어볼 것을 권합니다. 성경은 이 문제에 대한 교과서가 됩니다. 우리가 신문이나, 소설이나, 영화나 다른 오락물, 곧 라디오나 TV나 이와 유사한 것들과 함께 시간을 보내는 만큼 성경과 함께 시간을 보내고 있습니까? 저는 의에 주리고 목마른 사람이 이런 일에 쓸 시간을 가지고 있으면 성경을 위해 시간을 더 많이 가져야 한다고 말하고 싶습니다. 성경을 연구하고 읽으십시오. 성경 말씀을 깨달으려고 애쓰십시오. 성경에 관한 책들을 읽으십시오.

그런 다음 기도하십시오. 이 선물을 주실 수 있는 분은 하나님입니다. 이것을 위해서 하나님께 기도하고 있습니까? 그의 앞에서 얼마나 시간을 보냅니까? 앞에서 하나님의 사람들의 전기를 언급한 바 있습니다. 여러분이 그들의 전기를 읽는다면 여러분은 자신에 대하여 부끄럽게 여기실 것입니다. 그들이 너무 피곤해서 기도할 수 없었을 때인 밤에 한 기도는 그만두고라도, 매일 네, 다섯 시간씩 기도한 것을 발견할 것입니다. 그들은 그날의 가장 좋은 시간을 하나님께 바쳤습니다. 의에 주리고 목마른 사람들은 기도와 묵상으로 시간을 보내며 이생에서의 그들의 존재가 어떤 것이며 무엇이 그들을 기다리고 있는가를 생각하였습니다.

그런 다음에는 이 일에 도움이 될 성도들의 전기와 도서들을 손에 넣어 읽을 필요가 있습니다. 제가 실례로 증명해보인 것과 같이 참으로 의를 원하는 사람들의 행위가 이와 같습니다. 그들은 바디매오나 주님께서 말씀하신 귀찮게 조르는 과부와 같습니다. 그들은 그것을 얻기까지 그분에게 계속 조릅니다. 그들은 주의 사자와 씨름을 한 야곱과 같습니다. 그들은 금식도 하고 맹세도 하고 기도도 했지만 얻지 못하고 하나님께서 그에게 그것을 주시기까지 무능하고 무력한 상태에서 이런 일을 계속한 루터와 같습니다. 이것은 어느 시대, 어느 나라, 어느 성도들에게나 다 그러합니다. 여러분이 누구를 쳐다보든 상관이 없습니다. 여러분이 이 의를 참으로 발견할 수 있는 것은 혼신의 힘으로 이 의를 찾을 때뿐입니다. 이것이 하나님의 방법입니다. 하나님의 방법이 이러합니다. 하나님은 우리를 계속해서 인도하십니다. 우리는 무슨 일이든 다 해보고 난 후에 우리가 여전히 비참한 죄인들임을 깨달을 때, 어린 아이들처럼 이것을 하나님의 선물로 받아야 할 것을 알게 됩니다.

우리가 의에 주리고 목마른지 아닌지 증명할 수 있는 몇 가지 방법을 말씀드리겠습니다. 여러분은 이것이 우리의 가장 큰 소원이 되고 있습니까? 정직하고 진실하게, 나는 이생에서 다른 무엇보다 하나님을 알고 주 예수 그리스도를 닮으며 갖가지 모양과 형태로 나타나는 자아를 제거하며 항상 전적으로 하나님의 영광과 그의 명예를 위해 살려고 노력한다고 말할 수 있습니까?

질문 하나를 하면서 이장의 결론을 맺겠습니다. "이것이 어째서 우리 모든 사람의 가장 큰 의욕이 되어야 하는가?" 저는 이 질문에 이렇게 답합니다. "하나님의 의를 못 가지고 있는 사람들은 모두 하나님의 진노 아래 있어서 파멸에 직면하고 있다."고 말입니다.

이생에서 예수 그리스도의 의로 옷 입지 못하고 죽는 사람은 누구나 절대 절망과 참화에 이르게 됩니다. 이것이 성경의 가르침이며 이것이 성경의 말씀입니다. "하나님의 진노가 그에게 있습니다." 우리를 하나님과 올바른 관계를 맺어 주며 천국에 가서 그와 함께 그의 거룩한 존전에서 영원을 보내게 할 수 있는 것은 오직 이 의뿐입니다. 이 의가 없이는 버림받고 저주받으며 파멸의 운명을 맞게 됩니다. 이것이 이생에서 모든 사람의 최고의 욕구가 되지 않고 있다는 것은 얼마나 놀라운 일입니까? 이 의는 이생과 내생에서 복을 받는 유일한 길입니다.

죄의 절대 가증성(可憎性)에 대해 말씀드리겠습니다. 죄는 하나님께 너무나 더럽습니다. 만약 우리가 하나님 앞에서 그의 거룩한 빛 속에서 계속해서 범하고 있는 일들이 무엇인지 바로 볼 수만 있다면 우리는 하나님께서 미워하시는 것처럼 죄를 미워해야 마땅합니다. 이것이 의에 주리고 목말라하는 것, 곧 죄를 미워하는 큰 이유가 됩니다.

끝으로 적극적인 형태로 표현하고자 합니다. 주 예수 그리스도를 바라봅시다. 우리의 삶은 그의 삶과 같아야 합니다. 우리는 그를 닮아야 합니다. 주님을 따른 사람들의 삶을 바라봅시다. 여러분은 그 사람들과 같이 살고 싶지 않으며 그들처럼 죽고 싶지 않습니까? 어느 모로 보나 이것과 비교될 만한 삶이 또 있습니까? "사랑과 희락과 화평과 오래 참음과 자비와 양선과 충성과 온유와 절제" 같이 성령의 열매를 맺는 거룩하고 깨끗하고 순결한 삶이 또 어디에 있습니까. 얼마나 고귀한 삶이며, 얼마나 훌륭한 성품입니까?

이것이 사람다운 사람이라 하겠습니다. 이런 일들을 참으로 안다면 우리는 이 그 이상, 이하의 일들을 하나도 바라지 않을 것이며 사도 바울과 같이 "내가 그리스도와 그의 부활의 권능을 알고 그의 고난에 함께 참여하여, 그가 죽으신 모양으로 죽어 어떻게 해서든지 죽은 자의 부활에까지 이르려는 것입니다."라고 말할 것입니다. 여러분의 바람도 이러합니까? "구하라 주어질 것이요, 찾으라 찾아질 것이요, 문을 두드리라(계속해서 두드리라) 열릴 것입니다." "의에 주리고 목마른 사람들은 복이 있습니다. 그들이 배부를 것이기 때문입니다."

9장

긍휼히 여기는 사람들은 복이 있나니

"긍휼히 여기는 자는 복이 있나니 그들이 긍휼히 여김을 받을 것임이요" 마 5:7

"긍휼히 여기는 사람들은 복이 있다. 그들이 긍휼히 여김을 받을 것이다."라는 말씀은 팔복에 나타난 기독교인의 성격을 한 단계 더 나아가 묘사합니다. 본문이 한 단계 앞선 것이라고 말씀드리는 이유는 성격 묘사의 유형과 종류에 있어서도 변화가 있기 때문입니다. 어떤 의미에서 우리는 지금까지 기독교인의 필요와 그 필요의식의 관점에서 사람이 자기 자신을 바로 보고 특히 하나님에 대한 관계에서 자기를 보았을 때 초래되는 결과들을 살펴보았습니다.

주님은 팔복의 순서를 되는대로, 함부로 말씀하시지 않았습니다. 여기에는 사상의 일정한 뚜렷한 진전이 있으며 논리적 연속성이 있습니다. 이 특정한 복은 다른 모든 복들에서 결과 되어 나오며, 특히 이 복은 바로 앞서 나온 복 "의에 주리고 목마른 사람들은 복이 있다. 그들이 배부를 것이기 때문이다."와 매우 선명하고 잘 정의된 논리적 관계를 갖고 있음을 주목해야 합니다.

저는 산상설교의 어느 진술이든 그것을 앞의 문맥에 비추어서 이해하거나 특히 기독교인의 성격과 기질에 대해 주어진 성격 묘사에 비추어 이해하여야 되는 점을 다시 한 번 강조하고 싶습니다. "긍휼히 여기는 사람들은 복이 있다." 이 말씀이 얼마나 탐사성 있는 진술입니까! 여기서 우리들은 각자의 위치와 기독교 신앙고백에 대하여 얼마나 놀라운 시금석을 갖는 셈입니까? 주님은 이 사람들만이 복되며, 축하를 받아야 할 사람들이라고 말씀하십니다. 서로 긍휼히 여겨야 할 이유는 이런 까닭입니다.

제가 이런 유형의 일들이 나를 면밀히 탐사하고 아픔을 주더라도 이것이 나에게 중요하며 유익한 것이라면, 그리고 제가 낮아지고 교만이 꺾이는 것이 제게 유익하다고 생각되고 나에게 나의 참 모습을 보여 줄 뿐 아니라 기독교인을 위한 하나님의 표준에 비추어서 나를 평가하는 거울 같은 역할을 하는 것이라면, 나는 나의 상태와 형편에 대하여 소망을 가질 권리가 있습니다.

이미 살펴 본대로 참된 기독교인은 겸손히 낮아지는 것에 결코 반대하지 않습니다. 여기서 기독교인에 대하여 먼저 살펴야 할 것은 '심령이 가난'해야 한다는 것과 그가 자기 속에 아무것도 없음을 보여주는 일에 반대한다고 하면, 그가 심령이 가난하다는 것은 사실이 아닙니다. 그러므로 팔복을 하나하나가 아닌 전체로서 취급하면 매우 탐사성 있는 시금석이 됩니다. 이 탐사성은 우리가 지금 살펴보고 있는 이 특정 복에 매우 뚜렷하고 선명하게 나타나 있습니다.

팔복은 기독교인의 위치에 대한 어떤 원초적이며 중심이 되는 진리들을 상기시켜 줍니다. 복음은 우리의 행동보다 우리의 자세에 더 큰 비중을 둡니다. 이 복음의 주요 강조점은 여러분과 제가 무엇을 행하는가에 둔 것이 아니라 우리가 본질적으로 어떤 존재들인가에 두고 있습니다.

산상설교에서 우리 주님은 일관되게 기질에 관심을 두고 계십니다. 주님은 먼저 성격과 기질을 서술하고 뒤에 가서 행동을 말씀하고 계십니다. 이것이 본질적으로 신약성경의 가르침입니다. 기독교인은 그가 무언가를 행하기에 앞서 어떤 존재인가가 중요합니다.

우리는 기독교인으로 행동할 수 있기에 앞서 기독교인이 되어야 합니다. 이것이 근본적으로 중요한 요점입니다. 존재(being)는 행위(doing)보다 중요하며 자세가 행위보다 더 의의가 있습니다. 근본적으로 중요한 것은 우리의 본성입니다. 우리는 기독교인이 되도록, 혹은 되려고 애쓰도록 기독교인으로 부르심을 받은 것이 아닙니다. 기독교인이 된다는 것은 어떤 성격을 소유하는 것을 말하며, 어떤 유형의 사람이 되는 것을 말합니다. 그런데 이것이 너무 오해를 받고 있습니다.

　신약성경이 우리에게 이러저러한 점에서 기독교인이 되라고 권면하며 이러저러한 점에서 기독교인으로 살려고 힘써야 한다는 가르침으로 생각하는 사람들이 있습니다. 분명히 말하지만 그렇지 않습니다. 우리가 기독교인이면 우리의 행동은 그 결과가 되는 셈입니다. 더 나아가 이렇게 표현할 수 있습니다. 우리는 기독교를 통제하게끔 되어있지 않고, 오히려 기독교가 우리를 통제하게끔 되어야 한다고 말입니다. 이를테면 "내가 참 기독교인이 되기 위해서 나는 기독교의 가르침을 받아들이고 실천하며 이것을 적용해야 하겠다."라고 말한다면 잘못이라는 것입니다. 이것은 우리 주님께서 설정하신 방법이 아닙니다.

　내가 믿는 기독교가 나를 통제하고 있다고 하는 것이 바른 자세입니다. 내가 진리의 지배를 받아야 하는 것은 내가 내 속의 성령의 사역에 의하여 기독교인이 되었기 때문입니다. 제가 이것을 완벽히 표현한 사도 바울의 진술을 한 번 더 인용하겠습니다. "나는 삽니다. 그러나 내가 아니요, 그리스도께서 내 안에 사십니다." 주님이 나를 지배하시는 것이지 내가 주님을 지배하는 것이 아닙니다. 그러므로 나의 태도를 통제하고 여러 모로 기독교인이 되려고 애쓰고 있는 자연인으로서 나를 생각해서는 안 됩니다. 그렇습니다. 주님의 영이 나의 삶 중심에서 나를 통제하고 있으며 나의 존재 바로 그 근원에서, 나의 모든 활동의 원천에서 나를 조종합니다. 여러분도 이 같은 결론을 내리지 않고는 팔복을 읽을 수 없습니다. 기독교 신앙은 사람의 삶의 표면에 있는 어떤 것이 아닙니다. 기독교 신앙은 그의 인격 중심에서 발생하고 있는 그 무엇입니다. 신약성경이 중생이나 거듭남에 대하여, 새로 지음(창조)과 새 성품을 받는 것에 대해 언급하는 것도 이런 이유에서입니다. 이것은 그의 모든 생각과 그의 모든 전망과 그의 모든 상상을 통제하며 그 결과로써 그의 모든 행동까지 통제하는 것입니다. 그러므로 우리의 모든 활동은 새로운 창조의 결과요 우리가 성령을 통해서 하나님으로부터 받은 새 성품의 결과가 되는 셈입니다.

팔복이 그처럼 면밀한 탐사성을 띠는 것도 이런 이유입니다. 팔복은 결과적으로 이렇게 말해줍니다. 평범한 삶을 사는 동안 내내 우리가 어떤 존재들인가를 선언하고 있는 셈이라는 것입니다. 이 문제가 그토록 심각성을 띠는 이유도 이런 까닭입니다. 우리의 반응여하에 따라 우리의 영을 나타내기 마련입니다. 그리고 그 사람의 사람됨을 기독교의 관점에서 선언하고 있는 것도 이 영인 것입니다. 인간의 강한 의지의 결과로 그들의 행동을 크게 자제할 수 있는 사람들이 있는 것이 사실입니다. 하지만 여러 가지 모양으로 그들이 어떤 존재인가를 항상 선언하고 있는 셈입니다. 우리는 모두 '심령이 가난한지' '애통하고 있는지' '온유한지' '주리고 목마른지' '긍휼히 여기는지' 아닌지 선언하고 있는 셈입니다. 우리 생활전체는 실로 우리가 어떤 존재인가에 대한 표현이며 선언입니다.

여기서 제기되는 특별한 질문 또한 "우리가 긍휼히 여기고 있는가?" 하는 것입니다. 주님을 따르는 기독교인은 우리가 이미 살펴본 그런 인물일 뿐 아니라 동시에 긍휼히 여기는 사람입니다. 여기에 복 받아야 할 사람, 복된 사람이 있습니다. 바로 긍휼히 여기는 사람입니다. 주님이 이 말씀을 무슨 뜻으로 하셨습니까? 이것은 '안이하고 적당주의식'이어야 한다는 것을 의미하지 않습니다. 긍휼히 여긴다는 것은 일들을 살펴보지도 않고 안이하게 적당주의로 하는 것을 의미하거나 우리가 여러 가지 일들을 본다 해도 보지 못한 척 가장하는 것을 의미하는 것으로 생각하는 사람들이 많습니다. 이것은 법이나 질서를 신뢰하지 않으며, 어떤 의미에서 정의나 의를 신뢰하지 않는 이러한 시대에 있어 특별한 위험이 되고 있습니다. 오늘을 지배하는 관념은 사람이 절대 자유사상을 가져야 하며, 사람은 자기가 좋아하는 것을 행할 권리를 갖고 있다는 것입니다. 긍휼히 여기는 사람은 범죄와 법률 위반에 대하여 미소 짓는 사람이라 생각하는 사람이 많이 있습니다. 현대인은 말하기를 "무슨 상관이야? 좋아. 계속 해."라고 합니다. 하지만 분명히 이것은 우리 주님이 기독교인의 성격을 서술한 것과 다릅니다.

우리가 앞에서 팔복을 전체로 고찰할 때 팔복의 어느 하나도 생래적 기질의 관점에서 해석되어서는 안 된다는 사실이 크게 강조된 것을 여러분은 기억하실 것입니다. 그 이유는 만일 여러분이 팔복을 그런 식으로, 생래적 관점에서 생각하기 시작한다면 여러분은 팔복에서 심히 부당한 점을 발견하게 되기 때문입니다. 어떤 사람은 이런 성품으로 태어나고 또 어떤 사람은 그렇지 않습니다. 안이하고 적당주의식 기질로 태어난 사람은 그렇지 않은 사람에 비해 큰 이점을 가지는 셈이 됩니다. 하지만 이것은 성경의 가르침을 전적으로 부정하는 것입니다.

복음은 어떤 기질을 두둔하는 것이 아닙니다. 그들이 하나님과 마주 대할 때 그 누구도 다른 사람보다 유리한 사람은 없습니다. "모든 사람이 죄를 범했기 때문에 하나님의 영광에서 멀리 떠나 있었으며" 하나님 앞에서 "인간들의 변명하는 모든 입을 막고 온 세상을 하나님의 심판에 복종하게 하기 위한 것입니다." 이것이 신약성경의 가르침입니다. 그러므로 생래적 기질은 팔복의 어느 하나를 해석하는 데 기초가 되어서는 안 됩니다. 하지만 '긍휼히 여긴다'는 것이 안이하고 적당히 하는 것이 아니라고 말하는 데는 이보다 훨씬 더 큰 이유가 있습니다. 왜냐하면 우리가 이 용어를 풀이할 때 이 말이 특별히 오로지 하나님에게만 적용되는 형용사라는 사실을 기억해야 하기 때문입니다. 그러므로 '긍휼'의 의미에 대하여 제가 여하한 결정과 정의를 내리든 그것은 동시에 하나님에게 있어서도 같은 의미를 지니며, 여러분이 긍휼의 의미를 그런 뜻으로 바라보는 순간 법을 위반하는 것에 개의치 않는 이 안이한 적당주의식 태도처럼, 우리가 하나님에 관해 이야기할 때 생각할 수도 없는 일이라는 것을 여러분은 아시기 바랍니다.

하나님은 긍휼하십니다. 하지만 동시에 하나님은 거룩하시며 공의로우십니다. 그래서 우리가 긍휼을 어떻게 해석하든 이 말은 이상의 모든 사실들 곧 하나님에 관한 사실들을 포함해야 합니다. 긍휼과 진리는 서로 조화됩니다. 그런데 만일 진리와 율법을 희생시켜야만 긍휼을 생각해 볼 수 있는 것이라면 이런 긍휼은 참된 긍휼히 아니며 이 용어를 잘못 이해하는 것입니다. 긍휼은 무엇일까요? 저는 긍휼에 접근하는 최선의 방법은 긍휼을 은혜와 비교하는 방법이라고 생각합니다. 여러분은 이른바 목회서신의 서문에서 사도가 새 용어를 소개한 사실을 주목하실 것입니다. 그의 기타 서신들은 대부분 '은혜와 평강'으로 서두를 떼지만 목회서신에서는 "은혜와 긍휼과 평강"(딤전 1:2, 딤후 1:2)이라고 말씀하고 있는데, 이와 같이 은혜와 긍휼 사이에 흥미 있는 특징이 암시되어 있습니다.

이 두 용어에 대한 최상의 정의는 다음과 같습니다. "은혜는 죄를 지은 사람들과 특별히 관련되고, 긍휼은 비참한 처지에 있는 사람들과 특별히 관련된다." 다른 말로 하면 은혜가 죄를 전체로서(총괄적으로) 내려다보는 반면, 긍휼은 특히 죄의 비참한 결과를 내려다보는 셈입니다. 그러므로 긍휼은 측은한 생각과 고통을 제거하려는 소원이 합쳐진 것을 의미합니다. 이것이 긍휼의 본질적 의미입니다. 긍휼은 측은감과 행동이 합쳐진 것입니다. 그러므로 기독교인은 측은감을 가집니다. 사람들의 비참성에 대한 그의 관심은 그것을 제거하려는 열정으로 유도됩니다. 그 실례를 여러 가지로 들 수 있습니다. 예를 들어 긍휼한 영을 가진다는 것은 어떤 사람이 여러분에게 잘못했을 때 "자, 나는 이 점에서 내 권리를 행사해야 하겠다. 나는 법대로 처리해야 하겠다. 이 사람이 내게 죄를 범했으니 잘됐다. 마침내 기회가 오지 않았는가."라고 말하는 이것은 긍휼과는 정반대입니다. 여러분은 복수의 영을 품고 있습니까? 아니면 고통 중에 있는 여러분의 원수들에 대하여 측은하고 불쌍히 여기는 영이나 친절한 영을 품고 있습니까?

신약성경에서 긍휼의 실례로 선한 사마리아 사람의 비유를 들 수 있습니다. 여행 중에 그는 강도들을 만난 불쌍한 사람을 보고 걸음을 멈추고 그가 누워있는 곳으로 다가갔습니다. 다른 사람들은 그 사람을 보았지만 못 본 체 지나갔습니다. 그들이 동정이나 측은감을 느꼈는지는 모르나 그것에 대해 아무런 조치도 취하지 않았습니다. 하지만 여기에 긍휼한 사람을 봅니다. 그는 강도 만난 사람을 불쌍히 여겨 길 건너로 다가가 상처를 싸매고 그 사람을 데려가 양식과 숙소를 마련해주었습니다. 이것이 긍휼입니다. 측은감만 느끼는 것만을 의미하지 않습니다. 참으로 그 사태를 해결하려는 하나의 노력을 의미하는 것입니다.

자비나 긍휼에 대한 완벽하고 으뜸가는 실례는 하나님께서 아들을 세상에 보내신 일이며, 아들의 오심입니다. 하나님은 우리의 가련한 상태를 보셨고 고통을 보셨으며, 법을 위반했음에도 불구하고 하나님께서 이렇게 행동하게 움직인 것은 긍휼 때문입니다. 그래서 아들이 오셨고 우리의 비참한 상태를 해결하신 것입니다. 이런 까닭에 속죄론의 필연성이 있게 된 것입니다.

공의와 긍휼 사이, 혹은 긍휼과 진리 사이에는 모순이 없습니다. 둘은 서로 조화됩니다. 세례 요한의 아버지는 이것을 매우 명확하게 표현했습니다. 즉 그의 아들의 탄생으로 무슨 일이 일어나는지 알고 그는 마침내 조상들에게 약속된 "긍휼"이 도래했음을 하나님께 감사하였고, 메시야가 "우리 하나님의 긍휼을 통하여" 오신 것을 하나님께 감사하였습니다. 이것입니다. 세례 요한은 이것을 알았습니다. 죄의 결과로 가련한 상태에 빠져 있는 사람을 내려다보시고 불쌍히 여기신 것은 하나님이십니다. 일반적으로 죄와 관련되어 있는 은혜가 하나님께서 죄의 결과를 내려다보시게 되면 일반적인 것에서 떠나 특별한 "긍휼"이 됩니다. 그리고 이것이 우리의 생활과 행동에서 변함없이 나타나야 할 것입니다.

이상으로 긍휼에 대한 대략적인 정의를 말씀드렸습니다. 하지만 이 복의 실제 문제는 "그들이 긍휼히 여김을 받을 것임이요"라고 한 약속에 의해 생기게 됩니다. 이 복처럼 자주 오해를 받아온 팔복은 없다 하겠습니다. 개중에는 다음과 같이 풀이하려는 사람들도 있기 때문입니다. 그들은 말하기를 "내가 다른 사람들에게 긍휼해야만 하나님도 내게 긍휼하실 것이며, 내가 용서해야 나도 용서를 받을 것이다. 내가 용서받는 조건은 내가 용서하는 것에 달려있다."는 것입니다. 그런데 이 문제에 접근하는 최선의 방법은 이것을 두 개의 유사한 진술과 함께 접근하는 방법입니다. 주기도문에는 이것과 매우 유사한 진술이 있습니다. 곧 "우리가 우리에게 죄 지은 자를 사하여 준 것 같이 우리 죄를 사하여 주시옵고"(마 6:12)입니다. 이것을 다음과 같이 풀이하는 사람들이 있습니다. 즉 여러분이 용서하면 여러분도 용서를 받을 것이며, 여러분이 용서하지 않으면 용서받지 못할 것이라는 것입니다.

마태복음 18장에도 빚진 자들의 비유에 이와 비슷한 진술이 기록되어 있습니다. 여기에 엄청난 빚을 진 어떤 잔인한 종이 주인으로부터 청산하라는 요구를 받았습니다. 그 종은 갚을 돈이 없어 주인에게 빚을 면하게 해달라고 간청합니다. 주인이 그를 긍휼히 여겨서 그 빚진 것을 모두 탕감 해주었습니다. 하지만 여러분께서 아시다시피 이 사람은 밖으로 나가 자기 수하에 있는 사람에게 자기가 주인에게 탕감 받은 빚과 비교하면 아주 적은 빚을 갚으라고 요구했던 것입니다. 그 사람도 사정하여 이르기를 "조금만 더 참아주시면 꼭 모든 빚을 갚겠습니다."라고 간청했습니다. 하지만 그는 말을 듣지 않고, 그가 남은 한 닢까지 갚기까지 감옥에 넣었던 것입니다. 그러자 다른 종들이 이 모습을 보고 주인에게 이 사실을 보고했습니다. 주인은 그들의 이야기를 듣고 잔인하고 불의한 종을 불러다가 이렇게 말했습니다. "좋아, 너의 행동에 비추어 나는 네게 한 말을 취소하겠다."라고 하며 그가 마지막 한 닢을 다 갚기까지 감옥에 들어가 있으라고 옥에 가두었습니다.

주님은 이 비유를 들어 "이와 같이 너희도 진심으로 형제를 서로 용서하지 아니하면 나의 하늘 아버지께서 너희에게 이와 같이 하실 것이다."라고 하셨습니다. 여기서 사람들은 다시 이렇게 말하려고 할 것입니다. "자, 이 비유는 내가 다른 사람들을 용서하고 내가 다른 사람들을 용서하는 정도에 따라 하나님의 용서를 받는다고 가르치지 않습니까." 누구든 이 같은 해석에 도달하게 된다면 두 가지 이유 때문에 놀라운 것이 되어 버립니다.

그 첫째 이유로는 여러분과 제가 이 같은 이유로 엄격히 심판받아야 한다면 우리 중 어느 누구도 용서를 받지 못할 것이며, 아무도 천국을 보지 못할 것이 확실합니다. 사람들이 이렇게 풀이하여 자신들을 정죄하는 것이 되는 줄을 알지도 못하고 이처럼 생각하는 것은 놀라운 일입니다.

두 번째 이유는 더욱 놀랍습니다. 만일 이것이 위와 같은 해석이라고 한다면 우리는 신약성경으로부터 나오는 모든 은혜론을 전부 말소해야 합니다. 우리가 다시는 믿음을 통해 은혜로 구원받는다고 말해서는 안 되는 것입니다. "우리가 아직 죄인이었을 때 그리스도께서 우리를 위하여 돌아가셨도다"와 같은 말씀이나 "우리가 원수 되었을 때 하나님과 화목하게 되었다"든가 "하나님이 그리스도 안에 계셔서 세상을 자기와 화목케 하셨도다"와 같은 영광스런 성구들을 읽어서는 안 될 것입니다. 이 성구들은 모두 사실이 아닐 것이기 때문입니다. 아시다시피 성경은 성경으로 해석되어야 합니다. 우리는 어떤 성구를 다른 성구들과 모순되게 풀이해서는 안 됩니다. 우리는 "진리의 말씀을 올바로 분별해야 하며" 교리들 사이에 서로 일치가 됨을 알아야 합니다.

다음 원칙을 본문에 적용할 때 본문의 해석은 완벽할 정도로 단순해집니다. 주님은 내가 참으로 회개할 때 용서를 받는다고 말씀하십니다. 참으로 회개한다는 것은 내가 처벌 이외에는 아무것도 받을 자격이 없으며, 내가 용서를 받는다면 그것을 전적으로 하나님의 사랑과 긍휼과 은혜로 돌려야 하며 다른 아무것에도 돌려서는 안 되는 것을 의미합니다.

하지만 저는 더 나아가서 이렇게 말씀드리려고 합니다. 내가 참으로 회개하여 하나님 앞에서 내 위치를 인식하고 내가 이런 식으로만 용서받게 됨을 알게 되면 내게 죄를 범한 사람들을 반드시 용서하게 될 것입니다. 이것을 다음과 같이 표현하려고 합니다. 저는 팔복의 복 하나 하나마다 앞의 복들과 계속하고 연계되고 있음을 매번 지적하고 있습니다. 그런데 이 원칙은 이 부분에서 더 중요합니다. 이 복은 다른 모든 복들의 뒤를 잇고 있습니다. 그러므로 저는 이것을 이런 형태로 표현하겠습니다. "나는 심령이 가난하다. 나는 내게 의가 없음을 안다. 하나님과 그의 의에 직면할 때 나는 철저하게 무능함을 안다. 나는 아무것도 할 수 없다. 그 뿐만이 아니다. 나는 속에 있는 죄 때문에 애통한다. 나는 성령 사역의 결과로 내 마음이 검은 것을 보게 되었다. 나는 '아, 나는 얼마나 비참한 인간인가!'란 외침이 무엇인지를 알며, 내 속에 있는 이 타락성을 제거하고자 한다. 그 뿐만이 아니다. 나는 온유하다. 내가 나 자신에 대한 이 같은 바른 견해(평가)를 체험하게 된 이상, 다른 아무도 나를 해할 자 없으며, 다른 아무도 나를 모욕할 수 없으며, 다른 사람이 나에게 하는 말이 지나친 말일 수 없다. 나는 나 자신을 보았다. 그런데 나의 가장 큰 원수도 나의 가장 악한 점은 모르고 있다. 나야말로 참으로 가증한 자이다. 내가 의에 주리고 목마른 것은 이 때문이다. 나는 이것을 동경한다. 나는 이것을 만들 수 없으며, 다른 아무도 이것을 만들 수 없음을 알았다. 나는 하나님 앞에 나의 절망적 상태를 보았다. 나로 하나님과 올바른 관계를 갖게 해주고 나로 하여금 하나님과 화목시켜 주고 나에게 새 성품과 생명을 줄 이 의에 나는 주리고 목마르다. 그런데 나는 이 의가 그리스도 안에 있음을 보았다. 나는 채움을 받았다. 나는 이 의를 모두 거저 주시는 선물로 받았다." 내가 이것을 모두 보았고 체험한 이상 필연적으로 다른 사람들에 대한 나의 태도는 완전히, 전적으로 변화되어야 하지 않겠습니까? 이것이 모두 사실이라면 내가 전에 그들을 보던 식으로는 다시 보지 않을 것입니다. 나는 그들을 지금 기독교인의 눈으로 볼 것입니다. 나는 그들을 속고 있는 사람들로, 희생물로, 죄와 사탄의 노예로 봅니다. 나는 그들을 싫어하는 사람들로만 보게 되지 않고 불쌍히 여겨야 할 사람으로 보게 됩니다. 하나님의 은혜가 아니었던들 나도 아직 그들과 같을 것입니다. 그러므로 나는 그들을 불쌍히 여깁니다. 나는 단순히 그들과 그들의 행하는 것만을 보지 않습니다. 나는 그들을 지옥과 사탄의 노예들로 보며 그들에 대한 나의 자세는 변화됩니다. 이 때문에 내가 그들에 대해 긍휼할 수 있고 또 긍휼해야 할 것은 물론입니다. 나는 죄인과 죄인의 죄를 구별합니다. 나는 죄의 상태에 있는 모든 사람들을 불쌍히 여겨야 할 사람으로 보는 것입니다. 다시 여러분에게 최고의 실례를 보여드리겠습니다.

죄를 결코 지으신 일이 없고, 누구에게도 아무 해를 주지 않으셨고, 와서 진리를 설교했고, 잃어버린 것을 찾아 구하러 오신, 십자가에 달리신 분을 보십시오. 십자가에 못 박혀 고난을 받으신 주님을 보십시오. 자기를 못 박은 사람들을 바라보실 때 주님은 무엇이라 말씀하셨습니까? "아버지여, 저들을 용서해 주옵소서." 어째서입니까? "자기들이 하는 것을 알지 못함이니이다"(눅 23:34)이기 때문입니다. 그것은 그들이 아니라 사탄이었습니다. 그들은 희생물이었습니다. 그들이 죄의 통제와 지배를 받고 있습니다. "아버지 저들을 사하여 주옵소서 자기들이 하는 것을 알지 못함이니이다." 여러분과 저는 이와 같이 되어야 합니다. 이런 경지에 도달한 순교자 스데반에게 사람들이 돌을 던질 때 그는 무엇이라고 했습니까? 스데반은 하늘 아버지에게 기도하며 외치기를 "이 죄를 그들에게 돌리지 마옵소서"(행 7:60). "자기들이 하는 것을 알지 못함이니이다"라고 했습니다. "그들은 죄 때문에 미쳤습니다. 그들은 내가 당신의 종인 줄을 모릅니다. 그들은 나의 주님을 알지 못합니다. 그들은 이 세상을 지배하는 사탄에 의해 눈이 멀었습니다. 저들은 자기들이 하고 있는 일을 알지 못합니다. 이 죄를 그들에게 돌리지 마옵소서. 그들에게는 책임이 없습니다."라고 스데반은 말하고 있습니다. 스데반은 그들을 불쌍히 여겼고 긍휼히 여겼습니다. 참된 기독교인이라면 모두 이런 상태가 되어야 할 것입니다. 죄의 노예 된 무능한 모든 사람에 대하여 비애감을 느껴야 합니다. 다른 사람들에 대해 가져야 할 태도가 이러해야 합니다.

다른 사람들이 우리를 악용하고 헐뜯을 때에도 우리는 여전히 긍휼히 여겨야 합니다. 당신은 이런 일을 체험해보지 못했습니까? 그들의 얼굴 표정에서 그들이 느끼는 신랄함과 분노를 보여주는 사람들에 대하여 가련한 느낌을 가져본 적이 없습니까? 그들은 불쌍히 여김을 받아야 합니다. 그들이 무슨 일로 그렇게 성내는가 보십시오. 그들은 영이 온통 잘못되어 있음을 나타냅니다. 그들은 모든 것을 용서하신 그리스도와 하나님을 모릅니다. 우리는 그들을 위해 기도해야 하며, 하나님께서 그들을 긍휼히 여기시도록 간구해야 합니다. 용서받는 것이 무엇인지를 우리가 체험했다면 이런 일은 반드시 있어야 합니다. 내가 과연 긍휼에 대하여 빚을 진 자임을 안다면, 과연 내가 하나님의 거저 주시는 은혜 때문에 기독교인이 된 것을 안다면 나에게 교만이 있을 수 없으며, 변명이 있을 수 없으며, 나의 권리를 주장하는 일이 있을 수 없습니다. 그 대신 다른 사람들을 볼 때 비열한 것이 발견되거나 그것이 죄의 표현인 것을 알게 될 때 마음속에 큰 슬픔을 느껴야 마땅합니다.

여러분이 긍휼하다면 여러분이 이렇게 긍휼을 받고 있기 때문입니다. 여러분이 이미 긍휼을 갖고 있더라도 죄를 다시 지을 때마다 다시 긍휼을 받게 될 것입니다. 그 이유는 여러분이 무엇을 했는지를 알게 될 때 여러분은 하나님께 돌아서서 "오, 하나님, 나를 긍휼히 여기소서."라고 말하게 될 것이기 때문입니다. 하지만 이 점을 기억하십시오. 죄를 지을 때 만일 여러분이 그 죄를 보고 회개하는 가운데 하나님께로 향하여 무릎을 꿇고 여러분이 다른 어느 사람을 용서하지 않고 있는 사실을 알게 되면 여러분은 기도에 확신을 갖지 못하게 될 것입니다. 자신을 멸시하게 될 것입니다.

다윗이 표현한 대로 "내가 내 마음속에 죄악을 품으면 주께서 듣지 아니 하시리라"입니다. 여러분이 형제를 용서하지 않고도 하나님께 용서를 구할 수는 있습니다. 그러나 기도에 확신이 서지 않을 것이며, 여러분의 기도는 응답되지 않을 것입니다.

본문의 이 복이 말씀하고 있는 것도 바로 이것입니다. 주님이 불의한 청지기 비유에서 말씀하신 것입니다. 만일 그 불의하고 잔인한 종이 자기 수하에 있는 종을 용서하지 않으려 했다면 그는 용서가 무엇인지 알지 못하는 사람이며 그의 주인에 대한 그의 관계를 모르는 사람입니다. 그러므로 그는 용서를 받지 못한 사람입니다. 용서의 한 가지 조건은 회개입니다. 회개는 무엇보다 내가 하나님께 조금도 권리를 주장할 것이 없으며, 용서는 오로지 하나님의 은혜요 긍휼임을 의미합니다. 그러므로 하나님과 대면해서 하나님과의 관계에서 자기 위치를 참으로 아는 사람은 다른 사람들에 대하여 반드시 긍휼해야 한다는 결론에 도달하게 되는 것입니다.

여러분 속에 용서의 영이 없다면 여러분은 용서를 받았을 리가 없다고 말하게 될 것이며, 이것은 엄숙하고 심각하고 어떤 의미에서는 무서운 일입니다. 하나님의 은혜의 작용이 이러하다면 하나님의 은혜가 긍휼과 함께 마음속에 임할 때 우리는 긍휼하게 됩니다. 그러므로 우리가 용서를 받았는지 못 받았는지의 여부를 우리가 다른 사람을 용서 하는가 아니 하는 가로 선언하는 셈이 됩니다. 내가 용서를 받았다면 나도 용서를 할 것이기 때문입니다.

우리들의 누구도 생래적으로 용서의 영을 소유하고 있는 사람은 없습니다. 그리고 여러분이 용서의 영을 갖고 있다면 여러분이 이 영을 받고 있는 데에는 오직 한 가지 이유가 있을 뿐입니다. 여러분의 악행에도 불구하고 하나님이 여러분을 위해서 무슨 일을 해주셨는가를 보게 되고, "나는 참으로 용서받은 사실을 안다. 그러므로 나는 참으로 용서한다."라고 말하게 됩니다. "긍휼히 여기는 사람들은 복이 있나니 그들이 긍휼히 여김을 받을 것이기 때문입니다." 그러므로 그들은 이미 긍휼을 얻었기 때문에 긍휼합니다. 세상을 계속해서 살아가노라면 죄에 빠져들기 마련입니다. 죄에 빠지는 순간 우리는 이 긍휼이 필요하며 이것을 얻습니다.

우리의 최후의 날을 기억합시다. 디모데후서 1장 16-18절에, 바울이 로마 감옥에 있을 때 자기를 불쌍히 여겨 방문한 오네시보로를 회상하며 그에 관한 글을 적었습니다. 그런 다음 "그날에 주께서 자비를 그에게 베푸시기를 바랍니다."라고 덧붙였습니다.

그렇습니다. 최후의 날에 우리는 모두 긍휼이 필요할 것입니다. 종말의 날에 우리가 모두 그리스도의 심판대 앞에 서서 몸으로 행한 행실의 기록을 직고할 때 이 긍휼이 필요할 것입니다. 분명히 그릇되고 사악한 일들이 있기 마련입니다. 우리는 그날에 긍휼이 필요할 것입니다. 그리스도의 은혜가 우리들 속에 있다면, 주의 영이 우리들 속에 있고 우리가 긍휼하다면, 우리는 그 날에 긍휼을 받을 것입니다. 나로 긍휼히 여기게 하는 것은 하나님의 은혜입니다. 하나님의 은혜는 나를 긍휼하게 만듭니다. 그러므로 이런 결론에 도달하게 됩니다. 즉 내가 긍휼하지 못하다면 여기에는 한 가지 설명이 있을 뿐입니다. 나는 하나님의 은혜와 긍휼을 이해하지 못한 것입니다. 나는 그리스도 밖에 있으며, 아직 죄 속에 있으며, 용서를 받지 못한 것입니다.

각자 자기 자신을 살펴보시기 바랍니다. 저는 여러분이 어떤 유의 삶을 사는가를 묻지 않습니다. 저는 여러분이 하나님의 나라와 그의 집에 대하여 어떤 막연한 관심을 가지고 있는가를 묻지 않습니다. 저는 그저 이것을 묻습니다. "여러분은 긍휼합니까? 저 죄인들이 여러분에게 죄를 지어도 그 모든 죄인을 불쌍히 여깁니까? 여러분은 세상의 혈육과 마귀의 희생물이요 속고 있는 모든 사람들을 불쌍히 여깁니까?" 이것이 시금석입니다. "긍휼히 여기는 사람은 복이 있습니다. 그들이 긍휼을 얻을 것이기 때문입니다."

10장

마음이 청결한 사람들은 복이 있나니

"마음이 청결한 자는 복이 있나니 그들이 하나님을 볼 것임이요" 마 5:8

우리는 마태복음 5장 8절의 말씀을 통하여 성경 전체를 통틀어 성경의 어느 곳보다도 가장 위대한 말씀들 중에 이르게 됩니다. "마음이 청결한 사람들은 복이 있다. 그들이 하나님을 볼 것이기 때문이다."란 말씀의 뜻을 조금이라도 이해할 수 있는 사람은 경외감과 자신의 부족함을 알 때만 이 말씀에 접근할 수 있습니다.

지금까지 본문에 대한 그 많은 저작과 설교에도 불구하고 우리는 아직도 본문을 잘 파악하지 못하고 있습니다. 본문을 파악하는 최선책은 본문을 배경에 비추어 살펴보고, 다른 팔복에 대한 관계에서 연구해보는 것이 중요합니다. 분명히 팔복에는 일정한 사상의 연결이 있으므로 이것을 발견해 보아야 합니다. 물론 이렇게 할 때는 매우 조심해야 합니다. 성경에서 순서와 연결을 발견해내는 일은 흥미롭습니다. 하지만 순서와 연결에 대하여 우리 나름대로 가지고 있는 관념을 성경 본문에 적용하기 쉽습니다.

성경을 분석하는 일은 매우 유익할 수 있습니다. 하지만 우리 나름의 분석을 성경에 적용함으로써 성경의 메시지를 왜곡시킬 위험이 항상 따릅니다. 그래서 그 연결을 이해하는 데 가능한 방법을 질문형식으로 제의하려고 합니다.

첫째 질문은, "어째서 이 말씀(본문)이 여기에 오는가?"입니다. 여러분은 본문이 마땅히 맨 처음에 와야 한다고 생각할 수도 있었을 것입니다. 그 이유로는 하나님의 백성들은 하나님을 보는 일을 최우선으로 간주해 왔기 때문입니다. 이것은 사람의 온갖 노력의 궁극적 목표가 되고 있습니다. '하나님을 보는 것'은 모든 종교의 핵심 목적입니다. 하지만 여기서는 이것이 서두에도, 끝에도, 그리고 정확히 가운데도 있지 않습니다.

이것은 곧 다음의 질문들을 우리들 마음속에 일으킬 것입니다. "이것이 어째서 꼭 여기에 와야 하는가?" 나는 이것에 대한 한 가지 가능한 분석은 마태복음 5장 6절의 말씀이 설명을 제공한다고 생각합니다. 처음 세 가지 복은 이곳에 인도되고, 다른 복들은 6절을 뒤 잇고 있습니다. 우리가 6절을 일종의 분수선(分水線)으로 간주한다면 이 특정 진술이 어째서 이 지점에 오게 되는지 이해하는 데 도움이 될 것이라고 생각합니다. 그런데 처음 세 가지 복은 우리의 필요(need), 우리에게 무엇인가가 필요하다는 의식과 관련되어 있습니다. 즉 가난한 심령과, 우리의 죄성 때문에 애통함과, 인류의 삶을 파멸시킨 자아와 자아 중심성에 대한 참된 이해의 결과로서 온유가 관련되어 있습니다.

이 세 가지 복은 우리의 깊은 필요의식의 중요함을 강조하고 있습니다. 그 다음에 이 위대한 욕구 충족의 진술, 곧 하나님께서 이렇게 필요한 것을 예비해두셨다는 것입니다. "의에 주리고 목마른 사람들은 복이 있다. 그들이 배부를 것이기 때문이다." 이 말씀을 바로 인식하게 될 때 우리는 주리고 목마르게 되며, 하나님은 우리가 배부르게 채워질 것이라는 놀라운 대답을 가지고 오십니다. 이때부터 계속해서 우리는 만족의 결과, 곧 가득히 채워진 결과를 보게 됩니다. 그러면 우리는 긍휼하며, 마음이 청결하며, 화평하게 하는 자가 됩니다. 그 후에는 이 모든 것의 결과로 "의를 위하여 박해를 받게" 됩니다. 이것이 본문에 접근하는 방식입니다. 이것은 주리고 목마르는 데 대한 중심 되는 진술로 유도되고, 이어 그 결과를 서술합니다. 처음 세 가지 복에서 우리는 산의 한 쪽 측면에 오르는 셈입니다. 제 4복에서는 정상에 오르며 그런 다음 다른 쪽 측면으로 내려가는 셈이 됩니다. 하지만 이보다 더 밀접한 연관성이 하나 있습니다. 6절의 중심이 되는 진술에 뒤이어 오는 세 가지 복은 이 6절의 진술을 인도하는 처음 세 가지 복과 부합하는 것 같습니다.

긍휼한 사람은 가난한 자들의 심령을 인식하는 사람들입니다. 그들 자체로서는 아무것도 가지고 있지 못한 것을 인식합니다. 우리가 살펴본 바와 같이 이것은 긍휼하게 되는데 가장 중요한 필수 단계가 됩니다. 한 사람이 다른 사람들에 대하여 올바른 견해를 갖게 되는 것은 자기에 대하여 이런 견해를 가질 때에만 가능한 것입니다. 그러므로 자기가 심령이 가난하고 철저하게 하나님께 의존함을 인식하는 사람은 다른 사람에게 긍휼한 사람임을 우리는 알게 됩니다.

지금 살펴보고 있는 '심령이 청결한 사람'은 첫째 그룹의 제 2진술 '애통하는 사람은 복이 있다'와도 역시 부합된다는 결론입니다. 그들은 무엇에 관해 애통합니까? 그들의 심령 상태에 대하여 애통하며, 그들의 죄성 때문에 애통함을 보았습니다. 그들이 애통하는 것은 그들이 악행을 했을 뿐 아니라 악을 행하기를 원했기 때문입니다. 그들은 그들의 성격과 인격 중심에 도사리고 있는 타락성을 인식하였습니다. 그들을 애통하게 하는 것은 이것이었습니다. 그런데 여기에 "심령이 깨끗한 사람은 복이 있다"는 진술과 부합하는 것이 있습니다.

심령이 깨끗한 사람은 어떤 사람입니까? 제가 여러분들에게 보여드린 대로 그들의 불결한 마음 때문에 애통하는 사람들입니다. 깨끗한 마음을 갖게 되는 단 한 가지 방법은 여러분이 불결한 마음을 갖고 있음을 인식하고 이것을 애통하는 것이며, 이것만이 마음이 깨끗하고 순결해지는 데로 유도하는 것이기 때문입니다. 그리고 이와 똑같이 "화평하게 하는 사람"에 대해 논할 때도 화평하게 하는 사람은 곧 온유한 사람들임을 발견할 것입니다. 온유하지 못한 사람들은 화평하게 하는 자가 될 수 없을 것이기 때문입니다. 이 순서가 주님께서 채택하신 이 배열에 담겨 있는 뜻을 발견하는 하나의 방법이라고 생각합니다. 우리는 이 세 단계를 필요순(必要順)으로 취하게 됩니다. 그러면 욕구충족에 이르게 되고 그런 다음 뒤이어 오는 결과를 보고 이 결과들이 본문으로 인도되는 세 가지 복과 부합됨을 발견합니다. 이것은 이 특정 지점(순서상)에 위치하는 "마음이 깨끗한 사람은 복이 있다. 그들이 하나님을 볼 것이기 때문이다"에 대한 이 놀랍고 영광스런 진술에서 강조된 것은 약속이 아니라 순결한 마음을 의미합니다. 이런 관점에서 본다면 주님께서 이렇게 정밀한 순서를 왜 취하게 되셨는가를 알 수 있게 될 것입니다.

그런데 우리는 성경의 그 어느 곳 보다도 여기서 가장 장중하고 엄숙하고 면밀한 탐사성(探査性) 있는 진술 하나를 대면하게 됩니다. 이것이 기독교인의 위치와 기독교의 가르침의 본질입니다. "마음이 깨끗한 사람은 복이 있습니다." 이것이 기독교의 관심사이며 기독교의 메시지입니다. 이것을 살펴보는 최선의 방법은 다시 한번 여러 용어를 하나씩 검토해보는 것입니다. 물론 '마음'이란 말로부터 시작해야 합니다. 반복해 말씀드리지만 여기에 복음의 특색이 있습니다.

예수 그리스도의 복음은 마음에 관계하고 있습니다. 복음은 모두 마음을 강조하고 있습니다. 복음서에서 주님의 가르침에 관한 기록을 읽어 보십시오. 그러면 내내 마음에 대하여 언급하고 계심을 아실 것입니다. 구약 성경에서도 마찬가지입니다. 우리 주님이 이것을 강조하신 이유는 틀림없이 바리새인들 때문일 것입니다. 주님이 항상 바리새인들을 크게 반대하신 이유는 그들이 겉에만 관심을 가졌고, 속을 무시했기 때문입니다. 겉만 보면 그들은 나무랄 데 없었습니다. 그러나 속에는 탐욕과 악독이 가득했습니다. 종교의 외형에만 관심을 가졌고, 율법의 더 무게 있는 것 곧 하나님을 사랑하고 이웃을 사랑하는 일은 잊었습니다. 그러므로 우리 주님은 여기서 이 점을 크게 강조하십니다. 마음은 주님의 가르침의 중심입니다. 이렇게 강조하신 사실을 잠시 부정적 관점에서 살펴봅시다. 주님은 머리가 아니라 마음을 강조하셨습니다. "마음이 깨끗한 사람은 복이 있다." 주님은 지적인 사람들을 칭찬하시지 않습니다. 그 이유는 주님의 관심은 마음에 있기 때문입니다.

기독교인들의 신앙은 궁극적으로 교리의 이해와 지성의 문제일 뿐 아니라, 마음의 상태임을 다시 상기해야 합니다. 동시에 교리가 절대 중요하며 지적이해가 절대 중요하다는 점을 여기에 즉시 덧붙여야 합니다. 그 뿐만이 아닙니다. 어떤 신조나 신앙에 대하여 지적인 동의에서만 끝나지 않도록 주의해야 합니다. 우리가 이렇게 해야 할 것은 당연하지만 무서운 위험은 우리가 여기서 멈추는 데 있습니다. 사람들이 이 문제들에 대하여 단순히 지적 관심만을 가지게 되었을 때 교회에 저주꺼리가 되는 경우가 많았습니다. 이것은 교리와 신학에만 적용되지 않습니다.

여러분은 하나님 말씀에 대하여 순전히 기계적 관심을 가질 수 있습니다. 그러므로 성경을 연구하는 것만으로 만사가 잘 된다는 뜻이 아닙니다. 해석의 기술에만 관심을 두는 사람들은 순전히 학술적인 신학자들보다 더 나을 것이 없습니다. 주님은 본질적으로 머리의 문제가 아니라고 하십니다. 머리의 문제이지만 머리의 문제만은 아닌 것입니다.

다시 말씀드리지만 주님께서 외형과 행위보다 마음을 더 강조하신 이유는 무엇이겠습니까? 바리새인들은 항상 삶과 의의 문제를 단지 행위와 윤리와 품행의 문제로 평가절하 시켰습니다. 그래서 주님께서는 "중요한 것은 지적인 것이 아니라 삶이다."라고 말씀하십니다. 여러분도 이렇게 말할지 모릅니다. 하지만 조심합시다! 기독교는 주로 행위와 외적 품행의 문제가 아니기 때문입니다. 기독교는 마음의 상태가 어떤가 하는 질문으로 시작합니다. '마음'이란 무슨 뜻입니까? 이 용어에 대한 성경의 관용법에 의하면 마음은 인격의 중심을 의미합니다. 마음은 단순히 감동과 감정의 자리만은 아닙니다. 이 복이, 기독교 신앙은 원래 감정적이며, 지적이거나 의지적인 것이 아니라는 진술이 아닙니다. 그렇습니다. 성경에서 마음은 세 가지를 포함합니다. 마음은 사람의 존재와 인격의 중심입니다. 마음은 다른 모든 것이 흘러나오는 샘입니다. 마음은 지성과 의지와 감정을 포함합니다. 마음은 전인(全人)입니다. 그래서 마음을 우리 주님이 강조하신 것입니다. "마음이 깨끗한 사람은 복이 있습니다." 표면뿐 아니라, 마음의 중심도, 마음의 온갖 활동의 근원이 순수한 사람들은 복이 있습니다. 마음은 이처럼 깊습니다. 마음이 가장 중요합니다. 복음은 항상 이것을 강조하고 있습니다. 복음은 마음에서 시작합니다.

둘째로, 본문은 마음이 항상 모든 문제의 중심임을 강조하고 있습니다. 주님이 이것을 어떻게 표현하셨는지 여러분은 기억하실 것입니다. "나쁜 생각은 사람의 마음속에서 나오는데 음란, 도둑질, 살인, 간음, 탐욕, 악독, 사기, 방탕, 질투, 배신, 모독, 교만, 어리석음 같은 것들이다."(마 15:18-19). 지난 수백 년간의 비극적이며, 가공할 오류는 사람의 모든 문제가 환경 때문이라고 생각한 것과 사람을 변화시키려면 환경만 변화시키면 된다고 한 것입니다. 이것은 비극적인 오류였습니다. 이런 견해는 인류가 타락한 것이 낙원에서였다는 사실을 간과하는 것입니다. 인간이 맨 처음 잘못되었던 것도 완전한 환경 속에서였습니다. 그러므로 환경의 문제로는 해결할 수는 없습니다. 그렇습니다. 이런 것들은 모두 마음에서 나옵니다.

삶의 어떤 문제, 곧 결과가 비참하게 되는 모든 문제를 예로 들어봅시다. 그리고 그 원인을 살펴봅시다. 여러분은 그것이 마음에서, 개인이나 단체나 국가를 막론하고 사람의 비열하고 무가치한 욕망에서 나오는 것을 항상 발견할 것입니다. 모든 문젯거리는 사람의 마음에서 나옵니다. 예레미야는 "만물보다 거짓되고 심히 부패한 것은 마음이라 누가 능히 이를 알리요 마는"(렘 17:9)이라고 했습니다. 다른 말로 하면 복음은 이 모든 문제가 마음에서 나온다고 말할 뿐 아니라, 사람의 마음이 타락과 죄의 결과로 악하고 부패했기 때문이라는 것입니다. 다시 말하면 사람의 문젯거리는 사람의 인격 중심에 있습니다. 따라서 사람의 지성을 발전시킨다고 문제가 해결되지는 않습니다. 교육만으로 선한 사람을 만들 수 없음을 알아야 합니다. 사람이 최고 교육을 받고도 철저한 악인이 될 수 있습니다. 문제는 중심에 있습니다. 그러므로 단순히 지적 개발계획들만으로 사람을 바로잡을 수 없습니다. 환경을 개선하려는 여러 수고만으로 개선될 수 없습니다. 이 사실을 깨닫지 못하는 것이 오늘 이시대의 비극입니다. 문제는 마음에 있으며, 마음은 절망할 정도로 악하고 부패했습니다. 이것이 이시대의 문제입니다.

두 번째 용어를 살펴봅니다. 주님은 "마음이 깨끗한 사람은 복이 있다"고 말씀하십니다. 이 말씀에 비추어 내가 기독교인이 될 자격이 있다고 말할 수 있는 사람이 있겠습니까? 여러분은 마음이 깨끗할 때에만 하나님을 볼 수 있습니다. 본성으로 우리는 어떤 존재들인가를 방금 살펴보았습니다. 우리의 사람됨은 이것과 완전히 정반대입니다. 하나님의 손에서 벗어날 수 있는 것은 하나도 없습니다.

복음이 제의하는 것은 우리를 이 무서운 함정에서 하늘나라로 들어 올리려는 것입니다. 복음의 제의는 초자연적인 것입니다. 그러므로 마음이란 말을 정의해 봅시다. 주님은 '마음이 깨끗함'을 어떤 뜻으로 말씀하셨습니까? 이 말씀이 두 가지 뜻을 지니고 있다는 것에는 대체로 일치되고 있습니다. 위선이 없다는 뜻과 '성한'(single)이란 뜻입니다.

여러분은 우리 주님이 산성설교 뒤에 가서 나쁜 눈에 대해 말씀하심을 기억할 것입니다. 주님은 "그러므로 네 눈이 성하면 온 몸이 밝을 것이요, 눈이 나쁘면 온 몸이 어두울 것이니 그러므로 만일 네게(네 눈에) 있는 빛이 어두우면 그 어둠이 얼마나 더하겠느냐"(마 6:22-23)라고 하셨습니다. 그러므로 마음이 깨끗하다는 것은 '성한 것'(singleness)과 일치됩니다. 이 말은 구김살이 없다는 뜻이기도 합니다. 아무것도 숨겨진 것이 없이 열려있다는 뜻입니다. 이것을 신실, 진실이란 말로 서술할 수 있겠습니다. 이것은 일편단심, 곁눈 팔지 않고 골몰하는 전심이란 뜻입니다. 순결에 대한 가장 훌륭한 정의 하나는 시편의 "일심(一心)으로 주의 이름을 경외하게 하소서"(시 86:11)입니다. 우리에게 문제되는 것은 분할된 마음입니다.

우리는 지금 모든 어려운 문제를 가지고 하나님과 마주 대하고 있습니까? 나의 일부는 하나님을 알고 경배하고 찬양하려고 하지만 다른 부분은 다른 것을 원합니다. 여러분은 바울이 로마서 7장에서 이것을 어떤 방법으로 표현했는지 기억하실 것입니다. "내 속사람으로는 하나님의 법을 즐거워하되 내 지체 속에 한 다른 법이 내 마음의 법과 싸워(대항하여) 내 지체 속에 있는 죄의 법으로 나를 사로잡는(잡아 가두는) 것을 보는 도다"(롬 7:22-23). 깨끗한 마음은 분할되지 않은 마음입니다.

시편 기자는 자기에게 문제되는 것을 깨닫고 나서 하나님께 "일심으로 주의 이름을 경외하게 하소서"라고 했습니다. "마음을 하나로 만드소서." "마음을 성하게 하소서. 주름살과 구김살이 없게 하소서. 마음을 건전하게 하소서. 하나 되게 하소서. 진지하게 하소서. 어떤 위선에서도 벗어나 전적으로 성하게 하소서!"라고 말하는 것 같아 보입니다. 하지만 '깨끗한'(청결한)의 의미는 이것뿐이 아닙니다. 이 용어는 동시에 '정화(淨化)된' '흠이 없는'이란 뜻도 있습니다.

요한계시록 21장 27절에서 사도 요한은 곧 임할 하늘의 예루살렘에 들어가기로 허락된 백성들에 관해서 이렇게 말해주고 있습니다. "무엇이든지 속된 것이나 가증한 일 또는 거짓말하는 자는 결코 그리로 들어가지 못하되 오직 어린 양의 생명책에 기록된 자들만 들어가리라."계시록 22장 14-15절에 "생명나무를 차지할 권세를 얻고 문을 통하여 도시로 들어가기 위하여 자기 두루마리를 깨끗이 빠는 사람은 복이 있다. 개들과 점술가들과 음행하는 자들과 살인자들과 우상 숭배자들과 거짓을 사랑하고 행하는 사람은 다 성 밖에 남아있게 될 것이다"라고 기록되었습니다. 부정하고 불결하거나 더러운 흔적을 가지고 있는 것은 무엇이든 하늘의 예루살렘에 들어가지 못할 것입니다. 하지만 마음이 깨끗한 것은

"죄를 지으신 일이 없고 그의 입에서 아무런 거짓도 찾아볼 수 없으신" 완전하고 흠 없고 순결하고 온전한 주 예수 그리스도를 닮는 것을 의미한다고 말하면 완전한 표현이 되겠습니다.

이것을 더 분석해보면 우리가 하나님을 최고의 선으로 간주하며, 분할되지 않은 사랑을 품으며 하나님을 사랑하는 것 하고만 관계있음을 의미한다고 말할 수 있습니다. 다시 말해서 마음이 깨끗한 것은 '가장 크고 으뜸 되는 계명'을 지키는 것인데 이 계명은 "네 마음을 다하고 목숨을 다하고 뜻을 다하여 주 너의 하나님을 사랑하라"(마 22:37)입니다. 우리는 모든 점에서 하나님의 영광을 위하여 살아야 하며, 이것이 우리 삶의 최고 의욕이 되어야 합니다. 하나님을 갈망하며, 그를 알고자 열망하며 그를 사랑하며 섬기고자 소원하는 것입니다.

주님은 이와 같은 사람들만이 하나님을 볼 것이라고 진술하십니다. 이것이 성경의 가장 엄숙한 진술의 하나라고 말씀드리는 까닭입니다. 히브리서에 이와 비슷한 어구가 있습니다. "모든 사람과 더불어 화평을 추구하고, 거룩해지기를 힘쓰시오. 거룩해지지 않고서는 아무도 주를 뵙지 못할 것입니다."(히 12:14). '우리가 거룩해지지 않고서는 아무도 주를 뵙지 못할 것입니다.'라는 성경의 이 명백하고 분명한 진술을 가지고 있는 이상 거룩에 대한 설교에 반대하는 사람들을 저는 이해할 수 없습니다.(저는 거룩에 대한 이론을 말씀드리는 것이 아닌 신약성경적인 의미의 거룩 자체를 설교하는 것을 언급하고 있습니다).

지금까지 거룩의 의미를 살펴보았습니다. 그러므로 스스로 기독교인이 될 수 있다고, 자격이 있다고 생각하는 어리석음보다 더 큰 어리석음이 또 있는지 다시 한 번 묻고 싶습니다. 기독교의 목적은 우리로 하나님을 보게끔 하는 것입니다. 그러면 하나님을 볼 수 있기 위해서 무엇이 필요합니까? 여기에 그 대답이 있습니다. 곧 성결, 깨끗한 마음, 혼합되지 않은 상태입니다. 하지만 사람들은 이것을 격하시켜 예의범절, 도덕, 또는 교리에 대한 지적 관심 정도로 만들어버립니다. 하지만 여기에는 전인(全人)이 포함되어 있습니다. "하나님은 빛이십니다. 그 안에는 어둠이 조금도 없습니다." 여러분이 영적 영역에서는 빛과 어둠을 혼합할 수 없으며, 검은 것과 흰 것을 혼합할 수 없으며, 그리스도와 벨리알(Belial/고후 6:15)을 섞을 수 없습니다. 그러므로 분명히 주를 닮은 사람들만 하나님을 볼 수 있고, 그의 존전에 거할 수 있습니다. 우리가 하나님을 볼 수 있기에 앞서 마음이 깨끗해야 하는 것은 바로 이런 이유 때문입니다.

하나님을 본다는 것과 하나님을 볼 것이라는 말은 무슨 뜻입니까? 이 문제에 대해서도 장구한 교회사를 통해서 많은 글이 쓰였습니다. 위대한 교부들과 초기의 신학자들은 이 문제에 많은 해석들을 쏟아놓았습니다. 우리가 영화(榮化)된 상태에서 육신의 눈을 가지고 하나님을 볼 수 있느냐는 것이 그들에게 큰 문제가 되었습니다.

하나님을 본다는 것은 객관적이며 가시적인가, 아니면 순전히 영적인 것인가? 이 문제는 궁극적으로는 대답할 수 없는 문제라고 생각됩니다. 저는 여러분에게 증거를 드릴 수 있을 뿐입니다. 성경에는 이러 저러한 것을 가리키는 것 같은 진술들이 있습니다. 그러나 어쨌든 우리가 이것에 대해 많은 말을 할 수는 있습니다. 여러분은 모세에게 있었던 일을 기억하실 것입니다. 언젠가 하나님께서 그를 옆으로 불러 바위들 사이에 놓고 자신의 모습을 모세에게 보여주시겠다고 하셨습니다. 그러나 하나님은 모세가 하나님의 등 부분만을 보게 되리라고 하셨습니다. 이 말씀은 하나님을 보는 일이 불가능함을 암시합니다. 구약성경의 하나님의 나타나심(Theophany) 즉 언약의 사자가 사람의 형상으로 나타났던 일들은 하나님을 보는 것이 신체적인 의미로는 불가능하다는 점을 분명히 암시하고 있습니다.

다음으로 주님께서 하신 말씀을 기억하실 것입니다. 주님은 어느 땐가 백성들에게 "너희는 그의 음성을 들은 일도 없고 그의 모습을 본 일도 없다"고 말씀하셨습니다. 이 말씀은 '모습'이 있음을 암시하신 것입니다.

주님은 다시 말씀하시기를 "하나님께로부터 온 사람 외에는 아무도 아버지를 본 사람이 없다. 그 사람만이 아버지를 보았다"(요 6:46)라고 하셨습니다. 이것은 결과적으로 '너희는 아버지를 보지 못했다.' 하나님께로부터 온 나는 아버지를 보았다, 하나님을 본 사람이 없으나 아버지의 품속의 외아들을 나타내보이셨다는 말씀입니다.

이 외에도 여러 진술을 볼 수 있습니다. 여러분은 어느 땐가 주님께서 "나를 본 사람은 아버지를 보았다."고 하신 말씀을 기억하실 것입니다. 이 말씀은 모든 진술 중 가장 비밀한 진술의 하나입니다. 이 문제에 대한 성경의 말씀이 이러합니다. 이 문제로 시간을 보내는 것은 쓸데없는 일입니다. 하나님은 초월자이시고 영원자이시므로 이 문제에 대한 어떤 이해에 도달하려는 인간의 모든 노력은 이미 애초부터 실패할 운명을 띠고 있습니다. 경외감으로 말씀드리지만 성경은 우리에게 적절한 신(神)개념을 주려고 하지 않는 것 같습니다. 어째서 그렇습니까? 하나님의 영광 때문입니다. 사람의 용어는 너무 부적당하고, 우리의 깨달음은 한정되어 있고 유한하므로 하나님과 그의 영광을 서술하는 일에는 위험이 따르는 것입니다. 우리가 아는 것은 마음이 깨끗한 사람은 하나님을 볼 것이라는 영광스런 약속이 있다는 사실입니다. 그러므로 이것은 다음과 같은 사실을 의미한다고 암시 드립니다. 다른 모든 복에 있어서와 같이 이 약속도 땅 위에서 지금 부분적으로 성취되고 있다는 사실입니다.

우리가 이 세상에 있는 동안 어떤 의미에서 우리는 하나님을 보는 일이 있습니다. 기독교인들이 아닌 다른 사람이 볼 수 없는 하나님을 어떤 의미에서 볼 수 있는 것입니다. 기독교인은 역사의 일대 사건들 속에서 하나님을 봅니다. 보지 못하는 하나님을 믿음의 눈을 가진 사람은 봅니다. 하지만 그는 안다는 의미로 볼 수 있다고도 할 수 있고, 그의 가까우심을 느낀다는 의미에서 그의 임재를 누린다는 의미에서도 그러합니다.

여러분은 저 위대한 히브리서 11장에 모세에 관한 기록을 기억하실 것입니다. 모세는 "보이지 아니하는 자를 보는 것 같이 하여"(27절) 꾸준히 참았습니다. 그런데 이것은 우리들에게도 가능한 것입니다. 마음이 깨끗한 사람은 복이 있습니다. 비록 불완전해도 지금 우리는 이런 의미에서 하나님을 보고 있다고 주장할 수 있습니다. 우리는 "보이지 않는 그 분을 보고" 있습니다.

그 분을 볼 수 있는 또 하나의 방법은 우리의 체험, 곧 하나님의 우리를 향하신 은혜로운 교제 관계에서입니다. 하지만 이것은 앞으로 하나님을 볼 것과 비교하면 아무것도 아닙니다. "우리가 지금은 거울 속의 모습 같이 희미하게 봅니다." 우리는 이전에 본 일이 없는 양태로 보게 됩니다. 하지만 어떻게 보게 될 것인가는 아직 수수께끼입니다. 그러나 그때 가서는 "얼굴을 마주 대하고" 볼 것입니다.

사도 요한은 "사랑하는 이들이여, 이제 우리는 하나님의 자녀입니다. 장차 우리가 어떻게 될는지는 아직 밝혀지지 않았습니다만 그리스도께서 나타나시면 우리도 그를 닮은 자들이 되리라는 것을 압니다. 그 때 우리는 그의 모습을 실제로 보게 될 것이기 때문입니다"(요일 3:2)라고 했습니다. 이 말씀은 사람에게 이제까지 말씀된 것 가운데 가장 놀라운 것입니다. 즉 이 세상의 온갖 문제와 두통거리로 눌림을 받고 있는 여러분과 제가 그 분과 얼굴을 마주 대하리라는 것입니다. 이 말씀을 파악해보면 이것은 우리의 삶을 혁신하게 될 것입니다. 여러분이 하나님과 얼굴을 마주 대하고 보게 될 날이 오고 있음을 여러분은 아십니까? 여러분과 제가 하나님을 즐거워하며 그의 영광스럽고 영원한 임재 가운데서 영원히 거하게 될 날이 가까워지고 있습니다.

요한계시록을 읽어보고 구속받은 자들이 주님을 찬양하고 모든 영광을 돌리는 소리에 귀를 기울이십시오. 이 복은 상상하기 너무 벅찹니다. 상상력을 초월하기 때문입니다. "마음이 깨끗한 사람은 복이 있습니다." 우리들 앞에 놀랍게 펼

처있는 이 영광을 빼앗기게 된다면 얼마나 어리석습니까? 부분적인 의미에서 여러분은 하나님을 보셨습니까? 여러분은 이를 위해 작정되어 있음을 아십니까? 마음의 애착을 이것에 두고 계십니까? "여러분은 땅에 있는 것들을 생각하지 말고 위에 있는 것들을 생각하십시오." 여러분은 이 보이지 않고 영원한 것들을 보고 계십니까? 아직 기다리고 있는 이 영광을 묵상하며 시간을 보내십니까? 그러시다면 여러분의 최대 관심사는 깨끗한 마음을 가지는 데에 있을 것입니다. 하지만 마음은 어떻게 깨끗해질 수 있습니까? 여기에 수세기를 통하여 사람들의 주목을 끌어온 대 주제가 다시 나옵니다. 여기에는 두 가지 견해가 있습니다.

첫째, 우리가 해야 할 일은 오직 하나, 곧 수도사가 되어 이 세상과 결별해야 한다는 견해입니다. 이것은 '전임(專任)직업'이어야 한다고 말합니다. "내가 만일 이 깨끗한 마음을 가지려한다면 다른 일을 할 시간이 내게 없다는 것입니다." 이것이 수도원제도의 견해입니다. 이 문제를 논하는 일로 많은 시간을 보낼 수는 없고, 제가 한 말씀 드리려는 것은 이 견해는 철저하게 비성경적이라는 것입니다. 이 견해는 성경에서 찾아볼 수 없습니다. 이것은 여러분이나 제가 할 수 없는 일이기 때문입니다.

자기 정화를 위한 이러한 온갖 노력은 실패할 운명을 띠고 있습니다. 성경에서 그 방법을 찾으면 다음과 같습니다. 여러분과 제가 할 수 있는바 모든 것은 우리의 타고난 마음이 검다는 것을 알고 다윗이 하던 기도에 참여하여 "하나님이여 내 속에 정한 마음을 창조하시고 내 안에 정직한 영을 새롭게 하소서"(시 51:10)라고 해야 할 것입니다. 우리도 조셉 하트(Joseph Hart)와 같이 함께 기도합시다.

마음을 정결케 하고 영혼을 성화하는 일은 당신의 일이요,
모든 부분에 새로운 생명을 부어 넣어
전체를 새로 만드는 일은 당신의 일이옵니다.

여러분은 마음을 깨끗하게 하기 위한 노력을 시작할 수 있습니다. 하지만 생애 끝에 가서 여러분의 마음은 시작할 때처럼 검거나 아니면 시작보다 더 검은 것이 될 것입니다. 하나님만이 여러분의 마음을 깨끗이 하실 수 있습니다. 정결한 마음을 가지는 오직 한 길은 성령이 우리 마음속에 들어와 깨끗케 하시는 일입니다. 오로지 그의 내주하심과 역사만이 마음을 정결하게 할 수 있으며, 우리 속에 활동하셔서 우리로 "자기의 기뻐하시는 뜻을 따라 여러분에게 의욕을 일으켜 일하게 하심으로써" 하십니다. 이것이 바울의 확신이었습니다. 즉 "여러분 안에서 선한 일을 시작하신 이가 그리스도 예수의 날까지 그것을 완성하시리라고 나는 확신합니다."(빌 1:6)입니다. 이것이 저의 유일한 소망이기도 합니다.

저는 그 분의 손 안에 있습니다. 이 일은 지금도 진행되고 있습니다. 저의 마음은 정결하게 되고 있습니다. 하나님께서 이 일에 손을 대셨기 때문입니다. 이 때문에 제가 흠 없이, 나무랄 데 없이, 점과 주름 없이, 오점 하나 없이 될 날이 오고 있음을 저는 압니다. 저는 깨끗하지 않은 모든 것을 뒤에 남기고 거룩한 도성의 문을 통과할 수 있습니다. 하나님께서 정결하게 하고 계시기 때문입니다. 그렇다고 제가 이 문제에 대하여 수동적인 태도로 가만히 있다는 뜻은 아닙니다. 저는 이 일이 전적으로 하나님께 속한일임을 믿습니다. 하지만 동시에 야고보가 말한 대로 "하나님께로 가까이 가시오, 그리하면 그가 여러분에게 가까이 하실 것"(약 4:8)을 저는 믿습니다. 하나님께서 제게 가까이 하시기를 바라는 이유는 만일 하나님께서 가까이 하시지 않는다면 제 마음은 검은 그대로 있을 것이기 때문입니다.

하나님께서 제게 어떻게 가까이 하십니까? 야고보는 말합니다. "하나님께로 가까이 가시오, 그리하면 그가 여러분에게 가까이 하실 것입니다. 죄인이여, 손을 깨끗이 하시오. 두 마음을 품은 자들이여, 마음을 순결(깨끗)하게 하시오."(약 4:8).

제가 절대적인 의미에서 궁극적으로 제 마음을 정결하고 깨끗케 할 수 없다는 사실 때문에 하나님께서 나를 깨끗케 해주실 것을 기다리면서 시궁창 같은 생활을 해도 좋다는 뜻이 아닙니다. 저는 제가 할 수 있는 일을 다 해야 합니다. 그리고 이것으로 충분하지 못하다는 것과 그 분이 이 일을 최종적으로 하셔야 함을 압니다.

바울의 하신 말씀 "여러분 속에서 활동하시며 자기의 기뻐하시는 뜻을 따라 여러분에게 의욕을 일으켜 일하게 하시는 이는 하나님이십니다!" 그렇습니다. "그러므로 땅에 속한 지체들을 죽여 버리시오."(골 3:5). 여러분과 여러분의 목표 사이에 방해가 되는 것이 있다면 무엇이든 처리하여 제거하십시오. 바울은 로마서에서 다시 "영으로 육체적인 행위를 죽이면 살 것입니다."라고 했습니다. 제가 지금까지 말씀드리려고 한 것을 이렇게 표현할 수 있겠습니다. 여러분은 하나님을 보시게 됩니다. 이 사실은 여러분이 들어볼 수 있는 가장 크고 가장 중요하고 가장 놀라운 일이 아닙니까?

하나님을 보는 것이 여러분의 최고 목표요, 욕망이요, 소망이 아닙니까? 여러분이 복음을 믿으신다면 여러분은 요한이 "그리스도에게 이런 희망을 두는 사람은 누구나 그가 순결하신 것과 같이 자신을 순결하게 합니다."란 말씀에 동의해야 합니다. 시간은 짧습니다. 여러분과 저는 준비할 시간이 많지 않습니다. 큰 환영식이 가까이 왔습니다. 어떤 의미에서는 잔치가 준비되어 있다 하겠습니다. 여러분과 저는 왕의 알현을 기다리고 있습니다. 우리의 한 가지 확신은 하나님께서 우리 안에 활동하시며 이것을 위해 준비하고 계신다는 사실입니다. 사랑하는 여러분! '우리 주님이 순결하신 것과' 같이 우리도 우리를 깨끗케 합시다.

11장

화평하게 하는 사람들은 복이 있나니

"화평하게 하는 자는 복이 있나니 그들이 하나님의 아들이라 일컬음을 받을 것임이요" 마5:9

기독교인의 특징을 한 단계 더 나아가 고찰할 때 성경말씀 전체에서 팔복만큼 우리를 탐사하고 시험하며 우리의 교만을 꺾는 말씀은 없다고 하겠습니다. 우리는 여기 "화평하게 하는 사람들은 복이 있다"는 진술에서 하나님께 채움(배부름)을 받은 결과와 그 작용을 보게 됩니다. 앞서 10장에서 말씀드린 것처럼 이 복이 "온유한 사람들은 복이 있다"는 말씀과 부합함을 알 수 있습니다. 6장에서 마태복음 5장 6절 앞에 온 복들과 그 뒤에 오는 복들 사이에 일치점이 있다고 암시한 바 있습니다. 곧 가난한 심령과 긍휼히 여기는 것, 애통하는 것과 마음이 청결한 것, 온유와 화평하게 하는 것에는 서로 일치점이 있습니다. 이것들 사이의 연결점은 하나님께서만 주실 수 있는 욕구 충족을 하나님께 바라며 기다린다는 점입니다.

여기서 기독교인의 생활과 기능은 기독교인이 아닌 사람의 생활이나 기능과 모든 점에서 전혀 다르다는 것을 다시 한번 생각하게 됩니다. 팔복의 각 복에서 거듭 반복되며, 우리 주님께서 강조하고 싶어 하신 메시지가 바로 이것입니다. 주님은 전혀 새롭고 다른 나라(천국)를 세우고 계셨습니다. 앞의 장들에서 살펴본대로 기독교인이 아닌 사람이 팔복을 받아들여 실천할 수 있다고 생각하는 것보다 더 위태롭고 치명적인 것은 없습니다. 여기의 이 복은 철저하게 불가능하다는 점을 다시 한 번 상기시킵니다. 새 사람만이 이런 새 삶을 살 수 있습니다.

우리는 이 진술이 유대인들에게 매우 큰 충격으로 임하였으리라는 것을 볼 수 있습니다. 그들은 오고 있는 메시야의 나라가 군사적, 국가주의적이며 물질주의적인 나라가 될 것이라고 생각했습니다. 유대인들은 과거나 지금이나 이 과오에 빠져 있었습니다.

우리 주님은 그들의 생각이 완전히 오류임을 거듭 그들에게 상기시키고 있습니다. 그들은 메시야가 올 때 그가 위대한 왕으로 좌정할 것이며, 그들을 온갖 속박에서 해방시킬 것이며, 이렇게 하여 유대인들이 다른 모든 민족들을 정복하고 지배하는 민족으로 세울 것이라고 생각했습니다.

세례 요한이 두 제자를 예수께 보내어 "오실 그 분이 당신이십니까? 그렇지 않으면 우리가 다른 분을 기다려야 합니까?"(마 11:3)라는 유명한 질문을 하였던 요한마저도 이런 생각에 집착해 있었음을 볼 수 있습니다.

요한은 "저는 이 모든 이적을 압니다. 하지만 이 큰일은 언제 일어납니까?"라고 물은 것입니다. 주님께서 오천 명을 먹이신 저 큰 이적을 행하신 후에 백성들이 큰 인상을 받아 "오실 그이가 이분임에 틀림없다."고 말하기 시작하며 그들이 "그를 억지로 붙잡아 왕으로 삼으려고" 했던 것을 여러분은 기억하실 것입니다.

여기서 우리 주님은 "아니다. 너희는 깨닫지 못했다. 화평하게 하는 사람들이 복이 있다. 나의 나라는 이 세상 나라가 아니다. 만일 그러하다면 내 백성이 이일을 위해 싸우고 있을 것이다. 그러나 내 나라는 그렇지 않다. 너희의 견해는 전혀 잘못된 것이다."라고 말씀하신 셈입니다. 그런 다음 주님은 유대인들에게 이복을 제시하시면서 이 원칙을 한 번 더 강조하셨습니다. 분명히 우리는 이 점에서 이 말씀에 감명을 받아야 합니다. 우리가 살펴보고 있는 이 말씀보다 오늘 이세대에 더 적절한 말씀은 없습니다. 성경 특히 신약성경의 복음서에 이 세상과 이 세상 삶에 대한 말씀 중 본문보다 더 분명한 선언의 말씀은 없습니다. 제가 앞서 여러 복을 살펴볼 때 지적한대로 이것은 매우 높은 신학적 진술입니다. 신약성경에서 산상설교처럼 오해를 받고 남용되는 대목이 또 없습니다.

여러분은 어떤 사람들이 습관처럼 자기는 신학에 조금도 흥미가 없으며 사도 바울을 철저히 싫어하며 바울이 기독교인이 된 것을 하나의 재난으로 생각한다고 하는 말을(특히 20세기 초에 그랬고 지금도 여전히 없어지지 않고 있습니다.) 기억하실 것입니다.

그들은 "그 유대인(바울)이 자기 나름의 율법관념을 가지고 자기의 율법주의를 영광스럽고 매혹적이며 단순한 나사렛 예수의 복음이라고 속였다."라고 말했습니다. 그들은 신약의 서신들에는 전혀 관심을 가지지 않지만 산상설교에는 대단히 관심을 가진다고 했습니다.

그들은 "이것이 세상에 크게 필요한 것이다. 필요한 것은 갈릴리의 대 스승이 제시한 이 아름다운 이상주의를 심각하게 받아들이는 일뿐이다. 우리가 해야 할 일은 그것을 연구하며 사람들이 실천하도록 서로를 설득하는 일뿐이다. 교회의 저주거리가 된 신학은 안 된다. 필요한 것은 이 아름다운 윤리적 교훈, 여기 산상설교에서 찾아 볼 수 있는 이 신기한 도덕의 개선책뿐이다."라고 말했습니다.

그들이 성경에서 산상설교를 좋아한 이유는 산상설교가 비신학적이며, 교리나 교의나 기타 쓸데없는 일에 전혀 관심이 없기 때문이라는 것입니다. 우리는 여기서 그와 같은 견해가 철저하게 어리석고 쓸데없는 것임을 상기해야 합니다. 화평하게 하는 사람들은 어째서 복됩니까? 그들이 다른 모든 사람들과는 절대로 같지 않기 때문입니다. 화평하게 하는 사람들은 세상 나머지 사람들에게 그들과 다른 부류의 사람으로 보이며, 하나님의 자녀들이기 때문에 복됩니다.

질문을 바꾸겠습니다. 세상에는 왜 전쟁이 있습니까? 이 국제적 긴장은 어째서 변함없이 계속됩니까? 오늘의 세계 문제는 무엇입니까? 우리는 어째서 이 많은 전쟁을 보게 됩니까? 전쟁의 위협과 이 모든 불행과 소동과 불화는 왜 있습니까?

본문에 의하면 이 질문에 대한 대답은 단 하나, 곧 죄 때문입니다. 그러므로 여러분은 즉각 인론(人論)과 죄론(罪論), 즉 신학으로 돌아가게 됩니다. 화평하게 하는 사람은 이전의 사람됨과 전혀 다르게 된 사람입니다. 여기에 다시 신학이 대두됩니다.

모든 문제의 원인은 사람의 정욕과 탐욕과 이기주의와 자기중심성입니다. 개인이든, 어떤 사회 속의 단체이든, 국가이든 모든 문제와 불화의 원인은 바로 이것입니다. 그러므로 여러분이 신약성경의 인론과 죄론을 받아들이지 않으면 현대 세계의 문제를 이해할 수 없는 것입니다.

이 세상에는 어째서 문젯거리가 그처럼 많으며 평화를 유지하기가 그렇게 힘듭니까?

오늘날에 와서 평화를 위해 모인 끝없는 국제회의들을 봅시다. 그들은 왜 실패했습니까? 사람들이 어떤 회의에 대해서든 자신을 갖지 못하는 상태에 이르고 있는 것은 왜 그렇습니까? 그 원인은 무엇입니까? 국제 연맹(the League of Nations)은 어째서 실패했습니까? 유엔(UN)은 왜 실패하는 것 같습니까? 그 이유는 무엇이겠습니까?

이 문제의 적절한 대답은 한 가지뿐이라고 생각합니다. 그것은 정치적인 것도 경제적인 것도 사회적인 것도 아닙니다. 그 대답은 본질적이며 근본적으로 신학적인 것이요, 교리적인 것입니다. 그리고 사람들이 그토록 많은 시간을 낭비하고 있는 것은 어리석음과 맹목 가운데서 이것을 인정하려들지 않고 있기 때문입니다.

성경에 의하면 문제는 사람들의 마음속에 있으며, 사람의 마음이 변화되기까지 혹 그들의 표면에 변화와 조작을 일으킬 수는 있어도 사람의 마음 문제를 해결할 수 없기 때문입니다. 사람이 지금의 상태 그대로 있는 한 이런 일들은 하나도 싹 틀 수 없습니다. 그런데 이것은 세상에서 발견되는 잘못일 뿐 아니라 교회 자체 안에서도 발견되는 과오입니다.

교회가 국제연맹과 국제연합에게 설교할 때 인간적인 노력과 열심만 보여주는 일이 얼마나 허다했습니까? 이것은 성경 교리에 배치됩니다. 오해하지 마십시오. 저는 국제적으로 이런 노력을 하지 말라는 것이 아닙니다.

성경에 의하면 문제는 사람의 마음속에 있으며, 새 마음, 새 사람이 아니면 아무것도 이 문제를 다룰 수 없습니다. 악한 생각과 살인과 간음과 간통과 시기, 질투, 악의와 기타 이런 것들은 '마음에서' 나옵니다. 사람들이 이 같은 한 평화는 없을 것입니다. 속에 들어있는 것은 밖으로 나오기 마련입니다. 그러므로 산상설교가 인도주의자들이 항상 애호하던 성구였음은 분명하지만, 이 산상설교처럼 인도주의와 이상주의를 철저하게 정죄하는 것이 성경에 다시없다고 거듭 말씀드립니다.

인도주의자들은 산상설교를 이해하지 못했습니다. 그들은 산상설교에서 본질을 빼어버림으로써 산상설교를 전혀 다른 것으로 변질시켰던 것입니다.

본문의 가르침이 이 시점에 가장 중요한 이유는 산상설교를 이해하려면 이러한 신약성경의 올바른 관점에서 현대 세계를 바라볼 때뿐이기 때문입니다. 전쟁과 전쟁의 소문들 때문에 놀라고 계십니까? 기독교인이라면 놀라서는 안 됩니다.

여러분은 전쟁과 전쟁의 소문을 성경의 가르침에 대한 확증으로 보셔야 합니다. 문제는 사람의 마음속에 있기에 한 표면을 조작하는 일만으로 이 문제를 최종적으로 처리할 수 없는 것입니다.

이것을 염두에 두고 본문을 긍정적인 면에서 살펴봅시다. 오늘의 세계는 화평하게 하는 사람들이 많이 필요합니다. 우리가 모두 화평하게 하는 사람들이라면 문제가 없을 것입니다. 두통거리가 없을 것이기 때문입니다. 그러면 화평하게 하는 사람은 어떤 사람이겠습니까? 분명히 말씀드리지만 이것은 생래적 성품의 문제가 아닙니다. '어떤 희생을 치르고서라도' 화평하는 그런 사람을 의미하지 않습니다. '말썽을 피하기 위해서 어떤 일이라도 불사하는' 사람을 의미하지도 않습니다.

우리는 팔복의 어느 하나도 자연 성품을 서술하는 것은 없다는 데에 동의하지 않았습니까? 그 뿐만이 아닙니다. 이 안이하며 어떤 희생을 치러서라도 화평하려는 사람은 공평과 정의감이 부족할 때가 많습니다. 그들은 마땅히 서 있어야 할 곳에 서 있지 않습니다.

이런 원칙에 입각해 이런 사람들에 의해 움직였다면 형편은 오늘보다 더 악화됐을 것입니다. 그러므로 참 화평 하는 사람은 '유화주의자(宥和主義者)'가 아니라고 덧붙여 말하고 싶습니다. 유화책으로 전쟁을 지연시킬 수는 있습니다. 그러나 전쟁을 끝내지는 못합니다. 전쟁의 회피가 문제를 해결하지는 못합니다. 이 세대는 이 사실을 분명히 알아야 합니다. 그렇습니다. 오늘 우리에게 필요한 것은 유화책이 아닌 것입니다.

그러면 화평하게 하는 사람은 어떤 사람입니까? 화평하게 하는 사람은 두 가지를 모두 포함하는 사람입니다. 수동적인 의미에서 우리는 그가 평화로운 사람이라 말할 수 있습니다. 싸움 좋아하는 사람은 화평하게 하는 사람이 될 수 없기 때문입니다.

그리고 능동적인 의미에서 평화를 사랑하는 사람, 평화를 능동적으로 만드는 사람이어야 합니다. 그는 "잠자는 개를 그대로 누워 있게 하라."로 만족하지 못합니다. 그는 현상 유지하는 일에만 관여하지 않습니다. 그는 평화를 소원하며 평화를 만들고 유지하기 위해 할 수 있는 일을 다 합니다. 그는 사람과 사람 사이, 집단과 집단 사이, 국가와 국가 사이에 평화가 있어야 할 필요를 적극적으로 보는 사람입니다. 그러므로 모든 사람은 하나님과 화평해야 한다는 사실에 궁극적으로, 최종적으로 관심을 가지는 사람이라 말할 수 있겠습니다. 본질적으로 화평하게 하는 사람은 능동적이고 적극적으로 긍정적으로 평화를 사랑하는 사람으로서 두통거리를 만들지 않을 뿐 아니라 평화를 만들기 위해 힘쓰는 사람입니다.

이것은 무엇을 의미하며 암시합니까? 이것은 한마디로 새 마음, 깨끗한 마음을 의미합니다. 지금까지 살펴본 대로 이 문제들에는 한 가지 논리적인 순서가 있습니다. 화평하게 하는 사람은 마음이 깨끗한 사람뿐입니다. 여러분이 기억하시는 대로 깨끗한 마음을 갖지 못한 사람, 시기와 질투와 이와 비슷한 것들로 가득 차 있는 마음의 소유자는 화평하게 하는 사람이 될 수 없음을 살펴보았기 때문입니다.

화평하게 할 수 있기에 앞서 마음이 청결해져야 합니다. 하지만 우리는 여기에 머무르지 않습니다. 화평하게 하는 사람이 되는 길은 자아에 대해 전혀 새로운 견해를 가져야 합니다. 여기서 여러분은 이것이 온유에 대한 정의와 어떻게 연결되는가 보십니다.

사람은 화평하게 하는 사람이 될 수 있기에 앞서 자아와 자기이익과 자기 관심으로부터 벗어나야 합니다. 여러분은 화평하게 하는 사람이 되기에 앞서 자아를 전적으로 잊어버려야 합니다. 화평하게 하는 사람이 되기 위해서는 절대 중립이 되어야 하며, 이렇게 되어야 쌍방을 화합시킬 수 있습니다. 그러기 위해서 여러분은 신경과민이나 신경질적이어서는 안 됩니다. 성을 잘 내서는 안 됩니다. 수세(守勢)를 취해서도 안 됩니다. 여러분이 이렇게 한다면 훌륭한 화평자가 될 수 없습니다.

이것을 가장 밝히 설명할 수 있는 길은 이것입니다. 즉 화평자는 반드시 자기에게 가져오는 결과에 비추어 만사를 생각하는 사람이 아니라는 것입니다. 본질상 우리는 우리에게 영향을 주는 점을 고려해서 만사를 살핍니다. "그것이 나에게 어떤 결과를 미칠까? 이것이 나에게 어떤 의미를 가지는가?"라고 말입니다. 이처럼 생각하는 순간에는 필연코 전쟁이 일어납니다. 그 까닭은 다른 사람들도 모두 같은 생각을 하고 있기 때문입니다. 그러므로 화평자의 모습은, 첫째, 그가 자아에 대해 전혀 새 견해를 가지게 된다는 것입니다. 그는 자기를 보았고, 어떤 의미에서 이 비참하고 비열한 자아는 그것으로 괴로워할 가치조차 없는 존재임을 보게 되었습니다.

자아는 너무 비열하며, 어떤 권리나 특권을 가질 주제가 못 되며, 아무것도 받을 만한 가치가 없는 존재입니다.

여러분이 자신의 심령이 가난함을 보았고, 자신의 검은 마음 때문에 애통하였고, 여러분 자신을 보고 의에 주리고 목말랐다면, 여러분의 권리나 특권을 주장하지 못하게 될 것이며, "나는 어떻게 되는 거야?"라고 말하지 않게 될 것입니다. 여러분은 자아를 잊어버리게 될 것입니다.

우리 주님은 "자기 생명을 사랑하는 자는(이 세상에서) 자기 생명을 잃어버릴 것이다."라고 하셨습니다. 이것은 우리가 기독교인인가 아닌가에 대한 가장 훌륭한 시금석 중 하나가 됩니다.

여러분은 생래적 자아를 미워하게 되었습니까? 여러분은 바울과 함께 "아, 나는 얼마나 비참한 인간입니까?"라고 말할 수 있습니까? 여러분이 지금까지 이렇게 말한 적이 없다면, 그리고 이렇게 말할 수 없다면 화평자가 될 수 없습니다.

기독교인은 그 속에 두 사람, 즉 옛 사람과 새 사람을 갖고 있습니다. 기독교인은 옛 사람을 미워하며 그에게 "가만있어! 상관 마! 나는 너와 절교다."라고 말합니다. 기독교인은 새 생활관을 가집니다. 이것은 그가 다른 사람들에 대해서도 새 견해를 가짐을 의미합니다. 그는 다른 사람에게 관심을 가집니다. 그들을 객관적으로 관찰할 수 있게 되며 성경의 가르침에 비추어 그들을 보려고 애씁니다.

화평자는 다른 사람들이 공격적이며 까다로울 때 그들에 대해 말을 하지 않는 사람입니다. 화평자는 "그들이 어째서 저 모양이지?"라고 묻지 않습니다. 화평자는 "그들은 지금 불순종의 아들들 속에서 역사하는 영인 이 세상 신(神)의 지배를 아직 받고 있기 때문에 그렇다. 저 가련한 사람은 자아와 사탄의 희생물이며 지옥을 향하고 있다. 나는 그를 불쌍히 여기고 긍휼히 여겨야 하겠다."라고 말합니다.

화평자가 그를 이렇게 보기 시작하는 순간, 그는 비로소 그를 도울 수 있는 위치에 서게 되며 그와 화해하게 됩니다. 이처럼 여러분은 다른 사람에 대해 전혀 새로운 견해를 가지셔야 합니다. 그것은 또 전혀 새 세계관을 갖게 됨을 의미합니다.

화평자는 한 가지 관심만을 가지는데 그것은 사람들에게 하나님의 영광을 나타내는 일입니다. 주 예수 그리스도의 관심도 같았습니다. 주님의 단 하나의 관심은 자기가 아니었고 하나님의 영광이었습니다.

화평자는 중심의 관심사를 하나님의 영광으로 삼으며 그 영광을 섬기기 위해 자기 삶을 사용하는 사람입니다.

화평자는 하나님이 사람을 완전하게 만드셨고 세계는 낙원이 될 것을 압니다. 그래서 개인과 국가 간의 다툼을 볼 때 이것이 하나님의 영광을 어지럽히는 것으로 보게 됩니다.

그렇습니다. 이상의 세 가지 관점과 함께 다음의 관점이 뒤따릅니다.

화평자는 자기를 낮출 준비가 되어 있고, 하나님의 영광을 촉진하기 위해서라면 어떤 일이라도 할 준비가 되어 있습니다. 이것을 너무 소망하므로 이 일을 위해서라면 고난을 당할 준비가 되어 있습니다. 그는 화평을 촉진하고 하나님의 영광을 증대시키기 위하여 악행과 불의를 당할 준비마저 되어 있는 사람입니다.

화평자는 자기 자신과 자기이익과 자기관심과 결별하며 "중요한 것은 하나님의 영광이며 사람들에게 그 영광을 나타내는 것이라."고 말합니다. 그러므로 이것을 위해 고난을 당하게 되면 그 고난을 감내합니다.

지금까지의 말씀은 이론입니다. 하지만 실제는 어떻습니까? 이것이 매우 중요한 이유는, 화평자가 되는 것은 연구실에 앉아 이 원칙을 이론적으로 푸는 것을 의미하는 것이 아니기 때문입니다. 화평하게 하는 자인지 아닌지 증명되는 것은 바로 실제에서 이루어집니다. 그러므로 저는 이것을 매우 단순하게, 거의 초보적 방법으로 표현하는 것에 대하여 변명하지 않겠습니다. 이것이 실제에 있어서는 어떻게 이루어집니까?

무엇보다 이것은 입을 다물고 말하지 않는 법을 배우는 것을 의미합니다. 우리가 혀를 제어할 수 있다면 이 세상에는 불화가 훨씬 적어질 것입니다. 야고보는 이것을 완벽하게 표현했습니다. "듣기는 속히 하고 말하기는 더디 하시오"(약 1:19).

화평자가 되는 최선의 방법 하나는 이것 곧 말하지 않는 법을 배우는 것입니다. 예를 들어 어떤 말을 전해 들었을 때 그리고 대꾸하려는 유혹을 받을 때 대꾸하지 마십시오. 그 뿐 아니라 그들이 해하려는 것을 여러분이 알 때 그 말을 되풀이하지 마십시오.

여러분이 친구에게 다른 사람이 그에게 한 불친절한 말을 해 준다면 여러분은 그의 참 친구가 아닙니다. 이것은 도움이 되지 못합니다. 이것은 가짜 우정입니다. 다른 것은 그만두고라도 무가치하고 불친절한 말들은 반복할 가치도 없습니다.

우리는 혀와 입술을 억제해야 합니다. 화평자는 말하지 않는 사람입니다. 화평자는 말하고 싶은 충동을 자주 느끼지만 화평을 위해 말하지 않습니다. 여러분은 기독교인으로서 새사람이 되어 주 예수 그리스도의 형상과 모범을 따르게 되어 있습니다.

"듣기는 속히 하고 말하거나 노하기는 더디 하십시오." 제가 국제정세에 대한 설교를 한다면 이 시점에서 저의 한 가지 주된 논평은 이것이 되겠습니다. 즉 오늘의 국제사회에는 너무 토론이 많이 계속되고 있다는 것입니다. 저는 다른 나라에 대해 항상 악담하는 것이 좋은 일이라고는 생각하지 않습니다. 이렇게 불친절하고 불쾌한 일들을 말하는 것은 좋지 않습니다.

여러분이 전쟁을 계획할 수는 있습니다. 여러분이 평화를 계획할 수는 있습니다. 그렇다면 토론을 중단하십시오. 평화를 이루는 첫 걸음 하나는 말하지 말아야 할 때가 언제인가를 아는 데 있습니다.

다음은 어떤 상황을 놓고 보든지 그것을 항상 복음의 빛에 비추어 보아야 한다는 것입니다. 분쟁 가능성이 있는 상황에 직면할 때에는 말하지 말아야 할 뿐 아니라 생각해야 합니다.

여러분은 그 상황을 받아들여 복음의 문맥에 비추어 이렇게 물어보아야 합니다. "이것에 함축된 의미는 무엇인가? 이 문제에 개입된 것은 나만이 아니다. 복음의 명분은 어떻게 될까? 교회는 어떻게 될까? 조직은 어떻게 되는가? 여기에 종속된 사람들은 어떻게 되는가? 교회밖에 있는 정당한 사람들은 어떻게 되는가?" 이렇게 생각하는 순간 여러분은 화평을 만들기 시작하는 셈입니다. 그러나 여러분이 이것을 사적인 의미로 생각하면 전쟁이 일어날 것입니다.

제가 여러분이 적용해주기를 바라는 원칙은 이것입니다. 여러분은 이제 적극적인 자세가 되어 평화를 이룰 수단과 방법을 강구해야 합니다. "네 원수가 주리거든 먹이라"(롬 12:20)는 성경의 힘찬 말씀을 기억합니다. 원수가 여러분에게 무서운 말을 한다고 합시다. 자, 여러분은 그에게 대꾸하지 않았습니다. 여러분은 혀를 억제하였습니다. 그 뿐이 아닙니다. 여러분은 "나는 그것이 그의 속에 있는 마귀인 것을 볼 수 있다. 그러므로 그에게 대꾸해서는 안 된다. 나는 그를 불쌍히 여겨 하나님께서 그를 구원하시고 그가 사탄에게 속고 있음을 알게 해 달라고 기도해야 한다."고 말합니다. 이것이 둘째 단계입니다.

하지만 우리는 이 단계이상으로 나아가야 합니다. 그는 배가 고프며, 여러 가지로 그에게 잘못된 일들이 많습니다. 지금 여러분은 그를 구해 줄 방법을 찾기 시작합니다. 여러분은 적극적이며, 능동적으로 됩니다. 이것은 여러분이 자신을 낮추어 다른 사람에게 접근해야 한다는 뜻일 때도 있습니다. 그에게 말하고, 사과하고, 친절하려 애쓰고, 화평을 가져오기 위해 할 수 있는 모든 일에 먼저 행동해야 합니다.

실제적인 면에서 마지막으로 말씀드릴 것은 화평자로서 우리가 어디에 있든 그곳에서 화평을 보급시키기 위해 애를 써야 한다는 것입니다. 우리는 이기심 없이, 사랑스럽게, 다른 사람이 우리에게 접근할 수 있을 만하고, 우리의 권위를 세우지 않도록 노력해야 합니다.

우리가 자아를 조금도 생각하지 않는다면 다른 사람들은 "나는 저 사람에게 접근할 수 있다. 나는 동정과 이해를 얻을 수 있을 것 같다. 나는 신약성경에 입각한 전망을 얻게 될 것으로 안다."는 것을 느끼게 될 것입니다. 우리가 이런 사람들이 됨으로써 모든 사람이 우리에게 올 수 있고, 무정한 영을 지니고 있는 사람들도 우리를 볼 때 정죄감을 느낄 수 있게 합시다. 그러면 그들 자신과 그들의 문제에 대하여 우리에게 터놓고 말할 수 있게 될 것입니다. 기독교인은 이런 사람이어야 합니다.

간추려 보겠습니다. 이런 사람들에게 선언된 복은 "하나님의 자녀라 일컬음 받으리라"입니다. 일컬음 받는다는 것은 '소유 된다'는 뜻입니다. "화평하게 하는 사람들은 복이 있습니다. 그들이 하나님의 자녀로 '소유될' 것이기 때문입니다." 누가 그들을 소유할 것입니까? 하나님이 그들을 자녀로 소유하시려 합니다.

이 말씀은 화평자는 하나님의 자녀이며 아버지를 닮았다는 뜻입니다. 성경에서 하나님의 존재와 성격에 대한 가장 영광스런 정의 하나는 "주 예수를 죽은 자 가운데서 이끌어내신 평화의 하나님"(히 13:20)이란 말씀에 내포되어 있습니다.

그리스도의 강림의 의미는 무엇입니까? 어째서 하나님의 아들이 이 세상에 들어 오셨습니까? 그것은 하나님 속성이 거룩하시며 공의로우시며 의로우시며 절대적이시지만, 평화의 하나님이시기 때문입니다.

하나님이 아들을 보내신 까닭이 이러합니다. 전쟁은 어디서 옵니까? 인간, 죄, 사탄에게서 옵니다. 불화가 이렇게 해서 세상에 들어왔습니다. 하지만 평화의 하나님께서는 "위엄을 지키시거나 점잖을 빼시지 않았습니다." 하나님이 오셨습니다. 그 분이 무언가를 먼저 하셨습니다. 하나님이 화평을 이루셨습니다. 하나님이 화평을 이루시기 위해 자기 아들 속에서 자기를 낮추셨습니다. 화평하게 하는 사람들 '하나님의 자녀'인 우리도 이러해야합니다. 그들이 하는 일은 하나님이 하신 일의 반복입니다. 만일 하나님이 자기 권리와 체면을 세우셨다면 우리와 함께 온 인류는 지옥과 절대 파멸에 보내졌을 것입니다. 하나님이 아들을 보내신 것은 그가 평화의 하나님이시며, 이로써 우리에게 구원의 길을 마련해주셨기 때문입니다.

화평자가 되는 것은 하나님을 닮는 것을 말합니다. 그가 '평화의 왕'이라 일컬음 받은 것을 기억하실 것입니다. 여러분은 그가 평화의 왕으로서 무슨 일을 하셨는지 아십니다. 그는 하나님과 동등 됨을 취하시지 않고 오히려 자기를 낮추셨습니다. 그가 오실 필요는 없었습니다. 그가 오신 것은 그가 평화의 왕이시기 때문입니다.

하지만 그가 어떻게 화평을 이루셨습니까? 바울은 골로새서에서 "그의 아들의 십자가의 피로 화평을 이루셨다"(골 1:20)고 했습니다. 주님은 여러분과 제가 하나님과 화평하며, 우리 마음속에 평안을 누리며, 서로 화평하기 위해 자기 몸을 주셨습니다.

에베소서 2장의 저 영광스런 진술을 예로 들어봅시다. "그리스도께서는 우리의 화평이십니다. 그는 유대사람과 이방사람 사이에 막혔던 담을 허시고 둘을 하나로 만드시고 서로 원수된 것을 자기 몸으로 해소시키신 분입니다. 그는 여러 가지 조문으로 된 계명의 율법을 폐기하셨습니다. 이는 그들을 자기 안에서 새 사람으로 만들어 화평을 이루시기 위한 것입니다."(엡 2:14-16). 이 말씀은 모든 것을 빈틈없이 포함하고 있습니다. 이 성구를 이렇게 뒤에 말씀드린 것도 이런 까닭에서입니다. 다른 것은 모두 잊더라도 이 사실만은 잊지 않게 하기 위함입니다. 즉 '화평자'는 이와 같아야 한다는 것입니다.

주님은 자기 권리를 주장하시지 않았습니다. 주님은 신성과 영원성의 특권을 주장하시지 않았습니다. 그는 자기를 낮추셨습니다. 사람의 모양이 되셨습니다. 자기를 낮추어 십자가에 죽으시기까지 했습니다. 어째서입니까? 자기를 조금도 생각하지 않았기 때문입니다. "여러분은 이 마음을 품으시오. 곧 그리스도 예수의 마음입니다."(빌 2:5). "각각 자기 일만 돌보지 말고 서로 남의 일도 돌보아주시오."(빌 2:4). 이것이 신약성경의 가르침입니다.

자 그럼 지금 예수 그리스도를 따라가기를 바랍니다. 하나님의 평화를 얻을 수 있기 위하여 주님이 여러분을 위하여 죽으신 것을 당신은 아십니다. 당신은 다른 사람들도 모두 이 평화를 가져야 함을 갈망하기 시작했습니까? 그러면 자아를 잊어버리고 자기를 낮춘 여러분은, "죄를 지으신 일이 없고, 입에서는 아무런 거짓도 찾아 볼 수 없는 그가 욕을 당하셨으나 욕으로 갚으시지 않고, 고난을 당하셨으나 위협하시지 않고 공의로 심판하시는 분에게 다 맡기신" 주님을 따르시기 바랍니다.

바로 이것입니다. 하나님은 이 복되고 영광스런 진리를 볼 수 있는 은혜를 우리에게 주셨으며 우리를 평화의 왕을 닮은 자와 재생자로 만드시며 '평강의 하나님'의 자녀들로 만드십니다.

12장

기독교인과 박해

"의를 위하여 박해를 받은 자는 복이 있나니 천국이 그들의 것임이라" 마 5:10

이제 팔복의 마지막 복인 "의를 위하여 박해를 받은 사람들은 복이 있다"는 마태 5장 10절 말씀을 다루고자 합니다. 마태복음 5장 11절과 12절은 이 복에 대한 일종의 정교화인데 이 복의 진리와 메시지를 특히 제자들에게 적용한 것이라는 점에 대체로 성경학자들의 의견이 일치되고 있습니다. 예수님께서는 10절에서 기독교인이 가져야할 특징 묘사를 끝내며 마지막 진술을 제자들에게 다음과 같이 적용하고 계십니다.

첫째로, 이 복은 기독교인에 대한 적극적 성격 묘사가 아니라는 점에서는 다른 복들과 다릅니다. 하지만 궁극적으로는 다른 것이 아니라 이것 역시 기독교인에 대한 설명이요, 서술입니다. 기독교인은 일정한 그 어떤 형태로 처신하기 때문에 박해를 받습니다. 그러므로 이 복을 표현하는 최상의 방법은 다른 모든 복들은 직접적인 형태로 서술된 반면, 이 복의 서술은 간접적이라는 데 있습니다. 주님은 "이것은 너희가 기독교인이기 때문에 일어나는 것이다."라고 말씀하십니다.

이 특별한 복이 화평하게 하는 자들에 대한 언급에 뒤이어 즉시 나온다는 사실은 흥미롭습니다. 기독교인이 박해를 받는 것은 어떤 의미에서 그가 화평하게 하는 자이기 때문입니다. 이 사실은 기독교인의 삶의 성격과 특징에 대하여 얼마나 큰 이해와 통찰을 주는 것이겠습니까! 여러분은 이 두 가지 복 "화평하게 하는 사람들은 복이 있다"와 "의를 위하여 박해를 받은 사람들은 복이 있다"는 성경적 죄론이 세상에 대하여 이보다 더 완벽하고 정확한 진술을 성경 어디서도 찾아 볼 수 없을 것입니다. 기독교인이 화평자라면 박해는 따르기 마련입니다.

예비적으로 알아두어야 할 또 한 가지 흥미 있는 점은 이 복에 대한 약속이 첫째 복에서 하신 약속 "천국이 그들의 것이다"와 같다는 점입니다. 이것은 이 복이 마지막 복이라는 사실을 다시 증언하는 셈입니다. 천국으로 시작하여 천국으로 끝납니다.

다른 복들에 대하여 내리신 여러 가지 복들이 천국에 있는 사람들의 것이 아니라거나, 그들이 복을 받지 못한다는 말은 물론 아닙니다. 하지만 주님이 이 특정 약속으로 시작하여 이 약속으로 끝내신 이유는 천국 백성 되는 것이 중요하다는 점을 청중들에게 강조하기 위함입니다.

지금까지 살펴본 대로 유대인들은 천국에 대하여 잘못된 개념을 갖고 있었습니다. 주님은 "그러나 나는 이런 유형의 천국에 대해 말하고 있지 않다. 내 나라가 어떤 것인지를 아는 것이 중요하다. 그리고 너희는 어떻게 그 나라 백성이 되는가를 알아야 한다."라고 말씀하신 셈입니다. 그래서 주님은 천국으로 시작하여 천국으로 끝내셨습니다. 우리가 받고 있고 더욱 크게 충만히 받게 될 이 모든 복들보다도 더 큰 복은 우리가 천국의 시민이 되며 영의 나라에 소속하고 있다는 사실입니다.

여기서 우리는 다시 직면할 수 있는 최대의 탐사성(探査性) 있는 시금석 중 하나에 마주칩니다. 아무도 이 복을 다른 사람들에게나 관계되는 일종의 부록이라 생각하지 맙시다. 이 복이 간접서술이긴 해도 앞의 다른 복들처럼 그 나름대로 적극적 서술이며, 모든 복 중에서도 가장 탐사성 있는 것의 하나입니다. "의를 위하여 박해를 받은 사람은 복이 있다." 이 얼마나 놀랍고 경이롭고 예기치 못한 진술입니까? 하지만 이 복도 마음이 깨끗한 것만큼, 화평자인 것만큼, 긍휼한 것만큼 기독교인의 성격 묘사의 일부임을 기억합시다. 이것도 기독교인 특징의 하나임을 상기합시다. 팔복은 모두 탐사성이 있습니다. 하지만 이것은 다른 어느 복보다 탐사성이 큰 면들을 지니고 있습니다. 사실 이 복처럼 오해를 받고 잘못 적용된 복은 없습니다. 그러므로 우리는 신중하고 세심하게 접근해야 합니다.

본문은 신약성경의 모든 가르침 중에서 매우 중요하며 본질적인 것이며 절대 불가결한 부분입니다. 여러분은 이것이 복음서와 서신들을 일관하고 있음을 발견하실 것입니다. 우리는 이것이 성경 전체에서도 매우 독특한 메시지의 하나이며, 이와 함께 그 나름의 불가피한 뜻을 함축하고 있다고 말할 수 있겠습니다. 그러므로 가장 크게 강조해야 할 요점은 "의를 위하여"란 어구라는 점을 지적하는 바입니다.

본문은 단순히 "박해를 받은 사람들은 복이 있다"가 아니라 "의를 위하여 박해를 받은 사람이" 복이 있다고 말씀하고 있습니다. 여기서 본문이 현대 모든 나라의 기독교인에게 얼마나 적중하는 진술인가를 지적하는데 시간을 많이 보낼 필요가 없습니다. 어떤 사람들은 기독교의 처음 몇 세기 이후에 있었던 박해보다 오늘의 박해가 더 심하다고 말하려고 합니다. 이런 진술을 바르게 평가할 좋은 실례가 있다고 생각합니다.

장구한 교회사의 여러 시대에 있어 가혹한 박해의 기간들이 있었습니다. 하지만 그것은 대체로 다소 지역적인 것들이었습니다. 그러나 오늘의 박해는 세계 전역에 퍼져 있습니다. 바로 이 순간에도 세계 여러 나라에서 가혹하게 박해를 받고 있는 기독교인들이 많습니다. 본문이 여러분과 저의 삶에서 가장 중요한 말씀이 될 가능성이 있다고 말할 정도로 이에 대한 강한 실례가 있을지도 모릅니다. 사도 베드로가 기록하고 말씀한바 불과 같은 시험에 교회가 직면하고 있을지도 모른다고 지적한 곳이 매우 많습니다. 물론 베드로는 주로 자기 당대에 다가오고 있던 박해를 생각하고 말씀했습니다. 하지만 우리가 이 나라에서 안전하고 편안한 가운데서 불과 같은 시험과 풀무와 같은 고난과 박해를 당할 가능성도 있습니다. 그러므로 우리가 본 절을 이해하고 있고 그 의미를 정확히 알고 있는지 다시 한 번 확인해보아야 합니다.

본문은 "반대하기 때문에 박해를 받은 사람들은 복이 있다."라 말하지 않습니다. 본문은 "까다롭기 때문에 어려움을 겪는 사람은 복이 있다."라고 말하지도 않습니다. 본문은 "지혜가 매우 부족하고 어리석으며 그들이 복음의 증거라 생각하는 것에 지혜롭지 못하기 때문에 기독교인으로서 박해를 받는 사람들은 복이 있다."라고 말씀하지도 않습니다. 전적으로 그들의 어리석음 때문에, 그들 자신의 그 무엇이나 그들의 행위 때문에 가벼운 박해를 받은 기독교인들이 허다하게 있습니다. 하지만 주님의 이 약속은 그런 사람들에게는 적용되지 않습니다. 그의 조건은 '의를 위하여'입니다. 이 점을 매우 분명히 해야 합니다.

우리는 끝없는 고난을 자초할 수 있고, 전혀 불필요한 어려움을 초래할 수 있습니다. 그것은 우리가 어떤 어리석고 잘못된 증거 관념을 갖고 있거나 자기 의의 정신에서 고난을 자초하여 뒤집어쓰기 때문입니다. 우리는 이런 일들에 매우 어리석을 때가 많습니다. 우리는 편견과 원칙의 차이를 올바로 분별하는 일에 더디며, 우리의 어떤 특별한 성격과 기질 때문에 불쾌감을 주는 것과 의롭기 때문에 불쾌감을 주는 것과의 차이를 분별하지 못하는 수가 있습니다. 그러므로 부정명제를 하나 더 제시하겠습니다.

본문은 "광신적이기 때문에 박해를 받은 사람들은 복이 있다."라고 하지 않습니다. 본문은 "지나치게 열심 있기 때문에 박해를 받은 사람들은 복이 있다."라고도 말씀하지 않습니다. 기독교인의 삶에 닥쳐오는 시험은 너무나도 많습니다. 어떤 사람들은 심지어 예배를 드릴 때에 이상한 어조로 '아멘' 소리를 하거나 아멘을 자주 연발해야 한다고 생각하나 봅니다. 이것을 영성의 증거라고 생각하여 다른 사람들을 불편하게 하며 말썽을 빚는 일이 있습니다. 이것은 거짓된 예배관입니다. 열광주의 정신이 사람들을 극심한 곤경 속에 빠뜨리는 경우가 허다했습니다. 저는 어떤 가난한 사람을 기억하고 있는데 그는 열심 때문에 고난을 자초했을 뿐 아니라, 아내에게까지도 고난을 가져다주었습니다. 그는 지나치게 열심을 내었고 전도하는 데 열심이 지나쳤기 때문에 주님께서 주신 명령을 바로 대하지 않았습니다. 우리들도 불필요한 고난을 자초하지 않도록 조심하여야 합니다.

우리는 "뱀같이 지혜롭고 비둘기같이 순결해야" 합니다. 우리 중 누구도 이 점을 기억하지 못해서 고난을 받는 일이 없도록 합시다. 다시 말하면 엉뚱한 일을 저질렀거나 어떤 점에서 잘못되었기 때문에 '박해를 받은 사람들은 복이 있다'가 아닙니다. 베드로가 지혜롭게 "여러분 중에 아무도 살인자나 도둑이나 악을 행하는 자나 남의 일을 간섭하는 자가 되어 고난을 당하는 일이 없도록 하시오"(벧전 4:15)라고 한 것을 기억하실 것입니다. 살인자나 도둑이나 악을 행하는 자를 남의 일을 간섭하는 자와 같은 범주 속에 취급한 것을 주목해야 합니다.

이번에는 다른 범주에서 부정명제 하나를 제시해보겠습니다. 본문이 "어떤 대의명분을 위하여 박해를 받은 사람들은 복이 있다."란 뜻이 아닌 것은 확실합니다. 이 명제는 약간 성격이 미묘하므로 조심해야 하겠습니다. 의를 위하여 박해를 받는 것과 어떤 대의명분을 위하여 박해를 받는 것과는 차이가 있습니다. 이 두 가지가 하나로 되어 많은 순교자와 신앙고백자들이 의를 위함과 동시에 어떤 주장을 위하여 고난을 받은 일이 많습니다. 하지만 이 두 가지가 항상 같은 것은 결코 아닙니다. 이 점을 염두에 두어야 하는 것은 매우 중요한 일입니다. 그동안 기독교를 위하여 고난을 당하고 투옥을 당하거나 강제 수용소에 수감된 사람들이 있고, 그들 중에는 매우 유명한 사람들도 있습니다. 하지만 그들 모두 의를 위하여 박해를 당하고 있는 것이 아닙니다. 우리는 이 점을 매우 분명히 해야 합니다. 우리들 속에 순교정신을 발전시키려는 이 위험은 항상 있습니다. 순교를 열망하는 사람들이 있습니다. 그들은 순교를 당하고 싶어 애를 씁니다. 그러나 이것은 주님이 말씀하시는 뜻과 다릅니다.

우리는 이것이 종교적이면서 정치적인 이유로 인한 박해를 의미하는 것이 아님을 인식해야 합니다. 나치 독일시기에 기독교신앙을 지키며 이 신앙을 공공연히 설교하고도 박해받지 않고 아무 일도 없었던 기독교인들이 있었음은 명백한 사실입니다. 하지만 감방과 강제수용소에 투옥되었던 사람들도 있습니다. 우리는 어째서 그들에게 이런 일이 발생했는가를 알아야 합니다. 여러분이 이것을 분별해보신다면 이것이 대체로 정치적인 이유 때문이라는 것을 발견하실 것입니다.

제가 히틀러주의를 변호하는 것은 전혀 아닙니다. 하지만 이 점을 구별하는 일이 매우 중요함을 모든 기독교인에게 상기시키고 싶습니다. 만일 여러분과 제가 기독교와 정치를 혼합한다면 우리가 박해를 받는다고 해서 놀라선 안 됩니다. 하지만 이 박해가 반드시 의를 위한 박해는 아니라는 점을 말씀드립니다. 이것은 서로 성질이 매우 다른 별개의 것이므로 이 둘을 구별하지 않는다면 가장 큰 위험 중 하나가 될 것입니다.

이 시점에서 이것이 중국과 유럽 대륙의 기독교인들에게는 모든 문제 중에서도 가장 예리한 문제로 대두되고 있습니다. 그들은 의를 위하고 있습니까? 아니면 어떤 대의명분을 위하고 있습니까? 그들은 결국 정치관과 여러 가지 견해를 견지하고 있습니다.

그들은 어느 특정 국가의 시민들입니다. 저는 정치원칙을 옹호해서는 안 된다고 말하는 것이 아니라, 이 복에 접속되어 있는 약속은 이것에 적용되지 않는다는 점을 여러분에게 상기시키고 있을 뿐입니다.

만일 여러분이 정치적으로 고난을 당하는 편을 택한다면 그 일을 계속 하십시오. 하지만 그 후에 이 복, 이 약속이 여러분의 삶에서 실현되지 않는다고 해서 하나님께 원한을 품어서는 안 됩니다. 이 복과 약속은 의를 위해서 고난을 당하는 사람만을 말씀하고 있습니다. 원컨대 하나님께서 정치적 편견과 영적 원칙을 분별할 수 있는 은혜와 지혜와 이해를 주시기를 기도합니다.

현재 이 문제에 대해 많은 혼란이 있는 것 같습니다. 오늘 기독교적인 것처럼 보이고, 또 기독교적인 것이라고 자처하는 탄핵과 고발장들이 세계적으로 성행하고 있지만 이것이 제게는 정치적 편견의 표시 이외 아무것도 아닌 것처럼 보입니다. 저는 우리가 이렇게 심각하고 유감스런 성경에 대한 오해에서 벗어나기를 소원합니다. 이런 오해는 쓸데없고 불필요한 박해를 유발하기 쉽습니다.

오늘의 또 한 가지 큰 위험은 교회밖에 있는 사람들이 이 순수 기독교 신앙을 어떤 정치적이며 사회적 견해의 관점에서 생각한다는 것입니다. 하지만 이 두 가지는 절대 별개의 것이므로 아무 상관이 없습니다. 이것을 실례를 들어 설명해보겠습니다. 기독교 신앙은 반(反)공산주의가 아닙니다. 우리 가운데 어느 누구도 로마 가톨릭교회나 어느 당파들로 하여금 우리를 미혹하고 잘못 인도하게 허용할 정도로 어리석고 무지하지는 않을 것으로 생각합니다. 기독교인으로서 우리는 다른 사람들에 대해서와 똑같이 공산주의자들의 영혼과 그들의 구원에 관심을 가져야 합니다. 기독교가 반드시 반공산주의라는 인상을 주게 되면 그들이 문을 닫고 그들로 하여금 우리의 구원의 복음에 귀를 기울이지 않게 하는 셈입니다. 우리 기독교인들은 매우 조심해야 하며, 성경말씀을 액면 그대로 받아들여야 합니다.

마지막으로 부정명제를 또 살펴봅시다. 이 복은 "선하고 고상하고 자기희생적이기 때문에 박해를 받은 사람들은 복이 있다."라고 말씀하지 않습니다. 이것이 다시 중요한 문제가 되는 것은 물론입니다. 그런데 이것이 어떤 사람들에게는 구별이 잘 안 되는 모양입니다. 이 복은 "우리가 선하고 고상하다면 복이 있다."라고 말하지 않습니다. 선하기 때문에 박해를 받게 되지는 않을 것이기 때문입니다. 여러분이 고상하기 때문에 박해를 받는다면 이것 역시 의심스러운 것입니다. 세상은 대체로 선하고 고상한 사람들을 칭찬하고 찬양하는 법입니다. 의인들만이 박해를 당합니다. 세상에는 큰 희생을 감행하고 자신의 전 생애의 부귀를 포기한 사람들이 있고 때로는 목숨마저 희생한 사람들도 있습니다. 세상은 이 사람들을 위대한 영웅으로 생각하며 높이게 됩니다.

오늘날 단순히 이런 희생을 하였다고 해서 위대한 기독교인으로 높임을 받는 사람들도 있습니다. 하지만 참으로 기독교 신앙을 실천했는가, 아니면 그것이 기독교와 다른 어떤 것, 즉 하나의 일반적인 고상함이 아닌가 하는 의문을 제기합니다. 그러면 이 복은 무엇을 의미하는 것입니까? 이것을 다음과 같이 실례를 들어 살펴보겠습니다. 의롭다거나 의를 실천한다는 것은 사실은 주 예수 그리스도를 닮는 것을 의미합니다. 그러므로 그를 닮기 때문에 박해받은 사람들이 복이 있다는 뜻입니다. 그 뿐이 아닙니다. 그 분을 닮은 사람들은 박해를 항상 받습니다.

이것을 우선 성경에서 보여드리겠습니다. 우리 주님의 표현하신 말씀을 들어봅시다. "세상이 너희를 미워하거든 세상이 너희보다 먼저 나를 미워했다는 것을 알라. 너희가 세상에 속했다면 세상이 너희를 자기 사람이라고 하여 사랑했을 것이다. 그러나 너희가 세상에 속하지 않고 도리어 내가 너희를 세상에서 택하였으므로 세상이 너희를 미워하는 것이다. 내가 너희에게 종이 주인보다 높지 못하다고 한 말을 기억하라. 사람들이 나를 박해했으면 너희를 또한 박해할 것이요, 또 그들이 내 말을 지켰으면 너희 말을 또한 지킬 것이다."(요 15:18-20). 이 말씀에는 어떤 제한이나 수식이 없습니다. 이것은 절대적인 진술입니다.

바울의 표현에 귀를 기울여 봅시다. 바울은 디모데가 이 가르침을 이해하지 못하여 자기가 받는 박해로 불행해했으므로 그에게 편지하는 가운데 "참으로 그리스도 안에서 경건하게 살려고 하는 사람들은 모두 박해를 받을 것입니다."(딤후 3:12)라고 했습니다. 이것 역시 절대적인 진술입니다. 이 복이 팔복 중에서도 가장 탐사성(探査性)이 큰 복이라고 제가 서두에서 말씀드린 것도 이런 이유에서입니다. 여러분은 박해를 받고 있습니까? 주님의 가르침이 이렇습니다. 이 가르침이 성경에 일관되어 있는 것을 살펴봅니다. 예를 들면 아벨은 형에게 박해를 받았습니다. 모세도 극심한 박해를 받았습니다. 다윗도 사울에게 얼마나 박해를 받았습니까? 그리고 엘리야와 예레미야가 당했던 박해를 보십시오. 여러분은 다니엘의 이야기를 기억하십니까? 그가 어떻게 박해를 받았습니까? 이 사람들은 구약에서도 가장 뛰어나게 의로운 사람들입니다. 그들은 모두 다 성경의 가르침을 실증하고 있습니다. 그들이 박해받은 이유는 까다로웠거나 지나친 열심 때문이 아니라, 그들이 의로웠다는 단순한 이유 때문이었습니다. 우리는 신약성경에서도 이와 똑같은 것을 봅니다. 사도들과 그들이 견뎌야 했던 박해를 보십시오. 바울이 부드럽고 친절하고 의로웠음에도 불구하고 그보다 더 박해를 받은 사람이 또 있는지 모르겠습니다. 바울이 견뎌야 했던 고난의 기록을 읽어보십시오. 그가 "참으로 그리스도 안에서 경건하게 살려고 하는 사람들은 모두 박해를 받을 것입니다"라고 말씀한 것은 그리 놀라운 일이 아닙니다.

바울은 박해를 알았고 체험했습니다. 하지만 최고의 모범은 물론 우리 주님이십니다. 이 점에서 주님은 절대 완전하십니다. 주님은 "상한 갈대를 꺾지 아니하시며 꺼져가는 등불을 끄지 아니하신다"는 말씀을 들으실 만했습니다. 누구도 그처럼 부드럽고 친절한 분은 없었습니다. 하지만 그에게 어떤 일이 있었던가요? 세상이 그에게 어떤 일을 했는지 보십시오. 그리고 교회사의 긴 역사를 읽어보십시오. 그러면 이 진술이 끝없이 실증되고 있음을 아실 것입니다.

순교자들의 생애, 곧 존 후스나 언약교파 사람(Covenanter)이나 청교도들에 대한 기록을 보십시오. 그리고 좀 더 근대에 와서 18세기 부흥기의 지도자들이 당한 박해를 보십시오. 20세기에 와서 허드슨 테일러처럼 박해가 무엇인지를 아는 사람은 많지 않습니다. 그는 가끔 극심한 박해를 견뎌야 했습니다. 이상은 모두 이 진술의 실증인 것입니다.

의인이 누구의 박해를 받습니까? 성경을 보고 교회사를 보시면 박해가 세상에만 국한된 것이 아님을 아실 것입니다. 가장 격심한 박해의 일부는 교회 자체와 종교인들에 의하여 의인들에게 가해졌습니다. 박해가 명목상의 교인들에게서 올 때가 많았습니다. 주님을 보십시오. 그를 주로 박해한 자들이 누구였습니까? 바리새인들과 서기관들과 율법학자들이 아니었습니까!

최초의 기독교인들 역시 유대인들에게 잔인하게 박해 받았습니다. 그런 다음 교회사를 읽어 보고, 순수한 진리를 대하고 그대로 고요히 살아 보려 애쓰고 있던 중세 시대의 일부 사람들에 대한 로마 가톨릭의 박해를 살펴보십시오. 명목상의 종교인들로부터 얼마나 박해를 받았습니까! 이것은 청교도들의 경우에도 마찬가지였습니다.

박해가 외부에서가 아니라 내부에서 올 수 있다는 것은 성경의 가르침이요, 교회사로 실증되었습니다. 신약성경의 가르침과는 거리가 먼 기독교관을 가진 사람들이 많았고 따라서 그들은 진실하고 참되게 주 예수 그리스도를 따라 좁은 길을 걸으려고 애쓰고 있는 사람들을 박해하였습니다.

여러분은 여러분 자신의 체험에서도 이 사실을 찾아볼 수 있을 것입니다. 저는 개심자들로부터 바깥 세계 사람들에게 보다 표면적 기독교인들로부터 훨씬 많은 박해를 받았다고 말하는 것을 들었습니다.

바깥사람들은 그들이 변화되는 것을 보고 기뻐한 일이 많으며, 기독교에 대하여 알고 싶어 합니다. 그러나 형식적 기독교는 순수 신앙의 가장 큰 원수일 때가 많습니다. 한 가지 질문을 하겠습니다. 의인은 어째서 이렇게 박해를 받습니까? 그리고 특히 의인이 어째서 선인이나 고상한 사람들보다 박해를 받습니까? 그 대답은 매우 간단하다고 생각합니다. 선인과 고상한 사람들이 박해를 받는 일이 드문 이유는 그들은 가장 좋은 상태일 때의 우리와 같다고 모두가 느끼기 때문입니다. "나도 그것에 관심을 기울이기만 하면 할 수 있다."라고 생각합니다. 그들을 찬양하는 것은 결국 우리 자신을 칭찬하는 셈이 되기 때문입니다. 하지만 의인이 박해를 받는 이유는 의인들은 그들과 다르기 때문입니다. 바리새인과 서기관들이 우리 주님을 미워한 것도 바로 이 때문입니다.

주님이 박해받은 것은 그가 선했기 때문이 아니라 그들과 달랐기 때문입니다. 그에게는 무언가 그들을 정죄하는 것이 있었습니다. 그들은 모두 자기네 의가 매우 값싸고 야하게 보이는 것을 느꼈습니다. 그들은 이것이 싫었던 것입니다.

의인들은 아무것도 말하지 않을 수도 있습니다. 그들은 우리를 말로 정죄하지 않습니다. 하지만 그들의 사람됨 때문에 그들은 실로 우리를 정죄하는 셈이며, 우리로 비참함을 느끼게 하며, 우리는 그 앞에서 아무것도 아닌 존재가 되어버리고 맙니다. 그러므로 그 때문에 그들을 미워하며 그들에게서 결점을 찾아내려고 애를 씁니다.

사람들은 말하기를 "아시다시피 저는 기독교인 되는 것을 좋게 여깁니다. 하지만 그것은 너무해요. 너무 지나치단 말이요."라고 합니다. 다니엘의 박해도 이것으로 설명이 됩니다. 그가 박해를 당한 것은 그가 의로웠기 때문입니다. 다니엘은 자기 일을 자랑삼아 해보이지 않았습니다. 그는 이것을 조용하게 행하였습니다. 하지만 그들은 "이 사람이 그의 행동으로 우리를 정죄한다. 그를 잡아야 하겠다."라고 말했습니다. 이것이 항상 문젯거리가 됩니다. 이것이 우리 주님의 경우에서도 그렇습니다. 바리새인과 기타 사람들이 그를 미워한 까닭은 그 분의 철저하고 절대적인 성결과 의와 진리 때문입니다. 제가 앞서 말씀드렸지만 허드슨 테일러처럼 부드럽고, 정답고, 사랑스런 사람들이 표면상의 기독교인들의 손에 무섭게 가혹한 박해를 받은 것도 이 때문입니다.

이제 우리는 여기서 어떤 결론을 끌어낼 수 있습니다. 첫째로, 본문은 주 예수 그리스도의 인품과 관련하여 우리들 나름의 생각에 대하여 많은 것을 시사해줍니다. 만일 그 분에 대한 우리의 개념이 그가 불신자들에게 찬양과 갈채를 받을 수 있는 정도의 것이라면 우리는 그 분에 대하여 잘못 생각하고 있는 것이 분명합니다.

예수 그리스도가 동시대인들에게 끼친 영향은 많은 사람이 그에게 돌을 던졌다는 데서 나타납니다. 그들은 그분을 미워했고, 마침내는 그분 대신 살인자를 선택하고 그를 죽였습니다. 예수 그리스도가 항상 세상에 준 결과가 이러했습니다. 하지만 그분에 대하여 여러 가지 잘못된 관념들이 있습니다. 예수 그리스도를 찬양하노라고 말하는 세속인들이 있습니다. 하지만 이것은 그들이 그분을 본 일이 없기 때문입니다. 만일 그분을 보았다면 그분의 동시대인들처럼 그들도 그분을 미워했을 것입니다. 주님은 변하시지 않습니다. 그러므로 우리의 그리스도관이 자연인이 쉽게 찬양하거나 갈채할 수 없는 올바른 그리스도관인가 검토해 봐야 합니다.

이것은 두 번째 결론으로 이끌어 갑니다. 이 복은 우리의 기독교관을 시험하는 시금석이 됩니다. 기독교인은 그의 주님과 같으며, 주님께서 "모든 사람이 너희를 칭찬할 때 너희에게 화가 있다. 그들의 조상도 거짓 예언자들에게 그와 같이 행했다"(눅 6:26)라고 그에게 말씀하시는 것도 이 때문입니다. 하지만 우리는 기독교인이 멋지고 인기 있고 아무 사람도 성나게 하지 않고 따라서 그와 지내기가 매우 쉬운 그런 기독교인을 항상 완전한 기독교인이라고 말하지 않습니까? 그러나 이 복이 사실이라면 이런 사람은 사실상 참 기독교인이 아닙니다. 진짜 기독교인은 모든 사람에게 칭찬을 받는 사람이 아니기 때문입니다. 그들은 우리 주님을 칭찬하지 않았습니다. 그들은 주님을 닮은 사람을 결코 칭찬하지 않을 것입니다. "모든 사람이 너희를 칭찬할 때 너희는 화가 있다." 그들은 거짓 선지자들에게 이와 같이 했습니다. 그런데 그리스도에게는 이와 같이 하지 않았습니다. 그러므로 저는 다음과 같이 추론합니다. 이 추론은 불신자와 비중생인과 관련됩니다. 불신자들은 하나님을 논하긴 해도 사실은 하나님을 혐오합니다. 그리고 하나님의 아들이 땅 위에 왔을 때 그를 미워하여 죽였습니다. 이것이 그에 대한 오늘의 세상의 태도입니다. 이것은 마지막 추론을 가능하게 합니다. 곧 사람은 기독교인이 될 수 있기 전에 중생이 절대 필요하다는 것입니다. 기독교인이 되는 것은 궁극적으로 그리스도처럼 되는 것입니다. 전적으로 변화되지 않고는 그리스도처럼 될 수 없습니다.

우리는 그리스도와 의를 혐오하는 옛 성품을 제거해야 하며, 이런 것을 사랑하고 주님을 사랑할 새 성품이 필요합니다. 이렇게 해서 그와 같아지게 되기 때문입니다. 여러분이 그리스도를 모방하려 한다면 세상은 여러분을 칭찬할 것이요, 그리스도를 그대로 닮으려고 한다면 세상은 여러분을 혐오할 것입니다.

끝으로, 우리 모두 이런 질문을 자문해봅시다. "의를 위해 박해를 받는다는 것이 무엇인지 아는가?" 우리는 그 분을 닮기 위해서 빛이 되어야 합니다. 빛은 항상 어둠을 노출시킵니다. 그러므로 어둠은 항상 빛을 혐오합니다. 우리는 공격적 자세로서, 다른 사람에게 무례하고 화나게 해서는 안 됩니다. 어리석거나 지혜롭지 못해서는 안 됩니다. 기독교 신앙을 시위해서도 안 됩니다. 우리는 박해를 자초할 만한 일을 해서도 안 됩니다. 하지만 그리스도를 그대로 닮음으로써 박해는 불가피하게 따라옵니다. 그러나 이것은 영광스런 일입니다. 베드로와 야고보는 이것을 기뻐하라고 했습니다. 우리 주님은 "너희가 이와 같으면 복이 있다."고 하셨습니다.

여러분이 그리스도와 의를 위해 박해를 받는 것을 보는 것은 어떤 의미에서 여러분이 기독교인이며, 하늘나라 시민이라는 최종적 증거를 얻는 셈입니다. 바울은 빌립보서에서 "여러분은 그리스도를 믿는 특권뿐 아니라, 그리스도를 위하여 고난당하는 특권도 받았습니다"라고 했습니다. 최초의 기독교인들이 당국의 박해를 받은 것을 봅니다. 그들이 마침내 그분을 위하여 고난당하는 특권을 받은 것에 대해 하나님께 감사한 것을 봅니다. 원하건대 하나님께서 우리에게 성령을 통하여 큰 지혜와 분별력과 이것을 터득할 수 있는 지식과 이해를 주시기를 기도합니다. 이로써 우리가 고난을 받아야할 때 그 고난이 의를 위한 것이며, 이 영광스러운 복의 위로와 위안을 충만히 받을 수 있기를 기도합니다.

13장

환란 중에 기뻐하며

"나로 말미암아 너희를 욕하고 박해하고 거짓으로 너희를 거슬러 모든 악한 말을 할 때에는 너희에게 복이 있나니 기뻐하고 즐거워하라 하늘에서 너희의 상이 큼이라 너희 전에 있던 선지자들도 이같이 박해하였느니라." 마 5:11-12

본문 마태복음 5장 11절과 12절은 전장에서 다룬 10절의 복을 확대하여 우리 주님께서 그때에 말씀하신 제자들(그들을 통해서 모든 시대의 교회와 모든 교인들)의 특정 상태에 적용하고 있습니다. 이것은 그 의미에 무언가를 추가시킴으로써 기독교인에 관한 그 이상의 진리들을 나타내기 위한 것입니다.

지금까지 살펴본 팔복을 모두 한군데에 모으면 기독교인의 윤곽이 잡히게끔 되어 있습니다. 팔복이 종합적인 인물을 묘사하므로 팔복의 각 복은 기독교인의 성격의 일부를 보여준다고 할 수 있습니다. 기독교인을 한마디로 서술하기가 힘들다고 하겠지만 최선의 서술방법은 기독교인이 나타내는 여러 자질들을 함께 묘사하는 방법입니다.

주님이 본문에서 기독교인에 대해 말씀하신 것에는 세 가지 원칙이 분명하게 나타나 있습니다. 그 첫째 원칙은, "기독교인은 기독교인이 아닌 모든 사람과 다르다."는 것입니다. 주님께서 다른 그 무엇보다 강조하고 싶어 하신 것이 이 원칙입니다. 여러분은 주님이 "내가 세상에 평화를 주려고 온 줄 생각하지 말라. 평화가 아니라 검을 주려고 왔다"(마 10:34)고 말씀하신 것을 기억하실 것입니다. 다른 말로 하면 "나의 사역의 취지는 분열, 곧 아버지와 아들을 분열시키고 어머니와 딸을 분열시키기 위한 것이며, 사람의 원수가 자기 집안 식구일 수도 있다."
는 것입니다.

예수 그리스도의 복음은 기독교인과 비기독교인을 명명백백하게 구별하고 구
분합니다. 비기독교인이 어떤 방법으로 박해하는가는 중요하지 않지만 현실은
어떤 모양, 어떤 형태로든 박해를 한다는 것입니다. 비기독교인은 기독교인에
대하여 적대감을 품고 있습니다. 12장에서 살펴본 대로 마지막 복이 기독교인에
대하여 그처럼 미묘하고 커다란 시금석이 되는 이유도 이 때문입니다.

우리가 살펴본 대로 기독교인의 성격에는 그 무언가 다른 점이 있습니다. 우리
주님의 성격을 닮는 것이기 때문입니다. 이것이 항상 박해를 불러들이고 있습니
다. 이 세상에서 하나님의 아들처럼 박해를 받은 사람은 아무도 없었습니다. "종
이 주인보다 높지 못한 법입니다." 그러므로 기독교인은 같은 운명을 체험하게
됩니다. 이것이 여기서 매우 명백한 원칙으로 나타납니다. 비기독교인은 기독교
인을 헐뜯고 박해하고 갖은 거짓말로 악담을 합니다. 어째서입니까? 기독교인은
그들과 근본적으로 다르며 비기독교인은 이것을 알기 때문입니다. 기독교인은
다른 사람들과 본질적으로 다릅니다.

둘째 원칙은 "기독교인의 삶은 예수 그리스도와 그리스도에 대한 그의 충성과
모든 일을 그리스도를 위해 하려는 관심의 통제와 지배를 받는다."는 것입니다.
"나를 위하여 모욕을 당하고, 박해를 받고 터무니없는 말로 갖은 비난을 받으면
너희가 복이 있다."고 말씀합니다. 그러면 왜 박해를 받습니까? 그리스도를 위해
살고 있기 때문입니다. 그러므로 기독교인의 전 목적은 자기를 위해 사는 것이
아니요, 그리스도를 위해 사는 것입니다. 사람들은 기독교인이 아니면서도 서로
불쾌감을 주며 박해할 수 있으나 이것은 그리스도를 위한 박해가 아닙니다. 기
독교인의 박해의 특이한 점은 '그리스도를 위한' 것이라는 데 있습니다. 기독교
인의 삶은 항상 주 예수 그리스도의 통제와 지배를 받아야 하며, 그의 보시기에

좋은가라는 원칙의 지배를 받아야 합니다. 이것은 신약성경 어디서나 찾아 볼 수 있습니다.

기독교인은 새 사람으로서, 그리스도로부터 새 생명을 받고, 자기가 그리스도와 그의 완전한 사역에, 특히 십자가 위의 죽으심에 모든 것을 빚지고 있음을 알고, "나는 내 것이 아니라 값으로 사신바 되었다."라고 다짐합니다. 그러므로 기독교인은 나를 위해 죽으시고 값으로 사셨고, 다시 사신 분의 영광을 위하여 남은 여생을 살고 싶어 합니다.

또한 기독교인은 '몸과 혼과 영', 모든 것을 그리스도에게 바치고자 소원합니다. 주님은 이것을 가르치셨을 뿐 아니라 신약서신의 어느 곳에서나 강조되고 있습니다. '그리스도를 위하여'라는 이 말은 기독교인의 삶을 통제하는 동기가 됩니다. 이것은 우리를 다른 모든 것과 구별하고 기독교 신앙고백을 철저하게 시험하는 기준이 됩니다.

우리가 참된 기독교인이라면 우리가 실천면에서 아무리 실패하더라도 우리의 소원은 그리스도를 위하여, 그의 이름을 찬양하고 그에게 영광 돌리기 위해 사는 것이어야 하겠습니다.

기독교인의 세 번째 특징은, "기독교인의 삶은 앞으로 임할 하늘나라에 대한 생각의 통제를 받아야 한다."는 것입니다. "기뻐하고 즐거워하라. 너희가 하늘에서 받을 상이 크다. 너희 전에 있던 선지자들도 이와 같이 박해를 받았다." 이것은 다시 신약성경 가르침의 기초적이며 필수적인 요소의 일부가 됩니다. 이 점은 매우 중요한 교훈이며 신약성경 어디서나 찾아볼 수 있습니다.

히브리서 11장에 있는 구약성경에 나오는 훌륭한 믿음의 영웅들을 보십시오. 그들의 비결이 무엇이었습니까? "우리는 이 땅 위에 영원한 도시를 가진 것이 아니라 장차 올 도시를 찾고 있는 것입니다."라고 한 데 있습니다. 그들은 모두 "하나님께서 설계하시고 지으실 튼튼한 기초를 가진 도성을 찾고 있었던 사람들입니다." 이것이 그 비결입니다. 여기서 여러분은 기독교인과 비기독교인과의 명백한 차이점을 보게 됩니다.

비기독교인은 이 세상 너머의 세계를 생각하지 않으려고 합니다. 그래서 먹고 마시고 쾌락만 추구합니다. 생각을 억제하는 것, 특히 죽음과 내세의 생각을 회피하는 것은 비기독교인들에게 전형적인 것입니다. 비기독교인은 죽음이나 영원에 대해서 생각하기를 싫어합니다. 하지만 기독교인은 이런 일들을 매우 많이 생각하며, 그의 삶과 전망에 있어 큰 통제원칙과 요소가 되는 것입니다.

이 세 가지 원칙이 기독교인이 박해에 직면할 때의 관점에서 어떻게 예증되는가를 살펴봅시다. 기독교인이 박해에 어떻게 직면하는가를 보여 주심에 있어 주님은 이 세 가지 특징적인 진술을 말씀하셨습니다. 본문에 붙어 있는 조건은 어떤 의미에서든 우리가 자연인이기 때문에 받는 것이어서는 안 되며 우리가 그리스도 예수 안에서 새 사람이기 때문에 받는 그런 박해여야 한다는 것입니다.

기독교인의 박해는 폭력적인 것일 수도 있고, 체포되어 감방이나 집단수용소에 던져질 수도 있습니다. 총살의 형태로나 혹은 다른 어떤 형태의 살해로 나타날 수도 있습니다. 박해는 직장을 잃는 형태로, 조롱과 경멸과 조소로, 일종의 수군거림의 형태일 수도 있습니다.

고난당하는 방법은 끝없이 많습니다. 하지만 이것은 그렇게 중요한 것이 아닙니다. 사실상 중요한 것은 기독교인들이 이런 일들을 어떻게 대처하느냐 하는 데 있습니다. 우리 주님은 우리가 어떻게 대처해야 하는가를 여기서 말씀하십니다. 보복하기는 매우 쉽지만 기독교인들은 보복해서는 안 됩니다. 주님도 보복하시지 않았습니다. 그분을 따르는 우리는 그분을 닮아야 합니다. 그러므로 첫째로 할 일은 여러분의 행동, 곧 행동에 의한 대구를 억제해야 합니다. 하지만 우리 주님은 이것으로 만족하시지 않았습니다. 참된 기독교인의 삶은 억압 상태에서 사는 삶이 아니기 때문에 여러분은 이것을 넘어서야 합니다.

둘째로 여러분은 박해를 원망하지 않는 상태에까지 들어가야 합니다. 우리가 어떤 일에 대하여 불끈 화를 내거나 울화통을 터뜨리는 것을 우리 주님께서 원치 않으십니다. 하지만 우리가 아직도 이런 감정을 약하게 또는 격렬하게 느끼며, 이것으로 상처를 입고 지독하게 분개할 수도 있습니다. 그런데 주님은 우리가 이것을 초월해야 한다고 가르칩니다. 빌립보서 1장에서 사도 바울이 어떻게 했는지 알아봅시다. 바울은 매우 신경과민한 사람이었습니다. 그의 서신이 분명히 보여줍니다. 그의 감정은 고린도서와 갈라디아서에서 볼 수 있듯이 상처를 받았습니다. 그러나 그는 실로 이런 일들로 영향을 받지 않는 상태에 도달했습니다. 그는 자기의 자아까지도 비판하지 않는다고 말했습니다. 모든 비판을 하나님께 일임했습니다. 그러므로 우리에게 가해지는 그 어떤 것에 대해서 분개해서는 안 되며 보복해서도 안 됩니다.

셋째로 우리가 박해로 기가 꺾여서는 안 된다는 것입니다. 여러분이 처음 두 가지를 행한 후에 그일 때문에 낙심하고 불행함을 느끼게 될지 모릅니다. 그일 자체 때문만은 아닐지라도 어쨌든 여러분의 영혼이 억압감이나 압박감에 덮일지 모릅니다.

여러분이 어떤 특정인에 대하여 분개를 느낀다는 것이 아니라 여러분 자신에 대하여 "어째서 이래야 하는가? 왜 내가 이런 취급을 받고 있는가?"라고 자신에게 말하게 될 것입니다. 그러므로 여러분의 신앙생활이 억압과 우울감으로 억눌리고 여러분의 신앙생활을 제어할 수 없게 될 것입니다. 이것 역시 주님께서 원하시지 않는 일입니다. 주님은 "기뻐하고 즐거워하라"고 명쾌히 말씀하셨습니다.

우리는 팔복을 살펴보는 가운데 팔복이 신약성경의 다른 무엇보다 그들 스스로, 그들 자신의 노력으로 기독교인이 될 수 있다고 상상하는 사람들의 철저한 오류를 살펴보아왔습니다. 이것이 진정한 기독교인 됨을 의미합니다. 여러분이 박해를 받으며 다른 사람들에게서 터무니없는 말로 갖은 비난을 받을 때 여러분은 "기뻐하고 즐거워합니다." 하지만 자연인에게는 이것이 전혀 불가능합니다. 자연인은 자기의 보복정신을 억제할 수 없습니다. 그리고 분개함을 제거할 수는 더욱 없습니다. 그로서는 이런 형편에서 '기뻐하고 크게 즐거워하는 일'을 하지 못합니다. 하지만 우리 주님은 이런 일들에서 우리가 주님을 닮아야 한다고 말씀하십니다.

히브리서 저자는 이것을 한 마디로 표현했습니다. "그는 자기 앞에 놓여 있는 기쁨을 바라보고 부끄러움도 상관하지 않고 십자가를 참으셨습니다."(히 12:2). 우리가 지금까지 기독교인이 실제 생활에서 박해에 대처하는 방법을 살펴보았습니다.

이번에는 두 번째 질문을 던져봅니다. 기독교인은 어째서 이렇게 즐거워해야 하며 이 일은 어떻게 가능한가? 여기서 우리는 문제의 핵심에 도달합니다. 기독교인이 단순히 박해를 직면했다는 이유만으로 기뻐하지 말아야 할 것이 분명합니다. 여러분이 기독교인들의 전기를 읽어볼 때 어떤 사람들은 박해를 당한다는 단순한 이유로 즐거워한 듯합니다. 그런데 이것은 바로 바리새 정신이었으며, 우리가 그래서는 결코 안 될 것입니다. 박해 자체를, 그 자체로써 기뻐한다면, 만일 "아, 좋습니다. 저는 다른 사람들보다 훨씬 훌륭한 것이 즐겁고 기쁩니다. 그들이 우리를 박해하는 것도 이 때문입니다."라고 말한다면 우리는 바리새인이 되는 것입니다.

기독교인들은 박해를 항상 유감으로 생각해야 할 것입니다. 사람들이 죄 때문에, 사탄의 지배를 받기 때문에 그처럼 비인간적이며 마귀같이 행동하는 것은 기독교인에게 있어 큰 슬픔의 원인이 됩니다. 기독교인은 어떤 의미에서 박해하는 사람들의 죄의 결과를 보고 가슴이 터질듯해야 합니다. 그러므로 기독교인은 박해에 직면할 때 박해 자체를 기뻐하지 않습니다. 그러면 어째서 박해를 기뻐합니까? 우리 주님의 대답은 이러합니다. 기독교인이 주님을 위해 받고 있는 박해는 그가 누구이며 어떤 신분인가를 증명하는 것입니다. "기뻐하고 즐거워하라. 하늘에서 너희의 상이 큼이라. 너희 전에 있던 선지자들도 이와 같이 박해를 받았다." 그러므로 여러분이 그리스도를 위해 박해를 받고 욕을 당한다면 여러분은 하나님께 선택받은 사람들입니다. 기뻐할 것은 이것입니다. 이것이 우리 주님이 도든 것을 승리로 변화시키시는 한 방법입니다.

어떤 의미에서 주님은 마귀마저도 복의 원인으로 만드십니다. 마귀는 기독교인을 박해하며 불행하게 합니다. 그러나 이것을 깊게 보신다면 여러분은 즐거워해야 할 원인을 발견할 것이며, 사탄에게 "고맙다. 너는 내가 하나님의 자녀라는 증거를 제공하고 있다. 그렇지 않았다면 그리스도를 위하여 박해를 받지 말아야 했을 것이다."라고 말할 수 있습니다. 야고보는 그의 서신에서 이것이 여러분의 부르심과 자녀 됨의 증거요 여러분이 하나님의 자녀 됨을 확실히 알게 하는 것이라고 했습니다.

두 번째 논증을 통하여 이것을 증명해봅니다. 우리가 그리스도를 위하여 중상과 박해를 받는다면 우리 삶이 주님의 삶 같이 되었음이 틀림없습니다. 우리는 주님이 받은 대우를 받고 있는 셈입니다. 앞서 살펴본 대로 주님은 이 땅을 떠나시기 전에 이 일이 일어나리라고 예언하셨으며 이 가르침은 신약성경 어디에서나 찾아볼 수 있습니다. 예를 들면 사도 바울은 "여러분은 그리스도를 믿는 특권뿐 아니라 그리스도를 위하여 고난당하는 특권도 받았습니다."라고 했습니다. 그러므로 이런 박해를 받을 때 기독교인은 그가 하나님의 자녀가 된 사실의 두 번째 증거를 발견하는 셈입니다. 이것은 그가 누구이며 어떤 신분인가를 확정시켜준 것이며, 그는 이것을 기뻐해야 합니다.

기뻐하고 즐거워해야 할 두 번째는 박해가 장차 우리가 가게 될 처소가 어딘가를 증명해준다는 점입니다. "기뻐하고 즐거워하라." 어째서요? "하늘에서 너희의 상이 큼이라." 여기서 여러분은 성경에 일관되어 흐르고 있는 위대한 원칙 중 하나를 보십니다. 이 원칙은 우리의 최종적 결말에 대한 고찰입니다. 그리스도께서는 "이 일이 너희에게 일어난다면 사실상 그것은 너희가 천국에 가게끔 되어 있다는 사실의 각인이 되는 것이다."라고 말씀하신 셈입니다. 이것은 여러분에게 붙은 천국행 꼬리표요, 여러분의 궁극적 결말이 결정되었음을 의미하는 것입니다. 세상은 여러분을 이렇게 박해함으로써 여러분이 세상에 속해 있지 않음과 다른 영역에 속하여 있음을 말하며, 이로써 여러분이 천국에 가게 될 사실을 증명하는 것입니다. 그리스도께서는 우리로 하여금 항상 기뻐하고 즐거워하게 하는 것이 이것이라고 말씀하십니다.

이것은 기독교인의 생활과 신앙고백에 대한 또 하나의 큰 기초가 됩니다. 앞서 지적한 대로, 우리가 자신에게 물어야 할 질문은, 여러분은 기뻐하고 즐거워해야 할 원인이 우리를 기다리고 있는 보상 때문임을 믿으십니까? "기뻐하고 즐거워하라. 하늘에서 너희의 상이 큼이라." 이것을 이런 방법으로 살펴봅시다. 이 논증에 의하면, 내게 일어나는 모든 일에 대한 나의 전망은 이 세 가지의 지배를 받아야 한다는 것입니다. 즉 내가 누구이며, 내가 어디로 갈 것이며, 내가 거기에 이를 때에 나를 기다리고 있는 것이 무엇일까 하는 것입니다.

여러분은 이런 논증을 성경에서 많이 보실 것입니다. 사도 바울은 이렇게 표현했습니다. "그것은 지금 우리가 당하고 있는 일시적인 가벼운 환난과 비교할 수 없을 정도로 영원하고 큰 영광을 우리에게 가져오기 때문입니다. 우리가 바라보는 것은 보이는 것이 아니라 보이지 않는 것입니다."(고후 4:17, 18). 기독교인은 항상 이것을 바라볼 수 있어야 합니다.

하지만 이 점에서 몇 가지 반대되는 이론을 취급해보려고 합니다. 어떤 사람은 "이런 보상 개념이 기독교인들이 누릴 올바른 보상관인가?"라고 반문합니다. 이것은 특히 20세기 초기에 그랬습니다(요즘에는 자주 들어볼 수 없지만). 즉 "저는 보상을 구하고 처벌을 두려워하는 따위의 이런 개념을 좋아하지 않습니다. 저는 기독교인은 그 삶 자체를 위하여 살아야 한다고 생각합니다."라고 말하는 사람들이 있습니다. 이런 사람들은 천국이나 지옥에는 관심이 없으며 기독교의 삶에만 관심이 있다고 말합니다. 여러분은 한 손에는 물 한 동이, 다른 손에는 불이 붙고 있는 연탄불 한 동이를 들고 다니는 동방 어떤 나라의 여인의 이야기를 들은 적이 있을 것입니다. 어떤 사람이 그 여인에게 무엇을 하려고 하는가 물었더니 그 여인은 한 손으로는 지옥을 물바다로 만들고, 다른 한 손으로는 천국을 불태우려한다고 했습니다. 보상이나 처벌에는 관심이 없고 죽음 건너편에 대한 동기 없이 기독교인의 생활에서 순전히 기쁨만을 누린다는 이 관념은 많은 사람들에게 매혹적으로 보이는 것 같습니다.

이러한 부류의 사람들은 자신들이 특이한 기독교인이라고 생각합니다. 그러나 그들에 대한 주님의 대답은 그들의 자세가 아예 비성경적이며, 성경에서 빗나가는 모든 가르침은 그것이 아무리 멋지게 보여도 항상 잘못이라는 것입니다. 모든 것은 성경의 가르침으로 시험을 해봐야 합니다. 그 시금석이 본문에 들어 있습니다. "기뻐하고 즐거워하라. 하늘에서 너희의 상이 큼이라." 제가 이미 여러분에게 상기시켜드린 대로, 히브리서신의 저자는 그리스도께서 "자기 앞에 놓여 있는 기쁨을 바라보고" 십자가를 참으시고 부끄러움도 상관하시지 않으셨습니다. 주님께서 참으신 것은 그 너머에 있는 것을 그 무언가를 보셨기 때문입니다.

우리는 이것을 성경에서 볼 수 있습니다. 사도 바울은 고린도전서 3장에서 그의 삶, 특히 그의 사역을 지배한 것은 그날에 모든 사람의 일이 '불로' 시험받을 것이라는 사실이었다고 말씀합니다. 보상은 기독교인의 삶에서 매우 중요합니다. 바울은 다시 고린도후서 5장에서 "우리가 다 그리스도의 심판대 앞에 나타나 선한 일이든 악한 일이든 우리가 육신으로 행한 모든 행위에 대하여 그대로 보응을 받아야 할 것이기 때문입니다. 우리가 주를 두려워할 줄 알기 때문에 사람들을 권면합니다."(고후 5:10, 11)라고 했습니다. 그리고 디모데후서에서 자기의 생활을 돌이켜보는 대목에서 바울은 자기 앞에 놓여있는 면류관, 주님께서 자기 머리에 씌어 줄 면류관을 생각하고 있습니다(딤후 4:8). 이것이 성경의 가르침입니다. "하나님께 감사할지어다." 이런 일들은 우리를 격려하기 위해 기록되었습니다. 복음은 비인간적이며 어떤 특정인과만 관계가 있는 것이 아닙니다. 이 보상 개념이 성경에 있으니 우리는 이런 일들을 생각하고 묵상하게끔 되어 있습니다. 성경과 성경의 명백한 가르침 대신 어떤 이상주의 철학에 빠지지 않도록 주의해야 합니다.

두 번째 질문으로 "이 보상이 어떻게 가능한가? 모든 것은 은혜로 말미암으며 은혜로 구원받는다고 나는 생각한다. 어째서 보상을 말하는가?"라고 묻는 사람이 있을 수 있습니다. 성경은 이 보상자체도 은혜로 말미암는다고 말씀합니다. 그렇다고 우리가 구원을 공로로 얻는다거나, 받을 자격이 있다는 뜻도 아닙니다. 하나님께서는 우리를 자녀들처럼 대하신다는 뜻입니다.

아버지는 자녀들이 하기를 바라는 일들이 있으며, 그것이 그들의 의무임을 그들에게 말씀해줍니다. 아버지는 또 그들이 그 일들을 한다면 그들에게 보상을 주실 것이라고 말씀합니다. 보상은 은혜로 주시는 것이며 아버지의 사랑의 표현입니다. 이처럼 하나님은 무한하신 은혜로 '이런 일들에 계약을 맺어' 우리를 격려하며 사랑과 감사의 생각으로 가득 채워줍니다. 어느 누가 천국을 얻을 자격이 있다거나 공로로 얻을 것이라는 뜻이 아닙니다. 성경의 가르침은 하나님께서 자기 백성에게 보상하신다는 것입니다. 저는 더 나아가서 보상에는 차이가 있다고 말씀드립니다. 누가복음 12장 말씀에 매를 많이 맞은 종들과 덜 맞은 종들의 기록이 있습니다(47-48절). 하지만 이것은 결국 보상이 있다는 것을 분명히 가르칩니다. 아무도 손해 본다는 생각이나 부족감을 느끼지 않을 것이지만 보상에는 차이가 있습니다. 우리 모두 '보상'이 있다는 사실을 잊어버리지 맙시다. 기독교인은 항상 종말을 생각해야 할 사람입니다. 기독교인은 보이는 것들을 보지 않고 보이지 아니하는 것들을 바라봅니다. 이것이 히브리서 11장에 있는 사람들의 비결이었습니다.

모세는 어째서 바로의 딸의 자식으로 계속 머무르지 않았습니까? "일시적인 죄의 향락을 즐기는 것보다 하나님의 백성과 함께 학대받는 길을 택했기" 때문입니다. 모세는 종말을 바라보고 그 후의 보상을 미리 내다보았기 때문입니다. 모세는 이생의 생각에 머물지 않았습니다. 그는 죽음과 영원을 바라보았습니다. 그는 영속하는 것들을 보았고, 보이지 아니하는 분을 보았습니다.

바울은 골로새서에서 "여러분은 땅에 있는 것들을 생각하지 말고 위에 있는 것들을 생각하시오"(골 3:2)라고 했습니다. 이 말씀이 우리가 이 세상과 세상의 모든 것을 너무 많이 바라보는 성향에 대하여 정죄감을 느끼게 하지 않습니까? 우리는 이 모든 것이 헛되며 사라져 없어질 것임을 온전히 알고 있습니다. 그러나 죽음 저편의 일들을 얼마나 바라보고 있습니까? 주님은 "기뻐하고 즐거워하라 하늘에서 너희의 상이 큼이라"고 하십니다.

그렇다면 이 보상은 무엇입니까? 성경은 보상에 대해서 많이 말씀하지 않습니다. 그럴 만한 이유가 있습니다. 너무나도 영광스럽고 놀랍기 때문에 사람의 말로는 필연적으로 그 영광을 감소시키기 때문입니다. 여러분은 사람의 언어마저도 오염된 사실을 아십니까? '사랑'이란 말을 예로 들어봅시다. 이 말은 가치가 평가절하 되었으므로 우리는 잘못된 인상을 갖고 있습니다. '영광'이니 '찬란함'이니 '기쁨'이란 말도 마찬가지입니다. 이처럼 성경에 천국이 어떤 곳인지를 표현할 수 없다는 데에는 일리가 있습니다. 천국을 오해할 것이기 때문입니다. 하지만 성경은 이렇게 말씀합니다. 우리가 그분을 그 모습대로 볼 것이며, 그의 영광스런 존전에서 예배를 드릴 것이라는 것입니다.

우리의 이 몸도 변화되고 영화되어 아픔이나 질병이 없어질 것입니다. 슬픔이나 탄식이 없을 것이며, 모든 눈물이 씻길 것입니다. 만물이 영원한 영광이 될 것입니다. 전쟁과 전쟁의 소문도 이별이나 불행도, 사람을 불행하게 하는 일들이 한 순간도 없을 것입니다!

순수한 기쁨, 영광, 성결, 순결, 경이! 이런 것이 우리를 기다리고 있습니다. 우리가 이 순간에 살아 있는 것처럼 확실히 그리스도 안에서 여러분과 제가 맞이할 보상은 이것입니다. 이것을 생각하지 않으면서 시간을 보낸다면 얼마나 어리석습니까? 기독교인이라면 저 놀라운 영광과 순결과 행복과 기쁨으로 나아가게 되어 있습니다.

"기뻐하고 즐거워하라." 다른 사람들이 불친절하고 잔인하고 악의에 차있다면, 우리가 박해를 당해도 좋습니다. 우리는 스스로 이렇게 다짐합시다. "아, 불행한 사람들이여. 그들이 이 짓을 하는 것은 그분을 알지 못하기 때문이다. 그리고 나를 이해하지 못하기 때문이다. 그들은 결국 내가 그분에게 속해 있으며 그분과 함께 있을 것이며, 그분과 함께 기쁨을 나누게 될 것을 증명하고 있는 것이다. 그러므로 박해에 분을 내고 되받아치거나 그것으로 기가 꺾이기는커녕, 박해는 무엇이 나를 기다리고 있는지 더욱 더 인식시킬 따름이다."라고 말입니다.

기독교인은 말할 수 없는 기쁨, 그들을 기다리고 있는 영광으로 충만합니다. 이 모든 박해는 모두가 일시적이며 지나가는 것입니다. 이것이 그들에게 영향을 줄 수 없습니다. 그러므로 그들은 이것을 하나님께 감사해합니다.

바울이 표현한대로 "박해는 지금 우리가 당하고 있는 일시적인 가벼운 환난과 비교할 수 없을 정도로 영원하고 큰 영광을 우리에게 가져오기 때문에 오히려 그것에 대해 하나님에게 감사하지 않을 수 없습니다."(롬 8:18 참조). 여러분은 천국을 얼마나 자주 생각하며, 천국 생각을 하면서 얼마나 기뻐합니까? 이 생각이 여러분에게 이상한 감과 두려움과 천국을 피하려는 욕망을 줍니까? 만일 이런 감을 어느 정도로든 느낀다면 우리가 너무 낮은 차원에서 살고 있음을 자복해야 하지 않을까 생각합니다. 우리는 천국 생각으로 기뻐하고 즐거워해야 합니다.

참된 기독교인의 삶은 바울과 같이 되어 "내게 있어서는 사는 것이 그리스도요 죽는 것도 유익합니다"(빌 1:21)라고 말할 수 있어야 합니다. 어째서 입니까? '그리스도와 함께 있는 것', 그분을 보고 그와 같이 되는 것이 훨씬 더 낫기 때문입니다. 이런 일을 점점 더 많이 생각하면 할수록 더 많이 깨닫게 되며, 우리가 그리스도 안에 있다면 이것이 우리를 기다리고 있음을 항상 상기해야 합니다. 우리는 다른 무엇보다 이런 것을 더 소망해야 합니다. 그러므로 "기뻐하고 즐거워하라. 하늘에서 너희의 상이 큼이라."

14장

세상의 소금

"너희는 세상의 소금이니 소금이 만일 그 맛을 잃으면 무엇으로 짜게 하리요 후에는 아무 쓸 데 없어 다만 밖에 버려져 사람에게 밟힐 뿐이니라" 마 5:13

우리는 여기서 산상설교의 새로운 대목으로 들어갑니다. 주님은 마태복음 3절부터 12절까지에서 기독교인의 성격에 대하여 묘사하셨습니다. 이제 마태복음 5장 13절에서는 한 걸음 더 나아가 주님이 말씀하신 바를 적용하고 계십니다. 그러니까 지금까지 기독교인이 어떤 사람인가를 살펴보았으니, 이제는 기독교인이 그의 사람됨을 어떻게 나타내어야 하는가를 생각해보고자 합니다. 또는 이렇게 표현할 수도 있겠습니다. 우리가 어떤 사람인가를 인식하였으니 이제는 우리가 어떤 사람이 되어야 하는가를 계속해서 생각해보아야 하겠다는 것입니다.

기독교인은 고립해서 사는 사람이 아닙니다. 기독교인은 세상에 속해 있지는 않으나 세상 안에 있습니다. 기독교인은 세상과 관계를 가지고 있습니다. 여러분은 성경에서 이 두 가지 사실이 함께 존재하는 것을 보실 것입니다. 기독교인은 정신과 그 전망에 있어 내세적이어야 한다는 말을 듣지만 이것은 기독교인이 세상으로부터 이탈함을 의미하지 않습니다. 이것이 바로 기독교인의 생활은 필연적으로 사회에서 분리시켜 명상의 생활을 하며 사는 것이라고 가르친 수도원제도의 과오였습니다.

성경의 어느 곳에서나 이러한 수도원제도가 부정되고 있으며, 본문 보다 더 잘 표현하고 있는 곳도 없다 하겠습니다. 본문에서 우리 주님은 이미 말씀해 오신 것을 함축해서 도출해내고 계십니다. 베드로전서 2장에서 베드로가 이와 똑같은 뜻으로 말씀을 하셨습니다. "너희는 택하신 족속이요 왕 같은 제사장들이요 거룩한 나라요 그의 소유가 된 백성이니 이는 너희를 어두운 데서 불러내어 그의 기이한 빛에 들어가게 하신 이의 아름다운 덕을 선포하게 하려 하심이라"(벧전 2:9). 우리는 어떤 의미에서 세상의 소금이 되기 위해서 심령이 가난하며, 긍휼하며, 온유하며, 의를 따라 주리며 목마른 것입니다. 그러면 본문을 통하여 세상 속의 기독교인들이 무엇을 말하고 행해야 하는가를 고찰해보겠습니다. "너희는 세상의 소금이다." 이 말씀은 기독교인을 가리키는 말씀일 뿐만 아니라 우리가 사는 세상을 한마디로 암시하는 말씀이라 하겠습니다.

나는 성경의 진리가 이 시대처럼 명백하게 증명해주는 시대가 과거에는 없었다고 주장하는 것에 주저하지 않습니다. 오늘날에 한때 세상이 그토록 기대했던 철학이 완전히 부정되어 파기되었기 때문에 매우 비극적인 시대가 되었습니다. 소위 19세기 말엽의 사상가들과 철학자들과 지도자들의 예언을 읽어보는 일은 비극이라 하겠습니다. 그들의 안이하고 자신에 찬 낙관주의, 그들이 20세기 황금시대에 기대했던 여러 가지 일들을 주목하는 것은 얼마나 서글픈 일입니까? 그것은 모두가 생물학적 의미에서 뿐 아니라 철학적인 의미에서도 진화론에 기초하고 있었습니다. 그 중심 되는 관념은 인류의 삶이 진화하여 발전하며 향상되고 있다는 것이었습니다. 이것은 순전히 생물학적인 의미에서 한 말들이었습니다.

사람은 동물에서 진화하여 어느 정도의 발전단계에 이르렀다는 것입니다. 하지만 이 발전은 사람의 정신과 생각과 미래의 관점에서 더욱 강조되었습니다. 전쟁은 폐지되고 있었고, 질병은 치료되고 있었고, 고생은 개선되고 있었을 뿐 아니라 마침내는 근절될 것이라는 기대에 부풀어 있었습니다. 대다수 문제들이 해결될 것이었습니다. 사람들 생각에 대중은 교육을 통하여 음주와 음란과 같은 악을 중단할 것이며, 모든 국가가 이처럼 전쟁으로 치닫는 대신 생각을 하고 대화를 하도록 교육을 받으면 온 세계가 곧 낙원이 될 것이라는 말은 그 당시 상황을 풍자하는 말이 아닙니다. 그때 사람들은 이 사실을 확실히 믿었습니다. 사람들이 이제 마침내 철이 들기 시작했으니까 모든 문제는 법률과 국제회의를 통하여 해결될 것이라 믿었습니다. 하지만 오늘에 와서 이런 관념을 믿는 사람은 많지 않습니다. 여러분이 이런 가르침을 어떤 장소에서 가끔 발견하기는 하겠지만 이 문제는 더 이상 더 논의될 필요가 없을 정도로 하찮은 것이 되었습니다.

제가 처음으로 설교하기 시작했을 때 오래전 그리고 이런 유형의 일을 공중 앞에서 말하기 시작했을 때는 제가 괴짜요, 비관론자요, 어떤 구식 신학을 주장하는 사람으로 간주되는 일이 많았습니다. 왜냐하면 제1차 대전에도 불구하고 자유주의 낙관론이 크게 만연하고 있었기 때문입니다. 이제는 그렇지가 않습니다. 이제 와서는 모든 사상가들이 이런 관념의 오류를 인정하고, 새 책들이 속속 발간되어 19세기에 만연했던, 발전은 불가피하다는 관념을 폐기시키고 있습니다.

그런데 성경에서는 언제나 이렇게 가르쳐 왔습니다. "너희는 세상의 소금이다." 이 말씀은 무슨 뜻입니까? 이 말씀은 세상의 부패성을 암시함이 분명합니다. 세상은 타락해서 사악하고 부정합니다. 세상의 성향은 악하여 전쟁을 일삼습니다. 세상은 썩고 오염되기 쉬운 고기와 같습니다. 죄와 타락의 결과로 인해 이 세상에서의 삶은 대체로 썩어지는 상태에 들어가는 경향이 있습니다. 세상의 생활과 자연 속에 이 부패성향이 있음에도 불구하고 현재의 세상이 건전하다고 하는 말은 정말 놀라운 일입니다.

성경에는 이와 같은 실례가 무수히 많습니다. 이 사실이 첫 번째 책인 창세기에 나타나 있음을 볼 수 있습니다. 하나님께서 세상을 완전하게 창조하셨지만 죄가 세상에 들어왔기 때문에 악하고 오염적인 요소는 즉시 그 본색을 드러내기 시작했습니다. 창세기 6장을 읽어보십시오. 그러면 "나의 영이 영원히 사람과 함께 하지 아니하리니"(3절)란 말씀을 보게 됩니다. 불결과 오염이 너무 심하여 하나님께서 홍수를 일으키셔야 했습니다. 그 후에 새 출발이 있었습니다. 하지만 악한 원칙은 여전히 그 정체를 나타내었으며 거의 상상하기 힘든 죄악으로 더럽혀진 소돔과 고모라에 이르게 됩니다. 성경이 변함없이 보여주는 것이 이와 같습니다. 이렇게 끈덕진 부패성향은 언제나 그 정체를 드러내고 있습니다.

이 세상에서의 우리의 사고와 계획은 이 원칙의 지배를 받게 되어 있으며 미래에 대한 사고나 계획 역시 마찬가지입니다. 오늘의 대다수 사람들이 품고 있는 문제는 "우리의 앞에는 무엇이 있는가?"입니다. 분명히, 우리가 이 같은 성경의 이치를 우리 사고의 중심에 놓지 않고 시작한다면 우리의 예언이 잘못될 것은 필연적인 것입니다. 세상은 부정하고 사악하고 악랄합니다. 세상에 대한 어떤 낙관론도 철저하게 비성경적일 뿐 아니라 역사에 의해서도 거짓으로 증명되었습니다.

이제 한층 더 중요한 본문의 두 번째 국면으로 들어가겠습니다. 본문은 기독교인은 소금과 같아야 한다고 말씀합니다. 그렇습니다. "너희, 너희만이 소금이라"는 것입니다. 본문에서 너희가 강조되었으므로 '너희만'이란 뜻이 있습니다. 팔복을 고찰할 때 우리에게 떠오르는 것이 있습니다. 우리는 세상과 달라야 한다는 것입니다. 소금은 그것이 접하고 있는 매체와 본질적으로 다르며, 어떤 의미에서 그 매체와 다름으로써 소금의 모든 자질을 발휘하게 됩니다. 주님이 말씀하신대로 "소금이 만일 그 맛을 잃으면 무엇으로 짜게 하리요? 후에는 아무 쓸데 없어 밖에 버려져 사람에게 밟힐 뿐"입니다. 바로 이 소금의 특성인 짠맛의 어떤 차이점을 선언하고 있는 것입니다. 큰 매체 속의 적은 양의 소금이지만 분명한 차이 때문입니다. 우리가 만일 이 사실을 분명히 하지 않는다면 우리는 아직 기독교인의 삶이 무엇인지 정확히 생각하기 시작하지도 못한 셈입니다.

기독교인은 다른 사람들과 본질적으로 다릅니다. 소금이 함께 버물어진 고기와 다른 것처럼 기독교인은 다릅니다. 이 외적 차이를 거듭 강조할 필요가 있습니다. 기독교인은 달라야 할 뿐 아니라 이렇게 다른 것을 영광으로 알아야 합니다. 기독교인은 주 예수 그리스도께서 그가 사시던 세상과 명백히 다르셨던 것처럼 다른 사람들과 달라야 합니다. 기독교인은 분리되고 특이하고 눈에 띄는 사람입니다. 그의 속에는 그를 다른 사람과 구분하여 분명하고, 명백하게 알아볼 수 있는 것이 있어야 합니다. 각자 자신을 검토해보기 바랍니다.

그러면 여기서 기독교인의 기능을 좀 더 직접 고찰해보겠습니다. 이 일은 더 어렵고 자주 쟁점이 되고 있습니다. 주님께서 첫째로 강조하신 기독교인의 사회에 대한 주요기능 하나는 순전히 부정적인 것으로 보입니다. 그러면 소금의 기능은 무엇입니까? 소금은 건강에 유익하며 생명을 지켜주는 것이라고 말하는 사람들이 있습니다. 하지만 이것은 소금의 기능을 오해한 견해라고 생각됩니다. 소금의 기능은 건강에 유익을 주는 것이 아니라 부패를 방지하는 것입니다. 소금의 주요 기능은 매체를 보존하는 방부제 구실을 하는 것에 있습니다.

고기 한 조각을 예로 들어봅시다. 고기 표면에는 균들이 붙어 있습니다. 이 균들은 짐승이나 대기로부터 온 것이며 고기를 부패시킬 위험이 있습니다. 고기 속에 비벼 넣은 소금의 기능은 부패하기 쉬운 매체를 보존하는 일입니다. 이 기능이 기독교인으로서 우리의 결과가 되어야 합니다. 우리가 이 특이한 부패 과정을 예방하기로 작정된 세상 속의 매체로서 우리들 자신이 이런 방식으로 얼마나 자주 생각을 해보고 있는지 의아스럽게 생각됩니다.

소금의 이차적인 기능은 맛을 내는 것입니다. 이것 역시 소금의 또 하나의 기능이 분명합니다. 이러한 면을 고찰해보면 매우 흥미롭습니다. 그러므로 이 진술에 의하면 기독교 없이는 이 세상의 삶이 무미건조하다는 것입니다. 오늘의 세상이 이것을 증명하지 않습니까? 사람들은 삶이 무미건조하고 지겹다는 것을 발견하고 이러 저러한 쾌락을 향하여 동분서주하고 있습니다. 하지만 기독교인은 삶의 맛 곧 기독교신앙을 누리고 있기 때문에 이런 쾌락과 재미가 필요 없습니다. 우리의 생활에서 기독교를 떼어버린다면 우리 삶은 얼마나 무미건조해지겠습니까?

그렇습니다. 기독교인은 무엇보다도 소금으로 작용해야 합니다. 하지만 이것을 어떤 방법으로 해야 합니까? 제가 신약성경의 긍정적 가르침을 우선 여러분에게 제시하겠습니다. 그러기 위해서 먼저 한 비판론을 고찰해야 합니다. 여기에서 교회와 기독교인 개개인을 구별해야 하는데 이것은 매우 중요합니다. 기독교인은 세상의 일반적 상황, 곧 정치적 경제적 상황과 국제문제와 기타 유사한 문제들에 관한 교회의 선언을 수단으로 해서 소금으로 작용해야 한다는 사람들이 있습니다. 절대다수는 아니지만 많은 교회에서는 본문에 대하여 이와 같은 해석을 내리는 것이 틀림없습니다.

사람들이 공산주의를 탄핵하고 전쟁과 국제정세와 기타 문제들을 논합니다. 기독교인은 세상 형편에 이와 같은 논평을 가함으로써 일반적인 방법으로 세상에서 소금의 기능을 다해야 한다고 그들은 말합니다.

제가 보는 바에 의하면 이 견해는 성경을 매우 심각하게 오해한 견해입니다. "하지만 구약의 예언에서도 볼 수 있습니다."라고 그들은 말합니다. 하지만 이에 대한 대답은 이렇습니다. 구약시대의 교회는 이스라엘 국가였고, 그때에는 교회와 국가사이에 구별이 없었다는 것입니다. 그러므로 선지자들은 국가전체와 국가전체의 생활을 말해야 했습니다. 그러나 신약의 교회는 어느 국가나 민족들과 동일시 될 수 없습니다. 그 결과 여러분은 사도 바울이나 그 밖의 다른 사도가 로마제국 정부를 비평하는 것을 볼 수 없으며, 그들이 국제재판소에 이것은 하고 저것은 하지 말라는 등의 결의안을 발송한 일을 볼 수 없습니다.

이런 사실은 신약성경에 나타나 있는 교회에서는 찾아볼 수 없습니다. 그러므로 기독교인은 개인적인 의미에서 소금 구실을 해야 할 것이라고 주장합니다.

기독교인은 그의 생활과 성격과 기타 일반적 품행 때문에, 정체를 드러내는 악을 통제하며 이런 일은 어느 영역, 어느 상황에서나 일어나야 합니다. 기독교인은 이것을 가정에서, 그의 일터나 사무실에서, 또는 그가 가는 어느 곳에서든지 이렇게 할 수 있어야 합니다. 이것이 기독교인과 불신자의 차이가 중요시 되는 점입니다. 우리는 이 문제에 있어 한쪽 극단에서 다른 편 극단으로 치닫는 경향이 있기 때문입니다. 정치, 경제, 사회 상태에 개입하는 것은 교회의 임무가 아닙니다.

또한 "기독교인은 투표를 해서는 안 됩니다. 기독교인은 여러 가지 사회문제를 통제하는 일과는 상관이 없습니다."라고 말하는 사람들도 있습니다. 이 견해 역시 오류입니다. 물론 기독교인은 한 개인으로서, 국가의 시민으로서 이런 문제들에 관심을 가져야 합니다. '쉐후츠베리' 백작이나 그와 같은 위인들을 생각해 봅시다. 그들은 개개 기독교인인 동시에 시민으로서 근로법을 제정하는 일에 큰 수고를 했습니다. '윌리엄 윌버포스'가 노예제도를 폐지한 일과 관련해서 한 일들을 생각해 봅시다. 기독교인으로서 우리는 한 나라의 시민입니다. 그러므로 시민으로서 우리의 역할을 하고 이로써 간접적으로 수많은 경우에서 소금 구실을 해야 합니다. 하지만 이것은 교회가 하는 일과는 매우 다른 일입니다.

어떤 사람은 이렇게 묻습니다. "왜 이렇게 구별을 짓습니까?"라고 말입니다. 저는 이렇게 대답합니다. 교회의 기본임무는 복음을 전하고 설교하는 일입니다. 이와 같은 관점에서 생각해봅시다. 즉 만일 오늘의 교회가 시간의 대부분을 공산주의를 비난하는 일에 사용한다면 그 결과는 공산주의자들이 복음의 설교에 귀를 기울이지 않을 것이라는 것입니다. 만일 교회가 항상 사회의 어느 한쪽 편을 비판하는 것이라면 교회는 그 편에 대해서 전도의 문을 닫는 것이 됩니다. 이 문제에 대한 신약성경의 견해를 취하면 공산주의자도 다른 사람들과 똑같은 모양으로 구원받아야 할 영혼을 갖고 있음을 믿어야 합니다. 온갖 종류 온갖 상태와 계급의 사람들을 복음화 하는 것이 복음전도자로서 교회의 대표로서의 할 일입니다. 그러므로 교회가 이러한 정치, 사회, 경제 문제에 개입하기 시작하는 순간 교회는 하나님께서 맡겨주신 전도의 임무를 방해하고 해치는 셈이 됩니다. 교회가 "아무도 육체대로 알지 아니한다."라고 말할 수는 없는 것이며, 이렇게 한다면 죄를 짓는 것이 됩니다.

개개인은 한 시민으로서 자기의 역할을 해야 하며 원하는 대로 어느 정당에든 가입할 수 있습니다. 이것은 개인이 선택해야 할 문제입니다. 교회 자체로서는 이런 일들에 관심을 가지지 않습니다. 우리가 할 일은 복음을 전파하고 이 구원의 메시지를 만인에게 가져다주는 일입니다. 하나님께 감사할 것은 공산주의자들이 개심하여 구원받을 수 있다는 사실입니다. 교회는 죄와 그 죄의 정체가 드러나는 일에 관심을 가집니다. 죄는 공산주의에서처럼 자본주의자에게서도 가난뱅이에게서와 같이 부자에게서도 죄는 그 정체를 모든 계급, 모든 유형, 모든 집단에서 나타낼 수 있습니다.

이 원칙이 작용하는 또 한 방법은, 교회에서 큰 각성과 개혁이 있을 때마다 전체 사회가 그 수익을 거두었다는 사실에서 볼 수 있습니다. 위대한 모든 부흥운동의 기록을 읽어보면 알 수 있습니다. 예를 들어, '키더민스터'에서 '리처드 백스터' 휘하에서 일어난 부흥을 봅시다. 교인들이 부흥되었을 뿐 아니라 교회 밖의 수많은 사람들이 개심하여 교회에 들어 왔습니다. 더구나 그곳 사람들의 전체가 영향을 받았고 악과 죄와 비행이 통제를 받았습니다. 이 일은, 이런 비행을 질타하는 교회에 의해서나 정부로 하여금 어떤 법률을 통과시키려고 설득하는 교회에 의한 것이 아니라, 순전히 기독교 개개인의 영향력에 의한 것이었습니다. 그리고 이런 일은 어느 때에나 그러했습니다. 이것은 17세기와 18세기에도 같은 모양으로 나타났고 19세기 초인 1904-5년에 발생한 부흥에서도 그러했습니다. 기독교인은 기독교인이 됨으로써 거의 자동적으로 사회에 영향을 주게 되는 것입니다. 성경과 교회사에서 그 증거를 볼 수 있습니다. 구약성경에서 개혁과 부흥이 있을 때마다 그 이후에는 사회에까지 그 이익이 미쳤습니다. 프로테스탄트 종교개혁을 보십시오. 전체가 그 영향을 받은 것을 즉각 발견하실 것입니다. 이 것은 청교도개혁에 있어서도 그렇습니다.

저는 청교도들이 통과시킨 법률을 가리켜 말함이 아니고 그들의 일반적 양태를 말씀드리는 것입니다. 유능한 사학자들 대다수가 18세기말 프랑스에 있었던 것과 같은 혁명에서 나라를 구한 것은 부흥운동 이외 다른 아무것도 아니었다는 데 의견이 일치합니다. 이것은 기독교인들의 직접적 참여에 의한 것이 아니라 대다수 개인들이 기독교인이 되고 전보다 더 훌륭한 기독교인의 삶을 살고 보다 높은 전망을 지녔기 때문이었습니다. 정세 전체가 영향을 받았고, 19세기에 통과된 큰 법률들은 그 나라에 그토록 많은 개개 기독교인들이 있었다는 사실에 기인하는 것입니다.

끝으로, 현재의 사회상과 세계상은 이 원칙에 대한 완전한 증거가 아니겠습니까? 지난 50여 년 동안 교회가 그 이전 수백 년 전부를 합친 것보다 정치, 사회, 경제문제에 대하여 더 주의를 기울였다는 것은 사실일 것 같습니다. 우리는 기독교의 사회적응에 관한 이런 이야기를 많이 들었습니다.

교회 총회와 각 교파 총회가 정부에 보낸 선언문과 결의안들이 있었습니다. 하지만 그 결과는 무엇입니까? 아무도 이것을 논박할 사람은 없습니다. 그 결과는 우리가 50여 년 전보다 훨씬 더 음란한 사회에서 살고 있다는 것이며, 악과 불법과 무법이 판을 치고 있다는 것입니다. 이런 일들을 행할 때 성경의 방법을 따르지 아니하고 행할 수 없다는 것은 분명하지 않습니까? 우리가 여러 원칙을 적용함으로써 이 일들을 직접 해내려 애를 쓰더라도 그렇게 할 수 없음을 발견하게 됩니다.

주요 문젯거리는 기독교인들이 너무 적다는 것과 기독교인인 우리들이 충분히 소금 구실을 못한다는 데 있습니다. 그것이 공격적인 것을 의미하는 것은 아닙니다. 저는 참된 의미의 기독교인을 말하고 있습니다. 동시에 우리가 어떤 방에 들어갈 때 사람들이 즉각 그들의 말씨와 그들의 화제가 우리가 거기 있음으로 통제를 받지 않는다는 점을 인정해야 합니다. 우리는 통탄스럽게도 이 점에서 실패하고 있습니다. 약간의 참된 성도만이 그의 영향력을 발산하고 있는 실정입니다. 이 영향력은 그가 있는 어느 집단에서나 스며들어 있습니다. 문제는 소금이 수많은 경우에서 그 맛을 잃었다는 사실에 있습니다.

우리가 마땅히 그래야 하는 대도 '성도'가 되지 못함으로 우리의 동료들을 통제하고 있지 못한 형편입니다. 교회가 전쟁과 정치와 기타 주요문제들에 관하여 선언문들을 발표하긴 하지만 일반 시민들은 영향을 받지 않고 있습니다. 하지만 만일 여러분이 참 기독교인이고 그가 구원을 받아 성령으로 변화 받은 사람이라면 그는 그 주변에 있는 다른 뭇사람들에게 영향을 줍니다. 이것은 기독교인 개개인이 해야 할 일입니다. 이것은 일종의 세포 침투의 원칙입니다. 이것은 그저 소량의 소금만으로 큰 덩어리에 영향을 줄 수 있습니다. 소금의 본질 때문에 소금은 어쨌든 모든 것 속으로 스며들어갑니다. 이것은 이 시대에 우리에 대한 큰 소명이 됩니다.

우리의 삶을 살펴보시기 바랍니다. 또한 이 사회를 살펴봅시다. 썩은 것이 분명하지 않습니까? 각계각층에 스며있는 부패를 보십시오. 이 가공할 이혼율과 별거를 보시고 삶의 신성함에 대한 이 짓궂은 농담을 보시며, 음주와 도둑질의 증가를 보십시오. 이 모든 것이 여러분에게 문제가 있습니다. 사람들이 만드는 법으로는 이 문제들을 처리할 수 없음이 분명합니다. 신문기사들은 이 문제들에 손을 대는 것 같지 않습니다. 부패와 불결과 악취와 악과 비열을 통제할 개개 기독교인들이 증가하지 않고는 아무 일도 일어나지 못할 것입니다. 우리 각자가 소속한 사회에서 이 부패과정을 통제해야 합니다. 그제야 온 덩어리, 전체가 보존될 것입니다. "원컨대 하나님께서, 우리들 각자가 이 단순한 명제에 비추어 자신을 검토해볼 수 있는 은혜를 내리시옵소서." 오늘의 사회에 대한 소망은 개개 기독교인들의 수가 증가해야 한다는 데에 있습니다. 하나님의 교회가 이 일에 몰두하여, 그 분야 이외 문제들에 시간과 에너지를 낭비하지 않게 합시다. 개개 기독교인들로 하여금 이 소금의 본질이 그의 속에 있음과, 그가 기독교인임으로 인해서 사회에 대한 저지와 통제와 방부제가 되어 사회를 말할 수 없는 불결에서 보호하며, 사회가 암흑시대로 화하지 않도록 보존하게 됨을 분명히 하게 합시다.

감리교 부흥 이전의 런던에서의 삶은 그 당시와 그 이후에 기록된 책에서 볼 수 있듯 음주와 비행과 음란으로 인해 거의 상상도 할 수 없는 지경에 있었습니다. 우리가 그때로 다시 돌아가게 될 위험은 없겠습니까? 전 세대가 눈에 띠게 내달리고 있지 않습니까? 이것을 방지할 수 있는 사람은 여러분과 저와 우리 같은 기독교인들뿐입니다. 하나님께서 그렇게 할 수 있는 은혜를 우리에게 내려주시기를 기도합니다. 하나님께서 우리들 속에 은사를 불일 듯 일으키시어 우리도 하나님의 아들처럼 접촉하는 모든 사람에게 영향을 줄 수 있기를 기도합니다.

15장

세상의 빛

"너희는 세상의 빛이라 산 위에 있는 동네가 숨겨지지 못할 것이요" 마 5:14

본문은 우리 주님께서 직접 하신 말씀 중에서도 기독교인에 관한 가장 놀랍고 비상한 진술의 하나입니다. 여러분이 그 때의 상황을 살펴보고 우리 주님께서 이 말씀을 하신 대상이 어떤 사람들이었는지를 기억해보면 그들이 아주 특이한 존재들이었음을 아실 것입니다.

본문은 기독교인의 삶의 성격을 이해하는데 있어 매우 의미심장하며, 함축된 의미로 가득 차 있습니다. 우리 주님은 이 단순한 사람들을 보시면서 '너희는' 이라고 말씀하셨습니다. 세상의 관점에서 볼 때 전혀 하찮은 이 사람들에게 "너희는 세상의 빛이다."라고 하셨습니다. 이 말씀은 우리로 하여금 기독교인이 된다는 것이 얼마나 비범하고 영광스런 일인가를 다시 한 번 인식하게 하는 결과를 가져옵니다.

본문에 언급된 '너희'는 바로 우리 자신을 의미합니다. 이 같은 진술을 읽고 다른 기독교인들, 곧 초대 기독교인들이나 일반적 의미의 기독교인들로 생각할 위험이 있습니다. 하지만 우리가 참된 기독교인이라면 본문은 우리를 가리켜 하시는 말씀입니다. 이 같은 진술은 분명히 하나의 상세한 분석을 요구합니다. 하지만 이 일을 시도하기 전에 이것을 개관해보고, 이것으로부터 가장 분명한 의미를 도출해내고자 합니다.

첫째로, 이 말씀의 부정적인 의미를 살펴보겠습니다. 이 진술은 "너희는, 그리고 너희만이 세상의 빛이다."라는 뜻입니다. '너희는'이 강조되었으므로 따라서 여러분은 여기에 어떤 암시하는 뜻이 함축되어 있음을 즉각 보게 되는데 첫째는 세상이 암흑 상태에 있다는 것입니다. 이 진술은 항상 기독교의 복음이 선언해야 할 우선적 진술의 하나가 됩니다. 기독교인의 생활관과 기타 여러 견해와의 이 두드러진 대조를 이 같은 몇몇 절에서 보다 더 명백히 볼 수 있는 곳은 없습니다.

세상은 세상의 '계몽'에 대하여 끊임없이 담론을 합니다. 계몽이란 말은 세상이 애용하는 어구의 하나입니다. 이것은 특히 사람들이 지식에 대하여 새로운 관심을 가지기 시작하던 15, 16세기의 르네상스 이후에 더 그러하였습니다. 모든 사상가들은 이것을 역사상 하나의 위대한 전환점으로, 즉 문명사를 가르는 큰 분수령으로 간주하고 있습니다. 여러분이나 제가 아는 대로 현대문명이 이때에 시작되었다는 것에는 누구나 의견을 같이 합니다. 그때 일종의 지식과 학문의 부흥이 있었던 것은 사실입니다. 헬라의 고전들이 재발견되었고, 그들의 가르침과 지식이 순수 철학적인 의미에서, 하지만 그보다는 더 과학적인 의미에서 나타나기 시작하여 많은 사람의 전망과 생애를 지배하기 시작했습니다.

여러분이 아시는 대로 18세기에도 이와 비슷한 문예부흥이 있었는데, 이 부흥은 가히 '계몽'이란 말을 들을 만했습니다. 교회사와 기독교 신앙에 관심 있는 사람들은 이 운동을 계산에 넣어야 합니다. 이 운동은 이런 의미에서 성경의 권위에 대한 공격의 시작이었습니다. 권위 있는 하나님의 계시와 사람에 대한 하나님의 진리 선언의 자리를 철학과 인간의 사상으로 대신했기 때문입니다. 그런데 이것은 오늘에 이르기까지 계속되고 있습니다.

제가 강조하고 있는 점은 이 운동이 빛이란 말로 표현되었고 이런 유형의 운동에 관심 있는 사람들은 이것을 '계몽'으로 말했다는 점입니다. 그들은 말하기를 지식은 빛을 가져온다고 했습니다. 여러 면에서 이것은 물론 사실입니다. 이것을 문제 삼는 것은 어리석은 일입니다. 자연의 과정이나 신체의 질병, 기타 많은 분야에서 지식의 증가는 참으로 놀랄만합니다. 이 새로운 지식은 온 우주의 작용에 대하여 큰 광명을 던져왔으며 삶의 여러 측면에서 전보다 큰 이해를 준 것이 사실입니다. 지식과 문화의 결과로 사람들이 흔히 '계몽' 운운하는 것도 이 때문입니다. 하지만 이런 모든 괄목할 만한 현상에도 불구하고, 성경의 진술은 여전히 "너희, 너희만이 세상의 빛이다."라고 한다는 사실입니다. 성경은 여전히, 이 세상은 큰 암흑 상태에 있음을 선언하고 있습니다. 그리고 여러분이 여러 가지 일들을 신중히 살펴보는 순간 성경본문은 명명백백한 진리라는 사실이 증명됩니다.

20세기의 비극은 사람들이 유독 지식의 일면에만 집중하고 있다는 사실입니다. 우리의 지식은 여러 사물과 기계류와 과학과 순전히 생물학적이며 기계적 의미의 지식이었다는 것입니다. 하지만 우리의 삶을 삶답게 만들어주는 삶의 참된 요인에 대한 지식은 조금도 증가하지 않았습니다. 오늘의 세계가 이 같은 곤경에 처해있는 이유도 여기에 있습니다. 지적한 바와 같이 위대한 새 지식의 증가에도 불구하고, 우리에게 가장 중요한 것 곧 지식으로 무엇을 해야 하는가를 발견하는 일에는 실패하였습니다. 이것이 이 시점의 원자력과 관련된 모든 문제의 본질이 되고 있습니다. 원자력을 발견한 것에 잘못은 없습니다. 비극은 우리가 발견한 이 힘을 어떻게 사용해야 하는가에 대해 충분한 지식을 갖고 있지 못하다는 것입니다.

이것이 문제입니다. 우리의 지식은 문자 그대로 기계적이요, 과학적이었습니다. 하지만 가장 기본적이며 근본적인 삶과 존재의 문제점에 이를 때에는 우리 주님의 진술은 여전히 사실이며, 세상이 무서운 암흑 상태에 있다는 것 또한 사실이 아닙니까? 이것을 개인의 삶과 행동과 품행의 영역에서 생각해보십시오. 여러 사상 부문에서 큰 지식을 소유하고는 있으나 개인의 삶에서는 비극적인 실패자들이 많습니다. 또한 대인관계 영역에서도 살펴봅시다. 사람들이 계몽과 지식과 이해를 자랑하는 바로 그 순간에도 대인관계에는 비극적인 와해와 붕괴가 있습니다. 이것은 사회의 도덕과 사회의 주된 문제의 하나가 되고 있습니다. 사람들이 제도와 조직을 얼마나 기하급수적으로 증가시켰는가를 보십시오. 우리는 과거의 사람들이 교훈 받아 본 일이 없는 것들로 교훈을 받아야 했습니다. 예를 들어 우리는 지금 결혼 안내 강습(Marriage Guidance classes)을 받아야 하게 되었습니다.

20세기까지는 사람들이 결혼상담 전문가의 도움 없이 결혼했으나, 지금은 매우 심각한 문제로 대두되었습니다. 이 사실은 우리가 어떻게 살아야 하는가, 악과 죄와 야비하고 무가치한 모든 일을 어떻게 피하는가, 어떻게 해야 바르고 곧고 순결하고 정숙하고 건전할 수 있을까 하는 문제들이 암담함을 알려주고 있습니다.

여러분이 저울대에 올라서서 집단과 집단 사이의 관계를 살펴보면 이와 똑같은 상태를 보시게 될 것입니다. 우리가 큰 산업경제 문제들을 갖고 있는 것도 이 때문입니다. 좀 더 높은 차원에서 국가와 국가 간의 관계를 보십시오. 지식이니, 계몽이니 운운하는 이 시대가 과거 어느 때보다 매우 중요한 기본 문제들에 있어 칠흑처럼 어두운 상태에 있음을 증명하고 있습니다. 우리 주님은 세상이 어두운 상태에 있다고 말씀하실 뿐만이 아닙니다. 주님은 기독교인 이외에는 아무도 도움이 되는 충고나 지식이나 교훈을 줄 수 없다고 하십니다. 이것은 기독교인으로서 우리의 자랑스런 주장이요 긍지가 되고 있습니다.

현대 세계 최대의 사상가와 철학자들마저도 이 시대에 와서 완전히 낭패를 당하고 있습니다. 이것을 증명하기 위해 그들의 저서에서 많은 증거를 쉽게 인용할 수 있습니다. 저술가들은 이 시대를 설명하고 이해할 수 없어 어찌할 바를 모르고 있습니다. 그 원인은 사람에게 필요한 모든 것은 더 많은 지식이라는 그들의 이론 때문입니다. 사람들에게 지식이 있었다면 그 지식을 어려운 문제에 적용하여 그것들을 해결했을 것이라고 그들은 믿었던 것입니다. 사람이 지식은 갖고 있으나 그것을 적용하지를 않습니다. 사상가들은 이 점에서 낭패를 당하고 있습니다. 그들은 사람의 진짜 문제를 이해하지 못하고 있습니다. 그들은 현재의 세계 상태에 누가, 무엇을 책임져야할 것인지 알지 못합니다. 그러므로 현재의 세계 상태를 어떻게 처리해야 할 것인지는 더욱 모르고 있습니다.

저는 수년 전에 이 문제를 다룬 이 나라 철학계의 저명한 교수가 쓴 어떤 책에 대한 평론을 읽은 일이 있습니다. 그는 그것을 이렇게 매우 의미심장하게 표현했습니다. "이 책은 분석에 있어서는 훌륭하나 분석 그 이상으로 나가지 못했다. 그러므로 도움이 되지 못한다. 분석은 누구나 할 수 있으나 답변을 요하는 중요한 문제는 문젯거리의 궁극적 원인이 무엇인가? 그것을 어떻게 다룰 수 있는가? 이다. '사람의 상태'라는 당당한 제목은 붙어있지만 내용은 없다."고 평했습니다. 그렇습니다. 여러분이 오늘의 가장 위대한 철학자들과 사상가들에게로 거듭 향할 수는 있어도 그들은 분석 이상의 것을 보여주지 못할 것입니다. 그들이 문제를 제시하고 여러 가지 요인을 보여 주는 점에서는 훌륭합니다. 하지만 그들에게 그 궁극적인 원인이 무엇인가 묻는다면, 그들은 유구무언이 됩니다. 그들에게는 할 말이 없는 것입니다.

기독교인들과 그들의 신앙이 제공하는 빛을 떠나서는 이 세상에는 빛이 전혀 없습니다. 이 말은 과장이 아닙니다. 우리 주님께서 이천여 년 전에 하신 말씀은 그 당대에 대한 단순하면서도 놀라운 진리였을 뿐 아니라 그 이후의 모든 시대에도 적중하는 진리라는 사실을 인정해야 합니다. 주님께서 이 말씀을 하시기 수세기 전에 플라톤, 소크라테스, 아리스토텔레스 같은 위인들의 가르침이 이미 있었다는 사실을 기억합시다. 우리 주님이 본 진술을 말씀하신 것은 그들의 사상이나 가르침 이후였습니다. 주님은 평범하고 보잘것없는 한 무리의 제자들을 보시고 "너희, 그리고 너희만이 세상의 빛이다."라고 말씀하셨습니다. 이것은 놀랍고 감동적인 진술입니다. 백여 년 전에가 아니라 오늘 제가 이 복음을 설교하게 됨을 하나님께 감사하는 데에는 여러 가지 이유가 있습니다. 만일 본문 말씀을 백여 년 전에 했다면 사람들이 미소 지었겠지만 오늘에는 그렇지 않습니다. 역사 자체가 오늘에는 복음의 진리를 점점 더 증명하고 있습니다. 세상의 어둠이 오늘처럼 더한 적은 없었습니다. 그런데 여기에 이 놀랍고 경탄스런 진술이 나오는 것입니다.

자, 이제는 긍정적인 면을 살펴봅시다. 본문은 '너희는' 이라고 되어 있습니다. 다른 말로 하면 기독교인이 철학은 조금도 모르더라도 기독교인이 아닌 최대의 위인이나 전문가보다 삶에 대하여 더 많이 알고 이해하고 있다는 주장입니다. 이것은 신약성경의 주요 주제의 하나입니다. 사도 바울은 고린도 사람들에게 보내는 편지에서 매우 밝히 드러냈습니다. "이 세상이 자기 지혜로 하나님을 알지 못하므로 하나님께서 전도의 미련한 것으로 믿는 자들을 구원하시기를 기뻐하셨도다."(고전 1:21)라고 했습니다. 하나님의 지혜는 인간이 보기에는 매우 어리석고 우스꽝스럽게 보일지 모릅니다. 그러나 그 의미는 매우 분명합니다. 이 말씀은 우리가 어떤 적극적인 일을 하도록 부르심 받은 사실을 보여줍니다. 이 말씀은 이 세상에서 기독교인의 기능과 관련해서 우리 주님이 말씀하신 두 번째 진술입니다.

주님이 팔복에서 기독교인에 대하여 포괄적으로 서술하시고 나서 첫 번째로 하신 말씀은 "너희는 세상의 소금이니"란 말씀이었고, 여기에 두 번째로 "너희는 그리고 너희만이 세상에 빛이니"였습니다. 하지만 이 말씀은 어떤 특수 기독교인이 아니라 평범한 기독교인에 대한 진술임을 항상 기억해야 합니다. 본문은 기독교인이란 말을 정당하게 주장하는 모든 사람에게 적용되는 것입니다. "너희는 세상의 빛이다."라고 말씀하신 주님은 "나는 세상의 빛이다."라고도 하셨다는 것입니다. 이 두 진술은 항상 합쳐져야 합니다. 기독교인이 '세상의 빛'인 까닭은

'세상의 빛'이신 그분과 관계가 있기 때문입니다. 우리 주님의 주장은 그가 빛을 가지고 오셨다는 것이었습니다. 그분의 약속은 "나를 따르는 사람은 어둠에 행하지 아니하고 생명의 빛을 얻으리라."는 것입니다. 여기서도 "너희는 세상의 빛이니"라고 하셨습니다. 이 말씀에서 오직 그분만이 생명의 빛을 우리에게 주신다는 결론이 나옵니다. 그러나 주님은 이것에 머무시지 않습니다. 동시에 우리도 빛으로 만드십니다. 여러분은 사도 바울이 에베소서 5장에서 "너희가 전에는 어둠이더니 이제는 주 안에서 빛이라"(8절)고 한 것을 기억하실 것입니다. 그러므로 우리는 빛을 받았을 뿐 아니라 빛으로 만들어졌습니다.

우리는 빛의 전달자가 되었습니다. 다른 말로 하면 신자와 주님의 신비한 연합에 대한 비상한 교훈입니다. 주님의 본성이 우리들 속에 들어오므로 이런 의미에서 우리는 주님과 같이 되었습니다. 이러한 양면을 항상 염두에 두어야 합니다. 우리는 복음을 받은 사람들로서 빛과 지식과 교훈을 받았습니다. 하지만 빛은 동시에 우리의 일부가 되었습니다. 빛은 우리의 생명이 되었습니다. 그 결과 우리는 빛의 반사체가 되는 것입니다. 그러므로 우리는 그분과의 친밀한 관계를 상기하게 됩니다. 기독교인은 하나님의 성품을 받고 그 성품에 참여자가 된 사람입니다.

기독교인 속에 있는 빛은 그리스도이신 빛이요 궁극적으로 하나님이신 빛입니다. "하나님은 빛이시라 그에게는 어둠이 조금도 없으시니라.", "나는 세상의 빛이다.", "너희는 세상의 빛이다." 이것을 이해하는 길은 요한복음 14장부터 16장까지에서 말씀하신 성령에 관한 우리 주님의 가르침을 파악하는 것입니다. 주님은 이렇게 말씀하신 셈입니다. "성령이 오시면 이런 결과가 될 것이다. 나의 아버지와 내가 함께 너희 속에 거처를 정하겠다. 우리는 너희 속에 있겠고, 너희는 우리 속에 있겠다." '빛의 아버지이신' 하나님은 우리 속에 있는 빛이십니다. 그분은 우리 안에 있고 우리는 그분 안에 있습니다. 이런 까닭에 기독교인에 대해,

"너희는 세상의 빛이니라."고 말할 수 있는 것입니다.

주님이 이미 팔복에서 서술하신 이것이 우리가 기독교인이 된 두 번째 큰 결과가 됨은 흥미롭습니다. 이 진술의 순서에도 유의해야 합니다. 주님이 우리에 대해 최초로 하신 말씀은 "너희는 세상의 소금이다."였습니다. 주님은 "너희는 세상의 빛이다."는 말씀을 소금에 대한 말씀 직후에 하셨습니다. 주님은 왜 이 순서를 반대로 말씀하시지 않았습니까? 이것은 매우 흥미롭고 중요한 점입니다.

기독교인이 이 세상에 최초로 끼치는 영향은 일반적인 영향이며 다소 소극적인 것입니다. 여기에 기독교인 된 사람이 있습니다. 그는 사회 속에, 그의 직장에, 일터에서 삽니다. 그리고 기독교인이기 때문에 그는 즉각 어떤 영향을 끼치기 마련입니다. 이것에 대해서는 앞서 살펴본 바 있습니다. 기독교인이 빛으로서의 이 특수, 특정 기능은 단지 기독교인이 된 후에만 소유하게 됩니다. 다시 말하면 성경은 기독교인의 '행동'을 말하기에 앞서 먼저 기독교인이 어떤 사람인가를 항상 강조한다는 것입니다.

기독교인으로서 나는 이 특수 영향력 곧 행함을 소유하기에 앞서 이 일반 영향력을 다른 사람들에 대하여 항상 갖고 있어야 합니다. 내가 어디에 있든 내게 있는 '다른 사람과 무언가 다른 것' 영향력을 가져야 하며 따라서 이것은 다른 사람들이 나를 보고 "저 사람에게는 무언가 다른 점이 있다."라고 말할 수 있게 해야 한다는 것입니다. 이런 까닭에 그들이 나의 행동과 품행을 주시할 때 그들은 나에게 질문을 하기 시작합니다. 내게서 '빛'의 요소가 발산해 나오는 것이기 때문입니다. 그래서 그들에게 말할 수 있고 가르칠 수 있습니다. 그런데 우리 기독교인들은 이 순서를 거꾸로 하는 경향이 너무 많습니다. 우리가 매우 계몽 받은 것처럼 말들을 하지만 세상의 소금으로 항상 살지는 않습니다. 우리가 이것을 좋아하든 아니하든 우리는 먼저 무엇보다 삶으로 말을 해야 합니다. 우리의 입술이 우리의 삶 이상으로 말을 많이 한다면 별 소용이 없는 일입니다. 그러므로 사람들이 복음을 말로는 전파하되, 그들의 삶과 행동으로 이 복음을 부정하는 것은 비극입니다. 세상은 이런 사람들에게는 주의를 기울이지 않습니다. 주님께서 일부러 채택하신 이 순서를 잊어서는 안 됩니다. '세상의 소금'은 '세상의 빛' 앞에 옵니다. 우리는 그 무언가를 '행하기'에 앞서 그 무언가가 '되는' 것입니다. 이 두 가지가 항상 함께 해야 하겠지만 그 순서와 연결은 주님이 설정하신 것처럼 되어야 합니다.

이것을 염두에 두고 실제적인 면에서 살펴봅시다. 기독교인은 '세상의 빛'이 된 것을 어떻게 보여줘야 하겠는가 하는 것입니다. 이 질문은 "빛의 기능과 영향은 무엇인가? 빛은 어떤 작용을 하는가?" 하는 질문으로 귀착됩니다. 빛이 하는 일은 첫째로 어둠과 어둠에 속한 것들을 노출시키는 일입니다. 캄캄한 방을 상상해보십시오. 그런 다음 갑자기 전등 빛이 커졌다 합시다. 또는 어두운 시골길을 달리는 자동차의 헤드라이트를 상상해봅시다. 성경의 표현대로 "빛이 비치면 모든 것들이 밝히 드러납니다." 빛이 나타나기까지 우리가 어둠을 알지 못한다는 말에는 일리가 있습니다. 이것이 근본적으로 중요한 점입니다.

마태는 이 세상 속으로 주님의 오심에 대해 말하면서 "흑암에 앉은 백성이 큰 빛을 보았고"(마 4:16)라고 했습니다. 그리스도의 오심과 복음의 도래는 이런 식으로 표현할 만큼 근본적인 것이었으며, 이 세상 속으로 그분의 오심의 첫째 결과는 그가 세상의 어둠을 노출시켰다는 것입니다. 어둠을 노출시키는 작업은 항상 있는 일이며, 선하고 성스러운 사람들로 말미암아 불가피하게 행하여집니다. 그러므로 우리는 다른 사람들과 무언가 다르다는 것을 보여줘야 합니다. 사도 바울의 말씀대로 빛은 '어둠에 숨은 일들'을 노출시킵니다. 그래서 바울은 '취하는 자들은 밤에 취하되'라고 했습니다. 온 세상은 '빛의 자녀들'과 '어둠의 자녀들'로 구분되어 있습니다. 세상의 많은 사람들의 삶은 일종의 어둠의 수의(壽衣)속에 숨겨진 삶입니다. 최악의 일들은 항상 어둠의 장막 속에서 일어납니다.

중생하지 못하고 죄의 상태에 있는 자연인마저도 눈부신 빛 속에서는 그런 일들을 부끄러워합니다. 왜 그렇습니까? 빛은 노출시키는 작용을 하기 때문입니다. "빛이 비치면 모든 것들이 밝히 드러나는 것입니다." 기독교인들은 이런 의미에서 '세상의 빛'입니다. 이것은 전혀 불가피한 일입니다. 기독교인은 이 일을 피할 수가 없습니다. 기독교인은 바로 기독교인이 됨으로써 다른 삶의 유형을 보여주게 됩니다. 이것은 다른 생활방식의 성격과 성질을 즉각 계시해줍니다. 그러므로 기독교인은 세상에서 빛으로 옷 입은 존재입니다. 그래서 사람들은 즉각 생각하고 놀라고, 부끄러움을 느끼게 됩니다.

기독교인이 성스러워지면 질수록 이런 일이 발생할 것입니다. 기독교인은 한마디 말할 필요가 없습니다. 기독교인이 된 까닭에 다른 사람들로 하여금 하고 있는 일을 부끄러워하게 하는 것입니다. 기독교인은 이렇게 빛의 기능을 해야 합니다. 기독교인은 하나의 표준을 제공합니다. 그러므로 기독교인은 다른 사람의 사고방식의 오류와 과오를 드러냅니다.

어느 부흥을 막론하고 모든 참된 부흥은 바로 이런 결과를 가져왔습니다. 어느 사회, 어느 지역에서나 기독교인은 그 사회 전체에 영향을 주는 경향이 있습니다. 다른 사람들이 그들의 원칙에 의견을 같이 하든 달리 하든 그들은 그들로 하여금 기독교인의 길이 결국에는 옳다는 것과 다른 길은 무가치하다는 사실을 느끼게 하는 것입니다. 세상은 '정직이 최선의 수단'임을 발견했습니다. 어떤 사람이 말한 대로 이것이야 말로 위선이 진리에게 바치는 일종의 공물이라 하겠습니다. 세상은 심중으로 진리가 결국 옳다는 것을 인정해야 합니다. 기독교인이 세상에서 빛으로서 가지는 영향력은 다른 이것들이 어둠에 속해 있음을 보여주기 위한 것입니다. 그들은 어둠 속에서 번영합니다. 그들은 어쨌든 빛에 대항할 수가 없습니다. 이것이 요한복음 3장에 명백히 진술되어 있습니다.

사도 요한은 "심판을 받았다는 것은 빛이 세상에 들어왔으되 사람들이 자기들의 행실이 악하기 때문에 빛보다 어둠을 더 좋아했다는 것을 뜻합니다."(19절)라고 했습니다. 주님은 그런 사람들은 빛이 있는 데로 오지 않는다고 계속 말씀했습니다. 이유인즉 그들이 온다면 자기네 행위 때문에 경책을 당할 것이며, 그들은 이것을 원하지 않기 때문이라고 하셨습니다.

바리새인과 서기관들이 주 예수 그리스도에게 대적한 궁극적 원인도 이것이었습니다. 어째서 그들은 그분을 그처럼 미워하고 박해했습니까? 그 이유를 적절히 설명하는 한 가지 방법은 그 분이 절대 순결하고 거룩했다는 데 있습니다. 그분이 처음에 그들에게 거스르는 말씀 한마디 하지 않고 끝까지 그들을 정죄하지 않았어도 그분의 순결은 그들로 하여금 자기들의 본 모습을 보도록 했고, 이것 때문에 그분을 미워했던 것입니다. 그들은 이처럼 그를 박해했고, 마침내 십자가에 못 박았습니다. '세상의 빛'이었기 때문입니다. 이 빛은 그들 속에 숨어있던 어둠을 계시하고 드러냈습니다. 여러분과 저도 이 세상에서 이렇게 되어야 합니다. 곧 기독교인의 삶을 삶으로써 이런 영향을 가져야 합니다.

한 단계 더 나가서 빛은 어둠의 숨은 일들을 계시할 뿐 아니라 어둠의 원인도 설명합니다. 빛은 어둠의 원인을 설명하는 일에서 매우 실제적이며 중요한 의미를 가집니다. 앞서 여러분에게 상기시킨 바와 같이 세계의 가장 훌륭하고 가장 위대한 사상가들은 이 세상의 악의 문제 때문에 크게 낭패를 당하고 있습니다. 수년 전에 인도주의자로 알려진 줄리안 헉슬리 박사(Dr. Julian Huxley)와 길버트 머리 교수(Professor Gilbert Murray)가 방송을 통하여 강의를 한 일이 있습니다. 두 사람은 그들의 강좌에서 오늘의 삶을 설명할 수 없노라고 솔직히 인정했습니다.

줄리안 헉슬리 박사는 삶의 어떤 목적이나 목표를 볼 수 없었다고 했습니다. 그에게 있어 만사는 우연 발생적이었습니다. 길버트 머리 교수 역시 세계 이차대전과 국제연맹의 실패의 원인을 설명할 수 없었습니다. 그는 지난 수세기 동안에는 쓸모가 있었으나 이제는 이미 실패한 '문화' 이외에는 제공할 만한 교정책을 갖고 있지 못했습니다.

우리 기독교인들이 상황을 설명해주는 빛을 갖고 있다는 것은 바로 이런 점에서 입니다. 개인적 차원에서 국제적 차원에 이르기까지 현대의 세계 문제의 단 하나의 원인은 인간이 하나님으로부터 이탈해나갔다는 사실 바로 그것입니다. 그 해답은 기독교인들만이 갖고 있는 빛이요, 기독교인들은 이 빛을 세상에 줄 수 있다는 것입니다.

사람은 하나님의 만드신 것이므로 하나님께 대하여 올바른 관계를 가지고 있지 못하는 한, 참되게 살 수 없습니다. 사람은 이렇게 되게끔 만들어졌습니다. 사람은 하나님께서 만드신 것입니다. 사람은 하나님을 위해 만들어졌습니다. 그리고 하나님은 사람의 본성과 존재 속에 일정한 규칙을 집어 넣으셨습니다. 사람은 이 규칙에 부합되지 아니하면 잘못 되게끔 되어 있습니다.

지금까지는 문제의 원인을 말씀드렸습니다. 오늘 세계의 어려움의 원인을 최종적으로 분석해보면 어느 것을 막론하고 죄와 이기주의와 자아중심으로 낙착됩니다. 모든 분쟁과 다툼과 오해와 모든 시기 질투와 악의는 다른 것이 아니라 이것으로 귀착됩니다. 그러므로 어떤 의미에서든 오늘의 우리는 '세상의 빛'입니다. 우리만이 오늘의 세계 상태의 원인을 적절히 설명할 수 있습니다. 오늘의 세계 상태의 원인은 타락으로 소급되어 올라갑니다. 모든 문제는 여기서 생기고 있습니다.

요한복음 3장 19절을 다시 인용합니다. "심판을 받았다는 것은 빛이 세상에 들어왔으되 사람들이 자기들의 행실이 악하기 때문에 빛보다 어둠을 더 좋아했다는 것을 뜻합니다." "심판을 받았다는 것은 다른 것이 아니라 이것입니다." 이것이 문제의 원인입니다. 그러면 무엇이 문제입니까? 빛이 주님을 통하여 세상에 들어왔다면 오늘의 시점에 잘못된 것은 무엇입니까? 방금 인용한 성구가 그 해답을 제공합니다.

18세기 중엽 계몽이 시작된 후 지난 200여 년간 집적(集積)된 온갖 지식에도 불구하고 타락한 인간은 여전히 본성으로 '빛보다 어둠을 더 사랑'하고 있습니다. 그 결과 인간은 옳은 것이 무엇인지 알지만 악한 것을 더 좋아하여 행하고 있다는 사실입니다.

사람은 나쁘다고 알고 있는 것을 행하기 전에 그에게 경고를 발하는 양심을 갖고 있습니다. 그런데도 사람은 악을 일삼습니다. 그것을 후회할는지는 몰라도 그것을 행하는 것입니다. 왜 그렇습니까? 사람은 악을 좋아하기 때문입니다.

사람에게 문제되는 것은 그의 머리에 있지 않고 그의 본성에, 곧 격정과 정욕에 있습니다. 사람을 지배하고 있는 요소는 이것입니다. 여러분이 사람을 교육하고 통솔하려고 애를 써도 사람의 본성이 사악하고 타락해 있고 정욕의 노예인 한 아무 소용이 없을 것입니다.

심판을 받았다는 것도 이 때문입니다. 기독교인 이외에 현대 세계를 향하여 경고할 만한 사람이 하나도 없습니다. 복음은 사람에게 항상 같은 것을 말해줍니다. "친애하는 브루투스여, 허물은 우리들의 운수에 있지 않고 우리들 자신 속에 있습니다. 우리가 하잘 것 없는 자들인 것입니다."라고 말입니다. "사람들은 빛보다 어둠을 더 사랑합니다." 이것이 문제입니다. 복음만이 이것을 선언하고 있습니다. 하나님께 감사할 것은 우리가 여기에 머물지 않는다는 것입니다. 빛은 어둠을 노출시킬 뿐만이 아니라 어둠에서 헤어나는 오직 하나뿐인 길을 우리에게 보여주고 제공합니다.

기독교인이 마땅히 뛰어들어 떠맡아야 할 임무는 이것입니다. 사람의 문제는 타락하고 사악하고 오염된 본성의 문제입니다. 우리는 지식도 교육도 시험해보았습니다. 정치법규도 시험해보았습니다. 국제회담도 시험해보았습니다. 이것들을 모두 시험해보았으나 아무 소용이 없었습니다. 그러면 소망은 없는 것입니까? 그 해답이 여기에 있습니다. 풍요롭고 영원한 소망이 있습니다. 여러분이 거듭나는 데 소망이 있습니다. 사람은 하나님께로 돌아갈 필요가 있습니다. 사람들에게 이 사실을 말해주는 것만으로는 충분하지 못합니다. 그 까닭은 그렇게 한다면 그를 더욱 큰 절망 상태에 빠트리게 되기 때문입니다. 아무리 애를 쓴다 해도 그는 하나님께로 가는 길을 발견하지 못할 것이기 때문입니다. 하지만 기독교인은 여기서 그에게 하나님께로 가는 길, 매우 단순한 이 길을 가르쳐주어야 합니다.

그 길은 나사렛 예수 그리스도라 하는 한 분, 인격(person)을 아는 일입니다. 그는 하나님의 아들이시요, '잃어버린 자를 찾아 구하려고', '하늘에서 땅으로' 오셨습니다. 그분은 어둠을 비추고, 어둠의 원인을 노출시키고, 어둠에서 벗어나 새 길을 만드시기 위해 오셨습니다. 그분은 우리를 이런 어려움에 휘몰아 넣는 이 무서운 죄책을 우리 대신 짊어지실 뿐 아니라 우리에게 새 삶과 새 성품을 주십니다. 그분은 이 문제의 해답이 되는 가르침과 새로운 이해를 주십니다. 그분은 우리의 죄를 용서해주셨습니다. 그분은 우리를 새 의욕과 새 포부와 새 전망과 방향설정을 새롭게 하는 새 사람으로 만드십니다.

하지만 무엇보다도 그분은 우리를 새 생명, 곧 어둠을 사랑하고 빛을 미워하는 대신 빛을 사랑하고 어둠을 미워하는 새 생명을 주십니다. 여러분과 저는 큰 암흑 상태의 사람들 가운데 살고 있습니다. 여러분과 우리가 믿고 가르치는 복음을 떠나서는 이 세상 어디서든 빛을 얻지 못할 것입니다. 그들은 우리를 주시하고 있습니다.

그들이 우리에게서 무언가 그들과 다른 것을 보고 있습니까? 우리가 그들에게 무언의 꾸지람이 되고 있습니까? 우리 삶이 "당신은 어째서 그렇게 항상 평화롭습니까? 당신이 그처럼 균형 잡히고 안정되어 있는 것은 왜 그렇습니까? 당신은 어떻게 해서 당신이 하고 있는 일들을 지속할 수 있습니까? 당신이 인위적인 도움과 쾌락에 의존하지 않는 것은 어째서 입니까? 당신이 지니고 있는 이것은 무엇입니까?"라고 물을 만큼 살고 있습니까?

이렇게 그들이 묻는다면 우리는 이 신기하고 놀라운 뉴스, 그러나 비극적으로 등한시 되고 있는 뉴스 곧 "그리스도 예수께서 죄인을 구하시려고 세상에 임하셨다. 사람에게 새 성품과 새 생명을 주시며, 그들을 하나님의 자녀로 만드시기 위해 세상에 오셨다."는 소식을 말해줄 수 있어야 합니다. 오늘 기독교인들만이 세상의 빛입니다. 빛의 자녀로서 살며 빛의 자녀로서의 할 일을 다 해야 할 것입니다.

16장

이같이 너희 빛을 비추어라

"13 너희는 세상의 소금이니 소금이 만일 그 맛을 잃으면 무엇으로 짜게 하리요 후에는 아무 쓸 데 없어 다만 밖에 버려져 사람에게 밟힐 뿐이니라 14 너희는 세상의 빛이라 산 위에 있는 동네가 숨겨지지 못할 것이요 15 사람이 등불을 켜서 말 아래에 두지 아니하고 등경 위에 두나니 이러므로 집 안 모든 사람에게 비치느니라 16 이같이 너희 빛이 사람 앞에 비치게 하여 그들로 너희 착한 행실을 보고 하늘에 계신 너희 아버지께 영광을 돌리게 하라" 마 5:13-16

앞에서(14장과 15장) 우리는 주님이 기독교인에 대해 말씀하신 두 개의 긍정적 진술인 기독교인은 '세상의 소금'이요, '세상의 빛'에 대하여 생각해 보았습니다. 그런데 주님은 긍정적인 진술로만 만족하시지 않으시고 이 문제가 너무 중요하므로 부정적인 명제를 통하여 이것을 다시 강조하셨습니다.

주님은 그 당시 말씀을 실제로 듣고 있던 사람들과 모든 시대 기독교인들이 다음의 사실을 명백히 볼 수 있기를 열망하셨는데 그것은 우리가 그 무언가가 될 수 있도록 그분이 우리를 만드신바 되었다는 것입니다. 이것이 성경에서 일관되게 흐르고 있는 큰 요지입니다.

이 점은 사도 베드로의 진술 "너희는 택하신 족속이요 왕 같은 제사장들이요 거룩한 나라요 그의 소유가 된 백성이니 이는 너희를 어두운 데서 불러내어 그의 기이한 빛에 들어가게 하신 이의 아름다운 덕을 선포하게 하려 하심이라"(벧전 2:9)에서 볼 수 있습니다. 어떤 의미에서 이것은 신약서신의 요지이기도 합니다.

이 사실은 본 산상설교를 미래의 어떤 시대나 세대(dispensation)에 살게 될 일부 기독교인들만을 위한 것으로 보는 사람들이 크게 어리석음을 다시 보여주고 있는 것입니다. 산상설교의 총서론에서 살펴본 바와 같이 사도들의 가르침은 우리가 여기서 보는 것을 정교화(精巧化)한 것입니다. 사도들의 서신은 이 문제를 푸는 많은 실례를 제시하고 있습니다.

사도 바울은 빌립보서 2장에서 기독교인들을 세상의 '빛들'로 서술하며, 이런 까닭에 그들로 하여금 생명의 말씀을 밝히라고(혹은 붙들라고) 권면하고 있습니다. 바울은 기독교인이 기독교인인 까닭에 사회에서 어떤 역할을 해야 하는가를 보여주기 위해 빛과 어둠의 대조법을 늘 사용하고 있습니다. 우리 주님은 이 점을 우리에게 각인시키시기 위해 매우 애쓰시는 것 같습니다. 우리는 세상의 소금이 되어야 합니다. 하지만 "소금이 만일 그 맛을 잃으면 무엇으로 짜게 하리요 후에는 아무 쓸 데 없어 다만 밖에 버려져 사람에게 밟힐 뿐이니라"(13절)는 말씀을 기억해야 합니다.

우리는 '세상의 빛'입니다. 그러나 "산 위에 있는 동네가 숨겨지지 못할 것이요 사람이 등불을 켜서 말 아래에 두지 아니하고 등경 위에 두나니 이러므로 집 안 모든 사람에게 비치느니라"(14-15절)는 말씀을 기억해야 합니다. 그런 다음 지금까지의 모든 것을 마지막으로 다시 요약한 말씀을 봅시다. "이같이 너희 빛이 사람 앞에 비치게 하여 그들로 너희 착한 행실을 보고 하늘에 계신 너희 아버지께 영광을 돌리게 하라"(16절).

주님이 이 점을 강조하신 사실을 감안하여 우리는 이것을 다시 살펴보아야 합니다. 우리가 세상의 소금으로, 또는 세상의 빛으로 행동해야 한다는 것을 기억하는 것만으로는 불충분합니다. 그 이유를 살펴보겠습니다. 먼저 살펴보아야 할 것은 우리가 기독교인으로서 왜 소금과 빛처럼 되어야 하는가? 우리가 왜 그렇게 되도록 소원해야 하는가? 입니다. 주님은 세 가지 요지로 말씀하십니다. 첫째 요지는 우리가 그렇게 되도록 되어 있다는 것입니다. 주님은 대조법을 사용하시어 이렇게 가르치고 있습니다. 곧 소금의 역할은 짜게 하는 것, 바로 그것입니다. 이것은 빛의 경우에서도 똑같습니다. 빛의 기능과 목적은 빛을 주는 일입니다. 우리는 여기서 시작해야 하며 이 일은 너무 자명하므로 설명이 필요 없을 것입니다. 하지만 이렇게 말하는 순간 이것은 우리 모두에게 부끄러운 현실로 다가옵니다. 우리는 소금과 빛의 이 본질적 기능들을 얼마나 잘 잊어버리고 있습니까?

주님의 표현대로 등불은 집 안에 있는 모든 사람에게 빛을 주기 위해 켭니다. 등에 불을 붙이는 것은 이 목적 외에 아무것도 없습니다. 불을 붙이는 목적은 그 빛이 그 특정 지역 안에 퍼지고 발산되기 위해서 입니다. 그러므로 이것이 첫째 진술이 되겠습니다. 이것이 주님께서 말씀하신 기독교인의 정의인 것입니다. 이 정의는 모든 기독교인에 있어 본질적인 것, 곧 '소금'과 '빛'인 것입니다.

두 번째 요지는, 이와 같이 행동하지 않을 경우 우리의 위치가 모순될 뿐 아니라 우스꽝스럽기까지 하다는 말씀인 것 같습니다. 우리는 '산 위에 있는 동네'처럼 되어야 합니다. "산 위에 있는 동네가 숨겨지지 못할 것입니다." 환언하면, 우리가 참된 기독교인이라면 숨겨질 수가 없습니다.

이것을 다르게 표현해보겠습니다. 우리와 다른 사람들과의 대조는 아주 자명하고 완벽할 정도로 명료합니다. 하지만 우리 주님은 이것을 한 단계 더 나아가 말씀하십니다. 주님은 결국 우리에게 불을 켜서 등경 위에 놓는 대신 말(bushel) 아래에 넣는 일을 상상해보라고 하십니다. 그런데 과거의 주석가들은 '말(bushel)'이란 뜻을 정의하는 데 많은 시간을 소비했고, 가끔 우스운 결과를 가져오기도 했습니다. 제게 중요한 것은 말이 빛을 덮는다는 것이며, 이렇게 하는 한 빛이 무엇인가는 별로 상관이 없을 것으로 생각된다는 점입니다. 주님은 이것이 우스꽝스럽고 모순되는 것이라고 말씀하십니다. 등에 불을 켜는 목적은 빛을 비치기 위함입니다.

어리석은 사람이 빛을 막을 것으로 덮어서 빛의 자질을 나타내지 못하게 하는 일은 매우 우스운 일이라 하겠습니다. 그렇습니다. 하지만 우리 주님은 지금 여기서 우리에 대해 말씀하고 계심을 기억해야 합니다. 주님께서 이 문제를 이렇게 다루시는 것도 이런 이유에서입니다. 주님은 "나는 너희를 빛과 같은 것으로, 숨겨질 수 없는, 산 위에 서 있는 동네처럼 만들었다. 너희는 이것을 일부러 숨기려고 하느냐? 이것은 완전히 우스꽝스럽고 어리석은 짓이다."라고 말씀하시는 것 같습니다. 하지만 여기서 이 논거의 마지막 단계를 봅시다.

주님의 말씀에 의하면 이것은 우리 자신을 철저할 정도로 무용지물이 되게 합니다. 이것은 매우 특이한 현상입니다. 주님께서 이 점을 나타내시기 위해 두 가지 대조를 사용하십니다. 짠 맛을 잃은 소금은 아무 소용이 없지만 그런데 이것이 다른 것에서는 그렇지 않습니다. 예를 들어 꽃을 봅시다. 꽃은 살아있을 때에 매우 아름답고 향기를 발산할 수 있습니다. 그렇다고 꽃이 죽었다 해서 무용지물이 되지는 않습니다. 꽃을 퇴비 무더기에 던져 비료로 사용할 수도 있습니다.

이런 사례가 다른 것들에도 많습니다. 그것들은 그 원래의 기능이 중단되어도 무용지물이 되지 않습니다. 다른 용도를 찾아내어 이용할 수가 있습니다. 하지만 소금에 특이한 일은 소금이 소금기를 잃는 순간 아주 무용지물이 된다는 것입니다. "후에는 아무 쓸 데 없어 다만 밖에 버려져 사람에게 밟힐 뿐이니라."(13절). 짠 맛을 잃은 소금은 퇴비 무더기에도 던질 수도 없습니다. 오히려 해가 되기 때문입니다. 맛 잃은 소금은 아무 역할이나 가치가 없습니다. 오직 한 가지 제거하는 방법뿐입니다. 소금이 일단 그 본질과 만들어진 목적을 잃으면 남는 것은 아무것도 없습니다. 빛에 있어서도 마찬가지입니다. 빛의 특성은 그것이 빛이라는 것과 빛을 준다는 점입니다. 이외에 다른 기능은 없습니다. 바꾸어 말하면 빛은 빛으로 행하지 못하는 순간 모든 가치를 잃습니다. 빛의 본질은 비친다는 자질 하나뿐이며 빛이 자질을 잃으면 아예 무용지물이 됩니다.

우리 주님의 논증에 의하면 이것은 기독교인에 해당되는 진리입니다. 제가 이해하는 대로 하면 이것은 이름뿐인 기독교인보다 철저하게 무용지물인 것이 이 우주 속에 또 없습니다. 사도 바울이 어떤 사람들에 대해서 "경건의 모양은 있으나 경건의 능력은 잃어버렸다"고 하였을 때 바로 이것을 가리켜 말씀했습니다. 그들은 기독교인 같으나 실제는 아닙니다. 그들이 기독교인으로 나타나고 싶어는 하면서도 기독교인의 역할은 하지 않습니다. 말 아래에 숨겨진 빛을 상상해 보면 이 말씀의 뜻을 쉽게 이해하실 것입니다. 이런 사람들은 세상에서 가장 비참한 사람들이라 생각합니다.

우리 주님은 그들이야말로 세상에서 가장 쓸모없는 사람들이라고 말씀하십니다. 소금도 빛도 아니요, 이것도 저것도 아닙니다. 말하자면 세상에서도 교회에서도 던져버림 받은 사람입니다. 그들은 자기네가 세상에 속해 있다고 생각하지 않으며 한편 기독교적 삶에 들어가지도 않습니다. 그들은 결국 소외된 인간들입니다. 우리는 본 절에서 그와 같은 상태에 들어가지 말라는 주님의 엄숙한 경고를 봅니다. 이 경고는 마태복음 25장의 비유들로 강화되었습니다. 거기서 그런 사람들이 길가에 버려진 소금처럼 최종적으로 쫓겨나는 것을 보게 됩니다. 그들은 마침내 문 밖으로 쫓겨나 사람들에게 밟히는 것을 보고 놀라게 될 것입니다. 이 사실은 역사적으로 증명되고 있습니다. 역사에 맛을 잃어버렸거나 참 빛을 주지 못하므로 문자 그대로 발에 밟힌 교회들이 있습니다.

북아프리카에는 한 때 강력한 교회가 있었습니다. 그 교회는 성 어거스틴을 포함하여 초기의 많은 거물들을 배출해 낸 번창하던 교회였습니다. 그러나 맛과 빛을 잃은 그 교회는 글자 그대로 발에 밟혀 사라져버렸습니다. 이처럼 명목상의 신앙고백을 하는 사람들은 궁극적으로 이런 운명을 당하게 될 것입니다. 요약해서 말씀드리면 참된 기독교인은 숨겨질 수가 없으며 세상의 주시를 피할 수 없습니다. 기독교인으로서의 삶과 역할을 다하는 사람은 눈에 띄기 마련입니다. 그는 소금과 같습니다. 그는 산 위에 선 동네와 같고 등경 위의 등불과 같습니다. 여기에 한마디 덧붙인다면 참된 기독교인은 자기의 빛을 숨기려 하지 않습니다. 그는 기독교인으로 자처하나 그 사실을 일부러 숨기려고 하는 것이 얼마나 우스꽝스러운가를 압니다.

기독교인 되는 것이 무엇이며, 하나님의 은혜가 그에게 어떤 것이며, 하나님께서 그를 위해 무엇을 해주셨는가를 참으로 알며, 궁극적으로 하나님이 이렇게 해주신 것은 그가 다른 사람에게 영향을 주기 위함이라는 것을 깨닫는 사람은 그것을 감출 수 없는 사람입니다. 그뿐이 아닙니다. 그가 그것을 감추려 하지 않는 까닭은 그가 "궁극적으로 이 모든 것의 목적과 목표는 내가 이렇게 작용할 수 있기 위함이다."라고 주장하기 때문입니다.

주님께서 이렇게 비교하시고 실례를 드신 이유는 다음과 같은 사실을 우리에게 보여주시기 위한 의도에서였습니다. 즉 기독교인이라는 사실을 숨기려는 우리의 희망은 우스꽝스럽고 또 모순된 것으로 간주되어야 할 뿐 아니라, 우리가 그것에 몰두하고 지속한다면 결국 최종적으로 내던짐을 받게 되리라는 것입니다.

저는 이것을 이렇게 표현해보겠습니다. 만일 우리들 속에서 등불을 말 아래에 두려는 경향을 발견하게 되면 우리 자신을 검토하여 그것이 사실 '빛'인가 분명히 해야 하겠다는 것입니다. 고유한 자질을 나타내고 싶어 하는 것은 소금과 빛에 있어서도 예외가 아닙니다. 그러므로 만일 이 점에 어떤 의혹이 있다면 우리 자신을 시험해보고 이 비논리적이며 모순된 상태의 원인을 다시 발견해보아야 하겠습니다. 그러므로 그것을 이렇게 간략한 형태로 표현해보겠습니다. 다른 사람의 비위를 맞추고 알랑거리거나 박해를 피하기 위해 기독교인인 사실을 덮어버리려는 경향을 내 속에서 발견하게 되면, 나는 등불을 켜서 말 아래에 덮어버리려는 사람을 생각해봐야 하겠다는 것입니다. 내가 그와 같은 생각을 하며 그것이 얼마나 우스꽝스런가를 보는 순간 나에게 그 '말(bushel)'을 제공하는 음흉한 손은 '마귀의 손'임을 알아야 하겠습니다.

이상으로 첫째 진술을 말씀드렸습니다. 이번에는 매우 실제적인 두 번째 진술로 넘어가 보겠습니다. 먼저 소금과 빛의 기능을 하고 있음을 우리는 어떻게 해서 확실히 할 수 있는가 입니다. 어떤 의미에서 이 두 진술(실례)은 모두 이 점을 표현합니다. 하지만 이 두 번째 진술은 더 단순합니다. 주님은 소금의 짠 자질을 다시 회복시키려는 사람의 어려움, 그 불가능성을 논하십니다. 주석가들은 다시 이것에 큰 관심을 가지며, 여행할 때 짠 맛을 잃었던 어떤 유형의 소금을 언젠가 발견한 적이 있다는 사람의 실례를 들고 있습니다.

우리가 교리 대신 용어의 관점에서 성경을 연구한다면 얼마나 어리석은 일이 겠습니까! 짠 맛이 없는 소금을 찾아보려고 동방에 갈 필요는 없습니다. 여기서 우리 주님의 유일하신 목적은 이 짓이 얼마나 어리석은 일인가를 보여주시는 데 있기 때문입니다.

두 번째 실례는 보다 더 명료합니다. 등잔에 필요한 것은 다만 두 가지뿐입니다. 즉 기름과 심지입니다. 이 둘은 항상 함께 붙어 다닙니다. 여러분은 어떤 학자들이 기름에 대해서만 말하고 또 어떤 사람들은 심지에 대해서만 말하고 있음을 아시게 될 것입니다. 하지만 기름과 심지가 없이는 빛을 얻을 수 없습니다. 이 두 가지는 절대 필요합니다. 그러므로 두 가지 모두에 주의를 기울여야 합니다. 열 처녀 비유는 우리가 이것을 기억하는데 도움이 됩니다. 기름은 절대 중요합니다. 기름 없이는 아무것도 할 수 없습니다.

이런 의미에서 팔복의 요점은 이 사실을 강조하는 것이라 하겠습니다. 우리는 하나님의 생명을 받아야 합니다. 기름 없이는 빛의 기능을 할 수 없습니다. 우리가 '세상의 빛'인 것은 '세상의 빛'이신 이가 우리 속에서, 우리를 통해서 일하시기 때문입니다. 그러므로 우리가 첫째로 해야 할 질문은 "내가 하나님의 생명을 받았는가? 그리스도께서 내 속에 거하심을 나는 알고 있는가?" 하는 것입니다. 바울은 그리스도께서 에베소 교인들의 마음속에 믿음으로 충만히 거하실 수 있도록, 그들이 하나님의 충만하심으로 충만하도록 에베소 교인들을 위해 기도했습니다.

성령의 사역에 관한 교리도 본질적으로 이것입니다. 성령의 사역은 방언이나 사람들이 그처럼 흥분하는 기타의 특정 은사들을 주시는 데 있지 않습니다. 성령의 목적은 생명과 성령의 은사들을 주시는 일인데, 이것이 '더 귀중한 은혜의 선물'(고린도전서 13장 31절)인 것입니다. 그러므로 첫 번째 권면은 우리가 이것을 늘 변함없이 구해야 하겠다는 것입니다. 이것은 물론 기도를 의미합니다. 그리고 기도는 이것을 받으려는 행동인 셈입니다.

우리는 주님의 이 은혜로운 초대를 주님께서 단번에 영원히 주신 것으로 생각하는 경향이 있습니다. 주님은 너희가 생명수를 원하면 "내게로 오라" "너희가 생명의 떡을 원하면 내게로 오라"고 말씀하십니다. 하지만 우리는 단번에 영원히 주님께로 왔으며, 그 후로는 이것을 한꺼번에 영원히 다 받아 소유하고 있는 것으로 생각하는 경향이 있습니다. 그렇지 않습니다. 이것은 우리가 늘 다시 되풀이해야 할 공급인 것입니다.

우리는 주님과 접촉해서 살아야 합니다. 우리가 소금과 빛으로 작용할 수 있게 되는 것은 주님으로부터 이 생명을 변함없이 받을 때뿐입니다. 하지만 이것은 쉼 없는 기도를 의미할 뿐 아니라 우리 주님께서 말씀하신바 '의에 주리고 목마른 것'을 의미합니다. 여러분은 이것이 계속해서 진행되고 있는 것으로 앞에서 해석한 일이 있음을 기억하실 것입니다. 우리는 채워집니다. 하지만 우리는 항상 더 원합니다. 우리는 결코 '영원히 단번에(Once and for all)'라고 말하지 않습니다. 우리는 주리고 목마르는 일을 계속합니다. 우리는 그분께서 주시는 이 생명의 공급과 그가 주셔야 할 모든 것이 영원히 필요함을 계속 인식합니다. 그래서 그분이 주시는 이 생명에 대해서 배울 수 있는 하나님의 말씀을 계속해서 읽습니다. 기름을 공급받는 일은 절대 중요합니다. 산 위에 서 있어 사람들에게 숨겨질 수 없는 동네와 같은 사람들의 전기를 읽어보십시오. 그들은 "나는 그리스도에게 영원히 단번에 왔다. 여기서 나는 이후 영원히 지속될 크고 최종적인 체험을 했다."라고 말하지 않은 사실을 발견할 것입니다. 그렇습니다. 그들은 기도와 성경연구와 묵상으로 몇 시간씩 보내야 할 필요가 절대 있음을 말해주고 있습니다. 그들은 기름 공급을 받는 일을 중단한 일이 없습니다.

두 번째 중요한 것은 심지입니다. 이것에도 주목해야 합니다. 등불을 밝게 유지하려면 기름만으로는 충분하지 못합니다. 여러분은 심지를 손질하는 일을 계속해야 합니다. 주님은 이것을 실례로 드셨습니다. 오늘을 사는 우리는 전기 외에 등불에 대해서는 잘 모르고 있습니다. 하지만 심지에 얼마나 주의를 기울여야 하는가를 기억하는 분도 있을 것입니다. 심지에 일단 연기가 나기 시작하면 심지는 불빛을 내지 않습니다. 그러므로 심지를 손질해야 합니다. 그런데 이 과정은 매우 예민해서 세심한 주의가 필요합니다.

실제적 의미에서 이것은 우리에게 어떤 의미를 가집니까? 이것은 우리가 항상 팔복을 상기해야 할 것을 의미합니다. 팔복을 매일 읽어야 합니다. 나는 심령이 가난하며, 긍휼하며, 온유하며, 화평하게 하며, 마음이 청결해야… 함을 날마다 상기해야 합니다. 내가 하나님의 은혜로 어떤 사람이 되었는가를 상기하는 일보다 심지를 더 잘 손질하고 더 잘 가다듬는 방법이 없다고 하겠습니다. 하루 일을 시작하기에 앞서 우리 모두가 아침마다 우리는 내가 하는 모든 일과 말하는 모든 것에서 나는 팔복에서 말하는 사람을 닮아야 한다고 골똘하게 생각하여야 하겠습니다. 하지만 우리는 팔복을 상기해야 할 뿐 아니라 팔복에 따라서 살아야 합니다. 무슨 뜻입니까? 우리가 팔복의 성격과 반대되는 것을 모두 피해야 하며 세상과는 전혀 다르게 되어야 할 것을 의미합니다.

그렇게도 많은 기독교인들이 세상과 다르게 되고 싶지 않다거나, 혹은 박해를 받고 싶지 않기 때문에 가능한 한 세상과 가깝게 사는 것은 비극입니다. 하지만 여기에는 용어상의 모순이 있습니다. 빛과 어둠 사이에는 중용과 중간지대라는 것이 없습니다. 이것이든가 저것이든가 둘 중의 하나입니다. 이 둘 사이에는 교통이 없습니다. 빛이든가 아니든가 둘 중의 하나입니다.

기독교인들은 세상에서 이와 같아야 합니다. 세상과 같기는커녕 할 수 있는 한 다르게 되는 것에 골똘해야 합니다. 좀 더 적극적으로 말하면 이것은 우리 삶에서 다른 점을 보여줘야 할 것을 의미하며, 최소한 우리가 분리된 삶을 살아야 할 것을 의미한다는 것입니다. 세상은 점점 더 조잡하고 거칠고 추하고 요란스러워져가고 있습니다.

누구나 이 말에 동의하리라 생각합니다. 기독교인의 영향력이 이 나라에서 쇠퇴하고 있으므로 사회의 풍조도 점점 거칠고 조잡해지고 있습니다. 예의범절도 그렇습니다. 조그만 품위마저도 점점 사라져가고 있습니다. 기독교인이 이런 식으로 살아서는 안 되는 것입니다. 요즈음 "나는 기독교인입니다." 라거나 "기독교인이 되는 것은 멋진 일(wonderful)이 아닙니까?"라고 말하면서도 지저분하고 지각없이 사는 경향이 너무나 많습니다. 이런 일들은 우리가 어떤 존재인가를 선언해주고 있음을 기억합시다. "몸가짐을 봐서 그 사람을 안다."라는 속담이 있습니다. 말에서나 품행에서나 겸손하고 화평하고, 화평하게 해야 하며 특히 다른 사람들의 품행에 대한 반응에서 그러해야 합니다.

저는 개개 기독교인이 지난 세기들보다 오늘에 더 큰 기회를 갖고 있다고 생각합니다. 국제화 때문입니다. 우리가 기독교인이라고 주장하기 때문에 사람들은 우리를 매우 면밀하게 주시하고 있다고 저는 믿고 있습니다. 그들은 다른 사람과 그들이 우리에게 말하고 행하는 것들에 대한 반응을 주시하고 있습니다. 여러분도 불끈 화를 냅니까? 비기독교인이라면 이렇게 합니다. 하지만 기독교인은 이래서는 안 됩니다. 기독교인은 팔복에 있는 사람을 닮고 있고 그런 까닭에 다르게 반응합니다. 기독교인은 세상의 일대 사건들과, 전쟁과 전쟁의 소문과 재난과 전염병과 기타 이런 것들에 당면할 때 지나치게 염려하고 괴로워하고 안달하지 않습니다. 세상은 그리해도 기독교인은 그렇지 않습니다. 기독교인은 본질적으로 다르기 때문입니다.

마지막 원칙은 이상의 모든 것을 올바로 행하는 데 있어 가장 중요한 원칙이 됩니다. 우리는 왜 소금과 같아야 하고 왜 빛이 되어야 하는지를 살펴보았습니다. 또한 어떻게 해서 그렇게 될 수 있는가, 어떻게 그것을 확보할 수 있는가도 살펴보았습니다. 하지만 중요한 원칙은 올바른 방법으로 행해져야 합니다. "이같이 너희 빛이 사람 앞에 비치게 하여 그들로 너희 착한 행실을 보고 하늘에 계신 너희 아버지께 영광을 돌리게 하라"에서 '이같이'는 위대한 말씀입니다. 그러므로 이렇게 살므로 다른 사람들로 하여금 우리의 선한 행실을 보고 하늘에 계신 우리 아버지께 영광을 돌리게 해야 합니다.

활동적인 기독교인의 기능은 얼마나 어렵습니까? 하지만 어떤 흥행적 태도(showmanship)를 가져서는 안 됩니다. 이것은 설교할 때에는 물론이요 우리가 복음에 귀를 기울일 때도 그렇습니다. 일상에서 선한 행실을 낳고 나타낼 때 기독교인은 자기에게 주의를 환기시키지 않는다는 점을 기억해야 합니다. 자아는 가난한 심령과 온유함과 기타 모든 것들에서 잊혀 있는 것입니다. 환언하면 우리는 모든 것을 하나님을 위해서, 그의 영광을 위해서 해야 합니다. 자아는 하나님을 위하여, 그의 영광을 위하여 비워지고 세미한 데까지 산산이 부서져야 합니다. 이런 일을 하되 다른 사람들로 하여금 하나님을 영화롭게 하며, 하나님을 자랑하며 그들의 몸을 하나님께 드릴 수 있도록 해야 한다는 결론이 이것으로부터 오는 것입니다. "너희 착한 행실을 보고 하늘에 계신 너희 아버지께 영광을 돌리게 하라." 그러므로 그들로 하여금 그들 스스로 하늘에 계신 여러분의 아버지께 영광을 돌릴 수 있도록 하십시오. 여러분이 아버지께 영광을 돌릴 뿐 아니라 다른 사람들 역시 하나님께 영광을 돌리도록 해야 합니다. 이것은 결국, 우리가 기독교인이기 때문에 세상 사람들을 위해 심중에 큰 슬픔을 느껴야 한다는 사실로 유도됩니다. 그들이 어둠 속에 있으며 오염된 상태에 있음을 알아야 합니다.

하나님은 사람들에게 크게 연민하셨습니다. 하나님은 사람들을 목자 없는 양으로 보셨습니다. 여러분과 제가 간주하고 살아야 할 방도가 이러한 것입니다. 환언하면 우리는 이 일을 하나님을 위해서, 하나님의 영광을 위해서 항상 해야 합니다. 모든 것의 기초를 그들을 위한 사랑에, 버림받은 상태에 있는 그들을 연민하는 것에 두어야 합니다. 주님이 우리를 어떻게 만드시고 있는가를 보여주시려는 방도가 이상과 같습니다. 하나님의 생명을 받은 사람의 역할을 다 해야 합니다. 하나님은 이와 반대되는 자들을 비웃으십니다. 주님은 이 세상에서 주님을 닮는 것과 관련해서 이처럼 놀라운 묘사를 우리 앞에 제시하십니다. 다른 사람들로 하여금 하나님을 생각하게 하는 결과를 가져오게 되는 것은 그들이 주님을 볼 때에 한하는 것입니다.

우리는 성경에서 주님께서 이적을 베푸신 후에 "사람들이 하나님께 영광을 돌렸다."라는 말씀을 얼마나 자주 보게 됩니까? 그들은 "우리가 전에는 이런 일들을 본 일이 없다."고 말했습니다. 그들은 이렇게 해서 아버지께 영광을 돌렸습니다. 여러분과 저도 이렇게 되어야 합니다. 환언하면, 다른 사람들이 우리를 볼 때 우리가 그들에게 의문을 일으킬 수 있는 삶을 살아야하겠다는 것입니다. 그들은 "그것은 무엇일까? 이 사람들은 왜 매사에 그처럼 다른가? 행동과 품행과 반응은 왜 그처럼 다른가? 그들에게는 무언가 우리가 알지 못하는 것이 있다. 우리는 그것을 설명할 수가 없다"라고 물을 것입니다. 그들은 오직 한 가지 해석을 내리게 될 것입니다. 그 해석은 우리는 하나님의 백성이요, 하나님의 자녀요, 곧 '그리스도와 하나님의 상속자'라고 말입니다. 우리는 그리스도의 반사체요, 그리스도를

반영하는 자들이 되었습니다. 주님이 '세상의 빛이신'것같이 우리도 '세상의 빛'
이 된 것입니다.

17장

그리스도와 구약성경

"17 내가 율법이나 선지자를 폐하러 온 줄로 생각하지 말라 폐하러 온 것이 아니요 완전하게 하려 함이라 18 진실로 너희에게 이르노니 천지가 없어지기 전에는 율법의 일점일획도 결코 없어지지 아니하고 다 이루리라" 마 5:17-18

본문은 앞 구절의 연속이지만 산상설교의 새 대목의 시작입니다. 지금까지 우리 주님께서 기독교인의 성격을 서술하는 일에 관여하신 것을 보았습니다. 그래서 우리가 어떤 사람들인가를 상기하게 되었고, 우리의 삶으로 이 본질적인 성격을 나타내야 한다는 말씀을 들었습니다.

우리는 하나님의 자녀요, 하늘나라의 시민입니다. 이 때문에 하늘나라 시민의 특징을 나타내야 합니다. 이렇게 하는 것은 그분의 영광을 나타내기 위함이며, 다른 사람들로 하여금 하나님께 영광을 돌리도록 하기 위함입니다. 그러면 이 일이 어떻게 행해져야 하는가 하는 문제가 제기됩니다. 그 대답은 한마디로 우리는 "의의 삶을 살아야 한다."라고 표현할 수 있습니다. 기독교인의 삶을 한마디로 '의'로 요약할 수 있겠습니다. 산상설교의 나머지 주제는 여러 가지 방법으로 기독교인이 살아야 할 의의 삶을 사는 것에 대한 실례라 하겠습니다. 마태복음 7장 14절에 올 때까지 이 주제가 다양하게 해석되고 전개 되었습니다. 그러면 우리가 나타내야 할 의와 의의 성격은 어떤 것이겠습니까? 마태복음 5장 17-20절은 이 주제에 대한 일종의 서론입니다. 여기서 주님은 기독교인의 특색이 되어야 할 의의 문제와 의로운 삶을 도입하고 계십니다. 여기서 여러분은 우리 주님의 방법을 볼 수 있습니다. 주님은 세부적인 것에 앞서 일반원칙들을 먼저 설정하셨습니다. 주제를 설명하고 해석하시기 전에 도입 부분을 제시하셨습니다.

어떤 사람들은 서론 같은 것을 좋아하지 않는 것으로 보입니다. 그래서 그들은 우리 주님의 방법을 좋아하지 않습니다! 그러나 원칙에서 시작하는 것은 항상 매우 중요합니다. 실제에서 잘못되는 사람들은 언제나 그들의 원칙에 대해서 자신을 못 가지는 사람들이기 때문입니다. 이 문제는 오늘날 가장 중요한 문제가 될 수 있습니다. 우리는 전문화된 시대에 살고 있습니다. 전문가는 세부 사항들에 집중한 나머지 원칙을 무시할 때가 많습니다. 오늘의 삶의 장애와 와해는 대부분 어떤 기본원칙들을 잊어버렸다는 사실 때문입니다. 다시 말하면 어느 누구를 막론하고 모든 사람이 경건한 생활을 한다면 회담이라든가 기관의 다양성의 증가는 필요가 없을 것입니다.

주님이 이 '의'의 문제를 계속해서 다뤄나가심에 따라 우리는 기본원칙에서 시작하는 방법을 보게 되겠습니다. 주님은 이 문단(paragraph)에서 절대적인 명제 두 개를 설정하면서 진행하십니다. 첫째로 본문(마태복음 17절과 18절)에서 주님이 가르치시려는 것은 구약성경의 모든 가르침과 절대 일치하는 것이라고 주님은 말씀하십니다. 주님의 가르침 속에 구약성경과 모순되는 것은 없습니다.

주님께서 19절과 20절에 설정하신 두 번째 명제는 바리새인과 서기관들의 가르침과 정면으로 충돌하고 철저하게 모순됩니다. 여기에 위대한 선언 두 개가 있습니다. 이 선언들이 중요한 까닭은 우리가 이 두 원칙을 파악하지 못하면 4복음서에 기록된 우리 주님의 기록을 이해할 수 없기 때문입니다. 여기에서 바리새인과 서기관들과 율법학자들과 기타 여러 부류의 사람들이 나타낸 주님을 향한 온갖 적의(敵意)의 해석을 보게 됩니다. 여기에는 주님이 감내해야 했던 모든 괴로움과 주님이 늘 받으신 오해에 대한 해석이 있습니다.

주님은 교리를 진술하는 일로 만족하지 못하셨고 다른 교리들을 비판하시기도

했습니다. 제가 이 점을 다시 강조하는 까닭은 어떤 색다른 이유로 어떤 이색적인 무기력이(지적(知的)이며 도덕적인) 복음주의자들을 포함해서 많은 사람들 속에 침투해 들어왔기 때문입니다. 유감스럽게도 현대에는 부정적인 가르침을 반대하는 사람들이 많습니다. 그들은 "긍정적인 가르침을 가지자."라고 말합니다. "여러분은 여러분과 다른 견해를 비판하면 안 됩니다."라고 그들은 말합니다. 하지만 우리 주님은 바리새인과 서기관들의 가르침을 명백히 비판하셨습니다. 주님은 그들의 교훈을 자주 들추어내어 탄핵하셨습니다. 많은 이들이 교회연합 문제를 논하고 있습니다. 어떤 공통된 위험 때문에 지금은 교리상의 문제점들을 논할 때가 아니요, 그러기보다 모두 친절해야 하며 함께 뭉쳐야 한다는 논리가 대두되었습니다. 하지만 우리 주님에 의하면 그렇지 않습니다. 로마 가톨릭과 그리스정교회들도 기독교인으로 불린다는 사실로 우리가 그들의 조직의 부패성과 위험한 오류를 들추어내지 말아야 할 이유는 아닙니다.

주님은 긍정적 진술에 머무르시지 않습니다. 이것은 또 하나 다른 질문을 유도합니다. 즉 "주님은 왜 이렇게 하셨는가? 주님은 왜 이런 유형의 도입부분을 산상설교의 세밀한 부분에까지 적용하시는가?" 하는 것입니다. 그 대답은 매우 분명합니다. 복음서들을 읽을 때 주님의 가르침과 관련해서 많은 혼란이 있음을 보게 됩니다. 주님은 그 시대 사람들에게 하나의 큰 문젯거리가 되었던 것이 틀림없습니다. 주님에게는 이상한 일들이 너무나 많았습니다. 예를 들어 주님 자신이 이상하였습니다. 그는 바리새인이 아니었고 바리새인의 훈련을 받지도 않았습니다. 그분은 학교에 다니시지도 않았으므로 그들은 그를 보고 "이 작자가 누구기에 이렇게 독단적으로 가르치고 선언하고 있는 거야? 이게 다 뭐야?"라고 했을 것입니다.

그분은 통상적인 경로를 따라 혹은 인습의 통로를 통하여 선생의 지위에 오르시지 않았습니다. 그뿐이 아닙니다. 제가 여러분에게 상기시킨바 있지만 주님은 바리새인과 서기관들과 그들의 가르침을 일부러 비판했습니다. 그런데 그들은 지도자요 교사들로 인정받던 자들이었으며, 백성들은 그들이 말하고 가르친 것을 행할 준비가 되어 있었습니다. 그들은 그 나라에 매우 출중한 인물들이었습니다. 하지만 갑자기 학교도 다닌 적이 없는 사람이 나타나 백성을 가르쳤을 뿐 아니라 그들의 권위 있는 가르침을 탄핵했습니다. 거기에 더하여 그의 모든 시간을 율법을 해석하는 일에도 쓰지 않았습니다. 그는 하나님의 은혜와 사랑의 교리를 설교했는데 탕자와 같은 비유들을 소개하였습니다. 하지만 더 고약한 것은 그가 세리들과 죄인들과 어울려 그들과 함께 앉아 먹었다는 사실입니다. 그는 모든 규칙과 규약을 준수하는 것 같지 않았을 뿐더러 그것들을 일부러 깨뜨리는 것처럼 보였습니다. 그러므로 그분의 이론과 실제 때문에 즉각 여러 가지 문제들이 일어나기 시작했습니다.

그렇다면 이 나사렛 예수는 성경을 믿지 않는가? 그는 성경을 없애려 왔는가? 그의 가르침은 전혀 새로운 것인가? 그의 가르침은 율법과 선지자들을 탄핵하는가? 그는 하나님께로 가는 새 길이 있으며 하나님을 기쁘시게 할 새로운 방법이 있다고 가르치는가?

이상의 질문들은 그분의 성격과 그가 가르친 교훈 때문에 불가피하게 일어날 수밖에 없었던 질문들로서, 주님은 이것을 잘 알고 계셨습니다. 그러므로 여기 상세한 가르침의 도입 부분에서 그분은 미리 앞질러 비판에 직면하셨습니다. 그분은 그의 제자들에게 특별히 경고하셨습니다. 까닭인즉 제자들이 매우 듣고 싶어 했던 백성들의 이야기내용과 비평 때문에 당황하고 그것으로 영향을 받아서는 안 되기 때문이었습니다. 주님은 이 두 기본 명제를 설정하여 제자들에게 미리 대비해주셨습니다.

주님은 이미 그들이 어떤 사람들이어야 하며, 어떤 유형의 의를 나타내어야 하는가를 대체로 그들에게 말씀한 바 있습니다. 제가 이것에 주의를 집중하는 까닭은 이론적 관점에서이거나, 우리가 해석해야 할 산상설교의 새 대목이 되기 때문만은 아닙니다. 기독교인의 삶에 관련되고 있는 우리 모두를 위한 절박하고 실제적인 질문이기 때문입니다. 율법에 대한 주님의 관계와 문제 때문에 그리스도와 그의 구원의 길에 실족하여 넘어지는 사람들이 있습니다. 그러므로 저는 이 문제가 매우 중요한 문제가 되고 있다고 말씀드립니다. 사실 본 절은 이 문제를 감소시키고 있는 것이 아니라 사실상 증가시키고 있다고 말하는 사람들이 있습니다.

이 문제와 관련해서 두 가지 난제가 제기됩니다. 즉 우리 주님이 하신 모든 것은 율법의 교훈을 계속하는 것이었다고 믿는 학파가 있습니다. 이 학파는 1930년대처럼 그리 인기가 없긴 해도 그 추종자들은 네 복음서와 신약의 서신들 사이에 큰 차이가 있다고 말합니다. 복음서들은 고대 율법에 대한 매우 훌륭한 해석 이외 아무것도 아니며 나사렛 예수는 율법선생에 지나지 않는다는 것입니다. 그들은 계속해서 말하기를, "소위 기독교의 진짜 창시자는 그 모든 교리와 율법주의와 함께 사도 바울로 알려진 사람이었다. 네 복음서는 율법, 곧 윤리적 가르침과 도덕적 교훈 이외 아무것도 아니다. 네 복음서에는 믿음에 의한 칭의론이나 성화론과 기타 이 같은 교리들이 하나도 없다. 이것은 그의 신학과 함께 사도 바울의 작품이다. 진짜 비극은, 예수의 단순하고 영광스런 복음이 이 사람에 의해 기독교라는 것으로 변화한 것인데, 기독교는 예수의 종교와 전혀 다르다."라는 것입니다.

나이 드신 분들은 20세기에 들어설 무렵과 그 후 이런 계통-예수의 종교와 바울의 신앙(The Religion of Jesus and the Faith of Paul)-에 의하여 저작된 몇 가지 저서들을 기억하실 것입니다. 이 책들은 예수와 바울 사이에 큰 차이가 있음을 보여주려고 했습니다. 이것이 그 한 가지 난제입니다. 두 번째 난제는 첫 번 난제와 정확히 반대됩니다. 이 둘째 견해는 그리스도가 율법을 완전히 폐하셨으며 그 대신 은혜를 도입하셨다는 것입니다. 그들은 성경을 인용하여 "율법은 모세로 말미암아 주신 것이요, 은혜와 진리는 예수 그리스도로 말미암아 온 것이다."라고 주장합니다. 그러므로 기독교인들은 율법과 아무 상관이 없다는 것입니다.

성경은 우리가 은혜 아래 있다고 말하므로 우리는 율법을 입 밖에 내어도 안 된다고 말합니다. 여러분은 본서 1장에서 산상설교가 오늘의 우리와는 아무 상관이 없으며, 산상설교를 직접 들은 사람들과만 관계를 가지며, 산상설교는 미래의 왕국시대에 유대인들과 관계가 있다는 견해에 대하여 다룬 것을 기억하실 것입니다. 거기서 이 옛적 쟁의의 잔재가 어떻게 아직도 남아 있는가를 보노라면 흥미롭습니다.

주님은 율법과 선지자들에 대한 그의 관계라는 이 특별한 문제를 다룬 마태복음 5장 17절과 18절의 진술에서 이 두 난제를 동시에 대답하셨습니다. 이 문제를 가장 잘 다루려면 몇 가지 용어를 정의하고 그 의미를 충분히 이해해야 하겠습니다. '율법'과 '선지자들'이란 무슨 뜻입니까? 그 대답은 구약 전체라는 것입니다. 여러분이 성경의 장절을 들춰보면 이 표현이 사용된 곳마다 구약성경 전체를 포함하고 있음을 발견하실 것입니다. 그런데 특히 '율법'이란 무슨 뜻이겠습니까? 이 말은 여기에 사용된 바와 같이 온 율법을 의미한다는 것에 의견이 일치해야 할 것으로 보입니다. 이스라엘 자녀들에게 주신 이 율법은 세 부분으로 구성되어 있었는데, 곧 도덕법과 민법과 의식법이었습니다.

여러분이 출애굽기, 레위기, 민수기를 보시면 하나님께서 이것을 어떻게 주셨는지 보게 될 것입니다. 도덕법은 단번에 영원히 설정된 10계명과 기타의 중요한 도덕원리로 구성되어 있습니다. 재판법은 그 당시의 특이한 환경에서 이스라엘 국가에 주신 법률(legislative law)을 의미하는 것이었습니다. 이 법은 다른 사람들에 대한 관계에서 그들의 행동을 규제하고 그들이 해야 할 것과 하지 말아야 할 여러 가지를 지시한 것입니다.

끝으로, 성전과 기타 장소에서 그들의 예배와 번제물과 모든 예배의식과 기타 의식에 관한 의식법이 있었습니다. '율법'이란 말씀이 이상의 모든 것을 포함하므로 우리 주님은 율법이 직접 삶과 행위와 품행에 대하여 교훈하는 모든 것을 가리켜 언급하신 것이었습니다. 그러므로 우리는 율법은 여러 가지 모형으로 가르치신 모든 것과 구약성경에서 그 모형에 관해 주신 다른 제물과 기타 세밀한 모든 것을 포함한다는 것도 기억해야 합니다.

출애굽기와 레위기는 매우 지겨운 책이라고 말하는 사람들이 많습니다. "음식이니 소금이니 기타 여러 가지는 왜 이렇게 세밀한가?"라고 묻습니다. 이것들은 모두 그것들 나름대로 예수 그리스도께서 단번에 영구히 완전히 성취하신 것의 모형이요, 예언이었습니다. 그러므로 율법을 말할 때 이것이 모두 포함되어 있음을 기억해야 합니다. 이 몇몇 성경책의 교훈의 적극적이며 직접적 가르침은 어떻게 살아야 하는가에 대한 명령뿐 아니라, 이 책들이 앞으로 될 일과 관련해서 암시하고 예언하는 모든 것까지 포함되어 있음을 기억해야 합니다. 그러므로 율법은 율법 전체로 취급되어야 합니다.

우리 주님이 21절에서 계속해서 율법을 말씀하실 때 도덕적 부분에 대해서만 말씀하고 있는 것은 사실입니다. 하지만 여기 이 일반적 진술에서는 주님은 이것을 모두 말씀하고 계십니다. '선지자들'이란 무슨 뜻입니까? 이 용어가 구약성경의 선지서들을 의미하는 것은 분명합니다. 그리고 여기에 두 가지 면이 있음을 잊어서는 안 됩니다. 선지자들도 실은 율법을 가르쳤으며 율법을 적용하고 해석했습니다. 그들은 이스라엘에게로 가서, 그들에게 문제되는 것은 그들이 하나님의 법을 지키지 않는 것이라고 그들에게 말했으며, 그들은 주로 백성들로 하여금 율법을 바로 이해하는 길로 이끄는 일에도 노력을 기울였습니다. 그들은 이러한 목적에서 율법이 다시 읽혀지고 해석되어지게 하였습니다. 하지만 여기에 더하여 그들은 메시야의 도래를 예언했습니다.

그들은 숨은 것을 드러내어 말하는 사람들(forth-telling)이었습니다. 하지만 동시에 그들은 예언자들(foretellers)이었습니다. 이제는 '완전하게'(fulfil)란 말씀이 남았습니다. 이 용어의 의미를 놓고 많은 혼란이 있었습니다. 그러므로 우리는 이 용어가 '완전하게 한다'나 '종결시킨다'는 뜻이 아니라는 점을 지적해야 하겠습니다. 이 용어는 이미 시작된 것에 그 무언가를 추가시킴을 의미하지 않습니다. 이런 해석이 유행되기는 했으나 이 해석은 이 말씀을 전적으로 오해한 것입니다. 구약성경은 무언가 가르침으로 시작했으며, 그 가르침이 오래 계속되었으며, 어느 지점까지 계속되었다고 말들을 합니다. 그런데 우리 주님이 오셔서 그 가르침을 한 단계 더 나아가 말하자면 그것을 마무리 짓고 성취하셨다는 것입니다. 하지만 이것은 바른 해석이 아닙니다. '완전하게 한다'는 말의 참 뜻은 그것을 완전히 순종한다는 의미에서 '완전하게 한다'는 뜻이요, 문자 그대로 율법과 선지자들이 말하고 진술한 모든 것을 수행한다는 뜻입니다.

이상으로 용어를 정의하고 나서 이제는 우리 주님이 실제로 하시는 말씀이 무엇인지를 살펴봅시다. 주님께서 실제로 가르치고 계시는 것은 무엇입니까? 이것을 두 가지 원칙의 형식으로 표현하려고 하는데 이렇게 하기 위해서 17절보다 18절을 먼저 취급하려고 합니다. 이 두 진술은 서로 함께 나오며 〈가르〉(왜냐하면)란 단어로 연결되어 있습니다. "내가 율법이나 선지자를 폐하러 온 줄로 생각하지 말라 폐하러 온 것이 아니요 완전하게 하려 함이라." 그리고 그 이유가 나옵니다. "왜냐하면 진실로 너희에게 이르노니 천지가 없어지기 전에는 율법의 일점일획도 결코 없어지지 아니하고 다 이루리라"이기 때문입니다.

첫째 명제는, 하나님의 법은 절대적이며 완전무결하다는 것입니다. 하나님의 법은 변할 수 없고 미미한 정도로도 수정될 수 없습니다. 하나님의 법은 완전무결하며 영원합니다. 하나님의 법의 요구는 영원하며 "천지가 없어지기 전에는" 폐기되거나 감소될 수 없습니다. 이 표현은 세상의 끝을 의미합니다.

천지는 영원의 표적을 말합니다. 주님은 천지가 있는 한 아무것도, 일점일획도 없어지지 아니할 것이라고 하셨습니다. 일점일획보다 더 작은 것은 없다고 하겠습니다. 일획은 히브리어에서 가장 작은 글자요, 일점은 히브리어 글자에서 가장 작은 점입니다.

세미한 항목이 완전무결하게 전부 성취되기까지 천지는 없어지지 아니할 것입니다. 이것은 선언이요, 이미 선언된 것 중 가장 중대하고 중요한 선언 중의 하나입니다. 우리 주님은 이것을 〈가르〉(왜냐하면)란 단어로 강조하셨는데, 이 단어는 항상 그 무언가에 주의를 환기하며 심각하고 중요한 것을 나타냅니다. 그런 다음 주님은 이 중요성에 더하여 "진실로 너희에게 이르노니"라고 부언하셨습니다.

주님께서 소유하고 계신 모든 권위로 이 진술에 인(印)을 치고 계신 것입니다. 하나님께서 설정하신 율법, 곧 여러분이 구약성경에서 읽는 율법과 선지자들이 말한 모든 것이 미세한 항목에 이르기까지 성취되어야 하며 이 완전무결한 성취가 전적으로 실현되기까지 하나님의 율법은 지속되며 효력을 발생할 것입니다. 저는 이것을 더 이상 강조할 필요가 없다고 생각합니다.

그런 다음 주님은 이것에 비추어서 두 번째 진술, 곧 그러므로 주님은 율법과 선지자의 가르침을 파괴하거나 미세한 정도로나마 수정하러 오시지 않았다는 뜻으로 말씀하셨습니다. 주님은 율법과 선지자를 성취하고 실현하며 완전히 순종하기 위해 오셨다고 말씀하십니다. 마태복음, 마가복음, 누가복음, 요한복음 사 복음서를 읽으시고 구약성경의 인용을 주시하여 보시면 여러분은 한 가지 결론에, 곧 우리 주님은 구약의 일부분뿐만 아니라 구약전체를 믿으셨다는 결론에 이르게 됩니다. 주님은 구약성경의 모든 부분을 인용하셨습니다. 주 예수 그리스도에게 있어 구약성경은 하나님의 말씀이었고 그것은 성경이었습니다.

여러분은 주 예수 그리스도를 충분히 믿을 수 있다고 생각은 하는 것 같으면서, 구약성경을 거부하는 사람들이 많은 것을 보게 됩니다. 만일 우리가 창조기사나

아브라함을 하나의 사람으로 믿지 않는다고 말한다면, 그리고 만일 율법을 하나님께서 모세에게 주신 사실을 믿지 않으며, 훌륭한 지도자였고 공중(公衆)과 위생(衛生)에 대해 어떤 건전한 아이디어를 갖고 있던 사람이 만들어낸 매우 현명한 유대법의 일부였다고 생각한다면, 그리고 만일 우리가 우리 구주 예수 그리스도께서 자기와 율법과 선지자들에 관해 말씀하신 모든 것을 정면으로 부정한다고 말한다면 문제가 일어나는 것입니다.

주님에 의하면 구약성경의 모든 것은 하나님의 말씀입니다. 그뿐이 아닙니다. 구약성경이 모두 성취되기까지 구약성경은 효력을 발생하게 되어 있습니다. 모든 점과 획이 의미를 지니고 있습니다. 모든 것이 가장 미세한 항목에 이르기까지 실현될 것입니다. 모든 것이 하나님의 법이요, 하나님의 법규인 것입니다.

선지자의 말은 단순히 시인(詩人)이었던 사람들의 말이거나, 시적 통찰력을 가지고 다른 사람들보다 인생을 좀 더 통찰해 들여다보았으며 따라서 시인의 영감을 받아 삶과 그 삶을 사는 법에 관한 놀라운 진술을 한 사람들의 말이 아닙니다. 이 사람들은 하나님께 메시지를 받은 하나님의 사람들이었습니다. 그들의 메시지는 모두가 그리스도에 대한 언급과 함께 주어진 것입니다. 그리스도는 이 모든 것의 성취이신 것입니다. 그들의 말이 그 안에서 완전히 실현될 때 끝이 올 것입니다.

사람들은 초대교회가 왜 구약성경을 신약성경과 결합시키기로 결정했는가를 자주 의아스럽게 생각했습니다. 그래서 많은 기독교인들이 복음서를 읽는 것을 좋아하나 구약성경에는 관심이 없으며 모세오경과 그 메시지가 자기네와는 아무 상관이 없다고 말합니다. 하지만 초대교회는 이런 견해를 취하지 않았습니다. 그 이유는, 이 책은 저 책에 빛을 던져 해명한다고 보았으며, 어떤 의미에서 각 책은 다른 책의 빛에 비추어서만 이해할 수 있었으며, 두 성경(언약)은 항상 함께 있어야 한다고 보았기 때문입니다.

위대한 성 어거스틴이 한 때 표현한 대로 "신약성경은 구약성경에 잠재해 있고, 구약성경은 신약성경에 개방되어있는" 것입니다. 하지만 무엇보다 여기에 하나님의 아들의 선언이 있습니다. 이 선언에서 그는 자신이 구약성경, 곧 율법과 선지자를 대체하러 오신 것이 아니라고 말씀하십니다. 주님은 이렇게 말씀하시는 셈입니다. "그렇다. 이것은 모두 하나님으로 말미암은 것이다. 나는 이것을 실현하고 성취하려왔다."라고 말입니다. 주님은 구약성경 전체를 하나님의 말씀으로 간주했으며 최고의 권위로 생각하셨습니다. 여러분이나 제가 주님을 참으로 따르며 주님을 믿는다면 우리도 이와 같이, 곧 구약성경 전체를 하나님의 말씀으로 최고의 권위로 생각해야 합니다.

여러분이 구약성경의 권위를 문제 삼는 순간 필연적으로 하나님의 아들의 권위도 문제 삼는 것이 되며 그렇게 되면 끝없는 문젯거리와 어려움에 빠질 것입니다. 만일 여러분이 그는 그 시대의 인물이요, 어떤 점에서 그 시대의 제약을 받고 있었으며 그 때문에 오류에 빠지기 쉬웠다고 말하게 되면, 그의 완전하고 절대적이며 특유한 신성에 관한 성경의 교리를 제한하는 것이 되며 따라서 심각한 문제가 제기됩니다. 그러므로 성경에 대해서 어떻게 말하는가를 매우 조심해야 합니다. 주님께서 율법과 선지자와 시편에서 인용하신 구절들을 주시하십시오. 주님은 구약성경 어디에서나 인용하셨습니다. 주님에게 있어 이 인용문들은 항상 하나님의 주신 성경이요, 요한복음 10장 35절에서 말씀하신대로 "성경은 폐하여질 수 없는" 것입니다. 구약성경은 천지가 존속하는 한 미세한 항목에 이르기까지 성취되고 존속되어야 할 하나님의 말씀인 것입니다.

> "모든 성경은 하나님의 감동으로 된 것으로 교훈과 책망과 바르게 함과
> 의로 교육하기에 유익하니 이는 하나님의 사람으로 온전케 하며
> 모든 선한 일을 행하기에 온전케 하려 함이니라" (딤후 3:16-17)

18장

율법과 선지자의 예언을 성취하신 그리스도

"17 내가 율법이나 선지자를 폐하러 온 줄로 생각하지 말라 폐하러 온 것이 아니요 완전하게 하려 함이라 18 진실로 너희에게 이르노니 천지가 없어지기 전에는 율법의 일점 일획도 결코 없어지지 아니하고 다 이루리라 19 그러므로 누구든지 이 계명 중의 지극히 작은 것 하나라도 버리고 또 그같이 사람을 가르치는 자는 천국에서 지극히 작다 일컬음을 받을 것이요 누구든지 이를 행하며 가르치는 자는 천국에서 크다 일컬음을 받으리라" 마 5:17-19

앞장에서 구약성경과 복음과 관련해서 두 가지 원칙을 설정한 바 있습니다. 이제는 이 주제를 세밀하게 살피는 단계로 넘어갑니다. 우선 주님께서 구약에서 선지자들이 기록한 것을 어떻게 성취하셨으며 실현하셨는가를 보겠습니다. 이것은 가장 중요한 주제의 하나가 됩니다.

사도 베드로가 그의 제2서신(베드로후서)에서 이 주제를 다룬 것을 기억하실 것입니다. 베드로는 매우 힘들고 어려운 시대에 살며 박해를 당하고 있던 사람들을 위로하기 위해 썼습니다. 그는 이제 노인이 되었고 자기가 오래 살지 못할 것을 알았습니다. 그래서 그가 떠나기 전에 마지막 위로의 말을 해주고 싶어 했습니다. 예를 들어 자기와 야고보와 요한이 우리 주님의 변화산상의 변화를 볼 특권을 가졌던 것과 그들이 "이는 내 사랑하는 아들이니 너희는 그의 말을 들으라"고 말씀한바 영광의 음성을 들은 일들을 말했습니다. 베드로는 "하지만 나는 이것보다 더 좋은 이야기 거리를 갖고 있다. 너희는 나의 증거와 체험에 의지해서는 안 된다. '더 확실한 예언의 말씀'이 있다. 구약선지서로 돌아가 그것을 읽어 보라. 그리고 예수 그리스도 안에서 그것들이 입증된 것을 보라. 그러면 사람이 얻을 수 있는 가장 강한 믿음의 보루를 얻게 될 것이다."라고 말한 셈입니다. 그렇다면 이것은 매우 중요한 말씀입니다.

주님은 자기가 구약선지자들의 가르침의 성취라고 주장하셨습니다. 사도 바울은 이것에 대하여 고린도후서 1장 20절에서 하나의 위대하고 포괄적인 진술을 했습니다. 거기서 바울은 "하나님의 약속은 얼마든지 그리스도 안에서 예가 되니 그런즉 … 우리가 '아멘'하여…"라고 했습니다. 이것은 최종적인 말씀입니다. 하나님의 모든 약속은 이 놀라운 인물 안에서 '예'와 '아멘'이 되는 것입니다. 주님께서 여기서 말씀하시는 것이 바로 이것입니다.

예언의 성취야말로 앞서 자주 지적한 바와 같이 사람이 만나 볼 수 있는 가장 놀랍고 가장 주목할 만한 사실의 하나입니다. 주님의 탄생과 탄생 장소 곧 유대 땅 베들레헴에 관한 정확한 예언을 생각해보십시오. 모두 정확히 성취되었습니다. 그의 인물에 대해 예언된바 이상한 일들로 봐서 유대인들이 어째서 그에게 걸림이 되었는지 믿어지지가 않을 정도인 것입니다. 그들은 그들 나름의 잘못된 생각 때문에 잘못된 길로 나갔습니다. 그들은 메시야를 세속의 왕으로나 정치적인 인물로 생각해서는 안 되었던 것입니다. 그들의 선지자들은 그와 반대되는 것을 말했었기 때문입니다. 그들이 선지자들의 글을 읽긴 했으나 편견 때문에 눈이 멀어 말씀을 보는 대신 그 말씀에 그들 나름의 첨가된 사상으로 바라보았던 것입니다. 이것은 언제나 매우 위험합니다. 하지만 우리는 선지서에서 가장 세밀한 항목에 이르기까지 기록된 예언의 기록을 봅니다. "상한 갈대도 꺾지 아니 하시며 꺼져가는 등불도 끄지 아니하시는" 그리고 다시 이사야 53장에서 그의 인물됨과 삶의 서술을 생각해보십시오. 그가 행하시려 한 것의 기록과 이적을 행하시겠다고 한 예언과 그 행하시려 한 일과 그 속에 내포된 가르침을 생각해보십시오. 모든 것이 거기에 있습니다. 복음을 구약성경에서 인출해내어 설교하는 일이 항상 그처럼 쉽고 놀라운 일인 까닭도 여기에 있다고 하겠습니다. 그런데 어떤 사람들은 어리석어서 이것 때문에 몹시 놀라워하는 모양입니다. 하지만 어떤 의미에서 여러분은 신약성경에서는 물론 구약성경으로부터도 신약과 관련된 복음의 말씀을 설교할 수 있습니다. 구약성경도 복음으로 가득 차 있기 때문입니다.

우리는 구약성경에서 주님의 죽으심에 관하여 양태의 예언을 보게 됩니다. 예를 들어 시편 22편을 읽어보시면 갈보리 십자가 위에서 실제로 발생한 사건이 문자 그대로 정밀하게 서술된 것을 발견하실 것입니다. 아시다시피 예언은 선지서에서 뿐 아니라 시편에서도 발견됩니다. 주님은 거기에 자신에 대해 예언된 것을 문자 그대로 완전히 성취하셨습니다. 여러분은, 주님께서 세우려하신 나라에 관한 놀라운 가르침과 함께 부활마저도 구약성경에 명백히 예언된 것을 보십니다. 어떤 의미에서 더욱 놀라운 것은 이방인들에 관한 예언입니다. 또 성령이 초기기독교회에 임하시고 백성들이 당황하고 놀라워했던 오순절 예루살렘에서 발생한 사건의 명백한 기록을 발견하실 것입니다. 여러분은 사도 베드로가 이것에 직면해서 "여러분은 이 일을 놀라워해서는 안 됩니다. 이것은 선지자 요엘을 통하여 말씀해주신 대로 된 것입니다. 이것은 그의 예언의 성취 이외 아무것도 아닙니다."라고 말씀한 것을 기억하실 것입니다.

이러한 예는 얼마든지 있습니다. 즉 그의 인격과 사역과 행동에서, 그에게 있었던 일에서, 그리고 이 사건들에서 초래된 것에서, 우리 주님은 어떤 의미에서 율법과 선지자를 성취하는 일 이외에는 아무것도 하시지 않았음을 보여드릴 수 있습니다. 신약성경이 구약성경을 무용지물로 만든다고 생각해서는 안 됩니다. 저는 신약성경만 따로 인쇄해서 내어놓는 것을 정말 유감스럽게 생각합니다. 그 까닭은, 우리는 기독교인이기 때문에 구약성경이 필요 없다고 생각하는 심각한 오류에 빠지는 경향이 있기 때문입니다. 주로 이방인들로 구성되었던 초대교회로 하여금 구약성경을 신약성경과 결합시켜 이 둘을 하나로 간주하도록 인도하신 이는 성령이십니다. 이 둘은 한데 뭉쳐있습니다. 구약성경이 제공하는 빛에 비추어보지 않고는 신약성경을 참되게 이해할 수 없다고 말할 수 있는 데에는 여러 가지 의미가 있습니다. 예를 들면 우리가 구약성경을 알지 못한다면 히브리서에 대하여 그 무언가를 생각해보는 일은 거의 불가능할 것입니다.

그리스도께서 율법을 어떻게 성취하셨는가를 보시기 바랍니다. 이것 역시 매우 놀랍습니다. 먼저 주님은 "율법 아래 있게 되었습니다." "기한이 찼을 때 하나님께서는 그의 아들을 보내서서 여자에게서 나게 하시고 율법 아래 있게 하셨습니다."(갈 4:4). 우리의 유한한 지식으로 이 말씀의 참 뜻을 파악하기는 매우 어렵습니다. 하지만 영원하신 하나님의 아들이 율법 아래 있게 되셨던 것은 성육신에 관한 중요한 진리의 하나가 됩니다. 주님은 율법 위에 무한히 높으신 분이지만 하나님의 아들로 오셨고 율법 아래 있게 되셨고 율법을 실현하셔야 했던 분으로 오셨습니다. 하나님께서 아들을 율법 아래 두셨을 때보다 그분의 거룩한 율법의 불가침성과 절대성을 더욱 분명히 보여주신 때는 없습니다.

우리 주님께서 율법을 얼마나 세밀히 지키셔야 했는지 주목해보십시오. 주님은 율법을 세밀한 항목에 이르기까지 순종하셨습니다. 그 뿐만이 아닙니다. 주님은 다른 사람들에게 율법을 가르쳐 사랑하게 하였고 율법을 설명하셨으며 변함없이 율법을 확립하셨으며 율법의 절대 순종의 필요를 주장하셨습니다. 주님께서 생에 마지막에 이르러, 아무도 그에게서 어떠한 잘못도 발견할 수 없었으며 아무도 그를 고소할 수 없었다고 말씀하실 수 있었던 것도 이 때문이었습니다. 여러분은 탄생에서는 물론 그의 생애에서 그가 율법에 종속되어 있었음을 아십니다.

하지만 우리는 다시 한번 신앙의 중심인 갈보리 언덕 위 십자가에 이르게 됩니다. 십자가의 의미는 무엇입니까? 만일 율법에 대한 이해가 분명하지 못하다면, 우리는 십자가의 의미를 결코 이해할 수 없으리라고 거듭 말씀드립니다. 십자가에 대하여 말할 뿐 아니라 십자가의 교리를 선언하는 것이 복음의 본질입니다. 십자가에 대해서 말은 하되 순전히 감상적인 태도로 이야기하는 사람들이 있습니다. 그들은 주님께서 꾸짖으셨던 예루살렘의 딸들과 같습니다. 그들은 십자가의 비극을 생각하면서 울었던 것입니다. 이것은 십자가를 올바로 보는 방법이 아닙니다.

십자가를 일종의 도덕적 감화를 발휘하는 것으로 간주하는 사람들도 있습니다. 그들은 십자가의 전 목적이 우리의 굳은 마음을 깨뜨리기 위한 것이라고 말합니다. 하지만 이것은 그 의미에 있어서나 가르침에 있어서 성경적인 것이 아닙니다. 십자가의 목적은 우리 속에 연민의 정을 일으키기 위한 것이 아니요, 하나님의 사랑을 그저 일반적으로 시위하려는 것도 아닙니다. 그렇습니다! 십자가는 결국 율법의 관점에서만 최종적으로 이해될 수 있습니다. 십자가 위에서 발생했던 것은 하나님의 아들 예수 그리스도께서 사람의 죄를 위하여 하나님의 거룩한 율법이 정한 형벌을 그의 거룩한 몸으로 받고 있는 것입니다.

율법은 죄를 정죄하며, 율법이 선언하는 정죄는 죽음입니다. "죄의 삯은 사망입니다." 율법은 하나님께 대하여 죄를 범하고 그의 거룩한 율법을 깨뜨린 모든 사람에게 죽음의 판결이 내려야 한다고 선언합니다. 그리스도께서 "내가 율법이나 선지자를 폐하러 온 줄로 생각하지 말라 폐하러 온 것이 아니요 완전하게 하려 함이라"고 말씀하셨습니다. 율법을 성취하는 방법 하나는 죄의 형벌을 수행하는 방법입니다. 이 형벌은 죽음입니다. 그가 죽으신 까닭도 이 때문입니다. 율법은 성취되어야 했습니다.

하나님은 어느 한 쪽에 치우칠 수 없습니다. 분명히 말씀드리지만 하나님은 우리를 용서하실 때 그가 선언하신 형벌을 취소하면서 용서하시지는 않습니다. 만일 그렇게 하신다면 이것은 그분의 거룩한 성품과 모순됩니다.

하나님께서 말씀하시는 것은 무엇이든 성취되고 실현되어야 합니다. 하나님은 그가 말씀하신 바를 철회하심으로써 자기를 배반하시지 않습니다. 죄는 죽음으로 처벌받아야 한다고 그분은 말씀하셨습니다. 여러분과 제가 용서받을 수 있는 것은 오직 이처럼 형벌이 죽음으로 처리되었기 때문입니다. 죄를 처벌하심에서 하나님의 법은 완전무결하게 성취되었습니다. 그 까닭은 하나님께서 갈보리 언덕 십자가 위에 자기 아들의 성스럽고 점 없고 흠 없는 몸에 죄를 벌하셨기 때문입니다.

그리스도는 십자가 위에서 율법을 성취하고 계셨습니다. 만일 여러분이 십자가와 그 위의 그리스도의 죽음이 율법을 성취한다는 관점에서 엄격히 해석하지 않는다면, 십자가 위의 죽음에 대하여 성경의 견해를 견지하지 않고 있는 것이 됩니다.

주님은 가장 이상하고 놀랍게 십자가 위에서 죽으시고 죄로 인한 형벌을 자기 위에 지심으로써 구약성경의 모든 모형을 성취하신 것을 우리는 봅니다. 레위기와 민수기서로 다시 돌아가 읽어보십시오. 번제물과 희생제물들에 관한 기록을 읽어보십시오. 장막과 성전의 의식과 제단과 정결을 위한 놋대야에 관한 기록들을 읽어보십시오. 이 상세한 기록으로 돌아가 "이것들은 모두 무엇을 의미하는가? 진설병과 대제사장과 각종 그릇들과 기타 이것들은 무엇을 위한 것인가? 이것들은 다 무엇을 위한 것인가?"라고 자문해 보십시오. 이것들은 주 예수 그리스도로 말미암아 마침내 궁극적으로 행해져야 했던 것의 그림자, 모형, 예언 이외 아무것도 아닙니다. 주님은 참으로 문자 그대로 이 모형들을 낱낱이 성취하셨고 실현하셨고 수행하셨습니다. 주님은 대제사장이시요, 제물이시요, 희생이십니다. 주님은 하늘에 그의 피를 바치심으로 의식법을 자기 안에서 전부 성취하셨습니다. "내가 율법이나 선지자를 폐하러 온 줄로 생각하지 말라 폐하러 온 것이 아니요 완전하게 하려 함이라." 주님은 그의 죽으심과 부활과 그리고 하늘에 자기를 바치심으로 이 모든 것을 성취하셨습니다. 하지만 우리는 이보다 한 단계 더 나아가 주님은 성령으로 우리들 속에서, 우리를 통하여서도 율법을 성취하신다고 말씀드리는 바입니다. 이것이 로마서 8장 2-4절에서 전개한 사도 바울의 논증입니다.

바울은 이것이 우리 주님께서 돌아가신 이유에 대한 여러 가지 설명의 하나라고 분명히 말해줍니다. "이는 그리스도 예수 안에 있는 생명의 성령의 법이 죄와 사망의 법에서 너를 해방하였음이라 율법이 육신으로 말미암아 연약하여 할 수 없는 그것을 하나님은 하시나니 곧 죄로 말미암아 자기 아들을 죄 있는 육신의 모양으로 보내어 육신에 죄를 정하사 육신을 따르지 않고 그 영을 따라 행하는 우리에게 율법의 요구가 이루어지게 하려 하심이니라." 이 말씀은 매우 중요하고 의미심장한 말씀입니다. 왜냐하면 사도는 여기서 두 가지를 한 군데로 연결시키고 있기 때문입니다. 즉 우리 주님이 자기 속죄로 율법을 성취하신 방법과 그가 우리 속에 율법을 성취하시는 방법을 연결시키셨습니다.

주님이 마태복음 5장에서 말씀하고 있는 것이 정확히 이것입니다. 그는 율법의 의를 성취하셨습니다. 우리도 이렇게 해야 합니다. 그는 성령을 주심으로 우리 속에 이것을 성취하십니다. 그리고 성령은 우리에게 율법을 사랑할 마음과 이 사랑으로 살 수 있는 능력을 주십니다. "육신의 생각은 하나님과 원수가 되나니 이는 하나님의 법에 굴복하지 아니할 뿐 아니라 할 수도 없음이라"라고 사도 바울은 로마서 8장 7절에서 말씀하고 있습니다. 하지만 성령을 받은 우리들은 이와 같지 않습니다. 우리는 하나님과 원수가 되어 있지 않습니다. 그러므로 우리 역시 법에 굴복합니다. 자연인은 하나님을 미워하며 그의 법에 굴복하지 않습니다. 하지만 성령을 받은 사람은 하나님을 사랑하며 율법에 굴복합니다. 기독교인은 이렇게 되기를 원하며 이렇게 될 능력을 받았습니다. 즉 "육신을 따르지 않고 그 영을 따라 행하는 우리에게 율법의 요구가 이루어지게 하려 하심"인 것입니다.

이것을 이렇게 살펴봅시다. 하나님은 선지자 예레미야를 통하여 큰 약속을 주셨습니다. 하나님은 결국 이렇게 말씀하신 셈입니다. "내가 새 언약을 만들고자 한다. 새 언약과 옛 언약과의 차이는 이것이 될 것이니 나는 내 법을 너희의 생각과 마음에 새기려고 한다. 내 법은 이제 다시는 너희 밖의 석판에 쓰지 않고 너희 마음 판에 새기겠다."라고 말입니다. 히브리 서신의 저자는 이것을 8장에 기록했는데 그는 새 언약 곧 새 관계를 자랑하며 기뻐했습니다.

새 언약 아래서는 율법이 우리 밖에 있지 않고 우리 안에 있기 때문입니다. 우리가 이 율법을 성취하는데 열심을 내며 또 이렇게 할 수 있는 것은 율법이 우리의 생각과 마음에 쓰여 있기 때문입니다. "그러면 율법과 선지자들의 위치는 어떤 것입니까?" 저는 이 질문으로 지금까지 말씀드린 것을 요약하고자 합니다. 이미 선지자들의 예언이 우리 주 예수 그리스도를 통해서 어떻게 성취되었는가를 말씀드렸습니다. 하지만 아직 성취되어야 할 것이 남아 있습니다. 율법은 어떻습니까? 우리 주님은 이곳 지상에 계실 때 의식법을 준수하셨고 제자들에게도 같은 일을 하도록 권면하셨습니다. 그의 죽으심과 부활과 승천에서 의식법은 전부 성취되었습니다. 성전의 휘장은 이미 그가 죽으실 때 둘로 찢어졌고 마침내 성전과 그 성전에 속한 모든 것이 파괴되었습니다. 그러므로 주 예수 그리스도께서 제단, 희생물, 정결을 위한 놋대야, 향이십니다. 이것을 보지 못한다면 나는 아직 레위기의 율법의식에 묶여 있는 것이 됩니다.

이 모든 것이 그리스도 안에서 성취된 것을 내가 보지 못한다면, 그리고 그가 나의 번제물이시요, 나의 희생제물이시요, 나의 모든 것임을 보지 못한다면, 이 모든 의식법은 아직도 나에게 적용되는 셈이며, 내가 이것을 이행하지 않을 때는 내가 책임을 지게 될 것입니다. 하지만 이 모든 것이 그리스도 안에서 성취되었고 실현된 것을 보면서 나는 그분을 믿음으로, 나를 그분에게 굴종시킴으로 이 모든 것을 성취하고 있다고 말하게 되는 것입니다. 의식법의 위치는 이상과 같습니다.

민법은 어떻습니까? 민법은 원래 하나님의 신정국가로서 그때의 특수 상황 가운데 있던 이스라엘 국가를 위한 것이었습니다. 하지만 이스라엘은 이제 신정국가가 아닙니다. 여러분은 우리 주님께서 사역의 말기에 이르러 유대인들을 향하여 "그러므로 내가 너희에게 이르노니 하나님의 나라를 너희는 빼앗기고 그 나라의 열매 맺는 백성이 받으리라"라고 말씀하신 것을 아십니다. 이것은 마태복음 21장 43절 말씀이요, 성경에서 예언과 관련해서 가장 결정적이며 중요한 진술입니다. 그리고 사도 베드로는 베드로전서 2장 9-10절에서 새 나라는 곧 교회라는 점을 분명히 하였습니다. 이제 신정국가는 존재하지 않으며 따라서 민법역시 성취된 셈입니다.

이제는 도덕법이 남았습니다. 도덕법의 위치는 다릅니다. 왜냐하면 하나님은 여기서 영원하고 영구적인 관계, 곧 하나님과 사람 사이에 항상 있어야 할 관계를 세우고 계시기 때문입니다. 이 관계가 우리 주님께서 첫 번째 큰 계명이라 부르신 것에서 발견되어야 할 것은 당연합니다. "네 마음을 다하고 목숨을 다하고 뜻을 다하여 주 너의 하나님을 사랑하라." 이 계명은 영원한 계명입니다. 이 계명은 신정국가만을 위한 것이 아니라 온 인류를 위한 계명입니다.

둘째로 큰 계명은 "그와 같으니 네 이웃을 네 자신 같이 사랑하라 하셨으니"라고 말씀하셨습니다(마 22:27-29). 이 계명 역시 신정국가만을 위한 것이 아니었습니다. 이것은 옛 의식법에서 그치는 것이 아니었습니다. 이 계명은 하나님에 대한 영원한 상태요 우리의 영원한 관계의 일부입니다. 이처럼 신약성경에 해석된 바와 같이 도덕법은 예부터 지금까지 항상 그랬던 대로 오늘에도 유효하며 세상 끝날 까지 유효할 것입니다. 요한일서 3장에서 사도 요한은 기독교인들에게 있어 죄는 여전히 '법을 어기는 것'이라고 했습니다. 내가 죄를 범할 때, 내가 기독교인이며 유대인인 적이 없으며 이방인이라 하더라도 나는 율법을 깨뜨리고 있는 것이 됩니다. 그러므로 도덕법은 여전히 우리에게 적용되고 있습니다. 이것이 현재의 위치입니다. 미래에 대해서는 두 가지 진술만을 말씀드리겠습니다.

첫째로 그 나라가 마침내 온 땅을 가득 채울 것입니다. 다니엘서 2장에 기록된 돌(石)은 온 세계를 가득 채울 것입니다. 이 세상 나라가 "우리 주와 그리스도의 나라"가 될 것입니다. 이 과정이 지금 진행되고 있으며, 마침내는 완성될 것입니다. 회개하지 않고 주 예수 그리스도를 믿지 않고 죽는 자들은 율법의 정죄를 받고 있습니다. 종말에 그들에게 선언될 선고는 "저주를 받은 자들아 나를 떠나 영원한 불에 들어가라"가 될 것입니다. 율법은 그들에게 이렇게 정죄할 것입니다.

둘째로 "그러면 기독교인의 율법에 대한 관계는 무엇인가?" 하는 것입니다. 기독교인은 율법이 행위 언약이라는 의미에서 율법 아래에 있지 않습니다. 이것이 바로 갈라디아서 3장의 논증입니다. 기독교인의 구원은 율법을 지키는 것에 좌우되지 않습니다. 기독교인은 율법의 저주에서 구출 받았습니다. 기독교인은 이제 자기와 하나님과의 언약 관계로서의 율법 아래에 있지 않습니다. 그렇다고 이것이 의 규범으로서의 율법으로부터 해방된 것을 의미하지는 않습니다. 문제는 율법과 은혜와의 관계에 대하여 우리가 혼동을 일으키기 때문이라고 생각합니다. 이것을 이렇게 표현해보겠습니다. 우리는 율법에 대하여 그릇된 견해를 갖고 있으며 율법을 은혜와 반대되는 무엇으로 생각하는 경향이 있다는 것입니다. 하지만 그렇지가 않습니다.

율법은 한때 율법의 언약이 있었다는 의미에서만 은혜와 반대되는 것입니다. 우리는 지금 은혜 언약 아래 있습니다. 우리는 율법을 은혜와 동일시해도 안 됩니다. 율법은 그 자체로서는 아무 의미가 없습니다. 율법은 결코 사람을 구원하기 위한 것이 아닙니다. 율법은 사람을 구할 수 없기 때문입니다. 어떤 사람들은 하나님이 이스라엘 국가에게 "내가 지금 너희에게 율법을 주고 있다. 너희가 율법을 지키면 율법이 너희를 구원할 것이다."라고 말씀하셨다고 생각하는 경향이 있습니다. 하지만 이런 관념은 우스꽝스럽습니다. 아무도 율법을 지킴으로 자기를 구할 수 있는 사람은 없기 때문입니다. 율법이 추가된 것은 "범죄함으로 말미암음"이기 때문입니다. 율법은 아브라함과 그의 후손에게 약속이 있은 지 430년 뒤에 온 것이며, 율법이 온 것은 율법이 하나님 요구의 참 성격이 무엇인가를 보여주며, '죄의 엄청난 사악성'을 보여주기 위한 것이었습니다. 율법은 어떤 의미에서, 사람들이 하나님 앞에서 자기를 의롭다할 수 없도록 하여 우리가 그리스도에게 이끌리게 하기 위함인 것입니다.

바울의 말씀을 빌리면 율법은 "우리를 그리스도께로 인도하는 초등교사(school master)"(갈 3:24)가 되도록 하는 것입니다. 그러므로 여러분이 아시다시피 율법은 그 속에 많은 예언과 많은 복음을 내포하고 있습니다. 율법에는 은혜가 가득하여 나를 그리스도에게로 인도하는 것입니다. 율법과 관련된 모든 희생제물과 의식 역시 같은 일을 하도록 계획되었음은 이미 살펴본바와 같습니다. 그런데 구약성경의 비평가들은 말하기를 자기들은 번제물과 의식에는 관심이 없으며 이런 것은 유대인과 기타 인들이 사용한 이교도 의식(pagan rites)에 지나지 않으며, 따라서 비교종교의 관점에서 설명될 수 있는 것이라고 말합니다.

이 사람들은 그리스도 안에서 하나님의 은혜에 관한 신약의 복음을 부정하고 있습니다. 하지만 모든 의식과 예식은 하나님께서 주신 것입니다. 하나님은 모세를 산으로 부르시고 "너는 삼가 이 산에서 네게 보인 양식(樣式)대로 할지니라"(출 25:40)라고 말씀하셨습니다. 그러므로 율법의 이 모든 면들은 우리를 그리스도에게 인도하는 우리의 초등교사에 지나지 않음을 알아야 합니다. 거짓된 율법관에 빠져들지 않도록 조심해야 합니다. 동시에 거짓된 은혜관을 갖고 있는 사람들도 있습니다. 그들은 은혜는 율법과 별개의 것이며 율법과는 상관이 없다고 생각합니다. 이것은 '도덕률 폐기론(Antinomianism)'이라 불리는 데 되는대로, 태만하여 빈둥거리며 죄 짓는 삶을 살기 위해 은혜론을 악용하는 사람들의 태도라 하겠습니다. 그들은 말하기를 "나는 율법 아래 있지 않고 은혜 아래 있다. 그러므로 내가 무슨 짓을 하던 문제가 없다."라고 말합니다.

바울은 로마서 6장에서 이 문제를 다루며 "은혜를 더하게 하려고 죄에 거하겠느냐 그럴 수 없느니라(God forbid)" 라고 했습니다. 이것은 절대 그릇되고 거짓된 은혜관입니다. 은혜의 모든 목적은 어떤 의미에서 우리로 율법을 지킬 수 있도록 하는 것입니다.

이것을 이렇게 표현해보겠습니다. 우리에게 문제되는 것은 우리가 이 지점에서 거짓된 성결관을 가지는 경우가 너무 허다하다는 것입니다. 성결과 성화를 (그에게서) 받아야 할 체험으로 생각하는 것보다 더 치명적인 오류는 없다 하겠습니다. 그렇습니다. 성결은 의롭게 되는 것을 의미하며 의롭게 되는 것은 율법을 지키는 것을 의미하는 것입니다. 그러므로 만일 여러분이 말하는 소위 그 은혜가(여러분이 받았다고 말하는 그 은혜)여러분으로 율법을 지키지 못하게 한다면 여러분은 은혜를 받지 못한 것입니다.

여러분이 심리적 체험을 받았는지는 몰라도 하나님의 은혜를 받은 것은 아닌 것입니다. 은혜란 무엇이겠습니까? 은혜란, 사람을 율법의 저주에서 구원하여 그로 율법을 지킬 수 있게 하며, 그리스도가 의로웠던 것처럼 의롭게 될 수 있게 하는 하나님의 놀라운 선물(은사)을 말하는 것입니다. 왜냐하면 그리스도는 율법을 완전히 지키셨기 때문입니다.

은혜는 나로 하여금 하나님을 사랑하도록 하는 것입니다. 만일 내가 하나님을 사랑한다면 나는 그의 계명을 지키기로 열망해야 합니다. "나의 계명을 가지고 지키는 자라야 나를 사랑하는 자니"라고 주님은 말씀하셨습니다. 이 두 가지를 분리시켜서는 결코 안 됩니다. 은혜는 감상적인 것이 아닙니다. 성결은 하나의 체험이 아닙니다. 우리로 율법을 사랑하며 이 율법을 지키도록 갈망하는 이 새 마음과 성향(disposition)을 가져야 합니다. 주님은 그의 능력으로 우리로 하여금 율법을 성취할 수 있게 하십니다.

주님이 19절에서 말씀을 계속하시는 이유도 이 때문입니다. "그러므로 누구든지 이 계명 중의 지극히 작은 것 하나라도 버리고 또 그 같이 사람을 가르치는 자는 천국에서 지극히 작다 일컬음을 받을 것이요 누구든지 이를 행하며 가르치는 자는 천국에서 크다 일컬음을 받으리라." 이 말씀은 주님께서 돌아가시기까지 삼 년의 짧은 세월 동안 주님과 함께 있었던 제자들에게만 주신 말씀이 아닙니다. 이 말씀은 영원하고 영속적인 말씀입니다.

주님은 이것을 다시 마태복음 7장에서 강력히 주장하셨습니다. "나더러 주여 주여 하는 자마다 다 천국에 들어갈 것이 아니요 다만 하늘에 계신 내 아버지의 뜻대로 행하는 자라야 들어가리라"(21절)고 하셨습니다.

그 하나님의 뜻이란 무엇입니까? 십계명과 도덕법입니다. 이 법들은 폐하지 않았습니다. "그가 우리를 대신하여 자신을 주심은 모든 불법에서 우리를 속량하시고 우리를 깨끗하게 하사 선한 일을 열심히 하는 자기 백성이 되게 하려 하심이라"(딛 2:14)라고 바울은 디도에게 말씀했습니다. 뒤에 가서 생각해보려 합니다만 우리 주님은 그렇다, "너희 의가 서기관과 바리새인보다 더 낫지 못하면 결코 천국에 들어가지 못하리라"(20절)라고 하셨습니다.

이 장(章)은 여러 가지로 해석에 어려움이 있습니다. 하지만 동시에 이 장은 영광스러운 진리인 예언 하나와 관련되어 있습니다. 여러분은 율법과 선지자를 보고, 이것들이 그 안에서 성취된 것을 보고, 여러분에게 보다 심오한 견해를 주신 그리스도의 은혜의 일면을 보셨다고 생각되지 않습니까? 십자가 위에서 집행되고 하나님께서 여러분의 죄를 거기서 그리스도의 몸으로 처형하신 것이 하나님의 율법이었음을 여러분은 보지 못하십니까? 대속적 속죄론은 그가 율법을 완전히 수행하셨음을 강조하고 있습니다. 주님은 자기 몸을 율법에 완전무결하게, 능동적으로, 수동적으로, 소극적으로, 적극적으로 굴복시키셨습니다. 모든 예표 (types)는 그분 안에서 성취되었습니다. 이 영광스런 구속사역의 결과는 하나님을 향하여 법을 깨뜨리고 있는 우리 비참한 반역자들에게 용서를 주기 위한 것일 뿐 아니라 우리를 하나님의 아들들로, 즉 율법을 즐거워하며 "의에 주리고 목말라 하며" 성결을 열망하며, 놀라운 느낌 혹은 체험을 한다는 의미에서가 아닙니다. 그리스도를 닮으며, 모든 점에서 그와 같이 살기로 열망하는 사람들로 만들기 위한 것입니다.

19장

서기관과 바리새인들의 의를 능가하는 의

"내가 너희에게 이르노니 너희 의가 서기관과 바리새인보다 더 낫지 못하면
결코 천국에 들어가지 못하리라" 마 5:20

　본문에서 주님은 율법과 선지자들에 대한 그의 태도, 특히 율법에 대한 태도를
정의하고 계십니다. 앞에서 마태복음 17절에서 19절까지의 이 짧은 문단이 주님
의 사역에서 얼마나 중요하며 이 문단이 복음에 대한 우리의 전망에 얼마나 영
향을 주었는지 살펴보았습니다.

　처음부터 주님께서 사역의 특징을 매우 분명하게 말씀하셔야 했다는 사실은
매우 중요합니다. 그 당시 사람들이 여러 가지 오해를 품는 데는 많은 이유가 있
었습니다. 그분은 서기관과 바리새인들의 사회에 속해 있지도, 공인된 율법학자
도 아니었습니다. 하지만 그들 앞에서 한 분의 교사로 서 계셨습니다. 그 뿐만이
아닙니다. 주님은 공인받은 가르침을 비판하는 데 주저하지 않았으며, 어떤 의
미에서 백성들의 공인된 교사들을 서슴지 않고 비판하셨습니다. 더구나 그의 행
동은 어떤 점들에서 이상하였습니다. 죄인들과 교우관계를 피하기는커녕 이 관
계를 일부러 택하셨습니다. 그는 '세리와 죄인들의 친구'로 알려져 있었습니다.
그의 가르침 가운데는 '은혜'론을 강조한 요소도 있었습니다. 이런 모든 일들은
그의 말씀과 백성들이 그들의 지도자들로부터 이때까지 들어온 것과는 다른 것
이었습니다. 그래서 그들은 그분의 메시지와 그 메시지의 일반적 의미와 관련하
여 중요한 오해에 빠지기가 쉬웠습니다.

주님께서는 두 가지 원칙을 설정하여 그의 가르침을 정의하셨는데 주님의 가르침은 결코 율법과 선지자들의 가르침과 모순되지 않는다는 것이 첫째 원칙입니다. 하지만 둘째 원칙은 서기관과 바리새인의 가르침과는 매우 다르다는 것이었습니다.

우리는 율법에 대한 우리의 태도가 매우 중요하다는 점도 살펴보았습니다. 우리 주님은 우리에 대한 율법의 요구를 어느 의미에서든 덜 엄중하게 만드시기 위해 오신 것이 아닙니다. 그의 오신 목적은 율법을 폐하기 위함이 아니라 우리로 하여금 율법을 지킬 수 있도록 하는 것이었습니다. 그러므로 주님은 율법이 무엇인가를 우리가 알아야 하고 그런 다음 율법을 지켜야할 것을 강조하십니다. 즉 "그러므로 누구든지 이 계명 중의 지극히 작은 것 하나라도 버리고 또 그같이 사람을 가르치는 자는 천국에서 지극히 작다 일컬음을 받을 것이요 누구든지 이를 행하며 가르치는 자는 천국에서 크다 일컬음을 받으리라"고 하십니다.

계명 중에 '지극히 작은 것'과 '지극히 큰 것' 이 둘 사이에 어떤 의미의 구별이 있음은 분명합니다. 이것은 모두 하나님의 계명이며, 주님께서 여기서 강조하시는 바와 같이 '지극히 작은 계명'도 매우 중요합니다. 더구나 야고보가 상기시키는 바와 같이 "누구든지 온 율법을 지키다가 그 하나를 범하면 모두 범한 자"(약 2:10)가 되는 것입니다. 율법에는 일종의 구분이 있는데, 두 가지 부분으로 구분되어 있습니다. 첫째 부분은 하나님에 대한 관계와 관련되고, 둘째 부분은 사람에 대한 관계와 관련됩니다. 그러므로 중요성에 있어 우열의 차이가 있습니다.

하나님에 대한 관계가 사람에 대한 관계보다 훨씬 중요한 것은 분명합니다. 여러분은 서기관이 주님께 와서 가장 큰 계명이 어느 것이냐고 물었을 때 주님은 그에게로 향하여 "너희는 크고 작은 계명을 운운해서는 안 된다. 첫째 가는 계명이라거나 둘째 가는 계명을 운운해도 안 된다."라고 말씀하시지 않았습니다. 주님은 이렇게 말씀하셨습니다. "네 마음을 다하고 목숨을 다하고 뜻을 다하여 주

너의 하나님을 사랑하라 하셨으니 이것이 크고 첫째 되는 계명이요 둘째도 그와 같으니 네 이웃을 네 자신 같이 사랑하라"라고 하셨습니다. 여러분이 율법을 읽으실 때 계명 중에 지극히 작고 지극히 큰 계명에 있어서 이런 구별에 어떤 의미가 있음을 보실 것입니다. 그러므로 주님은 우리가 율법의 모든 부분을 지켜야 하며, 행하고 가르쳐야 한다고 말씀하십니다.

이 지점에서 주님은 우리의 생각을 바리새인과 서기관들의 가르침으로 향하게 하십니다. 그 이유는 율법이 이처럼 우리에게 매우 중요한 것이라면, 그리고 분석을 낱낱이 한 후 예수 그리스도 안에서 하나님은 은혜의 전 목적이 우리로 하여금 율법의 의를 성취하고 지킬 수 있도록 하는 것이라면 우리는 율법이 무엇이며 율법이 우리에게 무엇을 요구하는가를 분명히 해야 되기 때문입니다. 이상으로 우리는 지금까지 성결론을 살펴보았는데 성결은 우리가 하는 어떤 체험이 아니라 하나님의 법을 지키고 성취하는 것을 의미합니다.

율법을 지키는 데 체험이 도움이 될 수는 있습니다. 하지만 우리가 성결과 성화(sanctification)를 체험으로 받을 수는 없습니다. 성결은 우리가 매일의 삶에서 실천하는 것이기 때문입니다. 성결은 하나님의 아들이 세상에 계실 때 율법을 지키신 바와 같이 율법을 높이고 지키는 것을 의미합니다.

성결은 주님을 닮는 것을 말합니다. 그러므로 성결은 율법과 밀접히 관계되어 있으며 항상 율법을 지키는 관점에서 생각되어야 합니다. 바리새인과 서기관들이 높임을 받은 것도 바로 이 점에서 입니다. 왜냐하면 그들은 가장 성결한 사람들로 보였기 때문입니다. 하지만 주님은 그들이 의와 성결이 부족하다는 것을 매우 분명히 보여주실 수 있었습니다. 그 이유는 율법에 대한 그들의 비극적인 오해와 그릇된 해석 때문입니다. 우리가 지금 살펴보고 있는 두 가지 관점에서 주님은 부정어를 사용하셔서 그의 가르침을 강화시키셨습니다. 특히 마태복음 5장 20절은 이 말씀을 들은 사람에게 매우 놀랍고 쇼킹한 진술로 임했음에 틀림

없습니다. 주님은 "내가 온 것은 율법의 요구를 경감시킴으로써 여러 가지를 쉽게 만들려고 온 것이 아니다. 그러기는커녕, 만약 너희의 의가 서기관과 바리새인의 의를 능가하지 못하면 천국에서 지극히 작은 자가 되는 것은 그만두고 너희는 천국에 들어갈 소망이 전혀 없다."라는 셈입니다.

이것이 무슨 뜻입니까? 서기관과 바리새인들은 여러 가지 의미에서 그 당시에 가장 두드러진 사람들이었습니다. 서기관들은 시간의 대부분을 율법을 가르치며 해석하는 데 사용했습니다. 그들은 율법의 권위자들이었습니다. 그들은 그들의 전체 삶을 율법연구와 해석에 바쳤습니다. 그러므로 다른 누구보다 율법과 관련되어 있다고 주장할 수 있었습니다. 그들은 크게 주의를 기울여 율법을 전사(轉寫)한 사람들이었습니다. 그들의 삶은 율법과 함께 사는 것이었으며 다른 모든 사람은 그런 이유로 그들을 우러러 보았습니다.

바리새인들은 소위 그들의 거룩함 때문에 눈에 띄는 유명한 사람들이었습니다. '바리새'란 말은 '분리주의자'란 말입니다. 그들은 자기네와 다른 사람들을 분리시켰으며, 그들이 그렇게 한 이유는 그들이 모세 율법보다 더 준열한 법과 관련된 의식행위법을 만들었기 때문입니다. 그들은 구약성경이 요구하는 것 이상으로 더 엄격한 삶과 행동의 규칙 및 규례를 작성했습니다.

예를 들면 기도하러 성전에 올라간 바리새인과 서기관에 대한 말씀에 보면 바리새인은 자기가 일주일에 두 번 금식한다고 말했습니다. 구약성경에는 일주일에 두 번 금식해야 한다고 요구하는 말씀이 없습니다. 사실은 구약성경은 일 년에 단 한 번만 금식할 것을 요구했습니다. 하지만 이 사람들은 점차 율법체계를 정교화 하여 일 년에 한 번 금식하는 대신 일주일에 두 번씩 금식하라고 권장하고 명령하는 지점으로까지 나아갔습니다. 그들은 이런 식으로 윤리와 행동에 대하여 지나치게 엄격한 법전을 만들었으며 그 결과로 모든 사람은 서기관과 바리새인들을 덕행의 모범으로 생각하였습니다. 평민들은 "아, 나는 서기관과 바리새인들처럼 선하게 될 소망이 없다. 그들은 신성하고 거룩하게 되려는 목적으로 살고 있다. 이것이 종교적, 도덕적, 영적 의미에서 그들의 목적이요 대상이다."라고 말했습니다. 하지만 우리 주님은 사람들에게 그들의 의가 서기관과 바리새인들의 의보다 낫지 않으면 결코 천국에 들어가지 못하리라고 하십니다.

이것이 우리가 생각해봐야 할 가장 중요한 점입니다. 우리의 성결관과 성화관은 어떤 것입니까? 우리의 신앙관은 어떠합니까? 우리 주님은 여기서 기독교인의 의, 곧 가장 작은 기독교인의 의도 서기관과 바리새인들의 의보다 나아야 한다는 것을 전제로 삼으셨습니다. 그러므로 우리의 신앙고백을 주님의 분석에 비추어서 검토해야 하겠습니다.

여러분은 복음서의 많은 지면이 서기관과 바리새인들에 관한 주님의 말씀으로 가득 차 있음을 보았을 것입니다. 말하자면 주님은 항상 그들에 관해 언급하셨으며 다루고 계셨습니다. 그들이 그를 비판했기 때문만이 아니라 일반 백성들이 이 사람들과 그들의 가르침에 의존하고 있는 것을 주님께서 아셨기 때문입니다. 어떤 의미에서 우리 주님께서 하셔야 했던 한 가지는 그들의 가르침이 공허한 것임을 알려주고, 백성들에게 참된 가르침을 제시하기 위함이었습니다. 주님께서 여기 이 말씀을 하신 것도 바로 이 때문입니다.

그러면, 바리새인의 결점을 보고 우리에게 요구되고 있는 것이 무엇인지 볼 수 있기 위해서는 바리새인의 종교를 살펴보아야 합니다. 이렇게 하는데 가장 편리한 방법 중 하나는 주님이 기도하러 성전에 함께 올라간 바리새인과 세리에 대해 하신 말씀의 내용을 보는 일입니다. 우리가 기억하다시피 바리새인은 크게 눈에 띄는 곳에 우뚝 서서 자기가 다른 사람들과 같지 않다는 것, 특히 저 세리와 같지 않은 것을 하나님께 감사했습니다. 그런 다음 자기 일신상에 관한 일들을 말하기 시작했습니다. 즉 자기는 착취자가 아니며, 부정한 자가 아니며, 간음자가 아니며, 저 세리와 같지 않음을 감사했습니다. 주님도 이 점을 인정하셨습니다. 주님께서 반복해 말씀하신 것도 이 때문입니다. 이 사람들은 이렇게 외적 의를 갖고 있었습니다. 그 뿐이 아닙니다. 그들은 일주일에 두 번 금식했습니다. 그들은 소유했던 모든 것의 십분의 일을 하나님께, 하나님의 대의를 위해서 바쳤습니다. 그들은 식용식물인 박하(mint)와 회향(anise)과 근채(cummin)에 이르기까지 가졌던 모든 것의 십일조를 바쳤습니다(마 23:23). 하지만 여기에 추가해서 그들은 극히 신앙적이었고 예배와 종교의식 준수에 매우 정확하고 엄격했습니다. 이 모든 것에 바리새인들은 정확했습니다. 그들은 이것을 말로 했을 뿐만 아니라 행동으로 행했습니다. 하지만 복음서에서 서기관과 바리새인들의 종교처럼 주님으로부터 분노를 자아낸 것이 없습니다.

서기관과 바리새인들에게 선언된 무서운 화가 기록되어 있는 마태복음 23장을 읽어보십시오. 그러면 주님이 이 사람들을 들추어낸 본질이 무엇인지, 그리고 하나님과 종교에 대한 그들의 자세에 대하여 주님께서 비판하신 것의 본질이 무엇인지 보실 것입니다. "너희 의가 서기관과 바리새인보다 더 낫지 못하면 결코 천국에 들어가지 못하리라"고 말씀하신 것이 모두 이 때문입니다. 이것은 우리가 함께 생각해봐야 할 가장 심각하고 중요한 문제의 하나임을 알아야 합니다. 우리가 착각하고 스스로 속을 가능성이 있기 때문입니다. 바리새인과 서기관들은 우리 주님에게 위선자들로 책망 받았습니다. 하지만 그들은 위선을 의식하지 못한 무의식적 위선자들이었습니다. 그들은 이것을 알아차리지 못했습니다. 사실은 만사가 잘 되어나간다고 생각했습니다. 여러분은 성경을 보면서 이 무서운 위험을 늘 상기할 것입니다. 우리는 잘못된 것을 의지할 가능성이, 참된 예배의 자리에 서기보다 참된 예배에 관계되는 것들에 의지할 가능성이 있습니다. 여기서 다음의 위험을 여러분에게 상기시켜드리겠습니다. 즉 복음주의자들이라고 주장할 뿐 아니라 이 점을 자랑스럽게 여기는 우리들이 매우 범하기 쉬운 것이 바로 이것입니다. 서기관과 바리새인들의 종교에 관한 주님의 분석을 살펴봅시다.

첫째로 어떤 의미에서 그들에 대한 근본적인 비난은 그들의 종교가 마음의 종교가 아니라 전적으로 외적이요, 형식적이라는 것이었습니다. 주님께서 어떤 날 그들에게 돌아서서 말씀하셨습니다. "너희는 사람 앞에서 스스로 옳다 하는 자들이나 너희 마음을 하나님께서 아시나니 사람 중에 높임을 받는 그것은 하나님 앞에 미움을 받는 것이니라"(눅 16:15). 우리 주님이 바리새인들에게 하신 이 모든 진술은 사법적 정죄(judicial condemnation)임을 기억해야 합니다.

하나님의 사랑과 하나님의 진노 사이에는 모순이 없습니다. 주 예수 그리스도는 사랑이 가득하셨으므로 자신에게 어떤 일이 행해졌든지 거기에 불평하신 일이 없습니다. 하지만 하나님과 신앙을 잘못 풀이한 사람들을 사법적으로 탄핵하셨습니다. 그렇다고 이것이 그의 성격상 어떤 모순이 있음을 의미하지는 않습니다. 성결과 사랑은 함께 다닙니다. 거짓된 자와 가짜 의의 가면을 벗기고 외식자를 탄핵하는 것은 거룩한 사랑의 일부입니다.

주님은 어느 때엔가 그들에게 이렇게도 말씀하셨습니다. 어떤 바리새인들이 시장에서 돌아와서 식탁에 앉아 손을 씻지 않고 먹기 시작한 주님의 제자들의 행동을 보고 놀랐습니다. 주님은 그들에게 "아, 너희 바리새인들은 외부에 대해서는 그렇게도 세심하면서 내부에 대해서는 어쩌면 그렇게도 무관심하냐. 사람을 더럽게 하는 것은 사람의 속으로 들어가는 것이 아니라 입으로 나오는 것이 사람을 더럽게 한다. 중요한 것은 마음이다. 마음에서 나오는 것은 악한 생각과 살인과 간음과 간통과 도둑질과 거짓증거와 기타 이런 것들이기 때문이다."라고 하셨습니다. 마태복음 23장에서 주님은 바리새인들에게 회칠한 무덤과 같다고 말씀하셨습니다. 외부는 그럴듯하나 속을 보십시오. 우리가 하나님의 집에 규칙적으로, 꼬박 꼬박 출석할지는 몰라도 시기심이 강하고 심술궂고 복수하는 마음이 가득 차 있습니다.

우리 주님이 바리새인들을 탄핵하신 것은 이 때문입니다. 우리의 의가 만일 이

외식 종교의 요구를 능가하지 못한다면 우리는 하늘나라 시민이 아닙니다. 하나님의 나라는 마음과 관련되어 있습니다. 중요한 것은 나의 외적 행동이 아니라 내 속에 있는 것입니다. 어떤 사람이 신앙에 대한 최상의 정의를 "신앙은 사람이 자기 혼자 있을 때 행하는 그것이다."라고 말했습니다. 즉 여러분이 어떤 존재인지 알고 싶으면 혼자 있을 그때에 해답을 발견할 수 있다는 것입니다. 중요한 것은 여러분이 여러분 자신에 대하여 어떤 말을 하는지 입니다. 다른 사람들에게 말할 때에는 얼마나 조심합니까? 그러나 우리 자신에 대해서는 어떤 것을 말합니까? 그리고 중요한 것은 그가 혼자 있을 때 무엇을 행하는지 입니다. 우리가 부끄러워 외부세계에서 숨기는 우리의 내부에 있는 것들, 이것들은 우리가 실제로 어떤 존재들인가를 최종적으로 선언해주고 있습니다.

주님이 서기관과 바리새인들에게 향한 두 번째 비난은 그들이 도덕보다 의식에 더 관심을 가졌기 때문입니다. 그런데 이 두 번째 비난은 첫 번째 비난에 연관되어 있습니다. 그들은 외적 행동에는 조심스럽습니다. 손 씻는 일과 율법의 의식적 면에는 아주 꼼꼼했습니다. 하지만 율법의 도덕적 면에는 조심스럽지 않았습니다. 이것이 지금도 무서운 위험이 되고 있다는 것을 새삼스럽게 여러분에게 상기시킬 필요가 있겠습니까? 여러분이 주일 오전에 하나님의 집에 가는 한, 주일 나머지 시간에는 여러분이 무엇을 하든 그렇게 중요하지 않다고 가르치기를 주저하지 않는 종교가 있는데 유감스럽게도 이것은 점점 더 성행해가고 있는 것 같습니다. 이것이 바로 바리새인의 잘못이었습니다.

주의 날은 가능한 한 하나님께 온전히 바쳐야 할 날입니다. 이날에는 할 수 있는 대로 만사를 제쳐놓아야 합니다. 하나님께서 영광과 존귀를 받으시고 하나님의 큰 뜻이 성하고 번창할 수 있도록 하기 위해서 말입니다. 바리새인들은 자기네가 외적 의무만을 다하는 것으로 만족하였습니다. 그들은 예배에 다녀왔으며 그것으로 충분하였습니다.

바리새 종교의 또 한 가지 특징은 그들의 종교가 그들 서로가 서로에게 허용하기로 결정한 어떤 세대(dispensations)에 기초를 둔 사람이 만든 규칙과 규례의 하나였다는 것과, 이 규칙과 규례를 수단으로 하여 그들이 지키는 척 가장한 율법을 깨뜨렸다는 점입니다. 그들의 일부는 자녀로서의 의무를 다하지 않고 이것을 무시한 죄책도 있었습니다. 그들은 말하기를 "자, 우리는 주님께 일정 몫의 돈을 바쳤으니 부모를 돌보거나 그들에게 필요한 것을 잘 해드리기가 힘들다."라고 했습니다. "외식하는 자들아, 너희는 이런 식으로 네 아버지와 어머니를 공경하라고 한 율법의 요구를 피하고 있다."라고 주님은 말씀하신 셈입니다. 그들은 전통을 세공화 하였으므로 이 전통의 대부분은 사실 율법의 요구를 피하기 위한 매우 영리하고 교활한 계교 이외 아무것도 아니었습니다. 그들은 율법을 특별한 방법으로 이행했다고 말함으로써 사실상 율법의 요구를 피했던 것입니다. 그런데 사실은 이것은 율법을 전혀 이행하지 않은 것을 의미하는 것입니다.

우리 개신교도들은 로마 가톨릭에 대해서, 그리고 특히 '결의론자들'이라 불린 중세 로마 교사들에 대하여 비판적입니다. 이 사람들은 교묘하게 합리화하는데 전문가였습니다. 특히 양심과 품행에 관계된 문제에 그러했습니다. 그들은 가망 없을 정도로 서로 모순되어 보이는 것들을 조화시킬 수 있었다고 생각되는 때가 허다했습니다.

여러분은 이혼을 믿지 않는 로마가톨릭 교인이 이혼한 사례를 보게 되는데 이 일이 어떻게 해서 일어날 수 있었습니까? 저는 단순히 가톨릭 유형의 종교를 비난하는 일에는 관심이 없습니다. 우리 자신들도 죄를 합리화할 수 있고 그 죄를 잘 변명하여 빠져나갈 수 있으며 우리가 해야 할 일과 하지 말아야 할 일들에 대하여 구실을 늘어놓기 일쑤입니다. 이것이 바리새인들의 전형인 모습이었습니다. 하지만 우리 주님께서 그들에게 던진 또 다른 비난은 그들이 근본 그들 자신과 그들의 의에만 관심을 가졌다는 것인데, 이것은 그들이 거의 자기만족에 빠지는 결과를 가져왔습니다.

바리새인들의 궁극적 목적은 하나님을 영화롭게 하는 것이 아니라 자기를 높이는 것이었습니다. 바리새인이 종교의 의무를 이행했을 때도 사실은 하나님의 영광과 하나님을 높이는 일은 생각하지 않고 자기 자신과 의무이행만을 생각하고 있었습니다. 주님은 성전에서 기도하는 바리새인과 세리에 대해 말씀하시는 가운데 바리새인은 하나님께는 조금도 예배함이 없다고 하셨습니다. 바리새인은 "나는 다른 사람들과 같지 않음을 당신께 감사드립니다."라고 했습니다. 이것은 하나님께 모욕입니다. 거기에는 예배라고 할 것이 없었습니다. 바리새인들은 하나님에 대한 관계보다도 항상 그들 자신의 업적에 만족했고 주의를 집중했습니다. 우리도 가끔 이와 같은 잘못을 범하고 있는 것이 아닐까요? 이것이 복음주의자들이라 불리는 우리들에게 끊임없이 붙어 다니는 죄가 아닐까요?

다른 사람들이 신앙을 명백히 부인하고 불경건한 생활을 하고 있음을 우리는 봅니다. 우리가 그런 사람들보다는 다르기 때문에 자기만족에 빠지기는 얼마나 쉽습니까? "나는 다른 사람들과 같지 않고 특히 저 현대주의자와 같지 않음을 하나님께 감사합니다."라고 말입니다. 우리에게 문제되는 것은 우리가 하나님의 관점에서 우리 자신을 바라보지 않는 데 있습니다.

즉 우리는 하나님의 성격과 존재와 성품을 상기하지 않는 것입니다. 이것은 자연히 다른 사람들에 대한 바리새인들의 가엾고 비극적인 태도를 고찰하게 해 줍니다. 바리새인들이 궁극적으로 정죄를 받은 까닭은 팔복에 묘사된 영(spirit)이 그들의 삶에서 완전히 결여되어 있었다는 데 있습니다. 이것이 그들과 기독교인들과의 차이점이 되고 있습니다. 기독교인은 팔복을 예시하는 사람입니다. 기독교인은 '심령이 가난'합니다. 기독교인은 '온유합니다.' 기독교인은 '긍휼합니다.' 기독교인은 규정된 어떤 임무를 수행했다고 해서 만족하지 않습니다. 기독교인은 '의에 주리고 목말라 합니다.' 기독교인은 그리스도를 닮고자 갈망합니다. 이것이 우리 자신을 시험해야 할 기준이 됩니다.

주님은 최종 분석에서 바리새인들은 박하와 회향과 근채의 십일조를 바쳤으나 하나님과 사람을 사랑하라는 율법의 보다 중요한 문제를 잊고 무시했다고 말씀했습니다. 하나님을 사랑하고 사람을 사랑하는 것이 종교의 중심이요, 예배의 목적의 전부인 것입니다.

하나님이 요구하시는 것은 우리의 마음을 다하고, 우리의 목숨을 다하고 우리의 뜻을 다하고 우리의 힘을 다하여, 하나님을 사랑하고 우리의 이웃을 우리 몸처럼 사랑하는 것임을 여러분에게 다시 상기시켰으면 합니다.

여러분이 박하와 회향과 근채의 십일조를 바치고, 이 십일조 바치는 일들을 가장 미미한 세목에 이르기까지 고집한다 하더라도 이것이 성결은 아닙니다. 성결의 기준은 하나님에 대한 여러분의 관계요, 하나님에 대한 여러분의 태도이며, 하나님에 대한 여러분의 사랑입니다. 여러분은 이 특정 시금석에 어떻게 대처하십니까? 거룩해지는 것은 어떤 일들을 단순히 피하거나, 어떤 일들은 생각하지도 않음을 의미하지 않습니다. 거룩은 거룩하시며 정다우신 하나님에 대한 궁극적인 마음 자세를 말하며, 둘째로 우리의 이웃들에 대한 우리의 사랑을 말하는 것입니다. 바리새인들에게 문제된 것은, 그들이 원칙보다 행동에 관심을 가지며, 사람됨(being)보다 행동(doing)에 관심을 가졌다는 데 있습니다. 본 산상설교의 나머지 부분은 바로 이것의 해석입니다.

우리 주님은 결국 그들에게 "너희는 간음을 범하지 않는다고 해서 너희 자신에게 만족하나 만일 너희가 너희 눈 속에 정욕을 가지고 바라본다면 그것이 간음이다."라고 말씀하신 것입니다. 중요한 것은 원칙이지 행동만이 아닙니다. 중요한 것은 여러분이 무엇을 생각하며 소원하는가, 즉 여러분의 마음 상태가 어떤가 하는 데 있습니다. 어떤 일들은 삼가고 어떤 일들은 한다고 해서 기독교인 되는 것은 아닙니다. 기독교인은 하나님과 특별한 관계를 가지며 그의 최고의 갈망은 하나님을 더 잘 아는 것이 되고, 하나님을 더욱 참 되게 사랑하는 사람입니다. 이 일은 이른바 시간제 직업(a part-time job)이 아니며 주일의 일부를 지킨다고 해서 되는 것도 아닙니다. 이 일은 우리가 가진 모든 시간과 집중을 요구합니다. 위대한 하나님의 사람들의 전기를 읽어보십시오. 그러면 이것이 항상 눈에 띄는 원칙임을 발견하실 것입니다.

그럼 여러분 속에 있음직한 질문을 하겠습니다. "그러면 주님은 무엇을 가르치고 계신가? 주님은 행위에 의한 구원을 가르치시는가? 주님은 우리가 천국에 들어가기 위해 바리새인들보다 더 훌륭한 생활을 해야 한다고 말씀하심인가?"

아닙니다. 그렇지 않습니다. "의인은 없나니 하나도 없기" 때문입니다. 모세를 통해 주신 하나님의 법은 온 세상을 정죄했습니다. "이는 모든 입을 막고" "모든 사람이 죄를 범하였으매 하나님의 영광에 이르지 못하더니"(롬 3:23)인 것입니다. 우리 주님은 우리 자신의 행위나 우리 나름의 의에 의한 칭의나 구원을 가르치러 오시지 않았습니다. 이것의 반대파는 말하기를 "좋습니다. 주님은, 구원이 오직 그리스도의 의에 의하므로 우리가 무슨 일을 하든 아무 상관이 없다고 가르치시지 않습니까? 주님이 다 하셨으니 우리는 할 것이 아무것도 없습니다."라고 합니다. 그런데 이것은 또 다른 편의 극단이요, 오류입니다. 하지만 이런 해석이 있을 수 없는 이유는 20절 서두에 'for'(…이므로)라는 작은 낱말이 있기 때문이라고 저는 주장합니다.

이 낱말은 19절의 말씀과 연결됩니다. 거기서 주님은 "그러므로 누구든지 이 계명 중에 지극히 작은 것 하나라도 버리고 또 그같이 사람을 가르치는 자는 천국에서 지극히 작다 일컬음을 받을 것이요 누구든지 이를 행하며 가르치는 자는 천국에서 크다 일컬음을 받으리라"고 하셨습니다. 주님은 율법을 실제로 행해야 할 것을 강조하고 있습니다. 이것이 이 문단의 목적입니다. 이것은 율법의 행함을 쉽게 만들거나 우리로 하여금 "그리스도께서 우리를 위해서 이것을 모두 해주셨으니 우리가 무엇을 하든 상관이 없다."라고 말하는 것이 아닙니다. 우리는 어리석게도 이런 일들을 보충해야 할 반제(antitheses)를 항상 생각하는 경향이 있습니다.

주님은 우리가 예수 그리스도 안에서 하나님의 은혜를 참으로 받은 증거는 우리가 의로운 생활을 살고 있는 데서 나타나는 것이라고 가르치고 계십니다. 여러분은 신앙과 행위에 관한 옛 논증을 알고 계실 것입니다. 어떤 사람들은 이것(신앙)이 중요한 전부라고 말하고 또 어떤 사람들은 행위가 중요한 전부라고 말합니다. 하지만 성경은 이 두 견해가 잘못된 것이라고 가르칩니다. 즉 기독교인의 표지는 행위로써 나타내 보이는 믿음이라고 가르칩니다.

사도 바울의 말씀을 인용해드리겠습니다. 그는 다른 누구보다도 믿음의 사도요, 은혜의 사도였습니다. 그는 "속지 말라"고 말씀합니다. 이 말씀은 세상을 향해 하신 말씀이 아니요 고린도 교인들에게 하신 말씀입니다. "음행하는 자나 우상 숭배하는 자나 간음하는 자나… 속여 빼앗는 자들은 하나님의 나라를 유업으로 받지 못하리라"(고전 6:9-10). "너희가 내가 명한 일을 행하지 아니하면 '주여, 주여'라고 해야 소용없다."라고 주님은 말씀하십니다. 만일 나의 삶이 의로운 삶이 아니라고 하면 내가 예수 그리스도 안에서 하나님의 은혜로 말미암아 회심했다고 주장하기 전에 조심해야 하겠다는 결론이 됩니다.

왜냐하면 예수 그리스도 안에서 하나님의 은혜를 받는 것은 내 죄가 갈보리 언덕 십자가 위에서 그가 나를 위해 돌아가셨기 때문에 용서 받았음을 의미할 뿐 아니라 내가 새 생명과 새 성품을 받았다는 것을 의미하기 때문입니다. 그리고 이것은 그리스도의 형상이 내 속에 이루어지고 있으며 내가 하나님의 성품의 참여자가 되었으며 옛 것들은 지나갔고 모든 것이 새로워졌음을 의미하기 때문입니다. 그리고 그리스도가 내 속에 거하시며, 하나님의 성령이 내 속에 계심을 의미하는 것입니다. 다시 태어난(중생한) 사람, 그 속에 하나님의 성품을 가지고 있는 사람은 의로운 사람이며 그의 의는 서기관과 바리새인의 의를 능가합니다.

그는 이제 자아와 자기의 업적이나 성공을 위해 살지 않으며, 자기 의나 자기 만족하는 삶을 살지 않습니다. 그는 심령이 가난해졌고, 온유하며, 긍휼하며, 의에 주리고 목마릅니다. 그는 화평하게 하는 사람이 되었습니다. 그의 마음은 청결해지고 있습니다. 그는 하나님을 사랑합니다. 그렇습니다. 하나님의 명예와 영광을 열망하는 것입니다. 그의 의욕은 하나님을 영화롭게 하며 그의 법을 지키고 영예롭게 하고 그의 법을 성취하는 것이 됩니다. 그런 사람에게 있어 하나님의 십계명은 '가혹하고 고통을 주는' 것이 아닙니다. 그는 십계명을 지키고자 원합니다. 하나님께서 십계명을 사랑하시기 때문입니다. 그는 이제 하나님과 원수 된 자리에 있지 않습니다. 그는 지금 율법의 성결함을 보며 그의 매일의 삶에서 이 율법대로 살며 그에게 이 율법을 예증하는(exemplifying) 일처럼 호소력 있고 마음에 드는 일은 없게 되는 것입니다. 이것은 서기관과 바리새인들의 의를 훨씬 능가하는 의입니다.

우리에게 매우 중요한 질문들을 이와 같이 표현해봅니다. 여러분은 하나님을 아십니까? 여러분은 하나님을 사랑하십니까? 여러분의 삶에서 가장 크고 첫째가는 일은 하나님을 영화롭게 하며, 여러분이 이것을 너무 소원하므로 그것이 여러분에게 어떤 희생을 치르게 하더라도 개의치 않다고 정직하게 말할 수 있습니까? 여러분은 이것이 가장 중요하다는 것을 아십니까?

즉 여러분이 다른 사람보다 훌륭하게 될 수도 있다는 것이 아니라, 여러분이 하나님께 심히 죄를 지었지만 여러분을 위하여 자기의 독생자를 보내어 갈보리 십자가 위에서 죽게 하신 그 하나님을 존귀하게 하며, 영화롭게 하며, 사랑할 수 있으며, 여러분이 용서받을 수 있으며, 그가 여러분을 자기의 위치에까지 회복시키실 수 있음을 믿으십니까? 아멘

20장

율법조문과 영

"21 옛 사람에게 말한바 살인하지 말라 누구든지 살인하면 심판을 받게 되리라 하였다는 것을 너희가 들었으나 22 나는 너희에게 이르노니 형제에게 노하는 자마다 심판을 받게 되고 형제를 대하여 라가라 하는 자는 공회에 잡혀가게 되고 미련한 놈이라 하는 자는 지옥 불에 들어가게 되리라" 마 5:21-22

산상설교의 참된 취지를 이해하려면, 본문 21절에서 주님께서 말씀하신 것과 그 앞에 말씀하신 것 사이의 정확한 관계를 이해해야 합니다. 왜냐하면 이 둘 사이에는 직접적인 관계가 있기 때문입니다. 하지만 이 같은 성경의 대목을 취급할 때 생길지 모르는 위험은, 세부적인 면에 너무 몰두하므로 주님이 선언하고 계신 본질적인 가르침과 큰 원칙들을 놓치기 쉽다는 점입니다.

우리 주님은 그 나라, 곧 하나님의 나라 또는 하늘나라 시민들을 서술하는 일에 관심을 가지고 계십니다. 무엇보다 주님은 본 산상설교에서 기독교인의 본질적 성격에 대하여 대략적 서술을 하고 그다음은 기독교인의 기능과 목적에 관해 계속해서 말씀하셨고 그런 다음 기독교인의 율법에 대한 관계 문제를 말씀하고 계십니다.

주님께서 이렇게 하셔야 하는 까닭은 주님의 설교를 듣는 사람들이 율법의 가르침을 받은 유대인들이었기 때문이며, 그들이 새 가르침을 율법의 관점에서 평가하려 했기 때문입니다. 그러므로 주님은 그들에게 율법에 대한 자기의 관계와 율법에 대한 자기 가르침의 관계를 보여주셔야 했던 것입니다. 주님은 이 일을 마태복음 5장 17절로부터 20절에서 하고 계십니다. 그런데 21절에서 주님은 그 진술(17-20절)을 확대하십니다. 주님은 율법에 대한 기독교인의 관계를 두 가지 점에서 설명하고 계십니다.

주님은 율법에 대한 긍정적인 해석을 주시고 이것을 서기관과 바리새인들의 거짓된 가르침과 대조하고 계십니다. 21절부터 7장 끝까지 본 설교의 나머지 부분에서 우리가 하늘나라 시민이 되어야 한다면, 우리의 의가 서기관과 바리새인들의 의보다 나아야 한다고 말씀하고 있습니다. 이것을 주님은 흥미진진한 방법으로 산상설교에서 다루고 계십니다. 마태복음 5장 21절부터 48절까지 주님은 주로 율법의 전말을 말씀하시는 일에 관심을 가지십니다.

주님은 여기서 여섯 가지 말씀으로 진술하시는데 첫째 진술은 21절의 "옛 사람에게 말한바 살인하지 말라 누구든지 살인하면 심판을 받게 되리라 하였다는 것을 너희가 들었으나"입니다. 그런 다음 27절에서는 "또 (옛 사람에게 말한바) 간음하지 말라 하였다는 것을 너희가 들었으나"라고 하셨고, 31절에서는 "또 일렀으되 누구든지 아내를 버리려거든 이혼 증서를 줄 것이라 하였으나"라고 하셨고, 33절에는 "또 옛 사람에게 말한바 헛맹세를 하지 말고 네 맹세한 것을 주께 지키라 하였다는 것을 너희가 들었으나"라고 하셨습니다. 그런 다음 38절에는 "또 눈은 눈으로, 이는 이로 갚으라 하였다는 것을 너희가 들었으나"라고 기록되어 있습니다. 그리고 마지막 진술은 43절의 "또 네 이웃을 사랑하고 네 원수를 미워하라 하였다는 것을 너희가 들었으나"입니다.

이 진술들을 별도로 독립해서 취급하기에 앞서 이것들을 하나의 전체로 고찰하는 것은 매우 중요합니다. 왜냐하면 이 여섯 개 진술에 어떤 공통된 원칙들이 있기 때문입니다. 주님은 어떤 원칙을 설정하신 다음 그 원칙들의 실례를 들고 계십니다. 그러므로 우리도 원칙들을 먼저 파악하는 것이 중요합니다.

여기서 먼저 고찰해야 할 것은 주님께서 사용하신 형식(formula)입니다. 여러분은 "옛 사람에게 말한바…라는 것을 너희가 들었으나"로 번역된 것을 보셨을 것입니다(역주: 영어 본문에는 "ye have that it was said by them of old time"으로 되어 있고, 방금 인용한 문장은 "ye have heard it was said to them of old time"으로 되어 있다. 즉 by와 to의 차이가 있다). 그 아무도 언어학적인 것을 근거로 하여 'by'(에 의하여)가 옳은지 'to'(에게)가 옳은지를 말할 수 있는 사람은 없습니다. 언어학적으로 해석할 때 학자들 사이에 의견의 차이가 있습니다. 그러므로 주님이 이 말씀으로 어떤 뜻을 전달하려 하셨는가는 문맥을 봐서 정확히 결정해야 할 것입니다. 주님은 단순히 모세의 율법을 말씀하고 계신가, 아니면 바리새인과 서기관들의 가르침을 가리키고 계신가? "옛 사람에게 말한바"로 읽어야 한다고 말하는 사람들은 모세의 율법을 주님께서 가르치신다고 말하는 반면, 흠정영역(A.V.)에 있는 대로 'by'를 강조하고 싶어 하는 사람들은 서기관과 바리새인들이 가르친 교훈을 말한다고 합니다.

저는 둘째 견해를 받아들이는 것이 중요하다고 생각되며, 주님께서 여기서 가르치시는 것은 바리새인과 서기관들이 만든 율법에 대한 거짓된 주장과 대조해서 율법의 참 교훈을 말씀하고 있다고 생각합니다. 그들의 가르침의 큰 특징들의 하나는 항상 조상들의 글을 인용하고 있었습니다. 서기관을 서기관 되게 한 것은 바로 이것이었습니다.

서기관들은 조상들이 만든 결정사항에 정통한 권위자들이었습니다. 그들의 조상들이 만든 결정사항은 전통이 되었습니다. 그러므로 저는 이 구절들을 이렇게 해석해야 한다고 제의합니다. 주님은 "너희가 모세의 율법에서 읽었으나"라거나 "그것이 기록되었고 너희가 읽었으나"라고 말씀하시지 않고 "옛 사람에게 말한바…말라 하였다는 것을 너희가 들었으나"라고 하셨습니다. 이렇게 볼 때 이것은 의미심장합니다.

실례를 하나 들어 설명하겠습니다. 주님 당시 유대인들의 상태는 프로테스탄트 종교개혁 이전의 백성들의 상태와 눈에 띄게 흡사했습니다. 여러분은 종교개혁 이전에는 성경이 영어로 번역되어 있지 않고 라틴어를 알아들을 수 없던 백성들에게 매주일 라틴어성경을 읽어준 사실을 기억하실 것입니다. 그 결과 백성들은 그들에게 성경을 읽어주고 성경을 해석하노라고 주장한 사제들에게 그들의 성경 지식을 전적으로 의존했습니다. 백성들 스스로는 성경을 읽을 수 없었으며 강단에서 듣고 있던 내용을 확인하고 확실히 할 수 없었습니다. 그러므로 프로테스탄트 종교개혁은 백성들 스스로 성경을 읽고 그들에게 주어진 복음에 대한 거짓된 가르침과 표현을 볼 수 있게 하였던 것입니다.

그런데 주님이 여기서 말씀하시는 입장이 흡사 이와 같습니다. 이스라엘 백성이 바벨론으로 포로로 잡혀 갔을 때 그들은 히브리어를 알 수 없게 되어버렸습니다. 그들이 포로에서 돌아왔을 때 사용한 언어는 아람어였습니다. 아람어는 히브리어와 달라서 히브리어로 된 모세의 율법을 읽을 수 없었습니다. 그 결과 바리새인과 서기관들의 가르침에 그들의 모든 율법지식을 의존하게 되었습니다. 그러므로 우리 주님께서 "너희가 들었으나" 혹은 "그것이 너희가 들은 것이었으나" "그것이 너희에게 말해진바 되었으나" "그것이 너희가 회당에 가서 귀를 기울일 때 너희가 들은 설교였으나"라고 하신 것은 옳습니다.

그 결과 이 백성들이 율법이라 생각했던 것이 사실은 율법이 아니라 서기관과 바리새인들이 제시한 율법의 한 표현이었던 셈입니다. 특히 율법은 수세기 동안 율법에 추가되었던 각양각색의 해석과 전통으로 되어 있습니다. 이렇게 율법이 실제로 말씀하고 가르친 것의 참 해석을 알아야 한다는 것은 매우 중요하였습니다. 바리새인과 서기관들은 율법에 그들 나름의 해석을 추가하였으므로 이때쯤 해서는 어느 것이 율법이고 어느 것이 해석이었는지 도통 알 수가 없었습니다.

또 종교개혁 이전 것을 비교해서 설명하면 그때의 정확한 형편을 보는 데 도움이 될 것입니다. 프로테스탄트 종교개혁 이전의 로마 가톨릭의 가르침은 예수 그리스도의 복음의 거짓된 표현이었습니다. 그들의 교훈은 여러분이 구원받기 위해서는 성례를 믿어야 하며 교회와 사제를 떠나서는 구원이 없다고 했습니다. 구원이 이런 식으로 가르쳐지고 있었던 것입니다. 전통과 각양각색의 부록은 단순한 복음을 흐리게 하여 혼란을 일으켰습니다.

이 여러 가지 실례들을 살펴볼 때 알 수 있듯이 우리 주님의 목적은 서기관과 바리새인들의 가르침의 결과로 모세의 율법에 무슨 일이 있었던가를 정확히 보여주는 데 있었습니다. 주님은 율법을 백성들에게 정확하고 분명하게 해주는 데 관심을 가지셨습니다.

그러면 이제 또 하나의 진술 "나는 너희에게 이르노니"도 생각해봐야 하겠습니다. 이것이 주 예수 그리스도의 인론(人論)과 관련해서 가장 결정적인 진술의 하나가 됨은 물론입니다. 그가 여기서 자기를 권위자로 제시하기를 주저하시지 않은 것을 여러분은 보십니다. 그런데 이것은 앞의 진술과 의미심장한 관계가 있음이 분명합니다. 만일 여러분이 "옛 사람에 의하여"('by them of old time')란 말이 모세의 율법을 의미한다는 견해를 취하게 되면 여러분은 주님이 "모세의 율법은 …라고 말했으나 나는… 너희에게 이르노니"라고 말씀하고 있었다고 믿는 위치에 서도록 강요당하는 셈입니다. 그리고 주님이 모세의 율법을 정정하고 계심을 암시하는 것이 됩니다.

하지만 그렇지가 않습니다. 주님은 이렇게 말씀하십니다. "나는 너희에게 모세의 율법을 해석하고 있다. 참된 것은 나의 해석이요 바리새인과 서기관들의 해석이 아니다."라고 말입니다. 이 말씀에는 그 이상의 의미가 있습니다. 여기에는 다음과 같은 뜻이 암시되어 있습니다. 즉 "너희에게 말하고 있는 나는 모세의 율법에 책임을 지는 바로 그이며, 그러므로 율법을 참으로 해석할 수 있는 것은 나뿐이다."라는 말씀입니다. 여기서 그가 그분 특유의 권위를 주장하기를 주저하지 않으심을 볼 수 있습니다. 그는 하나님으로 말씀하십니다. 모세의 율법을 일점일획까지 다 성취하기까지 사라지지 아니할 것으로 간주하시면서 주님은 "그러나 나는 너희에게 이르노니"라고 말씀하시기를 주저하지 않으십니다.

주님은 하나님의 권위를 가지십니다. 그는 평범한 선생이 아니었습니다. 그는 단순한 율법의 해석자이거나 한 사람의 서기관이나 바리새인이나 선지자가 아니었습니다. 그는 하나님의 진리를 나타내시며 육신을 입으신 하나님의 아들이십니다.

우리는 본 산상설교에 있는 모든 것을 하나님의 아들로부터 온 것으로 받아들여야 합니다. 죄 있는 육신의 모양으로 오셨으나 그분은 여전히 신적 권위로 말씀하고 계시며 그의 한 말씀 한 말씀은 우리에게 결정적으로 중요한 말씀인 것입니다. 이제 우리는 우리 주님이 새 율법을 세우러 오셨다거나 새 윤리법전을 선언하러 오셨다는 등등의 관념은 제거해 버려야 합니다. 산상설교는 어떤 상세한 윤리 법전이 아닙니다. 산상설교는 주님께서 주신 어떤 새로운 유형의 도덕법이 아닙니다. 그때는 산상설교가 이런 식으로 생각된 것이 틀림없습니다. 그래서 주님은 이렇게 말씀하신 것입니다. "나는 새 나라(Kingdom)를 세우러 왔다. 나는 새 백성 중 최초의 백성이요, 많은 형제들 중 장자(長子)이다. 나를 머리로 하는 백성은 일정 유형, 일정 성격의 백성이 될 것이다. 그들은 그 일정 유형의 백성에 부합되기 때문에 일정한 양태로 처신하게 될 백성이 될 것이다. 자, 나는 그들(백성)이 어떻게 처신하게 될 것인지 너희에게 그 실례를 보여주고 싶다."라고 말입니다.

우리는 항상 특정한 상태(set)의 틀에 박힌 규칙이나 규약을 가지기를 좋아합니다. 제가 이 점을 전개하면서 강조하는 것도 이런 까닭에서입니다. 만일 여러분이 산상설교를 이 여섯 개의 진술과 함께 취하여 "내가 간음을 범하지 않는 한 나는 모두 옳다."라고 말한다면 여러분은 주님의 말씀하시는 요점을 필시 놓쳐버린 것이 됩니다. 산상설교는 윤리 법전이 아닙니다.

주님은 질서정연한 생활의 어떤 상태와 자질을 묘사하려 하셨습니다. 그래서 주님은 결국 "자, 나는 이런 유형의 생활을 실례로 들어 설명하고 있다. 그것은 이런 유형의 품행을 의미한다."라고 말씀하신 셈입니다. 그러므로 우리는 어떤 특정 실례를 율법으로 변화시키지 않고 원칙에 집착해야 합니다.

지금까지 말씀드린 것은 이 점을 강조하기 위함이었습니다. 만일 우리가 "너희가 들었으나"와 "나는 너희에게 이르노니"란 형식의 관점에서 우리 주님께서 말씀하신 이상의 여섯 개 진술을 받아들인다면, 그가 사용하시는 원칙이 매 경우에서 정확히 같은 사실을 발견하게 될 것입니다.

주님은 한 진술에서는 성도덕을, 다음 진술에서는 살인을, 그리고 다음 진술에서는 이혼 문제를 취급하고 계십니다. 하지만 그 원칙은 매번 같습니다. 우리 주님은 위대하신 선생으로서 실례를 들어 원칙을 설명하는 것의 중요함을 아셨습니다. 그래서 여기서 진리 하나에 대하여 여섯 가지 실례를 보여주신 것입니다.

이제는 이 여섯 진술에서 발견되는 이 공통되는 원칙을 다루어 보겠습니다. 그래야 각 진술을 다루게 될 때 이 중심 원칙을 염두에 두게 될 것입니다. 우리 주님의 중심 소원은 율법의 참 뜻과 의도를 보여주고 바리새인과 서기관들이 율법에서 끌어낸 잘못된 결론과 그들이 그것에 기초하여 쌓은 모든 거짓 관념을 바로 잡아주려는 것에 있었습니다.

그 원칙을 다음과 같이 제시하려고 합니다. 첫째로, 원래 중요한 것은 율법의 문자뿐만 아니라 율법의 정신이 중요합니다. 율법은 기계적인 것이 아니요, 생명을 주는 것이 되게 되어 있었습니다. 바리새인과 서기관들에게 문제되던 것은 그들이 문자에만 관심을 가졌다는 데 있습니다. 그들은 정신은 제쳐놓고 그렇게 했던 것입니다. 사람은 그 내용보다도 항상 그 형식에, 정신보다는 문자에 집중하는 경향이 있습니다.

여러분은 사도 바울이 이 점을 고린도후서에서 강조하신 것을 기억하실 것입니다. 거기서 그는 "율법조문은 죽이는 것이요, 영은 살리는 것이니라"(고후 3:6)라고 했습니다. 3장에서 그가 온통 강조한 것은 이스라엘이 너무 항상 문자적으로만 생각했으므로 영을 잃었다는 것입니다. 그 편지의 전 목적은 몸에 영을 주기 위한 것이었습니다. 진짜 중요한 것은 영이지 문자가 아닌 것입니다. 살인의 문제를 예로 들어 봅시다. 바리새인과 서기관들은 사람을 실제로 죽이지 않는 한 율법을 완전히 지켰다고 생각했습니다. 하지만 그들은 율법의 모든 문제점과 정신은 빠뜨리고 있었습니다.

율법의 정신은 내가 문자 그대로 살인을 범하지 않을 뿐더러 동료 인간들에 대한 나의 태도가 올바르고 사랑스러워야 한다는 것에 있습니다. 기타의 이 모든 실례들도 마찬가지입니다. 여러분이 육체적 의미의 간음을 실제로 범하지 않았다는 단순한 사실이, 여러분이 율법을 지켰다는 것을 의미하는 것은 아니기 때문입니다. 여러분의 영은 어떠합니까? 여러분이 보실 때에 여러분의 욕망은 어떠합니까? 중요한 것은 영이지 문자가 아닙니다.

우리가 문자에만 의지한다면 율법을 완전히 오해하게 될 것은 분명합니다. 이것이 모세의 율법에만 적용될 뿐 아니라 더욱, 어떤 의미에서는 바로 이 산상설교에도 적용됨을 강조하고 싶습니다. 오늘날 이 산상설교의 정신은 빠뜨리고 문자를 보는 사람들이 있습니다. 예를 들어 맹세와 관련해서 퀘이커 교도들의 태도를 봅시다. 그들은 여기의 문자를 문자 그대로 받아들입니다. 그리고 영을 부정할 뿐 아니라 우리 주님의 진술을 아주 우스꽝스럽게 만들어버립니다. 다른 편 뺨을 돌려대는 문제와 우리에게 구하는 자들에게 주라는 문제에 있어서도 이와 꼭 같이 하여 이 가르침을 온통 우스꽝스럽게 만드는 사람들이 있습니다. 왜냐하면 그들은 항상 율법조문에 입각해서 살기 때문입니다. 반면 우리 주님께서 강조하신 것은 정신(영)의 중요성입니다. 그렇다고 문자가 중요하지 않다는 것은 물론 아닙니다. 이것은 우리가 문자보다 영을 앞세우며, 영에 준해서 율법조문을 해석해야 한다는 의미입니다.

이번에는 두 번째 원칙을 생각해봅시다. 이 원칙은 사실은 첫 번째 원칙을 다르게 표현한 것입니다. 율법에 일치하는 것을 행동의 관점에서만 생각해서는 안 됩니다. 생각과 동기와 의욕이 모두 똑같이 중요합니다.

하나님의 법은 행동으로 유도하는 것 곧 그 동기를 행동 자체만큼이나 중요하게 관심을 가집니다. 다시 말씀드리면 이것은 행동이 중요하지 않다는 것이 아니라, 중요한 것은 행동뿐이 아니라는 뜻입니다. 우리는 이것을 명백한 원리로 삼아야 합니다.

서기관과 바리새인들은 간음과 살인 '행위'에만 관심을 가졌습니다. 하지만 우리 주님은 하나님 보시기에 참으로, 궁극적으로 비난받을 것은 이런 것들을 하려는 사람의 마음과 생각 속의 욕망임을 그들에게 강조하고자 애를 쓰셨습니다.

주님은 이것과 관련해서 악한 생각과 행동은 마음에서 나오는 것임을 얼마나 자주 말씀하셨습니까? 중요한 것은 사람의 마음입니다. 그러므로 어떤 것은 행하고 어떤 것은 행하지 않는다는 관점에서 하나님의 율법을 생각하고 하나님을 기쁘시게 할 생각을 해서는 잘못된 것입니다. 하나님께서는 항상 내적 상태와 태도를 보십니다. "너희는 사람 앞에서 스스로 옳다 하는 자들이나 너희 마음을 하나님께서 아시나니 사람 중에 높임을 받는 그것은 하나님 앞에 미움을 받는 것이니라"(눅 16:15).

셋째 원칙은 이렇게 표현할 수 있겠습니다. "율법은 부정적으로 생각해야 할 뿐 아니라 긍정적으로도 생각해야 한다."라고 말입니다. 율법의 궁극적 목적은 잘못된 것들을 행하지 않는 것만으로 끝나는 것이 아니라는 것입니다. 율법의 진짜 목적은 옳은 것을 적극적으로 하는 것일 뿐 아니라 옳은 것을 사랑하는 것에 있습니다. 여기에 다시 위의 여섯 가지 실례에서 명백히 결과가 나오는 것입니다.

유대인의 율법관은 부정적인 것이었습니다. 내가 간음을 범해서는 안 됩니다. 내가 살인을 범해서는 안 됩니다. 하지만 하나님께서 우리가 의를 사랑하는 자들이 되어야 한다는 점에 관심을 가지심을 주님은 내내 강조하고 계십니다. 우리는 부정적으로 악한 것을 피해야 할 뿐 아니라 의에 주리고 목말라야 합니다.

이 몇 가지 점들이 모두 현재 우리의 상태와 실제로 관련된다는 사실을 보여주기 위해 제가 다른 데로 방향을 돌려야 할 필요는 없습니다. 애석하게도 성결과 성화를 이렇게 순전히 기계적 방법으로 생각하는 사람들이 아직도 있기 때문입니다. 그들은 자기네가 죄책이 없는 한 만사가 다 좋다고 생각해버립니다.

그들의 태도는 이렇게 순전히 부정적입니다. 여러분이 질투하고 시기하고 악하고 의롭지 않은가 하는 문제는 중요하지 않는 것 같아 보입니다. 여러분이 교만한 삶으로 가득하다는 사실도 여러분이 이러저러한 일들을 하지 않는 한 중요시하지 않는 것 같아 보입니다. 하지만 이것이 하나님의 율법을 순전히 부정적인 방법으로 간주하여 율법을 왜곡시킨 서기관과 바리새인들과 별반 다르지 않습니다.

넷째 원칙은, 그리스도께서 설명하신 대로 율법의 목적은 우리를 압제적인 규칙에 얽매여 복종적 상태에 있게 하는 것이 아니요, 우리의 영적 성격을 자유롭게 계발하고 촉진시킨다는 것입니다. 이것은 매우 중요한 점입니다. 성결 곧 성화의 길을 우리로 하여금 굴종상태에 밀어 넣는 가혹하고 쓰라린 것으로 생각해서는 안 됩니다. 그리스도의 복음이 우리에게 제공하는 영광스러운 가능성은 하나님의 자녀로서의 계발이요, "그리스도의 충만하신 분량의 경지까지" 자라가는 것에 있습니다. "그의 계명은 무거운 짐이 아니라"(요일 5:3)고 요한은 그의 제일서신에서 말씀하고 있습니다. 그러므로 여러분과 제가 신약의 윤리적 가르침을 우리를 속박하는 것으로 간주하며 우리가 이것을 편협하고 제한적인 것으로 간주한다면, 이것은 곧 여러분이 율법을 이해하지 못한 것을 의미할 뿐입니다.

복음의 목적은 우리로 "하나님의 자녀들의 영광스런 자유"에 이르게 하는 것에 있습니다. 그리고 이 특정 명령들은 우리가 어떻게 그 경지에 도달하여 그것을 누릴 수 있는가를 설명해주는 특정 실례들에 지나지 않습니다. 이것은 우리를 다섯째 원칙으로 이끌어갑니다. 이 원칙은, 하나님의 법과 성경의 이 모든 윤리적 교훈들은 그것들 자체에 목적이 있다고 간주해서는 안 된다는 원칙입니다. 이 모든 가르침의 궁극적 목적은 여러분과 제가 하나님을 알게 되어야 한다는 것입니다.

바리새인과 서기관들은(사도 바울도 개심하기 전에는 그러했다고 말했습니다) 말하자면 십계명과 도덕법을 벽 위에 걸어놓은 셈이며, 그것들을 부정적이며 제약적인 자세로 보면서 "이제는 됐다. 나는 이런 여러 가지 일들에 대해 죄책감이 없다. 그러므로 나는 모두 옳다. 나는 의롭다. 나와 하나님 사이에는 만사가 잘되어간다."라고 했습니다.

여러분은 그들이 율법을 율법 자체로만 본 사실을 아십니다. 그들은 율법을 이런 식으로 법전화 시켰으며 그들이 이 법전을 지키면 만사는 다 잘 되어간다고 말했습니다. 주님 말씀에 의하면 이것은 철저할 정도의 허위적인 율법관입니다. 여러분이 항상 적용시켜야 할 시금석의 하나는 "하나님에 대한 나의 관계는 어떠한가?" "나는 하나님을 아는가? 나는 하나님을 기쁘시게 하고 있는가?" 하는 것입니다. 다시 말하면 여러분이 잠자리에 들어가기 전에 자신을 검토하고 있을 때 여러분은 살인을 범했는가, 간음을 범했는가를 묻지 않습니다. 여러분은 이러저러한 죄를 지었는가를 묻지 않습니다. 여러분이 죄를 짓지 않았다고 해서 하나님께 만사가 다 괜찮다고 감사하지 않습니다.

여러분은 이렇게 묻습니다. "오늘 나의 삶에서 하나님께서 최고가 되셨는가? 나는 하나님의 영광을 위하여 살았는가? 나는 하나님을 더 잘 알고 있는가? 내게 하나님의 영광을 위한 열심이 있었는가? 내 속에 그리스도와 같지 않은 것들, 곧 헛된 생각과 욕망과 충동이 있는가?"라고 묻습니다.

다시 말하면 여러분은 살아계신 인격(Person)의 빛에 비추어서 여러분을 검토하며, 규칙과 규약 등 기계적 법전의 관점에서만 검토하지 않습니다. 율법을 율법 그 자체가 목적인 것처럼 생각해서는 안 되는 것처럼 산상설교 그 자체를 하나의 목적으로 생각해서는 안 됩니다.

이것들은 우리를 하나님과의 참되고 생명 있는 관계, 살아 있는 관계로 이끌어 주기 위한 매체에 지나지 않습니다. 그러므로 산상설교를 바리새인과 서기관들이 옛적 도덕법을 다루던 식으로 취급하지 않도록 항상 조심해야 합니다.

우리 주님이 선택하신 이상의 여섯 가지 실례는 원칙에 대한 실례에 지나지 않습니다. 중요한 것은 영이지 율법조문이 아닙니다. 중요한 것은 의도요 목적이요 목표인 것입니다. 기독교인의 삶에서 다른 무엇보다 피해야 할 것은 기독교인의 삶을 하나님과 직접적이며 살아있는 참된 관계를 떠나서 살려고 하는 우리들 속의 이 치명적인 경향인 것입니다.

마지막으로 이것을 이렇게 설명할 수 있습니다. "기독교인의 삶에서 훈련은 유익하고 본질적으로 중요한 것이다."라고 말입니다. 하지만 만일 여러분의 주요 목적과 의도가 여러분이 설정한 훈련과 부합되게 하는 것에 있다고 한다면 이것은 여러분의 영혼에 대하여 가장 큰 위험이 될지 모릅니다. 금식과 기도는 유익합니다. 하지만 여러분이 오로지 여러분의 훈련을 수행하기 위한 목적에서 일주일에 두 번 금식하거나 매일 어떤 특정 시간에 기도를 한다면 금식과 기도의 본래 목적에서 빗나가는 것입니다. 만일 금식과 기도가 우리를 하나님과 보다 깊은 관계를 맺어주는 것이 아니라면 그 어느 하나도 의미가 없으며, 사순절(Lent)에 하는 금식과 회개도 의미가 없으며, 기타 영적 삶에 도움이 되기 위한 그 어떤 것도 의미가 없습니다.

내가 이 엿새 동안 혹은 어느 특정기간 동안 담배를 끊을 수는 있습니다. 내가 술과 노름을 중단할 수는 있습니다. 하지만 만일 이 기간 동안 나의 영의 가난이 더 깊어지고, 나의 연약함이 깊어지지 않고, 하나님과 의에 주리고 목마름이 크게 증가하지 않는다면, 나는 이것을 조금도 하지 않는 편이 좋았을는지 모릅니다. 아니, 그것을 하지 않았더라면 훨씬 좋았을 것이라고 말하고 싶습니다. 이것은 이 일들 그 자체만으로 목적을 삼는 치명적인 위험입니다.

우리는 공중 예배에서도 이런 일을 범할 수 있습니다. 만일 공중 예배 자체가 하나의 목적이 된다면, 만일 강단에서의 나의 유일한 목적이 설교 한 편을 설교하는 것이 되고, 여러분과 저와 우리 모두가 하나님을 더 잘 알고 더 사랑할 수 있기 위해 하나님의 이 복된 복음을 설명하려는 것이 아니라면, 나의 설교는 헛된 것이며, 나의 영혼을 저주하고 파멸시키는 일이 되어 버리고 말 것입니다. "기록된 율법(율법조문)은 몸은 죽이고 영은 살리는 것입니다."

살인하지 말지니라

" 21 옛 사람에게 말한바 살인하지 말라 누구든지 살인하면 심판을 받게 되리라 하였다는 것을 너희가 들었으나 22 나는 너희에게 이르노니 형제에게 노하는 자마다 심판을 받게 되고 형제를 대하여 라가라 하는 자는 공회에 잡혀가게 되고 미련한 놈이라 하는 자는 지옥 불에 들어가게 되리라 23 그러므로 예물을 제단에 드리려다가 거기서 네 형제에게 원망들을 만한 일이 있는 것이 생각나거든 24 예물을 제단 앞에 두고 먼저 가서 형제와 화목하고 그 후에 와서 예물을 드리라 25 너를 고발하는 자와 함께 길에 있을 때에 급히 사화하라 그 고발하는 자가 너를 재판관에게 내어 주고 재판관이 옥리에게 내어 주어 옥에 가둘까 염려하라 26 진실로 네게 이르노니 네가 한 푼이라도 남김이 없이 다 갚기 전에는 결코 거기서 나오지 못하리라" 마 5:21-26

마태복음 5장 21절부터 26절을 포함하는 이 문단(paragraph)에서는 서기관과 바리새인들의 해석과 대조해서 주님께서 말씀하시는 여섯 가지 실례 중 최초의 실례를 살펴보겠습니다.

이것이 본장 나머지와 본 산상설교의 나머지 부분의 해석 방법임을 여러분에게 상기시키고 싶습니다. 이것은 어떤 의미에서 "너희 의가 서기관과 바리새인보다 더 낫지 못하면 결코 천국에 들어가지 못하리라"는 놀라운 진술의 해석이라 하겠습니다. 그러므로 모세를 통해 주신 율법과 주 예수 그리스도의 가르침과의 대조가 아니요, 모세 율법에 대한 거짓된 해석과 우리 주님께서 주신 율법의 참된 제시와의 대조인 것입니다.

주님은 율법에 대한 자세를 정죄하시고 나서, 율법을 성취하러 오셨다고 선언하시며, 청중들에게 그 의미를 정확히 깨달아야 한다고 말씀하시고 나서 실례들을 주시는 일에 착수하셨습니다. 주님은 여섯 가지를 제시하셨는데, 각기 다음의 형식으로 소개되었습니다. 즉 "옛 사람에게 말한바 …것을 너희가 들었으나 …나는 너희에게 이르노니"입니다.

첫째 실례를 살펴보겠습니다. 주님은 "옛 사람에게 말한바 살인하지 말라 누구든지 살인하면 심판을 받게 되리라 하였다는 것을 너희가 들었으나 나는 너희에게 이르노니 (누구든지) 형제에게 노하는 자마다 심판을 받게" 된다고 하셨습니다. "살인하지 말라"는 십계명에 있습니다. 그러면 바리새인들과 서기관들이 "살인하지 말라"고 가르쳤던 그들의 율법은 어떤 비판을 받을 수 있으리라 생각하십니까? 그 대답은 그들이 이 말씀에 그 무언가를 추가시켰다는 데 있습니다. 즉 "살인하지 말라 누구든지 살인하면 심판을 받게 되리라"는 것입니다. 하지만 어떤 사람들은 다시 이렇게 말합니다. "율법에서도 '누구든지 살인하면 심판을 받게 되리라'고 하지 않습니까?"라고 말입니다. 여기서 잘못된 점은, 바리새인들이 이 두 가지를 병치시킴으로써 "살인하지 말라"는 계명의 뜻을 감소시켜 실제 살인을 범하는 문제로 격하시켰다는 것에 있습니다. 그들은 둘째 것을 첫째 것 바로 뒤에 덧붙임으로써 이 명령을 약화시켰던 것입니다.

그들이 두 번째 잘못한 일은 이 명령에 붙어 있는 재가(裁可)를 치안판사(civil magistrate)의 손에 벌하는 것으로 격하시키고 제한해버렸다는 것입니다. "누구든지 살인하면 심판을 받게 되리라"에서 '심판'은 지방법정을 의미합니다. 그 결과 그들은 단순히 이렇게 가르치고 있었던 것에 지나지 않았습니다. 즉 "너희가 살인하면 치안판사에게 형벌 받을 위험이 있기 때문에 살인하면 안 된다."라고 말입니다.

그들은 이 계명에서 참된 내용을 비워서 한낱 살인의 문제로 격하시켜 버렸던 것입니다. 더구나 하나님의 심판에 대해서는 조금도 언급하지 않았습니다. 그들에게 중요한 것은 법정의 심판뿐이었습니다. 그들은 이 계명을 순전히 법적인 것으로 만들었으므로 "네가 살인을 범하면 어떤 결과가 따를 것이다."라는 하나의 법조문에 지나지 않게 만들어버렸습니다. 그 결과 바리새인과 서기관들은 자기네가 살인을 범하지 않는 한 이 점에 있어 율법에 대해 완전히 만족감을 느꼈습니다. 왜냐하면 두말할 것도 없이 사람이 살인을 범하는 것은 그들에게 무서운 일이었기 때문이며, 만일 살인을 범하면 법정에 소환을 받아 이 죄에 상당하는 판결을 받아야 할 것이기 때문입니다. 하지만 살인죄를 범하지 않는 "나는 율법을 지키고 성취하였다."라고 말할 수 있었던 것입니다.

그러나 우리 주님이 말씀하십니다. 서기관과 바리새인들의 의와 율법관이 철저한 조작(travesty)임을 너희는 여기서 보게 된다. 그들은 율법을 너무 감소시키고 제한했으므로 그것은 하나님의 율법이 아니다. 그들은 자기네가 속이 편할 수 있도록 계획된 한계와 한도 안에 하나님의 율법을 속편하게 제한시켰다."라고 말씀하신 셈입니다.

바리새인과 서기관들이 범한 율법에 대한 이 잘못된 해석을 우리들이 이해할 수 있는 중요한 원칙들의 하나를 여기서 보게 되었습니다. 동시에 이것은 우리들도 여전히 범하는 경향이 있는 것이라는 점을 지적하려고 합니다. 성경에서 보는 그대로의 하나님의 율법에 직면하고서도 그것을 우리가 부정적으로만 지키기 때문에 매우 쉽게 지킬 수 있는 것으로 만들 정도로 율법을 해석하고 정의할 수도 있습니다. 그리하여 만사가 잘 되어간다고 우리 자신을 설득할 가능성도 있습니다.

이미 살펴본 대로 사도 바울은 바로 이 과정의 결과로서 그가 주님을 만나기 전에는 율법을 완전히 지켰다고 생각했습니다. 주님께 나아온 그 부자 청년 역시 이런 식으로 배웠고 동일한 거짓 해석을 믿었기 때문에 율법을 지켰다고 생각했습니다.

여러분과 제가 율법조문(letter)을 받아들이고 영과 그 내용과 의미를 온통 잊어 버리고 있는 한, 율법에 대하여 완전히 의롭다고 우리들 자신을 설득할 가능성 도 있습니다. 우리 주님은 하나님께서 주신 율법에 대한 그의 견해와 해석을 세 가지로 명확히 진술하셨습니다. 첫째 원칙은, "중요한 것은 율법조문뿐 아니라 영이다."라는 것입니다. 율법은 "살인하지 말라(Thou shalt not kill)"고 합니다. 하지 만 이것은 "살인을 범하지 말라(Thou shalt not commit murder=불법적이며 미리 계획된 살인)"는 뜻만은 아닙니다. 이와 같이 해석을 한다면 우리가 살인을 피한다고 생 각하도록 율법을 정의하는 것이 되어버리고 맙니다.

하지만 이렇게 하면 우리가 바로 이 법을 가장 심하게 깨뜨리는 것이 될 가능성 도 있습니다. 주님은 이 점을 설명하고 계십니다. 즉 이 계명은 실제 살인을 포 함할 뿐 아니라 형제에 대하여 마음속에 까닭 없는 분노감을 품는 것도 포함합 니다. '살인하지 말라'는 계명을 바로 이해하는 방법은 이와 같습니다. 즉 "누구 든지 형제에게 까닭 없이 성을 내는 자는 심판을 받게 되리라." 주님은 결국 "너 희가 실제로 살인을 할 때 심판을 받게 되리라고 말하는 이들 바리새인과 서기 관들의 말을 듣지 말라. 나는 너희에게 이르노니 만일 너희가 까닭 없이 마음속 에 성을 내면 너희는 이 율법의 똑같은 요구와 똑같은 형벌을 받게 되리라."고 말 씀하신 셈입니다.

우리가 율법의 참된 영적 내용을 보기 시작하게 되는 것은 이 지점에서입니다. 동시에 주님께서 율법을 지켜야한다고 말씀하셨을 때 그 말씀하신 뜻이 무언가 를 봐야 하는 것도 이 지점에서입니다. 모세를 통하여 주신 옛 율법에는 이 영적 내용이 모두 있었습니다. 그들이 이 점을 놓친 것은 이스라엘의 비극이 되었습 니다. 그러므로 기독교인으로서 우리도 모세의 율법을 바도 알아야 합니다. 옛 법은 마음속에 형제에 대하여 까닭 없는 분노감을 품지 말 것을 요구했습니다.

기독교인으로서 마음속에 적대감을 느끼는 것은 우리 주 예수 그리스도에 의하면 하나님 보시기에 살인에 해당하는 죄를 범하는 것이 됩니다. 어떤 사람을 까닭 없이 미워하고, 분개를 느끼는 것은 살인입니다. 그런데 '까닭 없이'란 수식어가 거기에 있어서는 안 된다고 말하는 일부 권위 있는 성경학자들이 있음을 여러분에게 상기시키고자 합니다. 어떤 사본에는 이 어구가 생략되어 있습니다. 이것이 포함되어야 하는지 아닌지를 본문 비평을 근거로 해서 정확히 결정짓는 것은 불가능합니다. 하지만 이 어구를 있는 그대로 취한다 해도 이것은 엄청난 요구가 되며 이 수식 어구를 제외하면 더욱 엄청난 요구가 됩니다.

여러분은 형제에게 성내서는 안 됩니다. 어떤 사람에 대하여 마음속에 성내며 특히 믿음의 식구들에게 성내는 것은 주님에 의하면 하나님 보시기에 살인에 해당하는 형벌을 받아야 할 죄가 됩니다. 하지만 이것이 전부가 아닙니다. 이 까닭 없는 분노감을 느껴서는 안 되지만 우리는 멸시적 표현을 범해도 안 됩니다. "(누구든지) 형제를 대하여 '라가'라 하는 자는 공회에 잡혀가게 되리라." '라가'는 '쓸모없는 놈'이란 뜻입니다. 멸시의 태도를 드러내는 말인데, 우리들 마음속에 이런 경향이 있음을 우리 모두가 알고 있습니다. '라가' 곧 '쓸모없는 놈'이라고 말하는 것은 주님에 의하면 하나님 보시기에 무서운 죄가 됩니다. 주님은 이것을 자주 지적하셨습니다. 여러분은 주님께서 말씀하신 죄의 목록에 대하여 주목해 보신 일이 있습니까?

다음 진술을 예로 들어 보겠습니다. "마음에서 나오는 것은 악한 생각과 살인과 간음과 음란과 도둑질과…"(마 15:19 참조). 살인과 도둑질과 술 취함과 기타 죄들에 대하여 말하는 우리의 태도가 이들 바리새인과 서기관들과 눈에 띄게 같음을 여러분은 아십니다. 하지만 주님은 악한 생각을 항상 살인과 함께 포함시키셨으며, 다툼과 원한과 속임과 기타 우리가 그처럼 무섭고 더러운 죄로 여기지 않는 많은 것들을 포함시키셨습니다. 멸시, 경멸, 조롱감은 궁극적으로는 살인으로 유도되는 바로 그 영(정신)인 것입니다. 이것을 실제 살인으로 표현하지 말아야 할 이유가 여러 가지 있을 수 있습니다.

하지만 우리는 마음과 생각에서 서로 살인을 범할 때가 허다합니다. 그렇지 않습니까? 우리는 다른 사람들에 대하여 살인만큼 무섭고 더러운 생각들을 품습니다. 살인까지는 안 가더라도 사람들이 파멸될 수 있는 방법들이 있습니다. 우리는 사람의 명성을 파괴할 수 있습니다. 우리는 비판의 말을 속삭이거나, 다른 사람의 허물을 일부러 찾아내어 다른 사람의 신념을 흔들어 놓을 수 있습니다.

주님은 바로 이런 유형을 지적하고 계십니다. 주님의 목적은 살인하지 말라는 계명 속에 들어있는 것을 보여주시는 데 있었습니다. 즉 살인은 육체적 생명을 파괴하는 것만을 의미하지 않습니다. 살인은 그 이상으로 사람의 영과 혼을 파괴하며 어떤 모양, 어떤 형태로든 그 사람을 파괴하려는 것을 의미합니다.

그런 다음 주님은 세 번째 문제로 나아가십니다. "(누구든지) 미련한 놈이라 하는 자는 지옥 불에 들어가게 되리라"(22절)입니다. 이것은 욕설의 표현, 곧 다른 사람을 욕하는 것을 의미합니다. 이것은 마음속의 증오와 매서움이 표현된 것을 의미합니다. 이렇게 분석해감에 따라 1장에서 이미 지적한 바와 같이 우리가 기독교인이기 때문에 산상보훈이 우리와 아무 상관이 없다거나 이것이 현대 기독교인에게는 적용되지 않는다고 생각하는 것은 얼마나 무섭고 위험한 과오인가를 생각하게 됩니다.

산상보훈은 오늘의 우리에게 말씀하고 있습니다. 산상보훈은 우리의 존재 깊은 밑바닥까지 탐사하고 있습니다. 여기서 우리가 실제 살인의 문제에 대면할 뿐 아니라 살인이 온통 우리 마음과 감정과 감성과 궁극적으로는 우리의 영에 있음을 직면하게 됩니다. 이것이 하나님에게는 살인으로 간주되는 것입니다. 그런데 "성내는 것은 항상 나쁜 것입니까? 모든 성냄은 금지되고 있습니까?"라고 묻는 사람도 있습니다. 또 어떤 사람은 "신약성경에 주님이 이 바리새인들에 대해서 강한 표현을 사용하신 실례도 있지 않습니까? 예를 들어 주님은 그들에게 '맹인'이니 '외식하는 자들'이라고 하셨고, 백성에게 '미련하고 선지자들의 말한 모든 것을 마음에 더디 믿는 자들이여'라고 하셨고, 또 '우맹이요 맹인들이요(You fools and blind)'라고 말씀하셨습니다. 또한 그가 바리새인들에게 화를 선언한 마태복음 23장과 이 가르침을 어떻게 조화시킬 수 있습니까?'라고 묻는 사람들도 있습니다. 그러나 이 질문에는 난점이 없습니다.

주님께서 이 화(禍)를 선언하셨을 때 주님은 재판장의 신분으로 선언하신 것입니다. 주님은 하나님께 권세를 받으신 분으로 그렇게 하셨습니다. 주님은 바리새인과 서기관들에게 최후 심판을 선언하셨던 것입니다. 주님은 메시야로서 그렇게 하실 권세를 받으셨습니다. 주님은 그들에게 복음을 제공하신 바 있었습니다. 온갖 기회를 그들에게 제공하신 바 있었습니다. 하지만 그들은 복음을 거부하였습니다. 그 뿐이 아닙니다. 주님은 거짓 종교와 위선을 반대한 진술을 늘 말씀하신 사실을 기억해야 합니다.

주님은 하나님의 은혜를 거부하고 하나님 앞에서 자체를 정당화시키려 하여 하나님을 배척하는 자기의(自己義)를 고발하고 계십니다. 그의 이 말씀은 재판적인 의미의 선언입니다. 그래서 여러분이나 제가 그와 같은 표현을 그와 비슷한 의미로 사용한다면 이 특정 죄책을 면제받게 되는 것입니다.

많은 사람에게 문제되고 있는 이른바 저주적의미의 시편에 있어서도 정확히 같습니다. 시편 기자는 성령의 감동을 받아 그 자신의 원수일 뿐 아니라 하나님의 원수와 하나님의 교회와 하늘나라를 저주하고 욕하는 자들에게 심판을 선언하고 있는 셈인 것입니다.

그것을 이렇게 표현해보겠습니다. 우리의 분노는 죄에 대해서만 나타내야 합니다. 죄인에게 분노감을 느껴서는 안 되며, 그에게 슬픔과 동정의 염을 가득 품을 수 있어야 한다고 말입니다. "여호와를 사랑하는 너희여 악을 미워하라"라고 시편 기자는 말하고 있습니다. 죄와 위선과 불의와 기타 악한 모든 것을 볼 때에는 분노감을 느껴야 마땅합니다. 이것이 에베소 교인들에게 "분을 내어도 죄를 짓지 말라"(엡 4:26)고 하신 사도 바울의 명령을 성취하는 방법입니다. 이 두 가지는 조금도 모순되는 것이 아닙니다.

우리 주님의 분노는 항상 의롭고 거룩한 분노였으며, 하나님의 진노의 표현이었습니다. "하나님의 진노가 불의로 진노를 막는 사람들의 모든 경건하지 않음과 불의에 대하여 하늘로부터 나타나나니"(롬 1:18)라고 하신 말씀을 기억합시다. '우리의 하나님은' 죄에 대해서는 '소멸하는 불이십니다.' 이것에는 의심할 여지가 없습니다. 하나님은 악을 미워하십니다. 하나님의 분노는 죄에 대하여 나타나며 그의 진노는 죄 위에 쏟아져 내려옵니다. 이것은 본질적으로 성경의 가르침의 일부가 됩니다. 우리가 거룩해지면 거룩해질수록 죄에 대하여 더욱 분노감을 느끼게 될 것입니다.

하지만 거듭 말씀드리지만 죄인에게 분노감을 느껴서는 안 됩니다. 사람에게 분노감을 느껴서는 안 됩니다. 우리는 사람과 그의 행하는 바를 구별해야 합니다. 멸시감이나 혐오감을 품거나 이런 욕설의 표현을 범해서는 안 됩니다. 이렇게 해서 우리는 이것들을 구별하는 선을 그을 수 있다고 생각합니다. 주님은 결국 "너희가 단순히 살인을 범하지 않았다고 해서 이 명령에 대하여 깨끗하다고 생각하는 것이 아니냐?"라고 말씀하신 셈입니다.

여러분의 마음 상태는 어떻습니까? 이런 일들에 어떻게 반응하십니까? 다른 사람이 여러분에게 그 무언가를 행했을 때 여러분은 미친 듯 맹렬한 노염 속으로 빠져듭니까? 여러분에게 사실은 아무 일도 하지 않은 사람에게 분노감을 느끼십니까? 중요한 것은 이런 것들입니다. 하나님께서 "살인하지 말라"고 말씀하셨을 때 의중에 두신 것은 이것입니다. 하나님은 마음을 감찰하시며, 외부의 행동에만 관심을 가지지 않습니다. 하나님의 율법을 우리가 이미 지켰다고 알고 있는 그 무엇으로 혹은 우리가 범하지 않았다고 확신하는 그 무엇으로 감손시킴으로써 일종의 자기 의를 만들어내지 않기를 바랍니다. "각자 자기를 검토해 봅시다."

두 번째 진술로 나아가 보겠습니다. "우리의 태도는 부정적인 것이 아니라 적극적인 것이 되어야 합니다." 주님은 부정적인 것을 강조하시고 나서 이것을 다음과 같이 적극적으로 표현하셨습니다. "그러므로 예물을 제단에 드리려다가 거기서 네 형제에게 원망들을 만한 일이 있는 것이 생각나거든 예물을 제단 앞에 두고 먼저 가서 형제와 화목하고 그 후에 와서 예물을 드리라"(23-24절). 이것은 매우 의미심장하고 중요한 진술입니다.

우리는 다른 사람에 대하여 악한 생각을 품어서는 안 될 뿐 아니라 살인하지 말라는 명령은 우리가 형제와 바른 관계를 가지기 위하여 적극적 단계를 취해야 함을 의미합니다. 위험은 우리가 실제로 살인을 범하지 않은 이상 만사는 잘 되어 간다고 생각하는 데 있습니다. 하지만 우리가 잊어온 두 번째 단계가 있습니다. "좋아, 나는 실제 살인을 범하면 안 된다. 그리고 사람들에게 이렇게 불친절한 일들을 말해서도 안 된다. 나는 내 입술을 조심해야 한다. 생각이 거기에 있긴 있어도 나는 그것을 말해서는 안 된다."라고 우리는 말을 합니다. 그리고 "내가 이런 것들을 말하지 않는 한 만사는 잘 되어 간다."라고 말하는 경향이 있습니다. 하지만 우리 주님은 우리가 여기에 멈추어서는 안 되며 마음속에 그런 생각과 느낌을 품어도 안 된다고 말씀하십니다. 또한 이 불친절하고 하잘 것 없는 생각들을 억제하기만 해서는 안 된다고 주님은 말씀하십니다. 우리는 그 이상을 해야 합니다. 문젯거리의 원인을 제거하기 위하여 실제로 조치를 취해야 합니다. 형제와 우리들 사이에 영에 있어서까지도 잘못된 것이 하나도 없는 단계에 도달해야 하는 것입니다.

우리 주님은 23절과 24절에서 영적 생활에서 매우 미묘한 위험 곧 악을 선으로 상쇄함으로써 도덕상의 과실을 보상(속죄)하려고 애쓰는 이 무서운 위험을 상기시킴으로써 이 점을 강력히 주장하셨습니다. 이것에 대해서는 우리 모두가 알고 있다고 생각합니다. 우리는 모두 이것에 대해 전과가 있음을 고백해야 할 것입니다.

위험은 도덕상의 과실을 덮어버리기 위해 어떤 의식적 희생을 고안해내는 데 있습니다. 바리새인들은 이 일의 전문가들이었습니다. 그들은 규칙 바르게 성전에 갔습니다. 그들은 율법의 세부와 사소한 일들의 문제에는 항상 꼼꼼했습니다. 하지만 항상 그들의 동료들을 멸시하여 판단하고 정죄하고 있었습니다. 그들은 양심의 동통(冬痛)을 다음과 같이 말함으로써 모면하였습니다. 즉 "나는 결국 하나님을 예배하고 있으며 나는 예물을 제단에 가져가고 있다."라고 말입니다.

성령께서 우리 마음속에 일으키시는 가책에 직접 직면하지 않고 우리들 자신에 대하여 "자, 지금 나는 이러 저러한 일을 행하고 있다. 나는 이 점에서 큰 희생을 하고 있다. 나는 그 점에서 도움이 되고 있다. 나는 기독교 사역을 위하여 이러 저러한 일에 바쁘게 종사하고 있다."라고 말하는 경향에 대해서는 우리 모두가 알고 있다고 거듭 말씀드릴 수 있습니다. 즉 이 한 가지 선행이 저 한 가지 악행을 메워줄 것이라고 생각해버립니다. 주님은 "아니다, 아니다."라고 말씀하십니다. "너희는 사람 앞에서 스스로 옳다 하는 자들이나 너희 마음을 하나님께서 아시나니 사람 중에 높임을 받는 그것은 하나님 앞에 미움을 받는 것이니라"(눅 16:15).

이 문제는 너무 중요하므로 내가 비록 하나님께 드리려고 하는 제물과 함께 제단 앞에 있다 하더라도, 내가 한 말이나 행한 일 곧 다른 사람을 실족하게 했거나 잘못되게 한 일을 갑자기 기억하거나, 내가 그에 대해 불친절하고 수치스러운 생각을 품고 있거나, 어느 모로든 그의 삶을 방해하고 있음을 발견하게 되면 우리는 어떤 의미에서 거기에 버티어 서 있기보다는 하나님을 기다리시게 해야 한다고 주님은 말씀하십니다.

우리는 형제와 바르게 된 이후에 돌아와서 예물을 드려야 합니다. 우리가 어떤 죄를 품고 있는 한 하나님 앞에 우리의 예배 행위에는 아무런 가치가 없는 것입니다.

시편 기자는 이렇게 표현했습니다. "내가 나의 마음에 죄악을 품었더라면 주께서 듣지 아니하시리라"(시 66:18). 내가 하나님 앞에서 하나님께 적극적으로 예배를 드리려고 애를 쓸 때 처리하지 않고 고백하지 않은 죄가 내 마음 속에 있는 것을 알게 되면 나의 예배는 소용이 없습니다. 그 예배는 전혀 무가치합니다.

만일 여러분이 다른 사람에 대하여 적대 상태에 있다면, 만일 여러분이 다른 사람과 말을 하고 있지 않다면, 만일 여러분이 불친절한 생각들을 품고 있어서 다른 사람에게 장애와 방해가 되고 있다면, 하나님의 말씀은 여러분의 예배 행위가 조금도 가치가 없다고 하십니다. 그 예배는 아무 소용이 없습니다. 주님께서 여러분의 기도를 듣지 아니하실 것입니다. 요한일서 3장 20절을 봅시다. "우리 마음이 혹 우리를 책망할 일이 있어도 하나님은 우리 마음보다 크시고 모든 것을 아시기 때문이라." 만일 여러분이 여러분의 형제와 잘못되어 있는 것을 여러분 마음속에 알고 있는 이상 하나님께 기도하는 것은 헛되며 효과가 없습니다.

하나님이 우리 죄와 부정을 처리하시기는 불가능합니다. 하나님은 죄를 보실 수 없을 만큼 순결하십니다. 주님에게 이 문제는 너무 중요하므로 여러분은 기도를 중단해야 하며, 주님께서는 가서 그것을 바로 잡으라고 말씀하십니다. 여러분이 다른 사람과 올바로 되기까지는 여러분은 하나님과 올바로 될 수가 없는 것입니다.

구약성경 사무엘상 15장에 있는 그 실례를 간추려서 여러분에게 상기 시켜드리겠습니다. 하나님께서는 우리에게 계명을 주시고 지키게 하셨습니다. 하나님께서 아말렉을 모두 진멸하라는 명령을 들었음에도 사울은 그렇게 할 필요가 없다고 스스로 생각하여 말하기를 "나는 백성들의 일부를 살려주고 하나님께 드릴 제사용으로 짐승과 가축을 일부 남겨놓겠다."고 했습니다. 그는 모든 것이 잘 되었다고 생각하여 하나님께 예배하며 찬양을 드리기 시작했습니다. 하지만 선지자 사무엘이 갑자기 나타나 "당신은 무엇을 하고 있습니까?"라고 물었습니다. 사울은 "나는 하나님의 명령을 수행하고 있는 중이요."라고 대답했습니다. 이에 사무엘이 말하기를 "만일 당신이 하나님의 명령을 수행하고 있다면 내 귀에 들리는 양과 소의 울음소리는 어떻게 된 것입니까? 당신은 무슨 일을 했습니까?"라고 물었습니다. 사울은 "그들의 일부를 남겨두기로 결정했습니다."라고 답했습니다. 그러자 사무엘은 중대하고 무서운 말을 발했습니다. "여호와께서 번제와 다른 제사를 그의 목소리를 청종하는 것을 좋아하심 같이 좋아하시겠나이까? 순종이 제사보다 낫고 듣는 것이 숫양의 기름보다 나으니"(삼상 15:22)라고 했습니다.

저는 사울을 너무 잘 알기 때문에 사울 왕에 대하여 항상 측은한 느낌을 가집니다. 아시다시피 하나님께서 우리에게 말씀하시는 것을 우리들도 행하지 않는 일이 많습니다. 순종이 제사보다 우선입니다. 여러분의 제물을 놓아두고 가서 여러분의 형제와 일을 바로 잡아야 합니다. 장애물을 제거하십시오. 그 후에 다시 돌아와서 예배를 드리십시오. 그래야만 가치가 있습니다.

마지막 원칙에 대하여 한 말씀만 더 드리겠습니다. 이것을 여러분에게 역설하는 까닭은 하나님에 대한 우리의 관계 때문입니다. "너를 고발하는 자와 함께 길에 있을 때에 급히 사화하라 그 고발하는 자가 너를 재판관에게 내어주고 재판관이 옥리에게 내어주어 옥에 가둘까 염려하라 진실로 네게 이르노니 네가 한 푼이라도 남김이 없이 다 갚기 전에는 결코 거기서 나오지 못하리라"(25-26절). 이 문제는 이처럼 긴박하고 절박한 문제입니다. 여러분은 이 일을 즉시 행하셔야 합니다. 한 순간도 지체하지 마십시오. 하나님은 재판장이시고 변호인이십니다. 하나님은 이것을 우리에게 항상 요구하고 계시며 하나님은 하늘과 땅의 모든 법정을 지배하고 계십니다. 하나님은 재판장이시요, 그의 법은 절대적인 법입니다. 하나님은 한 푼이라도 남김없이 다 갚으라고 요구할 권리가 있습니다. 여러분과 저는 이 세상을 걷고 있습니다. 여기서 법은 그 권리를 요구하고 있습니다. 이것은 하나님의 법입니다. 이 법은 말하기를 "너와 내 형제와의 관계는 어떠하냐? 네 마음속에 있는 것들은 어떠하냐? 너는 이것들을 수행하지 못했다."라고 합니다. 주님은 이 문제를 즉시 해결하라고 말씀하십니다.

우리는 아무도 자신의 마지막 때를 모릅니다. 내일 아침에는 여기에 있지 않을 가능성도 있습니다. 여러분은 이렇게 영원을 향하여 가고 있습니다. "너를 고발하는 자와 함께 길에 있을 때에 급히 사화하라." 이 점에서 여러분은 어떤 느낌을 가지십니까? 이 거룩한 율법에 대한 주님의 해석을 살펴본 그대로 율법의 요구를 느끼고 있습니까? 정죄감을 느끼십니까? 우리는 어떤 것을 말하고 생각하고 행한 것입니까? 우리는 이 모든 것이 정죄 받고 있음을 알고 있습니까? 그의 율법을 통하여 이렇게 요구하고 계신 것은 하나님입니다.

우리가 길에 있을 때 할 수 있는 한 속히 행동하라고 말씀하시는 명령을 주신 데 대해서 저는 하나님께 감사를 드립니다. 그의 조건은 매우 쉽고 이와 같습니다. 곧, 나는 이 죄를 인정하고 그것을 철저히 고백하고, 다른 사람이 나를 들볶고 도발한다 해도 여하한 자기 방어나 자기 의를 중단합니다. 나는 주저함 없이 이것을 하나님께 고백하고 인정해야 합니다. 그리고 내가 취할 수 있는 조처가 있다면 나는 그것을 즉각 취해야 합니다. 그리고 나는 겸손해야 합니다. 말하자면 바보가 되어야 합니다. 그리고 내가 장애물과 장벽을 제거할 수 있는 노력을 다 하는 한 필요하다면 다른 사람으로 하여금 나를 고발할 테면 하게 합시다.

그럴 때 하나님께서는 모든 것이 잘 되었다고 말씀하실 것입니다. "나는 너와 화해하겠다. 내가 그것을 모두 용서하려는 것은 네가 더러운 죄인이요, 네가 내게 빚지고 있는 청구서를 네가 결코 지불할 수 없으나 내 아들을 너희 세상에 보내어 너 대신 그것을 갚게 하였기 때문이다. 그가 청구서를 말소했다. 그가 그렇게 한 것은 네가 사랑스럽고 친절하고 선하기 때문이 아니며 네가 내게 대하여 아무 일도 하지 않았기 때문에 그가 그렇게 한 것이 아니다. 네가 원수되어 너 자체로서도 가증하고 네가 나를 미워하고 다른 사람들을 미워할 때 그렇게 한 것이다. 내가 그를 보낸 것은 네가 더럽고 쓸모없음에도 불구하고 그렇게 한 것이다. 그는 일부러 와서 자기 몸을 죽음에 내어 주었다. 내가 너를 철저히, 대가 없이 절대적으로 용서하는 것은 모두 이 때문이다."라고 말씀하신 셈입니다.

이런 조건에 대하여 하나님께 감사하리로다! 파산한 더러운 죄인에게 이런 조건을 제시하신 하나님께 감사하리로다! 그 조건이란 철저하고 절대적인 고백과 회개이며, 우리가 이것으로 모든 것을 상환할 수 있다는 것이며, 십자가 위의 하나님의 아들의 사랑과 자기를 주심과 자기희생에서 완전히 나타난 하나님의 은혜의 결과로만 용서받음을 인정하면 된다는 조건입니다. 급히 사화합시다. 지체하지 맙시다. 이 순간 여러분이 어떤 죄책을 느끼면 예물을 놓고 가서 그것을 바로 잡으십시오. "너를 고발하는 자와 함께 길에 있을 때에 급히 사화하라."

22장

죄의 사악성

"27 또 간음하지 말라 하였다는 것을 너희가 들었으나 28 나는 너희에게 이르노니 음욕을 품고 여자를 보는 자마다 마음에 이미 간음하였느니라 29 만일 네 오른 눈이 너로 실족하게 하거든 빼어 내버리라 네 백체 중 하나가 없어지고 온 몸이 지옥에 던져지지 않는 것이 유익하며 30 또한 만일 네 오른손이 너로 실족하게 하거든 찍어내버리라 네 백체 중 하나가 없어지고 온 몸이 지옥에 던져지지 않는 것이 유익하니라"
마 5:27-30

우리는 이제 마태복음 5장 27절에서 30절 말씀에 오게 되었습니다. 이 대목은 율법에 대한 주님의 가르침의 두 번째 실례가 됩니다. "또 간음하지 말라 하였다는 것을 너희가 들었으나 나는 너희에게 이르노니 음욕을 품고 여자를 보는 자마다 마음에 이미 간음하였느니라."

바리새인과 서기관들은 간음을 금한 계명을 단순히 육체적 간음행위의 차원으로 격하시켰습니다. 그들은 행위 자체를 범하지 않은 이상, 이 계명이 그들과 상관이 없으며 이 계명에 관한 한 그들은 완전히 무죄하다고 생각했습니다. 그들은 율법의 문자를 취하여 이것을 어떤 특정 문제로 격하시켜버린 셈이며 이렇게 함으로써 이 계명을 파괴하였습니다. 특히 그들은 율법의 정신(영)을 온통 잊어버렸습니다.

그런데 이것은 우리가 살펴본 대로 신약성경의 복음을 이해하는데 참으로 중요한 점입니다. 즉 "율법조문은 죽이는 것이요 영은 살리는 것임이니라." 이것을 매우 간단하게 보는 방법이 있습니다. 바리새인과 서기관들에게 진짜 문제가 된 것은 그들이 십계명을 올바로 읽은 적이 없다는 것입니다. 그들이 십계명을 참되게 고찰하고 연구했다면 각 계명을 분리시켜 취할 수 없음을 알았을 것입니다. 예를 들어서 열 번째 계명은 이웃 사람의 아내를 탐해서는 안 된다는 것과 또한 간음을 범하지 말라는 두 계명을 관련시켜 받아들여야 한다고 말씀하심이 분명합니다.

사도 바울은 로마서 7장에서 그 자신도 바로 이런 과오를 범했던 것을 고백하고 있습니다. 그가 정욕의 의미를 알기 시작한 것은 율법이 "탐하지 말라"고 말씀한 뜻을 깨달았을 때였다고 말씀하고 있습니다. 그 전에는 율법을 행동의 관점에서만 생각하고 있었던 것입니다. 하지만 하나님의 율법은 단순히 행동에만 머물지 않고 '탐하지 말라'고 말씀합니다. 율법은 항상 마음의 중요성을 강조하였습니다.

주님 당시에 사람들은 기계적 예배 관념과 순전히 기계적 순종 개념을 가지고 마음의 중요성은 잊고 있었습니다. 그러므로 주님은 이 중요한 진리를 강조하여 따르는 자들에게 명심하게 하려 하셨습니다. 그들 자신의 행동의 관점에서 하나님께 예배할 수 있고 구원을 얻을 수 있다고 생각하는 자들은 항상 이런 과오를 범하고 있는 셈입니다. 그들은 그것이 궁극적으로 마음의 문제임을 보지 못하고 그들이 어떠어떠한 선행은 행하고 어떠어떠한 일을 행하지 않는 한 하나님 보시기에 옳다고 생각하였습니다.

우리가 살펴 본대로 주님은 이것에 대하여 항상 이렇게 대답하십니다. "너희는 사람 앞에서 스스로 옳다하는 자이나 너희 마음을 하나님께서 아시나니 사람 중에 높임을 받는 그것은 하나님 앞에 미움을 받는 것이니라."라고 말입니다. 우리 주님은 이 원칙을 여기서 다시 한번 나타내려 하셨습니다. 그들은 결국 "너희가 간음을 범하지 않는 한 이 율법을 지킨 것이다."라고 말한 셈입니다. 하지만 주님은 "음욕을 품고 여자를 보는 자마다 마음에 이미 간음하였느니라."고 말씀하십니다.

여기에 다시 죄성에 대한 주님의 가르침이 있습니다. 바울이 상기시키는 바와 같이 율법의 본래 목적은 죄의 사악성을 보여주는 데 있습니다. 그런데 바리새인들은 율법을 오해하여 율법을 무효화시켰습니다. 죄론이 오늘에 와서 인기가 없다는 것은 저도 물론 알고 있습니다. 사람들은 죄론을 싫어하여 발전과 기질이라는 관점에서 이것을 심리적으로 설명해보려고 애를 씁니다. 그들은 말하기를, 사람은 동물에서 진화하였으며 과거의 이 동물성의 유물과 잔재를 서서히 벗어버리고 있다고 합니다. 이리하여 죄론은 전적으로 부정되고 회피당하고 있습니다. 하지만 우리의 견해와 입장이 이런 것이라면 성경은 우리에게 아예 무의미한 것이 되어버립니다.

구약성경에서도 그렇지만 신약성경 어디에도 죄론이 그 중심을 이루고 있기 때문입니다. 이 문제를 생각해봐야하는 것도 이런 까닭에서입니다. 왜냐하면 현재 우리가 성경적 죄론을 올바로 파악해야 하는 일 이상 긴급한 일이 없기 때문입니다. 우리가 세상에서는 물론 교회 안에서도 실패하고 말썽을 빚는 것도 우리가 아직 죄론을 바로 이해하지 못하였다는 사실 때문입니다.

우리는 모두 과거 수백여 년 간 사람들의 생각을 지배해 온 이상주의의 영향을 받아왔습니다. 이 이상론이란 다름 아닌 인간이 완전을 향해 진화하고 있으며 우리가 교육과 문화에 의해서 올바로 자리 잡혀가고 있다는 관념입니다. 이리하여 시작부터 끝까지 성경에서 발견되는 이 중요한 가르침을 우리는 심각하게 받아들이지 아니하였습니다. 우리들의 말썽거리는 대부분 이것에 기인하고 있습니다.

실례를 들어 설명해보겠습니다. 즉 죄론에 관해 분명히 알고 있지 못하면 우리는 신약성경의 구원의 길을 올바로 이해하지 못할 것이라는 것입니다. 예를 들어 십자가 위의 주님의 죽으심을 생각해봅시다. 이것에 대한 온갖 오해를 보십시오. 우리가 직면해야 할 큰 문제는 어째서 그가 십자가 위에서 죽으셨는가? 어째서 그가 요지부동하게 얼굴을 예루살렘으로 향하셨으며 그를 따르던 자들에게 그를 방어하게 하지 않았던가? 그가 원하기만 하면 열두 영(營=3,000내지 6,000 병력)도 더 되는 천사에게 명하여 자기를 보호하게 할 수 있었고, 어째서 그렇게 하면 그가 모든 의를 이룰 수 없었다고 말씀하셨던가? 십자가 위의 죽으심의 의미는 무엇인가? 하지만 우리가 죄론을 이해하지 못하면 우리는 이 문제들의 대답을 바로 알지 못할 것입니다. 십자가 위의 죽으심을 이해하는 길은 오직 한 가지뿐인데 그것은 다음과 같습니다.

죄 값을 치를 대가가 달리 없었으나 그만이 하늘 문을 열어
우리로 들어가게 할 수 있었도다.

십자가 위의 죽음은 죄의 문제가 설명해줍니다. 참으로, 죄가 아니었다면 성육신은 불필요했을 것입니다. 죄의 문제는 이처럼 깊습니다. 인류에게 이러저러한 일을 해야 한다고 말하는 것으로는 충분하지 못합니다. 모세를 통하여 주신 율법을 통하여 하나님께서 이미 이 일을 하셨습니다. 하지만 아무도 율법을 지킨 사람이 없습니다. "의인은 없나니 하나도 없도다"입니다. 사람들에게 보다 나은 삶을 살라고 격려, 권면한 일들은 그리스도께서 오시기 전에도 이미 실패했습니다.

헬라 철학자들이 주님께서 탄생하시기 전에 이미 세상에 나와서 가르친 바가 있습니다. 지식과 견문과 기타 이런 것들만으로는 충분하지 못하였습니다. 어째서입니까? 사람 마음속에 있는 죄 때문입니다. 이와 같이 신약성경의 구원론을 이해하는 오직 한 길은 죄론에서 출발하는 길입니다. 죄는 하나님의 영원하신 아들이 하늘에서 이 세상에 오시고 그가 십자가의 죽으심으로써만 처리될 수 있

었던 것입니다. 이 일이 이루어져야만 했습니다. 다른 길은 없었습니다. 경외하는 마음으로 말씀드리지만 하나님은 그것이 절대 필요하지 아니했다면 자기의 독생자 사랑하는 아들에게 그런 죽음을 허용하시지 않았을 것입니다. 즉 그의 죽음은 죄 때문에 불가피했던 것입니다.

신약성경의 중생론도 마찬가지입니다. 복음서와 서신들에서 줄곧 찾아볼 수 있는 중생과 새 피조물에 관한 가르침을 생각해봅시다. 여러분이 신약성경의 죄론을 깨닫지 못하면 중생은 의미가 없습니다. 하지만 깨닫고 계시다면 사람이 거듭나지 못하고 새 성품과 새 마음을 받지 못할 때 그가 구원받을 수 없음을 명백히 보실 것입니다. 그러나 죄에 대해 부정적 견해를 가지고 죄의 깊이를 인식하지 못하는 사람들에게 중생은 의미가 없습니다. 그러므로 우리는 이 점에서부터 출발해야 하겠습니다. 만일 여러분이 신약성경의 죄론을 좋아하시지 않는다면 여러분은 기독교인이 아님을 의미합니다. 왜냐하면 여러분이 거듭나지 아니하여 그리스도의 십자가 위의 죽으심 이외에 아무것도 여러분을 구원하지 못하며, 여러분을 하나님께 화해시키지 못함을 깨닫지 못하면 기독교인이 될 수가 없기 때문입니다.

자신의 노력에 의지하는 사람들은 복음을 부정하는 셈이며, 그 이유는 그들이 죄인인 사실을 보지 못하거나 신약성경의 죄론을 이해하지 못한 것에 항상 기인하기 때문입니다. 이것은 결정적으로 중요한 문제가 됩니다. 그러므로 이 교리는 바른 전도개념을 결정하는 데에 절대 중요합니다. 죄론이 없는 곳에 참된 전도는 없습니다. 죄에 대한 이해가 없는 곳에 참된 의미의 전도는 없습니다. '예수에게로 오시오'라고만 말하며 예수를 친구로 제시하며 경이로운 새 삶을 제의하긴 해도 죄를 깨우쳐 주지 않는 전도는 신약성경의 전도가 아니라고 말씀드립니다.

복음의 본질은 율법을 설교하는 것으로 시작합니다. 우리가 이렇게 피상적인 전도를 많이 보게 되는 것은 율법을 설교하지 않기 때문입니다. 주님께서 전도하신 일을 살펴보십시오. 그러면 자기를 따르고 그에 대해 결단을 내리라고 강요하시기는커녕 그들의 길에 큰 장애물들을 놓으셨다는 인상을 받습니다. 주님은 "너희가 하고 있는 일이 무엇인지 알고 있느냐? 너희는 그 대가를 계산해보았느냐? 너희는 그것이 너희를 어디로 끌고 갈 것인지 알고 있느냐? 그것은 너를 부인하고 너희 십자가를 지고 날마다 나를 따르는 것임을 알고 있느냐."라고 말씀하신 셈입니다.

참된 전도는 이 죄론 때문에 항상 율법을 설교하는 것에서 출발해야 한다고 분명히 말씀드립니다. 그러므로 전도는 하나님의 성결과 사람의 죄의 사악성과 율법의 요구와 율법이 할당한 처벌사항과 악과 악행의 영원한 결과로부터 시작해야 합니다. 구원을 받기 위해 그리스도에게 도피하는 사람만이 이렇게 자기 죄책을 보게 됩니다. 이것에 근거하지 않는 한 주 예수 그리스도를 믿노라고 해도 그것은 참 신앙이 아닙니다.

여러분이 주 예수 그리스도를 심리적으로 신앙할 수는 있습니다. 하지만 참된 신앙은 율법의 저주로부터 우리를 구원하시는 분을 보는 신앙입니다. 참된 전도는 이와 같이 시작하며 참된 전도는 애초부터 회개의 요청입니다. 즉 "하나님께 회개하고 우리 주 예수 그리스도를 믿는 것"이었습니다. 죄론은 참된 성결개념과도 매우 중요한 관계를 가집니다. 여기서 우리는 다시 성결 개념에 대한 죄론의 절박한 관계들을 본다고 생각합니다. 우리가 해 온 전도는 피상적이었을 뿐 아니라 우리의 성결 개념 역시 피상적인 것이었습니다.

성경에서 우리는 마음의 문제로서의 성결을 보게 되며 행위의 문제만은 아닌 것입니다. 중요한 것은 행위일 뿐 아니라 의욕입니다. 우리는 죄를 범하지 말아야 할 뿐 아니라 탐하지도 말아야 합니다.

신약성경의 성결론은 이처럼 탐사성이 큽니다. 성결관은 이렇게 자기검토로 이끌어갑니다. 사도 바울은 고린도 교인들에게 "여러분은 자기가 믿음에 있는지 스스로 반성하고 자기를 시험해 보아야 합니다."(고후 13:5)라고 말씀했습니다. 여러분의 마음을 탐사해 보시고 악이 있는지 찾아보십시오. 이것이 신약성경의 성결입니다.

더구나 죄론은 우리 스스로 우리를 구원할 수 없으며 외부로부터 오는 큰 힘이 절대 필요함을 보여줍니다. 죄론은 사람이 그리스도에게 달려가 그를 의지하게 합니다. 죄론은 그분 없이는 아무것도 할 수 없음을 인식하게 하는 것입니다. 그러므로 신약성경의 성결 제시방법은 "너는 너다운 삶을 살고 싶으냐? 너는 영원히 행복하고 싶으냐."라고만 말씀하지 않습니다. 신약성경의 성결제시 방법은 죄론을 설교하며 그의 사람됨을 그에게 제시해줌으로써 그가 자기를 보고 자기를 미워하며, 심령이 가난해지며, 애통하며, 온유하며, 의에 주리고 목마르며, 그리스도에게로 도피하며, 그 안에서 살게 된다는 것입니다. 성결은 우리가 받아들일 수 있는 체험이 아니라 우리가 살아야 할 삶이요 따라야 할 그리스도인 것입니다.

끝으로, 신약성경의 죄론을 파악하는 유일한 방법은 우리에 대한 하나님의 사랑의 크기를 인식할 수 있게 하는 방법뿐입니다. 하나님에 대한 여러분의 사랑이 약하고 미미하다는 것을 느끼십니까? 여러분이 마땅히 하나님을 사랑해야 할 만큼 하나님을 사랑하지 못함을 여러분은 느끼고 계십니까? 이것이 우리의 신앙고백의 궁극적 시금석이 됨을 여러분에게 다시 상기시켜드립니다.

하나님에 관한 것을 믿기만 해서는 안 됩니다. 그를 '사랑'해야 합니다. 신약성경의 이 사람들은 그를 사랑했고 주 예수 그리스도를 사랑했습니다. 믿음의 성도들의 전기를 읽어보십시오. 하나님에 대한 그들의 사랑이 점점 커간 것을 발견할 것입니다.

우리는 어째서 하나님을 사랑하지 못하는 것입니까? 그가 그리스도 안에서 우리를 위해 하신 일을 깨닫지 못하고 있기 때문이며, 그 원인은 우리가 죄의 성격과 죄의 문제를 깨닫지 못하고 있기 때문입니다. 우리가 그의 사랑과 그 사랑의 크기를 이해하기 시작할 때는 죄가 하나님 보시기에 어떤 존재인가를 우리가 보며, 그럼에도 불구하고 그가 독생자를 아끼시지 않은 것을 깨달을 때입니다. 그러므로 여러분이 하나님을 더 사랑하고 싶으면 죄론을 파악하십시오. 그리고 죄론의 의미가 그분에게 어떤 것이며, 그가 그것에 대해 무슨 일을 하셨는가를 깨달을 때 여러분은 그의 사랑이 "참으로 놀랍고, 참으로 신성함"을 보시게 될 것입니다. 이런 까닭에 죄론에 관심을 집중해야 하는 데에는 몇 가지 이유가 있습니다. 하지만 지금 여기서는, 우리 주님이 죄론에 관해서 하신 말씀을 살펴보아야 하겠습니다. 죄가 무엇인지 알고 있지 못하다면 복음의 이해도, 참된 전도의 이해도, 참된 성결의 이해도, 하나님의 사랑에 대한 올바른 이해도 있을 리가 없다는 것입니다. 죄가 무엇인가를 알기까지 죄로부터 구원 운운하는 것은 아무 소용이 없습니다. 치료를 받기 전에 먼저 철저한 진단이 있어야 합니다.

그런데 여기에 그 진단이 있습니다. 주님은 첫째로 '죄의 깊이 또는 죄의 세력'을 강조해 말씀하셨습니다. 주님은 "간음하지 말라." "너희가 간음행위를 하지 않는 한 모두 옳다."라고 말씀하시지 않고, "나는 너희에게 이르노니 음욕을 품고 여자를 보는 자마다 마음에 이미 간음하였느니라"고 하셨습니다. 죄는 행동과 행위의 문제만이 아니라 행동으로 이끄는 마음속의 문제입니다. 다시 말하면 여기의 가르침은 이 주제에 관한 성경의 특색 있는 가르침입니다. 즉 우리가 집중해야 할 것은 죄로서의 죄가 아닌 것입니다. 죄는 죄라 불리는 병의 징조 이외 아무것도 아니며 중요한 것은 징조가 아니라 질병인 것입니다. 사람을 죽이는 것은 질병이지 징조가 아니기 때문입니다. 징조는 크게 다양할 수가 있습니다.

폐렴이나 그와 비슷한 병으로 고통하며 사경을 헤매고 있다고 합시다. 하지만 또 한 사람이 침대에 고통도 없어 보이고 급성의 징조도 없이, 편안하게 누워있는 사람을 볼 수 있습니다. 하지만 그 사람의 몸속에 어떤 더러운 질병이 있어서 생명유지에 절대 필요한 기관들, 예컨대 심장이나 폐나 장을 좀먹고 있는 병 때문에 죽을 수도 있습니다. 중요한 것은 양태(mode)가 아니라 죽음의 사실입니다. 결국 중요한 것은 징조가 아니라 질병인 것입니다.

주님께서 여기서 우리로 하여금 명심케 하시는 진리도 바로 이것입니다. 여러분이 간음행위를 범하지 않았다는 사실이 여러분에게 죄책이 없다는 뜻은 아닙니다. 여러분의 마음은 어떻습니까? 거기에 질병은 없습니까? 중요한 것은 죄와 타락의 결과로서 인간성 속에 있는 이 무섭고 더러운 세력이라는 사실입니다. 사람이 언제나 그랬던 것은 아닙니다. 하나님은 사람을 완전하게 만드셨기 때문입니다. 만일 여러분이 진화론을 믿으신다면 하나님은 사람을 완전히 만드시지 않았고 사람을 완전을 향하게 하고 있다고 말하고 있는 셈입니다. 그러므로 죄가 없다는 것이 됩니다. 그러나 성경은 사람이 완전하게 만들어졌고, 이 세력 곧 암처럼 인간성에 들어온 결과 인간이 완전한 데서 타락했으며 내부에 악한 세력이 머물게 되었다고 가르칩니다. 그 결과로 사람이 욕망하고 탐한다는 것입니다. 지금까지 이 문제와 관련해서 자주 인용한 바와 같이 다시 인용합니다. 주님은 "악한 생각과 살인과 간음 …"이 마음속에서 나온다고 하셨습니다. 죄는 이처럼 무서운 세력으로 이해해야 합니다. 중요한 것은 내가 어떤 일을 하는가에 있는 것이 아니요 나로 하여금 그것을 하도록 하는 것에, 나로 하여금 그것을 마구 충동질하는 것에 있습니다.

죄가 우리들 속에 있습니다. 죄의 깊이와 세력에 직면해야 합니다. 그러면 '죄의 교활성'에 관해 말씀드리려고 합니다. 죄는, 우리가 그 죄의 행위를 범하지 않는 한 우리가 아주 행복감과 만족감을 느끼게 할 정도로 우리를 현혹하고 속이는 무서운 실재입니다. "그렇소, 유혹을 받았으나 감사하게도 저는 넘어지지 아니했습니다."라고 말하는 사람들이 있습니다. 이것으로 너무 만족하지 아니하는 한 여기까지는 모두 옳습니다. 하지만 내가 그 일을 하지 않은 사실로만 만족한다면 나는 온통 잘못되어 있습니다. 나는 계속해서 물어야 합니다. "하지만 왜 나는 그 짓을 하고 싶어 하는가?"라고 말입니다. 이 지점에 죄의 교활함이 들어옵니다. 죄는 사람의 전 조직에 영향을 줍니다. 죄는 사람의 동물적 성품 속에만 있는 것이 아닙니다. 죄는 우리 마음속에, 전망 속에 있으며 우리로 이처럼 부패하게 생각하도록 만듭니다. 그러면 죄가 마음속에 천천히 스며들 때 쓰는 교활한 방법과, 우리가 마음으로 죄를 지을 때 쓰는 무서운 방법을 생각해봅시다. 간음행위를 범하는 것을 꿈조차 꾸지 않으려는 매우 존경할 만한 분들이 있습니다마는 그들이 마음으로, 상상 속에서 죄를 즐기는 방법을 보십시오. 소설과 전기를 읽음으로 죄를 범하는 일들은 얼마나 허다합니까? 여러분이 어떤 책의 평론을 읽으시는 가운데 그 속에 사람의 부정행위나 품행에 관한 것이 포함되어 있음을 알고 그 책을 삽니다.

우리는 삶에 관해 철학적 관심을 가지는 척하여 순전히 관심 때문에 읽는 사회학자들인 양 가장을 합니다. 아닙니다. 안 됩니다. 그 까닭은 우리가 그것을 사랑하기 때문입니다. 그것을 좋아하는 것입니다. 그것은 마음속의 죄, 생각 속의 죄입니다. 이 같은 마음 상태의 실례 하나를 들면, 우리가 이 점의 허물과 실수를 눈과 손의 관점에서 설명해버리려 애를 쓰는 방법에서 찾아볼 수 있습니다. 우리는 이렇게 말을 합니다. "나는 이 모양으로 태어났는걸, 다른 사람들을 봐, 그는 이와 같지 않단 말이야."라고 합니다. 여러분은 다른 사람을 모릅니다. 어쨌든 여러분으로 하여금 여러분의 어떤 특정 성품의 관점에서, 즉 손이나 발이나 눈이나 혹은 이와 같은 관점에서 설명해버리도록 하는 것은 죄의 교활성입니다. 문제는 여러분의 마음속에 있습니다. 기타 모든 것은 그 표현에 지나지 않습니다. 중요한 것은 죄로 이끄는 그것입니다.

다음으로 '죄의 사곡성(邪曲性-요사스럽고 교활함)과 그 결과'를 말씀드리겠습니다. 죄는 사곡성을 가지고 있습니다. 그러므로 주님은 "만일 네 오른손이 너로 실족하게 하거든 찍어 내버리라"고 말씀하십니다. 이것은 죄에 대해 얼마나 진실 된 말씀입니까? 인간의 본능에 잘못된 것은 없습니다. 본능은 하나님이 주신 것이며 모두 훌륭합니다. 하지만 바로 이 본능들은 죄 때문에 우리의 원수가 되었습니다. 하나님께서 사람 속에 넣어 주셔서 그로 가능할 수 있게 하신 것들이 사람을 타락시킨 원인이 되었습니다. 어째서 입니까? 죄는 만사를 비틀어버림으로 손과 눈과 같은 귀중한 선물들이 성가신 물건이 될 수 있으므로 비유적으로 말하면 그것들을 잘라버리며 빼어버려야 하기 때문입니다. 죄는 사람을 사곡(邪曲)시켜 선 그 자체를 악으로 만들어버렸습니다.

바울이 이것을 어떻게 해석하였는지 다시 살펴봐야 하겠습니다. 죄는 거룩하고 바르고 선한 하나님의 율법이 사람을 죄에 빠뜨리는 것으로 만들어 버렸습니다(롬 7장). 율법이 나에게 하지 말라고 말하는 바로 그 사실 자체가 나로 하여금 이것을 생각하도록 만듭니다. 율법은 이것을 상상하게 만들고 마침내는 그것을 행하게 함으로 끝을 내는 것입니다. 하지만 만일 율법이 나에게 그것을 하지 말라고 금하지 않았다면 나는 그렇게 하지 않았을 것입니다. "깨끗한 자에게는 모든 것이 깨끗한 것입니다." 그렇습니다. 하지만 여러분이 깨끗하지 않다면 그것들 자체로서는 선한 것들이라 하더라도 해가 될 수 있습니다.

학교의 어린 학생들에게 성윤리를 가르쳐서는 안 된다고 내가 믿는 것도 이런 까닭에서입니다. 어린 학생들을 죄에 빠뜨리는 결과가 되기 때문입니다. 그들이 이전에 몰랐던 것들을 말해주는 것이 되기 때문입니다. 그들은 "깨끗하지 않습니다." 그러므로 그와 같은 가르침이 선으로 인도될 것이라는 가정에 따라 행동할 수는 없습니다. 그런데 이것이 현대교육의 비극이 되고 있습니다. 현대교육은 신약성경을 가르치는 대신 죄를 인정하지 않는 심리학적 이론에 전적으로 기초하고 있습니다. 우리들 속에는 우리로 죄를 짓지 않을 수 없게 하는 것이 있습니다. 율법은 옳고 선하고 순결합니다. 문제는 우리들 속에, 우리의 사곡한 성품

속에 있는 것입니다.

끝으로, 죄는 파괴적인 실재입니다. "만일 네 오른 눈이 너로 실족하게 하거든 빼어 내버리라." 어째서 입니까? "네 백체 중 하나가 없어지고 온 몸이 지옥에 던져지지 않는 것이 유익"하기 때문입니다. 죄는 사람을 파괴합니다. 죄는 사람 속에 죽음을, 세상에 죽음을 가져왔습니다. 죄는 항상 죽음으로 인도하며 궁극적으로는 지옥으로 고통과 형벌로 인도합니다. 죄는 하나님께 가증스럽습니다. 죄는 하나님께 아주 끔찍스럽습니다. "죄의 삯은 사망입니다." 하나님과 죄는 절대 양립될 수 없습니다. 그러므로 죄는 필연적으로 지옥에 갑니다. 하나님은 그토록 순결한 분이시기 때문에 죄를 보실 수가 없습니다. 죄는 하나님께 그토록 절대 가증한 것입니다.

이상으로 신약성경의 죄론을 말씀드렸습니다. "간음하지 말라." 물론입니다. 하지만 간음이 우리들 마음속에 있습니까? 우리의 상상 속에 있습니까? 우리가 이것을 좋아합니까? 우리들 중 그 아무도 하나님의 거룩한 율법을 보고 만족감을 느낄 수 있는 사람이 없기를 바랍니다. 이 순간 우리들 가운데 부정한 감을 느끼지 않는 사람이 있다면 하나님께서 그를 불쌍히 여기시기를 기도합니다.

우리가 간음죄나 기타 이와 비슷한 죄를 지은 일이 없다고 해서 우리 삶에 만족감을 느낀다면, 우리는 우리 자신을 아직 모르고 있으며 우리 마음의 검은 것과 더러움을 모르고 있는 증거라고 말씀드립니다. 우리는 하나님의 복되신 아들의 가르침에 귀를 기울여 우리 자신을 검토하되 우리의 생각과 욕망과 우리의 상상을 검토해봐야 합니다. 그리고 우리가 악하고 더러우며 씻음을 받아 깨끗해져야 할 필요를 느끼지 못한다면, 만일 우리가 가난한 심령으로 철저하게도 무능한 감을 느끼지 못한다면, 만일 우리가 의에 주리고 목마르지 아니하다면 하나님께서 우리를 불쌍히 여기시기를 기도해야 합니다. 흠 없고 순결하고 절대 거룩하신 분이 나의 죄와 나의 죄책을 받으셨다고 말씀하는 복음을 소유하고 있음을 하나님께 감사드립니다. 나는 그의 귀중한 피로 씻김 받았으며 그는 나에게 그 분의 성품을 주셨습니다. 내게 새 마음이 필요함을 알았을 때 감사하게도 하나 님은 그것을 나에게 주시러 오셨고 또 그것을 주신 것을 발견하였습니다.

은혜로우신 주여 당신의 성품을 주옵소서.
위로부터 속히 오셔서 당신의 새 이름을
내 마음 위에 쓰옵소서.
당신의 새롭고 가장 좋은 사랑의 이름을 쓰옵소서.

이것이 우리의 기도가 되기를 기도합니다.

23장

죄를 억제함에 대하여

"29 만일 네 오른 눈이 너로 실족하게 하거든 빼어 내버리라 네 백체 중 하나가 없어지고 온 몸이 지옥에 던져지지 않는 것이 유익하며 30 또한 만일 네 오른손이 너로 실족하게 하거든 찍어 내버리라 네 백체 중 하나가 없어지고 온 몸이 지옥에 던져지지 않는 것이 유익하니라"마 5:29-30

우리는 앞에서 바리새인과 서기관들의 가르침과 대조되는 우리 주님의 죄관을 파악하기 위하여 마태복음 27절 - 30절을 살펴보았습니다. 이번에는 29절과 30절만을 중복해서 살펴보겠습니다. 여기서 주님은 죄의 성격을 서술하심으로 죄의 성격을 다루어야 할 방법에 대해 가르쳐주십니다. 주님은 우리가 죄의 성격을 보고 그것을 미워하고 버리시기를 바라십니다.

그럼 이제 이 죄에 대한 둘째 면을 살펴보겠습니다. "만일 네 오른 눈이 너로 실족하게 하거든 빼어 내버리라 네 백체 중 하나가 없어지고 온 몸이 지옥에 던져지지 않는 것이 유익하며"라는 말씀은 정확히 어떤 뜻입니까? 이 놀라운 진술을 다음과 같이 풀이해야 한다고 생각하는 사람이 많습니다. 즉 우리 주님은 깨끗한 마음의 중요성을 강조하고 있으며, 여러분이 간음 '행위'를 범하지 않는 것만으로는 충분하지 못하며, 중요한 것은 마음이라고 말씀하신다는 것입니다. 그들은 이 점에서 일종의 이의(異議)가 표명되었거나, 혹은 주님께서 다음과 같은 반대론을 예측하셨다고 생각합니다. 즉 "사람은 본질상 그렇게 구성되어 있으므로 우리의 기능은 불가피하게 우리를 죄로 유도한다. 우리가 눈을 가지고 있는 한 우리가 깨끗한 마음을 가져야 한다고 말하는 것은 쓸데없는 일이다. 내가 내 오른 눈을 가지고 보며 이것이 어떤 결과를 가져온다면 내 눈을 개량하고 깨끗하게 하라고 말하는 것이 무슨 소용이 있는가? 이것은 불가능한 요구이다. 나에게 진짜 문제되는 것은 내가 오른 눈과 오른 손을 갖고 있다는 것이다."라는 반대론을 주님께서 미리 예측하고 하신 말씀이라는 것입니다. 더구나 그들은 이렇게 말함으로써 주님께서 오른 눈과 오른손만을 언급하셨기 때문에 우리 주님은 두 말할 것도 없이 이런 입장을 비판하고 계시는 것으로 우리가 이해해주기를 바라고 있습니다.

만일 어떤 사람이 그의 오른 눈을 빼어버린다 해도 그는 아직 왼편 눈을 갖고 있는 셈이 되며, 오른 눈을 가지고 볼 때처럼 왼쪽 눈으로도 같은 것을 보게 되며, 만일 그가 오른손을 찍어버리면 아직 왼손이 남아있으므로 문제를 아직 해결하지 못한 것이 된다는 것입니다. 그래서 우리 주님은 성결 개념을 우리의 신체적인 문제로 간주하려는 성결, 성화 개념을 비판하고 계십니다. 많은 사람이 이런 개념에 따라 깨끗하고 순결한 마음을 가지게 한다면, 즉 마음을 절대 순수하게 가지려 한다면 두 눈과, 두 손과 두 발을 모두 찍어내야 함을 보여주신다는 것입니다. 그는 더 이상 사람이라 할 수 없게 될 때까지 자기 몸을 불구로 만들어야 한다는 것입니다. 저는 이 해석을 전적으로 부정하고는 싶지 않습니다. 하지만 우리 주님께서 이 점에서 하신 말씀을 그들이 정확히 해석한 것인지 아닌지는 분명하지 않습니다. 이 어구에 대한 보다 나은 해석은 우리 주님이 죄의 무서운 실제적 성격, 죄가 우리에게 개입해 들어오는 무서운 위험과 죄를 처리하고 제거해야 할 중요성을 가르치시려 하신 것으로 보입니다.

그러므로 주님은 일부러 이렇게 표현하신 것 같습니다. 주님은 우리 몸에 귀중한 것들, 즉 눈과 손에 관해 말씀하시며 특별히 오른 눈과 오른손을 말씀하셨다는 것입니다. 어째서입니까? 그 당시 사람들은 오른 눈과 오른손이 왼편보다 더 중요하다고 생각했기 때문입니다. 그래서 우리 주님은 그 당시 보편적으로 흔한, 대중적인 신념을 골라서 말씀하셨습니다. 주님께서는 결국 이렇게 말씀하신 셈입니다. "만일 너희가 갖고 있는 것 중 가장 소중한 것이, 어떤 의미에서 죄의 원인이 되고 있다면 그것을 제거하라."라고 말입니다. 죄는 우리 삶에서 그처럼 중대합니다. 그 중대성을 그렇게 표현하신 것입니다. 이 해석이 앞의 해석보다 훨씬 더 자연스러워 보입니다. 그것이 그 자체로서 아무리 너희에게 귀중한 것이더라도 그것이 만약 너를 함정에 빠뜨리고 거침돌이 되게 한다면 그것을 제거하라, 내어 던져버리라고 말씀하시는 셈입니다. 주님은 성결의 중요성과 죄의 결과로서 우리가 직면하는 무서운 위험을 강조하시기 위해 이런 방법을 쓰셨습니다.

그렇다면 우리는 죄의 문제를 어떻게 처리해야 하겠습니까? 거듭 상기시키지만 그것은 어떤 행위를 범하지 않는 문제에서 끝나는 것이 아니며 마음속의 죄의 오염, 우리 속에 있는 이 세력, 타락의 결과로서 우리의 이 본성 속에 기생하는 이 세력들을 처리하는 문제가 됩니다. 단순히 그저 이것들을 소극적으로 처리하는 것으로는 충분하지 않습니다. 그러면 우리는 이 문제를 어떻게 직면해야 하겠습니까? 여기서 주님은 여러 가지 요점으로 정리하여 말씀하셨습니다.

첫째 요점은, "우리가 죄의 성격과 그 결과를 깨달아야 한다."는 것입니다. 성결과 성화가 없는 주원인은 죄에 대한 그릇된 견해 때문이라는 것과 성화에 대한 거짓된 교훈 때문이라는 것에는 의심의 여지가 없습니다. 수세기를 통해서 도덕률 폐기론 및 완전주의 운동을 허용해온 모든 비극은 실로 죄에 관한 거짓관념 때문에 생긴 것이며, 죄는 하나의 세력이요, 죄책으로 인도하는 존재일 뿐 아니라 죄의 오염이라는 존재가 있음을 보지 못하였기 때문입니다. 사람이 어떤 악한 일을 행하지는 않는다 하더라도 그는 여전히 사악합니다. 사람의 본성은 사악하여 죄스럽습니다. 우리는 '죄'(sin) 관념을 '죄들'(sins)로부터 명백히 구별되어야 합니다. 이상 말씀드린 것을 가장 편리하고 조리 있게 표현하는 방법은 종려주일의 사건입니다. 주님께서는 마지막으로 예루살렘으로 향하셨습니다. 이것의 의미는 무엇입니까? 왜 주님이 십자가로, 죽음으로 향하고 계셨습니까?

이 질문에는 오직 한 가지 대답이 있을 뿐입니다. 죄가 그 원인입니다. 죄는 이처럼 심원(深遠)한 문제이므로 이 문제를 인식하는 것에서 시작해야 합니다. 여러분과 저의 속에 있는 죄는 하나님의 아들로 하여금 겟세마네 동산에서 피와 같은 땀을 흘리게 한 존재입니다. 죄는 그분으로 하여금 온갖 고뇌와 고통에 복종하고 참게 한 존재입니다. 끝으로, 죄는 그를 십자가 위에서 죽게 하였습니다. 이것이 죄입니다. 이것을 우리는 자주 상기한다 해도 부족한 감이 있습니다. 죄를 단순히 도덕적 관점에서 생각하고 죄의 목록을 작성하고 크고 작게 여러 가지로 분류하는 일은 위험합니다. 왜냐하면 죄는 역시 죄이기 때문입니다. 우리 주님께서 강조하신 것도 바로 이 점입니다. 죄는 예를 들어 간음 '행위'만이 아닙니다. 그것은 생각이요 사악한 욕망이기도 한 것입니다. 우리가 주의를 집중해야 할 것은 이 점입니다. 우리는 죄가 얼마나 무서운 것인가 알아야 합니다. 그러므로 도덕적 분류법이나 도덕적 목록의 관점에서 생각하는 버릇마저도 버려야 합니다.

모든 것을 하나님의 아들의 관점에서 생각해야 합니다. 죄가 그분에 대하여 어떤 의미를 갖는가, 죄가 그의 삶과 사역에서 무엇을 유발하였는가를 생각합시다. 이것이 죄를 바로 생각하는 방법입니다. 물론, 죄를 도덕적 관점에서만 생각하는 한 우리가 어떠어떠한 일들을 행하지 않았다고 해서 점잖은 체하며 만족감을 느낄 수도 있습니다. 하지만 이것은 철저할 정도로 거짓된 관념이요, 우리가 알아야 할 것은 하나님의 아들이 하늘에서 오셔서 이 모든 것을 당하시고 십자가 위의 잔인한 죽음을 죽으셔야 했다는 사실입니다. 여러분과 제가 이 같은 존재들이므로 이 모든 것이 필요하였던 것입니다. 우리 속에 있는 죄의 오염의 정도가 이렇습니다. 죄의 성격과 그 결과를 아무리 자주 살펴보아도 오히려 부족한 감이 있습니다. 성결로 향하는 지름길은 그분의 고뇌와 고통을 생각하는 길입니다. 죄의 성격이 하나님의 복되신 아들의 죽음에서처럼 그렇게 무섭고 가공스런 색깔로 나타난 적도 없었습니다.

두 번째로 생각해야 할 것은 '영혼과 그 운명의 중요성'입니다. "네 백체 중 하나가 없어지고 온 몸이 지옥에 던져지지 않는 것이 유익하니라." 주님께서 이것을 강조하시기 위해 이렇게 두 번씩이나 말씀하신 것을 주목합시다. 우리 영혼은 너무 중요하므로 여러분의 눈이 죄의 함정에 빠지는 원인이 된다면 여러분은 그것을 뽑아 제거해야 한다고 주님은 말씀하십니다. 이것은 육체적 의미로 하신 말씀이 아닙니다.

이생과 세상에는 그것들 자체로서는 매우 좋고 옳고 유익한 것들이 많이 있습니다. 하지만 주님은 여기서 만일 '이런' 것들이 우리를 함정에 빠뜨리는 것이라면 그것들을 한쪽으로 제쳐놓으라고 말씀하십니다.

주님은 어떤 계기를 맞이하여 이것을 더욱 강하게 표현하셨습니다. 즉 "무릇 내게 오는 자가 자기 부모와 처자와 형제와 자매와 더욱이 자기 목숨까지 미워하지 아니하면 능히 나의 제자가 되지 못한다."(눅 14:26)라고 하셨습니다. 이것은 우리와 그분 사이에 끼어드는 것이 아무리 소중한 사람이거나 소중한 것이더라도 그것이 우리의 영혼에 해로운 것이라면 그것을 미워하고 한 쪽으로 제쳐놓아야 한다는 뜻입니다. 그렇다고 기독교인이 반드시 그의 사랑하는 사람들을 미워해야 한다는 뜻이 아닙니다.

주님은 우리에게 원수마저도 사랑하라고 하셨습니다. 우리의 영혼과 영혼의 구원에 악영향을 미치는 것은 무엇이든 이 점에서 우리의 원수이므로 그렇게 처리해야 한다는 뜻입니다. 우리에게 잘못된 것은 우리가 이런 것을 오용하고 잘못된 위치에 놓는다는 것을 주님은 이것을 강조하고 계십니다. 만일 내 몸의 기능과 성향과 능력이 나를 죄에 빠뜨린다면 나는 그것들을 내버리고 제거해야 합니다. 나는 이것들을 한 쪽으로 제쳐놓아야 합니다. 만일 여러분이 자신의 체험을 검토해본다면 이것이 무엇을 의미하는가를 곧 알게 되실 것입니다. 문제는 우리가 죄 때문에 모든 것을 왜곡시킨다는 데 있습니다. "깨끗한 자에게는 모든 것이 깨끗하니라." 하지만 제가 앞서 말씀드린 대로 우리는 깨끗하지가 않습니다. 그 결과 깨끗한 것들마저도 가끔 깨끗하지 못하게 된다는 것입니다. 영혼과 그 운명의 중요성이 이러하므로 모든 것을 이것에 집중시켜야 할 것을 주님은 보여주십니다.

기타 모든 것은 이 문제에 관한 한 이차적인 것이 되어야 합니다. 우리 삶을 검토하고 이것이 우리의 고려사항의 전면에, 중심에 있도록 해야 합니다. 이것이 그분의 메시지요, 그분은 이것을 이렇게 눈에 띄게 강조하셨습니다. 여러분의 가장 중요한 소유물, 곧 여러분의 오른 눈마저도 그것이 여러분을 함정에 빠뜨린다면 뽑아내어야 합니다. 여러분과 여러분의 영혼의 영원한 운명 사이에 아무것도 들어오지 못하게 해야 하는 것입니다. 이것이 제2원칙입니다. 우리가 이 세상에서 해야 할 가장 중요한 것이 영원을 위해 준비하는 것입니다. 이 세상도 중요하지만 이 세상의 중요성 때문에 이것의 가치를 조금도 떨어뜨려서는 안 됩니다. "네 백체 중 하나가 없어지는 것이 유익하니라." 그 이유는 우리가 천국에 갈 때 그분의 존전에서 기쁘고 영화롭게 설 것을 확실히 하기 위함이기 때문입니다. 그러므로 내생에서 모든 것을 잃는 것보다 이생에서 불구가 되는 것이 더 좋다고 주님께서 말씀하십니다.

여러분의 영혼과 그 영원한 운명을 다른 모든 것에 앞서 놓으십시오. 그것은 여러분이 직장에서 승진하지 못하거나 여러분이 다른 사람처럼 잘 되지 못하는 것을 의미할 수도 있습니다. 자, "사람이 온 천하를 얻고도 제 목숨을 잃으면 무엇이 유익하겠느냐?" 이것이 문제입니다. "네 백체 중 하나가 없어지고 온 몸이 지옥에 던져지지 않는 것이 유익하니라." "몸은 죽여도 영혼은 능히 죽이지 못하는 자들을 두려워하지 말고 오직 몸과 영혼을 능히 지옥에 멸하실 수 있는 이를 두려워하라"(마 10:28).

셋째 원칙은 "우리가 죄를 미워하고 우리 속에 있는 그것을 어떤 희생을 치르더라도 죄를 멸하기 위함이라면 할 수 있는 일을 다 해야 하겠다."는 것입니다. 여러분은 시편기자가 이것을 어떻게 표현하셨는지 기억하실 것입니다. "여호와를 사랑하는 너희여 악을 미워하라"(시 97:10). 죄를 미워하도록 우리 자신을 훈련해야 합니다. 다시 말하면 죄를 연구하고 죄의 작용을 이해해야 하겠다는 것입니다. 우리는 이 점을 매우 소홀히 하고 있다고 생각합니다.

여기서 우리는 위대한 청교도들과 현격하고 비극적인 대조를 이루고 있습니다. 그들은 죄를 분석하고 죄를 노출시켰습니다. 그래서 그들은 조롱을 받으며 죄의 전문가라고 불리는 결과를 가져왔습니다. 하지만 이것이 성결하게 되는 길입니다.

죄를 보고 죄에 대한 성경의 기록을 보며 죄를 분석해 봅시다. 그렇게 하면 할수록 죄를 미워하게 될 것입니다. 죄를 제거하기 위해서라면 어떤 희생을 치르더라도 할 것을 다하며 우리 삶에서 죄를 파괴할 수 있기 위해 할 수 있는 일을 다 해야 합니다.

다음 원칙은, "이 문제를 해결하는 이상적 방법은 깨끗하고 순결한 마음을 갖는 것"이라는 것입니다. 정욕에서 해방된 마음입니다. 이것은 그저 우리가 어떤 행동에서 해방된다는 데 그치는 것이 아니요 우리 마음이 순결해야 한다는 것입니다. 다시 팔복에 돌아오게 됩니다. "마음이 청결한 사람은 복이 있나니 그들이 하나님을 볼 것임이요." 그러므로 우리의 마음의 표준은 항상 적극적인 것이어야 합니다. 우리는 성결을 바리새인들처럼 어떤 일을 행하지 않는다는 관점에서만 생각해서는 안 됩니다. 일 년 중 어떤 일정한 기간 동안 어떤 일들을 해서는 안 된다고 말해주는 성결 교훈은 항상 부정적인 교훈입니다. 하지만 참된 가르침은 항상 적극적이요 긍정적입니다. 물론 우리가 해서는 안 될 것들이 있습니다만 바리새인들은 여기까지만 전문가였습니다. 그러나 우리 주님은 아니라고 하십니다. 여러분은 한걸음 더 나아가 깨끗하고 순결한 마음을 목표로 해야 합니다.

모든 생각이 새로워지고
하나님의 사랑으로 채워진 마음,
완전하고 바르고 순결하고 선한 마음,
그것은 주여 당신을 닮은 마음입니다.

다시 말하면 신랄함, 시기, 질투, 증오, 악의를 알지 못하고 항상 사랑으로 가득 찬 마음을 가지는 것이 우리의 포부가 되어야 합니다. 그리고 우리가 자주 실패하는 점도 이것이 분명하다고 저는 생각합니다. '전도자'란 말을 듣기 좋아하는 우리들이 행복에 겨워할 때가 너무나 많습니다. 우리가 정통이요, 우리가 저 자유주의자들이나 현대주의자들이나 기타 각양각색의 교회 파당들과 다르기 때문이라는 것입니다. 그러므로 마음이 흡족하고 만족해서 우리가 성공을 하였으며 이제 우리의 위치를 유지하기만 하면 된다고 생각하며 앉아 있는 것입니다. 하지만 이것은 우리의 마음을 알지 못함을 의미할 뿐입니다.

주님은 깨끗한 마음을 요구하십니다. 여러분은 마음속으로 아무도 모르게 죄를 범할 수 있다고 주님은 말씀하십니다. 여러분은 완벽할 정도로 존경스럽게 보일 수 있습니다. 여러분의 생각 속에 무슨 일이 진행되고 있는 지는 아무도 모를 것입니다. 하지만 하나님은 보십니다. 하나님 보시기에 그것은 가증스럽고, 더럽고, 누추하고, 추악합니다. 마음속의 죄는 추한 것입니다.

마지막 원칙은 "죄를 억제함이 중요하다"는 것입니다. "만일 네 오른손이 너로 실족하게 하거든 찍어 내버리라." 죄를 억제한다는 주제는 큰 주제입니다. 여러분이 이 주제에 관심을 가지신다면 위대한 청교도 존 오웬(John Owen)이 쓴 《죄를 억제함에 대하여(The mortification of sin)》를 읽으셔야 합니다. 이 용어는 무엇을 의미합니까? 이 주제에는 두 가지 견해가 있습니다. 문자 그대로 우리 손을 찍어 내던져버려야 한다고 말하는 견해가 있는데, 이것은 거짓된 견해입니다. 이 견해는 죄가 육체 속에 거하고 있다고 간주하는 것입니다. 그러므로 육체를 그렇게 가혹하게 처리해야 한다고 주장합니다.

기독교 초기에는 문자 그대로 손을 끊고 그렇게 하여 산상설교의 명령을 수행하고 있다고 생각한 사람들이 많았습니다. 그들은 주님께서 여기에 하신 말씀 곧 "왼편 뺨을 돌려대라"(39절)는 가르침을 문자적으로, 비이성적으로 받아들인 사람들처럼 풀이했습니다. 그들은 말하기를 "그것은 하나님의 말씀이다. 하나님의 말씀인 이상 우리는 그 말씀을 그대로 실행해야 한다."라고 했습니다. 하지만 그들에게는 아직 왼편 눈과 왼편 손이 남아 있었습니다. 그리고 이것들도 죄를 범했습니다.

독신주의가 성화와 성결에 절대 필요하다는 관념도 같은 '카테고리'에 속해 있습니다. 우리로 하여금 자연에 배치되는 삶을 살라고 하는 가르침은 그것이 어떤 가르침이든 신약성경의 가르침이 아닙니다. 이렇게 주장하는 견해는 부정적, 소극적 견해입니다. 이 견해는 가짜입니다.

그러면 바른 견해는 무엇입니까? 신약성경 여러 곳에서 찾아볼 수 있습니다. 이를테면 로마서 8장 13절을 봅시다. 여기서 바울은 "너희가 육신대로 살면 반드시 죽을 것이로되 영으로써 몸의 행실을 죽이면 살리니"라고 했습니다. 그리고 고린도전서 9장 27절에서는 이렇게 표현되었습니다. "내가 내 몸을 쳐 복종하게 함은 내가 남에게 전파한 후에 자기가 도리어 버림을 당할까 두려워함이로다."라고 말입니다. 성령을 통하여 몸의 행실을 죽여 버립시다. 몸을 제어합시다. 우리 주님은 말씀하십니다. "네 오른손이 너로 실족하게 하면 찍어 내버리라." 이것은 어디서나 같은 원칙이 되고 있습니다. 우리도 이렇게 해야 합니다. 저는 이상의 원칙들의 몇 가지를 다시 제시하려고 합니다. 첫째로 "우리는 육신의 일을 자라게 해서는 안 됩니다." 바울은 "정욕을 위하여 육신의 일을 도모하지 말라"고 했습니다.

여러분 속에는 불이 있습니다. 그것 가까이에 기름을 가져가지 마십시오. 그렇게 하면 불이 붙을 것이며 문제가 생길 것입니다. 여러분에게 해가 될 것은 읽지 마십시오. 정욕을 유발하고 넌지시 유혹하는 신문기사를 읽지 마십시오. 이것이 항상 해가 됨을 여러분도 아십니다. 이런 것들을 읽지 마십시오. "네 눈을 빼어버리라." 그런 신문기사들은 아무에게도 소용이 없습니다. 하지만 우리는 이런 것을 좋아하고 있습니다. 여러분과 저는 본성으로 이것을 좋아합니다. 그러므로 그런 것을 읽지 말아야 합니다. "네 눈을 빼어 내버리라." 이것은 책들, 특히 소설과 라디오 프로그램, TV 영화에 있어서도 한결 같습니다. 이렇게 자세한 사항들에 이르기까지 말씀드려야 하는 것은 유혹의 근원들이기 때문입니다.

여러분이 시간을 내어 이런 것에 주목을 하시면 육신의 일을 도모하는 셈이며, 불꽃에 기름을 붓는 셈이며, 여러분도 나쁜 것으로 알고 있는 것을 도모하고 있는 것이 됩니다. 그렇게 해서는 안 됩니다. "하지만 그것은 교육적인 것이며 놀랍게 훌륭한 사람들이 쓴 책들이기 때문에 제가 이런 것을 모른다면 저를 무식자로 생각될 것입니다."라고 말하는 경향이 있습니다. 주님은 이런 것을 아는 것이 우리에게 해가 된다면 여러분의 영혼을 위해서는 무식자가 되는 것이 더 좋다고 대답하십니다. 가장 가치 있는 것마저도 희생시켜야 합니다.

이것은 또, 성경에 "어리석은 말이나 희롱의 말" 즉 재치는 있으나 정욕을 유발하고 오염시킨다고 생각되는 이야기와 농담을 피해야 할 것을 의미합니다. 사람들은 재치가 있고 묘하게 위트 넘치는 것들을 감탄하며 좋아합니다. 하지만 그것은 많은 문제를 남깁니다. 그것을 거부하십시오. 그것을 원하지 않는다고 말씀하십시오. 여러분은 관심이 없다고 말씀하십시오. 혹 그렇게 함으로써 다른 사람들을 화나게 할 가능성마저 있습니다. 하지만 그것이 그들의 심리상태이고 그들의 도덕수준이므로 그들이 화내고자 한다면 내게 하십시오. 영혼을 위한 것이라면 그들로 화내게 할 테면 하십시오. 그러나 동시에 우리는 교우 관계를 조심해야 합니다. 그것을 이렇게 표현해 보겠습니다. 우리의 성결을 더럽히고 방해하는 것은 무엇이나 피해야 하겠다는 것입니다. "악은 모든 모양이라도 버리라"는 말씀은 "모든 형태의 악을 피하라"는 뜻입니다. 그것이 어떤 형태를 갖고 있는가는 상관없습니다. 내게 해가 되는 것으로 내가 알고 있는 것, 나의 정욕을 충동질하고 어지럽히고 나의 평정을 뒤흔들어놓는 것은 무엇이든 피해야 합니다. 나는 "내 몸을 쳐야 합니다." 나는 "내 지체를 죽여야 합니다." 이것이 그 의미입니다. 우리는 우리 자신에 대하여 정직해야 합니다. 하지만 어떤 사람은 이 점에서 이렇게 질문할지 모릅니다. "당신은 일종의 병적인 고지식함을 가르치고 있지 않습니까? 그러면 이전보다 오히려 불행하고 비참해지지 않겠습니까?"라고 말입니다. 병적인 인간들도 있기는 합니다. 하지만 고지식과 제가 가르치고 있는 것과의 차이를 여러분이 아시고 싶으시면 이렇게 생각해보시기 바랍니다.

병적 고지식함은 항상 그 자체에 그 상태에, 그 자체의 성공에만 관심을 가진다는 것입니다. 하지만 참된 성결은 항상 하나님을 기쁘시게 하고, 하나님을 영화롭게 하고, 예수 그리스도의 영광을 위하는 일에 관심을 가집니다. 만일 여러분과 제가 마음 중심에 이것을 염두에 두고 있다면 우리는 병적으로 되는 것에 그렇게 크게 염려할 필요가 없습니다. 우리의 영적 맥박을 짚어보며 우리의 영적 온도를 재면서 대부분 시간을 보내는 대신 그분을 위하여 그렇게 한다면 이 모든 것을 즉각 피할 수 있습니다.

다음 원칙을 제시하겠습니다. 즉 "우리는 육신을 용의주도하게 억제해야 하며"

정욕의 온갖 충동과 악의 꾐을 처리해야 하겠다는 것입니다. 바꾸어 말하면 우리는 "깨어 기도해야" 하겠다는 것입니다. 우리 모두 사도 바울이 말한 대로 "내 몸을 치는" 일에 관심을 가져야 합니다. 바울이 그렇게 할 필요가 있었다면 우리들은 얼마나 더 그럴 필요가 있겠습니까? 여러분과 제가 해야 할 일들이 이와 같습니다. 이 일들이 우리를 위해 저절로 행해지지는 않을 것입니다. 저는 여러분이 어떤 체험을 하셨고 또 어떤 체험을 할 수 있는지는 관심이 없습니다. 그리고 성령으로 얼마나 충만해지고 있든 간에 만일 여러분이 신문에서 그런 충동적인 기사를 읽는다면 여러분은 죄책을 가지고 있을 것이며, 마음속으로 죄를 지을 것입니다. 우리는 기계가 아닙니다. 우리들 스스로가 이것을 실천해야 합니다. 이것은 우리를 마지막 큰 원칙으로 인도해줍니다. 이 원칙을 이렇게 표현해 보려고 합니다. 즉, 죄에서 우리를 구하기 위해 치러야 했던 대가를 다시 한 번 분명히 파악해야 하겠다는 것입니다.

참된 기독교인에게 "육신의 행실을 죽이기" 위한 싸움에서 이보다 더 자극적이며 고무적인 것은 없다 하겠습니다. 주님이 세상에 오셔서 십자가 위에서 모든 수치와 죽음의 고통을 참으신 목적이 "이 악한 세상에서 우리를 구원하시며" "모든 죄에서 우리를 구원하시며" "선한 일을 열심히 하는 자기 백성이 되게 하려 하심이라"(딛 2:14)임을 우리는 얼마나 자주 상기하고 있습니까? 이것은 "우리로 사랑 안에서 그 앞에 거룩하고 흠이 없게 하시려고"(엡 1:4) 계획하신 것입니다.

만일 주님의 사랑과 주님의 고난이 우리에게 무언가 의미가 있는 것이라면 이것은 우리로 하여금, 그러한 사랑은 "나의 영혼과, 나의 생명과 나의 모든 것을 요구한다."라고 말한 아이잭 와츠(Isaac Watts)와 동의하게 할 것입니다.

끝으로, 위의 여러 가지를 고려해 볼 때 성령이 우리에게 절대 필요함을 봅니다. 여러분과 저는 이 일들을 실천해야 합니다. 하지만 성령께서만이 우리에게 주실 수 있는 힘과 도움이 필요합니다. 바울은 이것을 이렇게 표현했습니다. "성령으로써 몸의 행실을 죽이면 살리라"(롬 8:13). 여러분은 성령의 능력을 받으실 것입니다. 성령은 여러분 안에서 "자기의 기뻐하시는 뜻을 따라 여러분에게 의욕을 일으켜 일하게" 하십니다. 우리가 해야 할 일을 분명히 알고 그것을 행하려 사모하며 이렇게 깨끗해지는 것에 관심을 가진다면, 그리고 우리가 이 육신의 일을 죽이는 과정에서 출발한다면 주님께서 우리에게 능력을 부여하실 것입니다. 이것은 그의 약속입니다. 그러므로 나쁜 것으로 알고 있는 일들을 해서는 안 됩니다. 그에게 능력을 부여받은 것처럼 행동해야 합니다.

이 모든 것이 이 한 마디 속에 표현되었습니다. "두렵고 떨리는 마음으로 자신의 구원을 이루어나가시오. 여러분 속에서 활동하셔서 자기의 기뻐하시는 뜻을 따라 여러분에게 의욕을 일으켜 일하게 하시는 이는 하나님이시기 때문입니다."(빌 2:12-13).

이 두 가지 면은 절대 필요합니다. 만일 우리 자신만의 힘과 능력으로 육신을 죽이려 애쓴다면 사실은 성화가 아닌, 철저하게 거짓된 유형의 성화를 만들어 내게 될 것입니다. 하지만 죄의 세력과 참 성격을 알고 있다면 죄가 사람을 휘어잡고 있는 가공할 세력을 알고 그 오염의 결과를 안다면 우리는 심령이 가난하고 철저히 무력해야 함을 알 것입니다. 그리고 성령만이 주실 수 있는 능력을 항상 구하게 될 것입니다. 결과적으로 성령의 능력으로 "눈을 빼어 내버리며" "손을 찍어 내버리며" "육신을 죽이며" 이렇게 해서 이 문제를 처리하게 될 것입니다. 한편 주님은 우리 속에서 계속 일하시며 우리가 마침내 얼굴과 얼굴을 대하고 그분을 볼 때까지, 점과 흠과 티와 주름 잡힘이 없이 그 앞에 서기까지 계속하실 것입니다.

24장

이혼에 대한 가르침

"31 또 일렀으되 누구든지 아내를 버리려거든 이혼 증서를 줄 것이라 하였으나 32 나는 너희에게 이르노니 누구든지 음행한 이유 없이 아내를 버리면 이는 그로 간음하게 함이요 또 누구든지 버림받은 여자에게 장가드는 자도 간음함이니라" 마 5:31-32

본장에서는 주님께서 산상설교를 통하여 말씀하시는 이혼에 대한 가르침을 생각해보겠습니다. 마태복음 5장 31절과 32절은 성경의 다른 말씀만큼 중요한 하나님의 말씀입니다. 하지만 많은 주석가들과 설교자들이 이러저러한 이유 때문에 이것을 슬쩍 지나치고 취급하지 않을 때가 많습니다. 그들이 왜 이 주제를 피하는 경향이 있는가를 우리는 쉽게 이해할 수 있습니다. 하지만 하나님의 말씀 중 어떤 부분만 연구하고 어느 부분은 무시해버려서는 안됩니다.

예수 그리스도의 복음은 삶의 모든 부분에 관여하고 있으며, 삶의 어느 부분도 성경의 범위 밖에 있다고 말할 권리가 우리에게는 없습니다. 우리에게 필요한 모든 것이 성경에 공급되어 있으므로 우리 삶의 모든 면에 대하여 명백한 가르침을 갖고 있는 것입니다.

본문의 배경과 문맥을 한 번 더 상기해보겠습니다. 이 진술의 문장형식은 "너희는 … 들었으나 … 나는 너희에게 이르노니"인데 주님이 이 주제를 도입하실 때 여섯 가지 진술로 말씀하셨는데 그중에 하나입니다. 이 진술은 주님이 모세를 통하여 이스라엘 자녀들에게 주신 하나님의 율법에 대한 그 나라와 그 교훈의 관계를 보여주는 산상설교의 한 대목에 나옵니다. 이때 주님은 율법을 폐하러 오신 것이 아니요 성취하러 오셨다고 말씀하시면서 시작하셨습니다.

주님은 천지가 없어지기 전에는 율법의 일점일획이라도 반드시 없어지지 아니하고 다 이루리라고 하셨습니다. 그런 다음 "누구든지 이 계명 중의 지극히 작은 것 하나라도 버리고 또 그 같이 사람을 가르치는 자는 천국에서 지극히 작다 일컬음을 받을 것이요 누구든지 이를 행하며 가르치는 자는 천국에서 크다 일컬음을 받으리라 내가 너희에게 이르노니 너희 의가 서기관과 바리새인보다 더 낫지 못하면 결코 천국에 들어가지 못하리라"(19-20절)는 말씀이 나옵니다. 그런 다음 주님은 그의 가르침을 이 배경에 비추어 말씀하시기 시작하셨습니다.

이것을 염두에 두고, 주님께서 끌어내신 이 여섯 개의 대조에서 주님은 모세의 율법을 그의 가르침과 비교하고 계시는 것이 아니고, 바리새인과 서기관들이 말하는 율법에 대한 거짓 해석과 비교하고 계심을 기억합시다.

우리 주님은 모세의 율법을 정정하기 위해 오셨다고 말씀하시지 않습니다. 모세 율법은 하나님께서 모세에게 주신 하나님의 법이기 때문입니다. 우리 주님의 목적은 바리새인과 서기관들이 백성들에게 가르치고 있던 거짓된 율법해석을 정정하는 데 있었습니다. 그러므로 주님은 모세의 율법을 영예롭게 하며 그 율법을 영광스럽게 나타내고 계십니다.

이 주제에 접근하는 최선의 방법은 모세의 율법, 바리새인과 서기관들의 가르치는 율법, 그리고 끝으로 우리 주님의 가르치심을 각각 살펴봐야 합니다. 그러면 첫째로 모세의 율법은 이 문제에 대해 어떻게 가르치고 있습니까? 그 대답은 신명기 24장, 특히 1-4절에서 찾아 볼 수 있습니다. 주님은 마태복음 19장에서 다시 이 가르침에 대하여 언급하고 계시며, 어떤 의미에서 그 완전한 요약을 해주셨다고 볼 수 있습니다. 하지만 원래의 진술을 살펴보는 일이 중요합니다. 이것에 대해 많은 혼란이 있기 때문입니다.

첫째로 주목해야 할 것은, 구약시대에는 간음이란 말이 이혼문제와 관련해서 진술되어 있지 않다는 점입니다. 그 까닭은 모세 율법 밑에서는 간음에 대한 처벌은 곧 사형이었기 때문입니다. 옛 율법 시대에서는 간음을 범한 사람을 돌로 쳐 죽였습니다. 그러므로 이것을 진술할 필요가 없었습니다. 그리고 그것으로 결혼은 끝장났습니다. 이혼함으로써 끝난 것이 아니라, 죽음의 형벌을 당함으로 끝이 난 것입니다. 분명히 해야 할 중요한 원칙은 이것입니다. 그러면 이혼에 관한 모세의 율법의 목적은 무엇이었습니까? 여러분은 그 대답을 즉각 보시게 되는데 신명기 24장을 읽으실 때가 아니라 여러분이 이 법에 대한 주님의 선언과 해석을 읽으실 때에 보시게 됩니다. 이 문제에서 모세 율법의 목적은 그저 이혼 문제를 조절하는 것에 있었습니다. 이 입장은 큰 혼란을 가져왔습니다.

여러분이 기억하시다시피 그 당시 사람들은 대체로 여인들에 대해 매우 하찮은 관념을 갖고 있었으며, 그들은 하찮고 무가치한 이유로 아내를 버릴 권리를 갖고 있다고 믿었습니다. 남자가 이유 여하를 막론하고 아내를 버리고 싶으면 그렇게 해버렸습니다. 남편은 어떤 사소한 구실을 들고 나왔고 그것을 근거로 해서 아내와 이혼했습니다. 물론 그 모든 것의 궁극적 원인은 정욕과 색욕 바로 그것이었습니다.

산상설교에서 우리 주님이 이 주제를 그 앞의 주제 곧 색욕의 문제와 즉각 관련시키신 사실을 보는 일은 흥미롭습니다. 흠정영역(A.V.)에는 이 두 가지가 한 문단(paragraph) 속에 함께 들어 있습니다. 이것이 옳지 않을지는 모르겠습니다. 하지만 이것은 이 두 가지의 궁극적인 관계를 상기시켜줍니다. 그러므로 모세 율법은 혼동을 주기 위한 것이 아니라 여인들에게 크게 부당하였던 상황을 바로잡고 조절하기 위해 삽입된 것입니다. 이것은 여인들과 어린이들에게 말할 수 없는 고통과 끝없는 괴로움을 주었습니다. 대체로 이것은 세 가지 큰 원칙을 설정해주고 있습니다. 첫째는 이것이 이혼을 일부 소송 사유에만 제한하였다는 것입니다. 그 후로도 이혼은 아내에게 어떤 생리적이거나 도덕적 육체적 결함이 발견될 때에만 허용되어야 했습니다. 남편들이 악용한 각양각색의 구실은 이제 금지되었던 것입니다. 남편은 이혼을 할 수 있기에 앞서 어떤 매우 특별한 이유, 즉 부정하다는 제목아래 서술된 사유가 있음을 확증할 수 있어야 했습니다. 남편은 그것을 증명해야 했을 뿐 아니라 두 증인이 보는 앞에서 확증해야 했습니다. 그러므로 모세의 율법은 이혼을 위한 구실을 주기는커녕 이혼을 크게 제한하였습니다. 모세의 율법은 시시하고 피상적이며 부당한 이유들을 기각시키고 이혼을 한 가지 특별한 문제에 국한시켰습니다.

모세의 율법이 둘째로 강요한 것은, 이렇게 자기 아내를 버린 남자는 아내에게 이혼증서를 주어야 한다는 것이었습니다. 모세 율법이 있기 전에 남편이 아내를 버리려면 자기가 아내를 더 원치 않는다고 말하고 아내를 집에서 밀어낼 수가 있었습니다. 그러면 그녀는 세상의 처분에 내어 맡겨졌습니다. 그녀는 부정하다고 간음죄로 고소를 당하고 돌에 맞아 죽기가 쉬웠습니다. 그러므로 모세 율법은 여인을 보호하기 위하여 그녀에게 이혼증서를 주어야 한다고 했습니다. 그리고 그 증서에는 그녀가 버림받은 것은 부정해서가 아니라 여차여차한 이유 때문이라고 진술되어 있었습니다.

이혼 증서는 여인을 보호하기 위한 것이었으며 그녀가 아무 때나 필요할 때 소환할 수 있는 두 증인 앞에서 수교(手交)되었습니다. 이렇게 하므로 이혼은 가볍게 처리해서는 안 될 하나의 엄숙한 수단임을 백성들에게 명심시키기 위함이었습니다. 결혼의 신성성은 이렇게 강조되었던 것입니다.

모세 율법의 셋째 단계는 매우 의미심장한 것으로서 아내를 버리고 그녀에게 이혼증서를 주는 남자는 그녀와 다시 결혼할 수 없었습니다. 예를 들어 아내와 이혼하여 그녀에게 이혼증서를 준 남자가 있다고 합시다. 그녀는 이혼증서를 받아 쥐었으므로 다른 남자와 결혼할 권리가 있었습니다. 그런데 그녀가 또 이혼증서를 받았다고 해도 첫 번 남편과 혼인해서는 안 되었습니다.

이 법의 요점은 다음 같습니다. 이 법은 백성들로 하여금, 결혼이란 것은 그들이 마음 내키는 대로 쉽게 처리할 수 있는 것이 아님을 보여주기 위한 것입니다. 이것은 첫째 남편에게 다음의 사실을 말해줍니다. 즉 그가 아내에게 이혼증서를 준다면 그것은 영원한 제정(制定)이 된다는 것입니다.

모세 율법을 이상과 같이 검토해 볼 때 옛적 모세의 법은 흔히 생각되던 것과는 거리가 먼 것이었음을 곧 알 수 있습니다. 바리새인과 서기관들이 생각하던 것과 거리가 멀었습니다. 모세 율법의 목적은 더 많이 혼란하였던 그때 형편에 어느 정도의 질서를 주기 위한 것이었습니다.

여러분은 모세의 율법의 특징을 아실 것입니다. '눈은 눈으로', '이는 이로'란 문제를 실례로 들어봅시다. 모세 율법은 이렇게 규정하고 있었습니다. 하지만 그 목적은 무엇이었습니까? 그것은 만일 어떤 사람이 다른 사람의 눈을 빼내면 피해자가 같은 식으로 보복해야 한다고 백성들에게 말하기 위한 것이 아니었습니다.

그 목적은 이러했습니다. "너희에게는 그런 죄 때문에 사람을 죽일 권리가 없다. 그것은 다만 '눈은 눈으로만 그친다. 만일 어떤 사람이 다른 사람의 이를 부러뜨린다면 너희는 그 이상의 것을 해할 권리가 없다'는 것입니다." 모세 율법은 혼란 상태에 질서를 회복시켜 그 결과를 제한하는 등 어떤 특정 상태를 위한 법의 제정이었습니다. 이혼에 관한 법도 이와 정확히 같았습니다.

다음으로 바리새인과 서기관들의 가르침을 생각해봐야 하겠습니다. 그들은 모세의 율법이 어떤 조건 아래에서는 아내를 버리라고 명하며, 이혼을 강요한다고 말했습니다. 그러나 모세 율법이 그런 식으로 명하지 않은 것은 물론입니다. 모세 율법은 아무에게도 아내와 이혼하라고 명하지 않았습니다. 모세 율법은 '만일 네가 아내와 이혼하려면 이런 상태 아래서만 가능하다'고 말합니다. 하지만 바리새인과 서기관들은 주님께서 특별히 마태복음 19장에서 이 문제에 언급하시는 가운데 분명히 모세가 이혼을 명하였다고 가르치고 있었습니다.

그 다음 단계로 그들이 다시 온갖 부당한 이유를 들어 이혼을 요구하고 그렇게 할 권리를 주장한 것은 물론입니다. 그들은 이 부정문제에 관한 옛적 모세 율법을 취하여 그들 자신의 해석을 덧붙였습니다. 그들은 만일 어떤 남편이 아내가 자기에게 불만족한 점이 있다고 해서, 즉 어떤 의미에서 '부정'한 이유 때문에 자기 아내를 좋아하지 않는다면 그렇게 하라고 가르쳤습니다.

이것은 바리새인과 서기관들의 가르침과 그들의 율법 해석이 얼마나 문제가 있었는지를 알 수 있습니다. 그 결과 주님 당시에 이러한 불법이 수많은 여인들에게 행해져 아주 사소하고 하잘 것 없는 이유 때문에 이혼을 당하고 있었습니다.

남자들이 중요시 한 것은 오직 한 가지가 있었는데 곧 이혼증서를 주는 일이었습니다. 그들은 다른 법조항에 세심했던 그대로 이혼법에 대해서도 매우 꼼꼼했습니다. 하지만 그들이 아내를 왜 버리고 있었는가를 말하지 않았습니다. 그들에게 이것은 중요하지 않았습니다. 그들에게 가장 중요한 것은 아내에게 이혼증서를 써주는 일이었습니다.

이것을 주님은 "옛 사람에게 말한바"라고 표현하셨습니다. 너희는 바리새인과 서기관들로부터 이렇게 들었다는 것입니다. '아내를 버리는 자'에게 가장 중요한 것은 무엇이었습니까? 이혼증서를 주는 일이었습니다. 사실 이것이 중요한 것은 물론이었습니다.

모세 율법은 이렇게 제정하였습니다. 하지만 이것이 그 골자는 아니었으며 강조해야 할 것도 아닌 것임을 여러분은 아실 것입니다. 그런데도 이것은 바리새인과 서기관에게는 중요한 것이었으며 이것을 강조함으로 결혼의 참된 의미를 아는 것에 실패하고 있었습니다. 그들은 이혼의 문제를 바로 깨닫지 못했습니다.

모세의 가르침에 대한 바리새인과 서기관들의 왜곡이 이러했습니다. 그들은 모세 율법을 회피하고 그 대신 율법에 추가한 교묘한 해석과 전통으로 대신했습니다. 그 결과 모세 율법의 궁극적 목표는 사실상 취소되고 무효화된 셈이었습니다.

이번에는 세 번째이자 마지막 표제를 생각해보겠습니다. 주님은 이것에 대해 무엇이라 말씀하십니까? "(그러나) 나는 너희에게 이르노니 누구든지 음행한 이유 없이 아내를 버리면 이는 그로 간음하게 함이요 또 누구든지 버림받은 여자에게 장가드는 자도 간음함이니라"(32절).

마태복음 19장 3-9절의 진술은 이 교훈을 해석함에 있어 가장 중요하고 도움이 됩니다. 그 까닭은 주님이 여기서 요약의 형태로 말씀하신 것을 이 대목이 충분히 설명하고 있기 때문입니다. 바리새인과 서기관들은 주님을 함정에 빠뜨리려 애를 쓰는 가운데 "사람이 어떤 이유가 있으면 그 아내를 버리는 것이 옳으니이까?"라고 물었습니다. 여기에 주님의 대답이 있습니다.

주님께서 강조하신 첫째 원칙은 결혼이 신성하다는 원칙이었습니다. "누구든지 음행한 이유 외에 아내를 버리면"인 것입니다. 여러분은 주님께서 모세의 율법을 초월하여 하나님께서 처음에 주신 법으로 돌아가신 것을 주목하실 것입니다. 하나님이 여인을 남자의 짝으로 만드셨을 때 이렇게 선언하셨던 것입니다. "하나님이 짝지어 주신 것을 사람이 나누지 못할지니라." 결혼은 하나의 민법상의 계약이나 하나의 성례가 아닙니다. 결혼은 이 두 사람이 한 육체가 되게 하는 것입니다. 결혼에는 불용해성(不溶解性), 영구불변성이 있습니다. 주님은 이 중요한 원칙으로 돌아간 것입니다. 하나님이 남자를 위하여 여자를 만드셨을 때 하나님은 이것을 의도하셨습니다. 하나님은 이것을 제정하신 것입니다. 하나님께서 설정하신 법은, 사람이 부모를 떠나서 아내와 합하여 그 둘이 한 몸이 되게 하는 것이었습니다. 새롭고 이전과는 성질이 다른 일이 발생하였고, 이전의 다른 유대는 깨어지고 새로운 유대가 이루어진 것입니다. '한 몸'이란 말씀만이 중요한 전부입니다.

여러분은 이것이 성경에 나올 때마다 일관된 원칙임을 아실 것입니다. 고린도전서 6장에서 바울은 말씀하기를 간음에 있어 무서운 일은 사람이 창녀와 하나가 되는 것이라고 했습니다. 이것은 가장 엄숙하고 중요한 가르침입니다. 우리 주님은 거기서 출발하십니다. 주님은 시초로, 하나님의 원초적 결혼관으로 돌아간 것입니다.

어떤 사람은 "만일 그러하다면 모세의 율법은 어떻게 설명이 됩니까? 만일 그것이 하나님의 결혼관이라면 하나님은 왜 우리가 방금 살펴본 조건으로 이혼을 허락하셨습니까?"라고 묻습니다. 주님은 이 문제를 다시 이렇게 대답하십니다. "너희 마음의 완악함 때문에"라고 말입니다. 하나님께서 말하자면 양보하신 셈이라는 것입니다. 하나님은 결혼에 관한 그분의 애초의 법을 폐하시지 않았습니다. 하나님은 그 당시 만연하던 형편 때문에 임시법을 도입하셨던 것입니다. 하나님은 그 법을 통제하셨습니다. 그 법은 우리가 살펴본 대로 '눈은 눈으로', '이는 이로'와 똑같은 것입니다. 이것이 그 당시에는 큰 혁신이었습니다. 하지만 사실은 하나님께서 백성들을 그분의 애초의 선언하신 방향으로 인도하고 계셨던 것입니다.

주님은 "너희 마음의 완악함 때문에" 모세가 이렇게 양보한 것이라고 말씀하셨습니다. 하나님은 이혼을 옹호하시거나 아무에게도 아내를 버리라고 명하시지 않았습니다. 하나님은 여기서 오는 혼란을 어느 정도 바로 잡고 계셨으며 철저할 정도로 불법적이요, 변칙적인 것을 질서 있게 바로 잡고 계셨습니다. 이 같은 결혼 상태와 관련해서 우리는 하나님의 애초의 목적과 의도를 마음 중심에 새겨야 합니다. 즉 한 몸의 불가분리성으로 이렇게 합쳐진 것을 마음에 새겨야 합니다.

첫째 원칙은 둘째 원칙으로 인도하는데, 둘째 원칙은 하나님은 아무 데서도 이혼을 명하신 일이 없다는 것입니다. 하지만 바리새인과 서기관들은 모세 율법이 이것을 명하고 있다고 말했습니다.

이혼이 허가되어야 할 경우 모세가 이혼증서를 써서 주라고 그들에게 명한 것은 사실입니다. 하지만 그렇다고 이것이 그들에게 이혼을 명하였다고 하는 것과는 다른 것입니다. 하나님의 말씀은 결혼의 불가해성(不可解性)뿐 아니라 사랑과 용서의 법을 가르쳤습니다.

우리는 남자로 하여금 "그녀는 내 삶을 망쳐 놨다. 그러므로 나는 아내와 이혼해야 하겠다."라고 말하게 만드는 이 법적 접근(approach)을 제거해야 합니다. 우리가 무가치하고 하찮은 죄인이지만 하나님의 은혜로 용서받았으므로, 우리는 다른 사람들과의 관계에서 우리에게 발생하는 모든 일에 이런 견해를 견지해야 합니다. 곧 하나님의 은혜로 우리가 값없이 용서받았다는 것입니다. 특히 결혼 관계에서 이런 견해의 통제를 받아야 합니다.

다음 원칙은 가장 중요한 원칙입니다. 이혼에는 오직 한 가지 합법적 원인과 이유가 있다는 것입니다. 그것은 곧 '음행'입니다. 이 가르침의 정당성을 강조할 필요는 없습니다. 우리는 이혼문제 때문에 매우 혼란한 시대에 살고 있습니다. 이혼을 더욱 쉽게 할 수 있는 증서들이 있어서 형편을 더욱 악화시키고 있는 실정입니다. 여기에 이 문제에 관한 주님의 가르침이 있습니다. 이혼에는 오직 한 가지 원인이 있을 뿐입니다. 그것은 결혼한 부부 중 일방적 부정입니다.

'음행'이란 용어는 포괄적인 용어입니다. 이 용어는 결혼에 대하여 부부 일방의 부정을 의미합니다. "누구든지 음행한 이유 외에 아내를 버리고 다른 데 장가드는 자는 간음함이니라"(마 19:9). 이 원칙의 중요성을 인식해야 합니다. 고린도전서 7장을 보면 이 문제가 다시 언급되고 있습니다. 초대교회 당시 이 문제가 많은 기독교인들에게 대두되고 있었습니다. 남편과 아내를 생각해보십시오. 남편이 갑자기 기독교에 개종하였으나 아내는 그렇지 않습니다. 여기에, 그리스도 예수 안에서 새 피조물이 된 남편이 있습니다. 하지만 그의 아내는 그대로 이방인입니다. 이 사람들은 세상과 죄에서 떠나 분리하라는 교리를 배웠습니다. 그러므로 그들은 즉시 이런 결론을 내렸습니다. "내가 이방인 여자와 사는 것은 불가능하다. 내가 기독교인의 삶을 살아야 한다면 나는 아내와 이혼해야 하겠다. 아내는 기독교인이 아니기 때문이다."라고 말입니다.

그리고 아내는 개심했으나, 남편이 하지 않았을 경우 역시 이 같은 말을 했습니다. 하지만 사도 바울은 이 사람들에게 이렇게 가르쳤습니다. 즉 "남편이 개심하고 아내가 개심하지 않았다고 해서 남편이 아내를 버려서는 안 된다."라고 말입니다. 아시다시피 이것마저도 이혼의 근거는 못 된다는 것입니다.

성격이 맞지 않는다고 해서 이혼한다는 현대의 주장을 예로 들어봅시다. 기독교인과 비기독교인의 관계보다 양립될 수 없을 만큼 서로의 성격이 더 다른 경우를 상상이나 할 수 있겠습니까? 현대적 관념에 의하면 이혼할 원인이 있으면 하라고 말합니다. 하지만 성경의 명백한 교훈은 이것마저도 이혼의 근거가 되지 못한다고 가르칩니다.

개심하지 않은 남편이나 부인을 버리지 말라고 바울은 말씀하고 있습니다. 개심한 아내가 믿지 않는 남편을 가질 경우 아내는 그 남편을 성화시키는 것이 되기 때문입니다. 그럴 경우 자녀들에 대해서도 염려할 필요가 없습니다. 만일 부부 중 어느 한편이 기독교인이라면 이것은 자녀들에게도 적용이 되어 교회 안에서 기독교교육을 받을 특권을 가지게 되기 때문입니다. 이것은 가장 중요하고 매우 중요한 논거가 됩니다. 우리 주님께서 설정하신 이 중요한 원칙을 명심하는 방법이 이상과 같습니다. 음행한 이유 이외에는 이혼의 이유가 하나도 성립되지 못합니다. 문제가 얼마나 어렵든, 긴장이나 스트레스가 얼마큼 크든, 성격이 맞지 않든지 중요하지 않습니다. 이 한 가지 일 외에는 이 불가용해성의 결합을 해체할 수 없는 것입니다. 주님 자신이 이렇게 말씀하고 계십니다. 즉 부정은 이혼의 원인이 되며 그 이유는 매우 분명하다고 말입니다.

이것은 다시 '한 몸'의 문제입니다. 간음죄를 범한 사람은 이 결합(유대)을 깨뜨리고 다른 사람과 결합된 사람입니다. 결합장치는 깨어지고 한 몸은 이제 다시 통용되지 않게 된 것입니다. 따라서 이혼은 합법적인 것이 됩니다. 다시 강조하지만 이것은 명령이 아닙니다. 하지만 이혼할 근거는 됩니다. 자기가 이런 위치에 있는 것을 보는 사람은 아내와 이혼할 권리가 있습니다. 그리고 그 아내는 남편과 이혼할 권리가 있습니다.

다음 단계는 이것을 더욱 분명히 해줍니다. 우리 주님은 만일 너희가 이외의 다른 이유로 아내와 이혼한다면 너희는 그녀로 간음하게 함이라고 말씀하십니다. "누구든지 음행한 이유 외에 아내를 버리고 다른 데 장가드는 자는 간음함이니라." 그 논거는 이와 같습니다. 즉 "이 유대를 깨뜨릴 수 있는 것은 오직 간음이라는 한 가지 이유뿐이다. 그러므로 너희가 다른 이유로 아내를 버린다면 너는 그 유대를 깨뜨리지 않고 그녀를 버리는 것이 된다. 이렇게 해서 너희는 그녀가 다시 결혼하지 않는 한 그녀로 하여금 그 유대를 깨뜨리게 하는 것이다. 그러므로 이외의 다른 이유 때문에 아내와 이혼하는 사람은 그렇게 함으로써 그녀로 하여금 간음을 범하게 하는 것이다. 그러므로 그녀와 결혼하는 남자도 이렇게 해서 간음하는 자가 된다."고 말입니다. 주님은 이 원칙을 이렇게 적극적으로, 명백하고 강력하게 주장하십니다. 이혼에는 한 가지 원인이 있을 뿐이며 그 외에 그 어떠한 이유도 없다는 것입니다.

그러면 이 가르침의 결과는 무엇이겠습니까? 이렇게 요약할 수 있습니다. 우리 주님은 여기서 자신을 우리에게 율법을 하사하신 분으로 나타내셨습니다. 모든 법은 그에게서 옵니다. 이스라엘의 특수 상황 때문에 그들을 위한 임시법이 있긴 있었습니다. 간음죄에 대한 모세의 형벌은 돌로 쳐 죽이는 것이었습니다. 그런데 우리 주님은 이 임시법을 철폐하셨습니다.

주님께서 취하신 다음 단계는 간음으로 인한 이혼 사유를 합법으로 만드는 일이었습니다. 주님은 이 문제에 대한 법을 설정하신 것입니다. 주님의 가르침의 두 가지 주된 결과는 이상과 같습니다. 이때로부터 계속해서 남자와 여자는 간음죄 때문에 돌에 맞아 죽지 않아도 되었습니다.

여러분이 그 무언가를 하고 싶다면 여러분은 이혼할 자격이 있습니다. 이것으로부터 우리는 한 가지 매우 중요하고 심각한 추론을 합법적으로 도출해낼 수 있습니다. 아내의 간음 때문에 이렇게 자기 아내와 이혼한 사람은 그렇게 할 자격이 있다고 말입니다. 이 남자는 이제 자유로우며 자유인으로서 재혼할 권리가 있다고 말할 수 있습니다.

어떤 사람은 제게 "당신은 이런 일에 어떻게 생각하느냐?"고 묻습니다. 저는 이것을 조심스럽게 권면하는 식으로 말씀드리려고 합니다. 혹시 제가 어떤 사람으로 죄를 범하도록 고무하게 될 것을 말하는 것이 아닌지 두렵습니다. 하지만 복음을 기초로 해서, 진리를 위해서 저는 이렇게 말씀드립니다. "간음마저도 용서받을 수 없는 죄는 아니다."라고 말입니다.

만일 여러분이 참되게 회개하고, 여러분의 죄의 가공성을 인식하고, 하나님의 무한하신 사랑과 자비와 은혜에 온몸을 내어 맡기시면 여러분은 용서받을 수 있으며, 저는 여러분에게 용서를 보장할 수 있습니다. 하지만 복되신 우리 주님의 말씀을 들어보십시오. 이 중요한 주제에 대한 주님의 가르침은 다음과 같습니다. "가서 다시는 죄를 범하지 말라." 여러분 우리들 주변의 세상과 사회현상을 보시면 혼돈 그 자체입니다. 만일 사람들이 가장 엄숙하고 성스러운 결혼에서마저도 그들의 서약을 지키지 않는다면 우리가 세계 여러 나라를 향하여 그들의 협약과 서약을 지킬 것을 기대할 권리가 있겠습니까? 그러므로 우리는 우리자신들로부터 시작해야 합니다. 우리는 하나님의 법을 우리의 개인 생활에서 준수해야 합니다. 그런 다음에야 비로소 각 국가와 각 민족들을 신뢰할 권리와, 지금의 세상과는 다른 아름다운 세상을 기대할 권리가 있는 것입니다.

25장

기독교인과 맹세

"33 또 옛 사람에게 말한 바 헛 맹세를 하지 말고 네 맹세한 것을 주께 지키라 하였다는 것을 너희가 들었으나 34 나는 너희에게 이르노니 도무지 맹세하지 말지니 하늘로도 하지 말라 이는 하나님의 보좌임이요 35 땅으로도 하지 말라 이는 하나님의 발등상임이요 예루살렘으로도 하지 말라 이는 큰 임금의 성임이요 36 네 머리로도 하지 말라 이는 네가 한 터럭도 희고 검게 할 수 없음이라 37 오직 너희 말은 옳다 옳다, 아니라 아니라 하라 이에서 지나는 것은 악으로부터 나느니라" 마 5:33-37

이제부터 여섯 가지 실례 중 네 번째 실례의 본문이 되는 마태복음 5장 33-37절을 살펴보겠습니다. 본문은 마태복음 5장 17-20절에서 설명하신 하나님의 율법에 대한 주님의 가르침과 그 나라의 관계를 정의하실 때 의도하신 바를 보여줍니다. 이렇게 묻는 사람들도 있을지 모르겠습니다. "현대 세계에서 우리가 엄청나게 큰 문제들에 직면하고 있는 이때에 이런 단순한 문제를 살펴보는 것이 유익한 일일까?"라고 말입니다. 그 대답은, 신약성경에 따르면 기독교인이 행하는 것은 무엇이든 다른 사람들에 대한 그의 영향 때문에 중요하다는 것입니다.

만일 오늘의 모든 사람이 진정한 기독교인이라면 오늘의 이 큰 문제들은 대부분 사라졌을 것이며 전쟁이나 그와 같은 참사를 두려워할 필요가 없을 것입니다. 그렇다면 문제는 사람들이 어떻게 올바른 기독교인이 되는가 하는 것이 됩니다. 그 방법의 하나는 사람들이 기독교인들을 관찰하는 것입니다. 이것이 현시점에서 가장 유력한 전도방법의 하나가 됨에 틀림없습니다. 우리는 이 사회로부터 조명을 받고 있습니다. 그러므로 우리가 행하는 것은 무엇이든 매우 중요합니다. 이리하여 신약성경에 포함되어 있는 여러 서신들의(바울 서신 뿐 아니라 기타 서신도) 저자는 그들의 교리를 삶의 여러 다양한 부분들과 관련해서 전개하였습니다.

바울은 에베소교인들에게 보내는 서신의 처음 몇 장에서 절정의 경지에 도달하여 온 세상에 대한 하나님의 경이로운 궁극적 목적을 제시하고 나서 갑자기 땅으로 돌아와 이렇게 말씀합니다. "서로 거짓말을 하지 마시오. 항상 진실을 말하시오."라고 말입니다. 복음은 항상 교리를 제시하지만 이렇게 우리의 삶과 생활의 미미한 점들에도 관심을 가집니다.

특별히 산상설교의 이 대목에서 바리새인과 서기관들이 제시한 모세의 율법에 대한 거짓된 해석을 바로잡기 위해서 주님은 "옛 사람에 말한 바 헛 맹세를 하지 말고 네 맹세한 것을 주께 지키라 하였다는 것을 너희가 들었으나"(마 5:33절)라고 하셨습니다. 이것은 주님이 모세의 율법을 다루고 계신 것이 아니라 바리새인들의 모세 율법에 대한 왜곡을 다루셨다는 것을 거듭 증명하고 있는 것입니다. 그렇긴 해도 바리새인과 서기관들의 가르침이 대체로 그러했던 대로, 이 말씀은 간접적으로나마 구약성경의 어떤 진술에 근거하고 있습니다. 예를 들어 그들은 제3계명을 의중에 두고 있었음이 분명합니다.

제3계명은 이렇게 기록되어 있습니다. "네 하나님 여호와의 이름을 망령되게 부르지 말라"(출 20:7). 그리고 신명기 6장 13절에도 "네 하나님 여호와를 경외하며 그를 섬기며 그의 이름으로 맹세할 것이니라"라고 되어 있고, 레위기 19장 12절에는 "너희는 내 이름으로 거짓 맹세함으로 네 하나님의 이름을 욕되게 하지 말라 나는 여호와이니라"라고 되어 있습니다. 바리새인과 서기관들은 이 성경 구절들에 정통하고 있었고 이 구절들에서 이런 가르침을 뽑아내었습니다. "너희는 헛 맹세를 하지 말고 네 맹세한 것을 주께 지키라"는 가르침을 말입니다. 우리 주님은 여기서 이 거짓된 가르침을 정정하는 일에 관심을 가지십니다. 이것을 정정하실 뿐 아니라 참된 가르침으로 대체하는 것에 관심을 가지고 계십니다. 주님은 항상 그러하시듯 하나님께서 모세에게 주신 율법의 의도와 목적을 천명하셨는데, 이 율법은 하나님의 명예와 영광에 관심을 가지는 우리 모든 기독교인에게 구속력을 가집니다. 우리는 여기서 세 가지로 이 주제에 접근할 수 있습니다. 우선 모세 율법을 봅시다. 맹세와 관련해서 그 주된 의도가 죄와 타락의 결과로 사람이 거짓말하기 쉬운 것에 굴레를 씌우기 위함인 것은 의심할 바 없습니다.

모세가 취급해야 했던 가장 큰 문제 중 하나는 다른 사람들에게 거짓말하는 경향과 사실이 아닌 것들을 고의로 말하는 경향이었습니다. 사람들은 다른 사람의 말과 진술을 믿을 수가 없었기 때문에 삶이 혼란해지고 있었습니다. 이 원칙은 우리가 살펴본 대로 이혼에 관한 계명에 있어서도 그러했습니다. 이혼에 관한 계명에 있어서도 특별한 목적 이외에 일반적인 목적도 있었던 것입니다.

이 모세 율법의 또 다른 목적은 맹세를 심각하고 중요한 문제들에 제한하는 것에 있었습니다. 백성들은 아주 사소한 문제에서도 맹세를 하는 경향이 있었습니다. 그들은 아주 경미한 구실거리만 있어도 하나님의 이름으로 맹세했습니다. 그러므로 율법의 목적은 이렇게 무분별한 맹세에 종지부를 찍는 것이요, 맹세는 매우 엄숙한 문제요, 개인이나 국가든 어떤 특별한 위험이나 비상한 사건에 대해서만 유보되어야 하는 것입니다. 다시 말하면 이 법은 그들의 삶의 심각성을 그들에게 상기시키는 일과 관계를 가지고 있습니다.

이스라엘 자녀들에게 특히 하나님에 대한 그들의 관계를 상기시키는 데 관심을 가지며 그들이 행한 모든 것이 하나님의 눈에 뜨이며, 하나님은 모든 것 위에 계시며 그들의 삶을 하나님을 향해 살듯 살아야 한다는 것을 상기시키기 위한 것이었습니다. 이것은 이 지점에서 특히 실례를 든 율법의 큰 원칙들의 하나가 됩니다. 우리는 이 모세의 계명을 생각할 때마다 "나는 여호와 너희 하나님이라 내가 거룩하니 너희도 거룩하게 하라"는 계명을 항상 명심해야 합니다.

이 백성들은 그들이 행한 모든 것이 중요하다는 사실을 기억해야 했습니다. 그들은 하나님의 백성이었으므로 그들의 말과 대화에서 특히 맹세를 함에 있어 모든 일은, 하나님이 그들을 내려다보고 계시다는 사실을 인식하는 가운데서 행해져야 할 것을 상기해야 했습니다. 그러므로 그들은 하나님에 대한 그들의 관계 때문에 이 모든 문제의 심각성을 인식해야 했습니다.

바리새인과 서기관들에게 궁극적으로 문제되었던 것은 그들의 태도가 형식에 구애되었다는 것입니다. 그들은 영(spirit)보다 율법조문(letter)에 더 관심을 가졌습니다. 그들이 율법의 문자를 지키고 있다고 스스로 믿을 수 있는 한 그들은 완전히 만족하였습니다.

예를 들어, 그들이 육체적 간음을 범하지 않은 한 그들은 모두 옳다고 생각했습니다. 그리고 이것은 다시 이혼에도 적용되었습니다. 여기서도 그들은 그 의미를 이렇게 해석하여 이것을 법적 형태로 바꾸어 표현하여 율법의 정신에 철저히 배치되는 일들을 행할 만큼의 자유를 허용했습니다. 그리고도 율법조문을 실제로 깨뜨리고 범하지 않았기 때문에 그들은 죄가 없다고 생각했습니다.

다시 말하면 그들은 이 점에서 이 법의 위증죄를 범하는 문제에 국한시켰습니다. 위증죄를 범하는 것이 그들에게는 매우 중대하고 엄숙한 문제로 생각되었습니다. 이것은 무서운 죄였으며 그들은 그것을 탄핵했습니다. 하지만 그들은 온갖 유형의 맹세를 할 수 있으며 온갖 유형의 일들을 다 할 수 있었습니다. 그래도 그들이 위증죄를 범하지 않는 한 그들은 율법을 범하지 않았다고 생각했습니다. 율법주의는 아직 우리 속에도 있습니다. 이 율법주의적 태도를 종교와 기독교 신앙에 대한 오늘의 많은 사람들의 태도에서 보기는 어렵지 않습니다. 우리들은 어떤 것을 고립시켜서 "그것은 죄다. 네가 그것을 하지 않는 한 다 괜찮을 텐데."

라고 말하는 경향이 있습니다. 이것이 현대의 성결관이 되어있다고 제가 자주 지적하였습니다.

사람들은 성결과 세속을 성경의 어법에서 빗나간 양태로 정의하고 있습니다. 어떤 사람들에게는 세속화가 영화관에 가는 것을 뜻하며, 그것을 세속의 전부라고 생각하고 있습니다. 그래서 그들이 이렇게 하지 않는 한 그들은 세속적이 아니라고 생각해버립니다. 하지만 그들은 이생의 교만과 육체의 정욕과 안목의 정욕을 잊어버립니다.

그들은 이 정의를 고립시켜 오직 한 가지에만 국한시킵니다. 그리고 그들이 그것을 범하지 않는 이상 만사가 괜찮은 것입니다. 이것이 바리새인과 서기관들에게 문제가 되었던 그것입니다. 그들은 이 큰 문제를 위증죄의 하나에만 국한시켰습니다.

다시 말하면, 그들이 헛되이 맹세하지 않는 한 사람이 아무 때든 맹세하는 것에 해가 없다고 생각했습니다. 그가 그렇게 하지 않는 한 그는 하늘로, 예루살렘으로, 거의 그 무엇으로도 맹세할 수 있었습니다. 이렇게 해서 그들은 아무 때든 무슨 문제에 대해서든 맹세를 증가시킬 수 있는 문을 열어놓았습니다.

그들의 거짓된 해석의 또 다른 특징은 어떤 맹세는 구속력이 있고 어떤 것들은 구속력이 없다고 말한 것입니다. 즉 성전으로 맹세하지 않는 한 그것에는 구속력이 없었습니다. 바리새인들은 이 맹세와 저 맹세를 이렇게 구별하여 어떤 맹세는 구속력이 있고 또 어떤 맹세는 구속력이 없다고 하였으므로 이런 죄를 범하고 있었던 셈입니다. 그들의 잘못된 가르침의 결과로 엄숙한 맹세가 일상 대화에서나 거의 모든 일과 관련해서 통상적으로 가볍게 행해졌습니다. 이번에는 주님의 가르침을 생각해봅시다. "나는 너희에게 이르노니." 율법을 만드시고 주신분이 말씀하고 계십니다. 하지만 그는 하나님의 절대 권위로 말씀하십니다. 주님은 이렇게 말씀하셨습니다. "옛 율법을 준 나는 너희에게 이르노니 도무지 맹세하지 말지니 하늘로도 하지 말라 이는 하나님의 보좌임이요 땅으로도 하지 말라 이는 하나님의 발등상임이요 예루살렘으로도 하지 말라 이는 큰 임금의 성임이요 네 머리로도 하지 말라 이는 네가 한 터럭도 희고 검게 할 수 없음이라 오직 너희 말은 옳다 옳다, 아니라 아니라 하라 이에서 지나는 것은 악으로부터 나느니라"(34-37절). 이 말씀이 무슨 뜻입니까?

먼저 구체적인 예를 들어보겠습니다. 흔히 퀘이커교도(Quakers)라고 불리는 형제사회단원들(Members of the Society of Friends)은 항상 이 구절에 큰 관심을 가졌으며, 그들이 법정에서마저도 맹세를 전통적으로 거부해온 것은 이 구절에 근거하고 있습니다. 그들의 해석에 의하면 이 말씀이 환경 형태 및 형식으로도 맹세를 절대 완전히 금하고 있다는 것입니다. 그들은 주님이 "도무지 맹세하지 말라"고 말씀했다고 하며 따라서 그의 말씀을 그대로 취해야 한다고 말합니다. 이 구절을 이렇게 해석하는 사람들은 옛적 바리새인과 서기관들의 율법적 입장을 무심코, 무의식적으로 취한 것이 되기 때문입니다. 만일 이 구절을 우리가 법정에서 맹세를 하는 것으로 격하시킨다면 우리는 '박하와 회향과 근채'에 주의를 집중하고 율법의 더 중한 바 정의와 긍휼과 믿음은 잊어버리는 것이 됩니다. 나는 그들의 해석을 다음과 같은 이유로 받아들일 수 없습니다.

첫째는 구약성경의 명령 때문인데, 여기서 하나님은 맹세를 언제 어떻게 해야 하는가에 대하여 법을 제정하셨습니다. 사람이 전혀 맹세하지 말아야 하는 것이 하나님의 뜻이었다고 하면 하나님께서 맹세에 관한 법을 제정하실 수 있었다고 생각하십니까? 구약성경에 실례가 있습니다. 아브라함이 이삭을 위해 며느리를 찾으러 종 한 사람을 보냈을 때 아브라함은 무엇보다도 그 종에게 맹세하게 하였습니다. 야곱도 요셉에게 맹세하게 하였고, 요셉도 형제들에게 맹세하게 하였으며, 요나단도 다윗에게 맹세하게 하였습니다. 즉 어떤 특별한 계기를 맞이했을 때 이 거룩한 사람들은 엄숙하고 심각하게 맹세를 해야 했습니다. 또한 우리 주님께서 심문받으시는 장면을 서술하는 마태복음 26장 63절에 예수께서 "침묵하시거늘"이 말씀에 이어서 "대제사장이 이르되 내가 너로 살아 계신 하나님께 맹세하게 하노니 네가 하나님의 아들 그리스도인지 우리에게 말하라"고 했습니다. 우리 주님은 "네가 그렇게 말하면 안 된다"라고 말씀하시지 않았습니다. 그렇습니다. 주님은 그가 이렇게 하나님의 이름을 사용한 것을 정죄하시지 않았습니다. 주님은 그럴 경우의 맹세를 탄핵하시지 않고 그것을 완전히 합법으로 간주하셨습니다. 그럴 때만은 주님께서 이 엄숙한 고소에 반응하여 대답하셨습니다.

하지만 이 문제에 대해 주님께 가르침을 받은 사도들이 실천한 습관도 생각해 봅시다. 여러분은 사도들이 맹세를 자주 한 것을 발견하실 것입니다. 사도 바울은 로마서 9장 1절에서 "내가 그리스도 안에서 참말을 하고 거짓말을 아니하노라 … 내 양심이 성령 안에서 나와 더불어 증언하노니"라고 했고, 다시 고린도후서 1장 23절에서 "내가 내 목숨을 걸고 하나님을 불러 증언하시게 하노니"라고 했습니다. 이것은 바울의 습관이었습니다. 하지만 히브리서 6장 16절에 이 문제에 근거한 매우 흥미 있는 논증이 있습니다.

저자는 여기서 자기 독자들에게 확신과 강한 위로를 주려고 애쓰고 있는데 그의 논거는 하나님이 이 문제와 관련하여 맹세하셨다는 것입니다. "사람들은 자기보다 더 큰 자를 가리켜 맹세하나니 맹세는 그들이 다투는 모든 일에 최후 확정이니라." 그러므로 하나님은 "그것을 맹세로 보증하셨습니다." 다시 말하면 맹세를 하는 사람들의 습관을 히브리서 저자는 맹세가 사람에게 어떻게 확정이 되는가를 보여주며, 모든 다투는 일에 최후 확정을 짓고 있음을 말해주고 있습니다. 그는 맹세가 나쁘다고 말하지 않습니다. 그는 맹세를 정당하고 관습적이며 하나님께서 가르치신 것으로 받아들이고 있습니다. 그런 다음 하나님마저도 맹세를 하셨다고 논증하고 있습니다. "이는 하나님이 거짓말을 하실 수 없는 이 두 가지 변하지 못할 사실을 말미암아 앞에 있는 소망을 얻으려고 피난처를 찾은 우리에게 큰 안위를 받게 하려 하심이라." 이상의 모든 것에 비추어 볼 때 법정에서 맹세하는 것을 성경에 근거하여 받아들이지 않는 이런 경우는 잘못된 것으로 보입니다.

우리가 성경에 근거하여 도달할 수 있는 결론은 맹세가 제한되어 있기는 하되 어떤 엄숙하고 매우 중요한 경우, 맹세가 정당하고 합법적일 뿐만 아니라 다른 아무것과도 비교할 수 없는 엄숙성과 권위를 추가하고 있다는 것입니다.

지금까지는 우리 주님의 가르침에 대한 소극적인 견해였습니다. 그러면 주님은 적극적으로 무엇을 가르치셨습니까? 주님이 하시고자 한 첫째는 맹세나 저주하는 일에 항상 성스러운 칭호를 사용하는 것을 금하는 일이었습니다.

하나님과 그리스도의 이름을 이렇게 사용해서는 안 되는 것입니다. 여러분은 도시의 거리를 거닐거나 기차나 버스를 탔을 때 이런 일들이 변함없이 행해지고 있는 것을 들으실 수 있습니다. 하지만 이런 일은 철저하게, 절대로 금하고 있습니다.

주님께서 절대 금하신 둘째는, 만물은 하나님께 속해 있으므로 어떤 피조물로도 맹세하지 말라는 것입니다. 우리는 하늘이나 땅이나 예루살렘으로도 맹세하면 안 됩니다. 우리는 하나님의 이름으로서가 아니면 우리의 머리나 그 무엇으로도 맹세하면 안 됩니다. 그러므로 바리새인과 서기관들에 의한 이와 같은 구별은 아주 우스꽝스럽습니다. 예루살렘은 무엇입니까? 큰 임금의 성입니다. 땅은 무엇입니까? 다른 것이 아니라 하나님의 발등상입니다. 여러분은 머리 터럭을 희거나 검게 할 수가 없습니다. 이런 일은 모두 하나님의 권한에 있습니다. 성전 역시 하나님의 임재하시는 자리입니다. 그러므로 여러분은 이런 식으로 성전과 하나님을 구별 지을 수 없습니다. 하나님의 임재에는 '쉐키나'(Shekinah) 영광이 있습니다. 그러므로 이런 구별은 아주 거짓된 것입니다.

더구나 주님은 평상시의 대화에서도 모든 맹세를 금하고 있습니다. 토론할 때 맹세를 할 필요도 없습니다. 여러분은 그렇게 해서는 안 됩니다. 저는 더 나아가서 여러분에게 이것을 상기시키고 싶습니다. 즉 주님은 맹세나 과장된 호언이 불필요하다고 말씀하신다는 것입니다. 그것은 그저 "네, 네, 아니요, 아니요"가 되어야 합니다. 주님은 단순한 진실을 요구하시며, 일상의 대화와 연설과 의사소통에서 항상 진실을 말할 것을 요구하십니다. "오직 너희 말은 옳다 옳다, 아니라 아니라 하라 이에서 지나는 것은 악으로부터 나느니라"인 것입니다. 이것은 매우 심각한 문제입니다. 우리는 이 현대 세계와 우리의 삶에서 이것의 관련성을 볼 수 있습니다.

국제 영역에서의 주된 문젯거리는 무엇입니까? 거짓말을 믿을 수가 없다는 것 때문이 아닙니까? 히틀러는 모든 정책을 거짓말에 기초했으며 이것이 이 세상에서 성공하는 길이라고 말했습니다.

사람들은 자기네 국가가 위대해지기를 원할 때 거짓말을 합니다. 여러분이 거짓말을 많이 하면 할수록 성공할 것처럼 보입니다. 그래서 이 나라가 저 나라를 믿을 수 없습니다.

맹세나 엄숙한 언질이 이제는 중요하지 않으며 가치가 없어진 상태에까지 이르렀습니다. 하지만 이 일은 국제영역에서 뿐만 아니라 우리나라에서도 마찬가지입니다. 그리고 가장 성스러운 일부 교회에서도 그렇습니다. 오늘의 삶의 큰 스캔들의 하나는 이혼과 부정이 증가한다는 것입니다. 소름끼치는 일입니다. 무엇 때문입니까? 사람들이 맹세와 서약에 대한 그리스도의 가르침을 잊고 말에 있어 진실과 진리와 정직을 잊어버렸기 때문입니다.

우리도 바리새인과 서기관들과 얼마나 똑같습니까? 정치 연단에 서는 사람들은 국제협약의 신성성에 대해 웅변을 쏟아왔습니다. 하지만 그들이 말하고 있는 바로 그 순간에도 그들은 그들의 결혼서약에는 충실하지 못하며 참되지 못했습니다.

히틀러가 거짓말했을 때 우리는 모두 아연실색하여 두 손을 바짝 들었습니다. 하지만 우리 자신들은 어려움을 벗어나기 위해 소위 '가벼운 거짓말'을 할 때에는 다소 다른 것으로 생각되는 모양입니다. 국제수준에서 거짓말을 하는 것은 무서운 것이라 생각하면서 남편과 아내나 부모와 자녀 사이의 문제가 될 때에는 그렇지 않은 모양입니다. 그렇지 않습니까?

우리는 거짓말을 해서는 안 됩니다. 항상 몰염치한 형태로는 아니지만 우리에게는 거짓말하는 버릇이 있습니다. 위증은 무서운 일입니다. 이것을 꿈도 꾸지 말아야 합니다. 하지만 거짓말하는 것도 위증만큼이나 나쁜 것입니다.

우리는 하나님의 백성입니다. 우리가 사사로운 개인에게 말하기 쉬운 거짓말이 그리스도 예수 안에서 개인의 영혼과 그 영혼의 구원문제에 개입될 수도 있는 것입니다. 우리의 행위는 무엇이나 매우 중요합니다. 우리가 과장하거나 다른 사람들이 우리를 향해 과장하는 일을 허용해서는 안 됩니다. 과장은 거짓말이 되기 때문입니다. 과장은 듣는 사람들에게 거짓된 인상을 줍니다.

다시 한번 각자 자신을 검토해봐야 하겠습니다. 바리새인과 서기관들처럼 큰 죄와 작은 죄를 구별하며 거짓말과 반드시 거짓말은 아닌 것들과를 구별하려 애쓰는 우리를 하나님께서 불쌍히 여기시기를 기도합니다.

이 모든 일들을 처리하는 데에는 한 가지 방법이 있을 뿐입니다. 죄는 여러분에게 병적 고지식성에 빠져들거나 병적인 상태를 장려하는 것이 아닙니다. 우리는 항상 하나님 앞에 있음을 인식해야 합니다.

우리는 이 세상에서 하나님과 그의 아들과 교제관계를 가지고 걷고 있으며 성령의 내주(內住)하심을 받고 있다고 주장합니다. "성령을 근심하게 하지 말라"고 사도 바울은 말씀합니다. 성령은 모든 것을 보시며 들으십니다. 여러분은 모든 과장, 모든 암시된 거짓말을 보십니다. 성령은 그것을 들으시고 아파하시며 근심하십니다. 어째서입니까? 성령은 '진리(진실)의 영'이시기 때문입니다.

그분에게 거짓된 것이라고는 하나도 없습니다. 그런즉 하늘나라 임금의 명령에 귀를 기울입시다. 그분은 우리의 주님이요 구세주요, 고난을 당하실 때 위협하지 않으시며, 그의 입에 거짓도 없는 분입니다. 그분의 발자취를 따르며 모든 일에 그분을 닮으려 노력합시다.

우리의 삶과 대화에서 모든 것은 그분의 임재 아래에 있음과 우리가 행하는 모든 것은 다른 사람들이 그분에 대한 생각을 결정하는 것이 될 가능성이 있음을 기억합시다.

"도무지 맹세하지 말지니…너희 말은 옳다 옳다, 아니라 아니라 하라

이에서 지나는 것은 악으로부터 나느니라."

26장

눈은 눈으로, 이는 이로

"38 또 눈은 눈으로, 이는 이로 갚으라 하였다는 것을 너희가 들었으나 39 나는 너희에게 이르노니 악한 자를 대적하지 말라 누구든지 네 오른편 뺨을 치거든 왼편도 돌려 대며 40 또 너를 고발하여 속옷을 가지고자 하는 자에게 겉옷까지도 가지게 하며 41 또 누구든지 너로 억지로 오 리를 가게 하거든 그 사람과 십 리를 동행하고 42 네게 구하는 자에게 주며 네게 꾸고자 하는 자에게 거절하지 말라" 마 5:38-42

우리는 모세 율법에 대한 주님의 해석이 서기관과 바리새인들의 왜곡과 대조됨을 살펴본바 있습니다. 이것을 염두에 두고 세 가지 구분 방법으로 다시 한번 살펴보겠습니다.

구약성경의 "눈은 눈으로, 이는 이로"란 진술은 출애굽기 21장 24절, 레위기 24장 20절, 신명기 19장 21절에 나옵니다. 이 진술은 모세가 이스라엘에게 한 진술이며, 중요한 것은 이 진술이 어떤 의도로 그런 내용으로 표현되었는지를 파악하는 것입니다. 같은 원칙이 간음과 이혼문제 및 맹세를 하는 일에서도 통용됩니다.

모세 율법의 주된 의도는 지나친 확대와 지나침을 통제하는 데 있었습니다. 특히 이 경우는 분노와 폭행과 복수의 욕망을 통제하는 데 있었습니다. 우리 모두는 불행하게도 이런 죄책을 갖고 있습니다. 우리에게 어떤 해가 가해진다면 즉각 우리의 생래적 본능은 되받아치는 것이며, 더 나아가서 되받아치는 이상의 짓을 하려고 합니다. 사소한 해가 가해지면 해를 받은 사람은 다른 사람에 대한 신체적 가해를 포함하여 복수를 하려고 합니다. 분격(憤激) 및 성냄, 보복과 복수하려는 모든 성향은 인간성의 심층(深層)에 도사리고 있습니다. 이렇게 자연은 온갖 수단을 다하여 물고 찢습니다. 인류도 그러합니다. 예를 들어 어린이들을 보십시오. 우리는 유년시기부터 복수의 욕망을 갖고 있습니다. 이것은 인간의 타락과 원죄의 가장 끔찍하고 추한 결과입니다. 그런데 이런 성향이 이스라엘 백성들에게 나타나고 있었으며, 그 실례들이 구약성경에 나와 있습니다. 그러므로 모세 율법의 목적은 이같이 철저한 혼란 상태를 어느 정도 줄여서 질서를 바로잡기 위한 것에 있었습니다.

지금까지 살펴본 대로 이것은 기본원칙이 됩니다. 구원의 창시자이신 하나님, 죄의 속박과 횡포로부터 인류를 구원할 길을 만들어주신 하나님은 동시에 죄를 제어할 수 있도록 준비도 하셨습니다. 은혜의 하나님이 동시에 율법의 하나님이 되십니다. 이것은 율법의 실례들의 하나가 되었습니다. 하나님은 궁극적으로 악과 죄와 그 모든 작용을 전적으로 파괴하시는 데 그치지 않으실 것입니다. 하나님은 동시에 악을 통제하고 굴레를 씌우셨습니다. 이런 작용의 수수께끼가 구약성경 욥기에서 풀리는 것을 봅니다. 마귀마저도 그가 허락을 받기까지는 어떤 일도 할 수가 없었습니다. 마귀는 궁극적으로 하나님의 통제 아래 있는데 그 통제의 하나가 하나님께서 율법을 주신 것에서 나타났습니다.

하나님은 이 특수법을 주셨는데, 이 법은 관련된 문제들에 동등과 공평의 원칙이 따라야 한다고 주장합니다. 그러므로 만일 어떤 사람이 다른 사람의 눈을 빼어낸다면 그가 그것으로 인해서 죽음을 당해서는 안 된다는 것입니다. "눈은 눈으로"인 것입니다. 또는 만일 그가 다른 사람의 이를 부러뜨린다면 피해자는 그의 이 하나를 부러뜨릴 권리만 있는 것입니다. 형벌은 그 범죄에 부합하는 것이어야 하며 그것을 초과해서는 안 되는 것입니다.

이것이 이 법의 목적입니다. 공평의 원칙이 따라야 했습니다. 공평은 그 요구에 있어 과도하지 않습니다. 범죄와 형벌은 일치되어야 합니다. 가해(加害)된 것과 가해되어야 할 것과는 일치되어야 하는 것입니다.

이 법의 목적은 사람들로 눈에는 눈으로, 이에는 이를 부러뜨리게 하며 그것은 과도한 무서운 복수와 및 보복의 요구를 피하며, 억제하며, 그것에 굴레를 씌우기 위한 것이었습니다. 하지만 가장 중요한 것은 이 법이 개개인에게 주어진 것이 아니라 개개인들 중 법과 질서에 책임을 지고 있는 재판관들에게 주셨다는 것입니다.

재판관 제도가 이스라엘 백성들에게 설정되었으므로 분쟁과 문젯거리가 일어났을 때 백성들은 문제를 재판에 책임 있는 당국자들에게 가져왔습니다. 눈은 눈으로, 이는 이로 갚고 그 이상이 되지 않도록 주선하는 것이 재판관들이었습니다.

법은 국가의 법처럼 재판관을 위한 것이요, 사사로운 개개인을 위한 것이 아니었습니다. 율법은 치안판사나 재판관, 곧 이것을 위해 국가의 임명을 받은 사람에 의해 실시되었습니다. 이것이 원칙이었습니다. 이것이 모세 율법 관념이었습니다. 그 주된 목적은 공평과 의의 요소를 혼란 상태에 도입하여 사람들로부터 율법을 자기 손으로 가져가 무엇이든 맷대로 하려는 경향을 없이하는 데 있었습니다.

바리새인과 서기관들의 가르침에 관한 한 그들의 주된 문젯거리는 이 가르침이 재판관들만을 위한 것이라는 사실을 전적으로 무시하는 경향이 있었다는 사실입니다. 그들은 이것을 개개인에게 적용할 수 있는 문제로 만들었던 것입니다. 그뿐이 아닙니다. 그들은 이 가르침을 그들의 상투적인 방법에 따라 "눈은 눈으로, 이는 이로" 보복할 권리와 의무의 문제로 만들었습니다. 그들에게 있어 이 가르침은 억제되기보다는 오히려 권장해야 할 것인 셈이었습니다. 그들에게 있어 이 가르침은 그 원칙만을 생각한 하나의 율법관이요, 이것은 일종의 자기 자신만 생각하는 태도였습니다. 그러므로 그들은 이 점에서 두 가지 주된 과오를 범하고 있었습니다. 그들은 부정적 소극적인 명령을 적극적 명령으로 만들고 있었으며, 더구나 이것을 그렇게 해석하여 그들 자신이 실시하고 있었고, 법과 질서에 책임을 지는 재판관으로 임명된 사람들이 수행해야 할 것으로 주선하는 대신 다른 사람들에게도 그렇게 하라고 가르쳤습니다. 주님께서 "나는 너희에게 이르노니 악한 자를 대적하지 말라"(39절)라고 가르치신 것은 그 아래에 나오는 진술과 함께 이런 배경에 비추어 하신 말씀입니다.

우리는 여기서 자주 쟁점이 되어온 문제를 대하고 있습니다. 이 문제는 자주 오해를 받아왔고 항상 많은 혼란의 원인이 되어 왔습니다. 악한 자를 대적하지 말고 사랑하고 용서하라고 말씀하는 바로 이 가르침처럼 뜨거운 논쟁을 일으킨 성구도 없을 것입니다.

유화주의는 수많은 논쟁의 원인이 되었으며 우리 주님이 여기서 가르치시고 강권하신 가르침과는 거리가 먼 정신으로 인도할 때가 많았습니다. 지금까지 해석에서 본대로 이런 유형의 명령은 그 문맥과 배경에 비추어 해석할 때에만 바로 이해될 수 있는 것이기 때문입니다.

이 문제들에 관한 진리를 알기 위해서는 지켜져야 할 해석의 원칙이 있음을 앞부분에서 말씀드렸습니다. 우리는 여기서도 그 원칙들을 상기해야 합니다. 첫째로, 산상설교를 윤리규범으로나 사람의 행동을 상세하게 망라한 한 벌의 규칙으로 간주해서는 안 된다는 것입니다. 우리는 이것을 모세 율법을 대신할 일종의 새 법으로 생각해서는 안 됩니다. 이것은 율법의 정신을 강조하는 문제인 것입니다.

그러므로 우리가 이 구절에서 어떻게 해야 하는가의 문제에 처해 있다면 산상설교로 달려가 그 특정 어구를 들쳐서는 안 됩니다. 여러분은 이것을 신약성경에서 얻을 수 없습니다. 은혜 아래 있는 우리들이 항상 율법 아래 있고 싶어 하는 것은 비극이 아닙니까? "이 말씀의 정확한 의미는 무엇인가?"라고 우리는 서로 묻습니다. 그리고 우리가 "네" 또는 "아니요"라는 대답을 들을 수 없으면 우리는 "모든 것이 막연하고 모호하구만."이라고 말해버립니다.

둘째로, 이 가르침들은 기계적으로나 일종의 주먹구구식으로 적용해서는 안 된다는 원칙입니다. 문자보다는 영적인 것입니다. 문자를 얕본다는 뜻이 아니요, 강조해야 할 것은 영이라는 것입니다..

셋째로, 우리의 해석이 이 가르침을 비웃음거리로 만들거나 비웃음으로 인도한다면 그것은 분명히 그릇된 해석입니다. 그런데 이런 과오를 범하는 사람들이 있습니다.

넷째 원칙은 만일 우리의 해석이 이 가르침을 불가능한 것으로 보이게 한다면 이것 역시 잘못된 가르침이라는 것입니다. 주님은 불가능한 것을 하나도 가르치시지 않았습니다. 하지만 산상설교의 가르침을 그런 식으로 해석하는 사람들이 있습니다. 산상설교의 가르침은 매일의 삶을 위한 것입니다.

끝으로, 이 부분에 대한 우리의 해석이 성경의 다른 부분의 명백한 가르침과 모순된다면 우리의 해석이 잘못된 것이 분명하다는 것을 기억해야 합니다. 성경은 성경으로 비교해야 합니다. 성경의 가르침에는 모순이 없는 것입니다.

이것을 염두에 두고 우리 주님의 가르치신 것을 생각해봅시다. 주님은 "나는 너희에게 이르노니 악한 자를 대적하지 말라"라고 말씀하셨으나 그들은 "눈은 눈으로, 이는 이로"라고 했습니다. 무슨 뜻입니까? 이 진술은 문자적으로 취해서는 안 되겠다는 것입니다. 그런데 이렇게 말하는 사람들이 있습니다. "자, 내가 말하는 것은 이런 뜻일세. 자네는 성경을 있는 그대로 받아들여야 하네. 성경은 '악한 자를 대항하지 말라'고 말씀하고 있지 않나? 그런데 자네는 뭔가? 더 이상 말하지 말게."라고 말입니다. 성경에 대한 이와 같은 해석의 태도를 지금 여기서 모두 해결할 수는 없겠습니다. 하지만 만일 모든 점에서 이런 식으로 실시된다면 우리는 우스꽝스러울 뿐 아니라 있을 수 없는 해석에 도달합니다.

　그러나 교회사와 기독교 사상사에 이 진술을 이렇게 해석할 것을 주장한 명인들이 있습니다. 위대한 저술가 톨스토이 백작보다 이 문제에 대하여 사람들의 사상에 큰 영향을 준 사람도 없을 것입니다. 그는 주님의 이 말씀을 액면 그대로 받아들여야 한다고 말하는 데 주저하지 않았습니다. 그는 군대나 경찰이나 심지어 치안 판사들을 두는 일마저도 비기독교적인 것이라고 했습니다. 그는 악을 저항해서는 안 된다고 주장했습니다. 왜냐하면 그리스도의 길은 어느 의미에서든 악을 주장하는 것이 아니라는 것입니다. 그는 주님의 이 진술이 무제한적인 것이며 이 진술이 어떤 특수 상태아래서만 그렇다고 말하지 않는다고 했습니다.

　본문에서는 "악한 자를 대항하지 말라"고 말씀하는데 경찰은 악을 저항합니다. 그러므로 경찰을 두지 말아야 한다는 것입니다. 이것은 군대와 치안판사와 재판관과 재판소에 있어서도 마찬가지입니다. "범죄에 형벌이 따라서는 안 된다. 악한 자를 대적하지 말라."는 것입니다. 그러나 톨스토이와 다른 사람들도 있습니다. 이 사람들은 치안판사와 재판소 같은 것을 가져야 한다고 말합니다. 하지만 그들은 군대, 전쟁이나, 극형을 신뢰하지 않습니다. 그들은 사법적인 것이든 다른 것이든, 어떤 의미에서든 사형을 좋게 생각하지 않습니다.

　여러분은 이런 유형의 가르침과 전망에 정통하고 있습니다. 우리는 이 진술의 전 문맥과 그 관계를 다시 한번 기억해야 하는 것이라 생각합니다. 이 점은 아무리 강조해도 오히려 부족한 감이 있습니다. 산상설교는 우리에게 제시된 순서대로 취해야 합니다. 우리는 이 명령에서 시작하는 것이 아니라 팔복의 기본 정의로 시작하고 그 정의로부터 진행해 나아가야합니다. 이것의 관계를 뒤에 가서 살펴보기로 하겠습니다. 그런데 이 가르침이 국가나 세계를 위한 것이 아니라는 것입니다. 여기서 더 나아가 이 가르침은 기독교인이 아닌 사람과는 아무 상관이 없다고 말할 수 있습니다. 우리 주님은 이 사람들에게 "너희는 이런 식으로 살아서는 안 된다."라고 말씀하십니다. 주님이 누구에게 말씀하고 계십니까? 여기서 주님께서는 팔복에서 이미 서술하신 사람들에게 말씀하십니다. 주님께서 맨 먼저 말씀하신 것은 그들이 '심령이 가난'하다는 것이었습니다. 다시 말하면 그들은 그들 자신의 철저한 무능을 완전할 정도로 잘 알고 있는 사람이었습니다. 그들은 자기네가 죄인이며 하나님 앞에 절대 가망 없는 자들이라는 사실을 알았습니다. 그들은 자기들의 죄 때문에 애통하고 있는 사람들입니다. 그들은 죄를, 그들의 전 생활을 더럽히고 해치는 그들 속에 존재하는 하나의 원칙으로서 이해하게 되었습니다. 그들은 온유합니다. 그들은 세상의 영과 정반대되는 영을 갖고 있습니다. 그들은 의에 주리고 목말라합니다. 우리가 연구하고 있는 이 특정 명령들은 그런 사람들만을 위한 것입니다.

우리가 이 점을 더 이상 강조할 필요는 없다고 봅니다. 이 가르침은 그와 같은 자질을 갖고 있지 못한 사람에게는 철저하게 불가능한 가르침입니다. 주님은 자연인, 곧 죄와 사탄에게 잘 속으며 지옥의 지배를 받는 인간으로 하여금 이 같은 삶을 살라고 하시지 않습니다. 왜냐하면 자연인은 이런 삶을 살 수 없기 때문입니다.

그 같은 삶을 살기에 앞서 우리는 새 사람이 되어야 하며 거듭나야 하는 것입니다. 그러므로 어떤 국가를 위한 하나의 정책으로서 이 가르침을 옹호하는 것은 이단입니다. 그것이 이단인 까닭은 다음과 같은 이유 때문입니다. 즉 거듭나지 못하여 성령을 받지 못한 사람에게 기독교 생활을 하라고 한다면 우리는 그 사람에게 행위에 의한 칭의를 얻을 수 있다고 말하는 것이 됩니다. 이것이 이단인 것입니다.

이것은 신약성경 전체와 절대 배치됩니다. 주님은 니고데모와의 대화에서 이것을 단번에 영원히 확정지으신 바 있습니다. 니고데모는 "내가 당신과 같이 되기 위해서 나는 무엇을 해야 합니까?"라고 분명히 물었습니다. 주님은 그에게

"친애하는 친구여, 그것을 네가 무엇인가를 할 수 있다는 관념에서 생각하지 말라. 너는 아무것도 할 수 없고, 너는 거듭나야 한다."라고 말씀하신 셈입니다. 그러므로 거듭나지 못한 사람에게서 기독교인의 행위를, 어떤 국가나 세계에 대하여 기독교적 행위를 요구하는 것은 있을 수 없는 일이며 잘못된 것입니다. 이 법은 온 세계에, 어떤 국가나 비기독교인들에게도 여전히 적용됩니다. "눈은 눈으로, 이는 이로"라고 말하는 것은 율법입니다. 이 사람들은 사람을 제어하고 자제시키는 공명정대한 원칙의 지배를 받고 있습니다.

공명정대의 원칙은 율법과 질서를 보존하며 과격을 통제합니다. 다시 말하면 이런 까닭에 기독교인은 법과 질서를 믿어야 하며 한 국가(천국)의 시민으로서 의무를 게을리 해서는 안 된다는 것입니다. 기독교인은 "권세는 하나님으로부터 나지 않음이 없음"과 무법은 통제를 받아야 하며 악과 범죄는 굴레를 씌워야 함과 "눈은 눈으로, 이는 이로"와 공명정대와 공명을 아는 사람입니다.

다시 말씀드리면 신약성경은 사람이 은혜아래 오기까지 율법 아래 복종해야한다고 가르칩니다. 현대의 이 모든 혼란과 혼동이 바로 이 지점에서 들어왔습니다. 기독교인이 아닌 사람들은 삶에 관한 기독교의 가르침에 대해 막연하게 이야기하며, 기독교의 가르침을 다음과 같은 의미로 해석해버립니다. 즉 여러분은 어린아이가 악을 행하였을 때 처벌해서는 안 되며, 법과 질서는 없애야 하며, 우리는 먼저 모든 사람을 사랑하며 그들을 훌륭하게 만들어야 한다고 말입니다. 그런데 우리는 지금 그 역사의 결과를 보고 있습니다.

인간 스스로 이세상의 질서를 바로 잡을 수 있다는 것, 이것은 이단입니다. 그리스도의 영이 들어오기까지는 "눈은 눈으로, 이는 이로"인 것입니다. 그러므로 보다 차원 높은 것이 기대되는 것입니다. 율법은 악을 노출시켜 굴레를 씌웁니다. 이 법을 실현시켜야 할 '권세'를 제정하신 이는 하나님이십니다.

이상으로 첫째 원칙을 말씀드렸습니다. 이것은 국가들이나 소위 기독교 유화주의(宥和主義)나 기독교 사회주의나 기타 이와 같은 것들과는 아무 상관이 없습니다. 그들은 이 가르침에 기초하고 있지 않습니다. 사실은 이것을 부정하고 있습니다. 이것이 톨스토이의 비극이었습니다. 그런데 애석하게도 이 모든 것이 철저할 정도로 무용지물인 것을 끝에 가서 이 사람이 알게 되었을 때 그는 비극의 주인공이 되었던 것입니다.

둘째로, 하나님 나라의 시민인 기독교인 각 개인들에게만 관계되는 이 가르침은 이세상의 한 나라에 속한 시민으로서 그의 개인관계에는 적용되지 않는다는 것입니다. 이것이 이 가르침의 가장 중요한 점입니다.

거듭 말씀드리지만 여기 우리 주님의 가르침은 기독교인의 개인 관계에 있어 기독교인의 행동에만 관계하고 있습니다. 이 말씀에서 국가에 대한 기독교인의 관계는 고려조차 되지 않고 있습니다.

여기에 우리는 기독교인에게 개인적으로 행하여진 것들에 대하여 개인으로서의 기독교인의 반응만을 다루고 있습니다. 국가에 대한 기독교인의 관계와 그의 일반관계와 관련해서는 성경 다른 여러 부분에서 충분할 정도의 가르침이 있습니다. 특별히 로마서 13장 및 베드로전서 1장 2절에서 잘 나타내주고 있습니다.

이 주제의 해석을 지배하는 셋째 원칙은 살상이나 생명을 끊는 문제가 사형이나 전쟁에서의 살상이나 기타 어떤 형태의 살상으로 간주되든 이 가르침에서는 그렇게 생각되지 않고 있다는 점입니다. 우리 주님은 이 법을 기독교인에게 발생하는 것들에 대한 기독교인 개인의 반응으로 간주하고 계십니다.

그렇다면 여기의 교훈은 무엇입니까? 이 가르침에 한 가지 원칙이 내포되어 있는데 곧 사람이 자기 자신에 대한 태도입니다. 그렇다면 이 지점의 가르침은 무엇입니까? 그 열쇠를 42절에서 찾을 수 있다고 생각합니다. "네게 구하는 자에게 주며 네게 꾸고자 하는 자에게 거절하지 말라." 그런데 여러분이 42절에서 느끼는 느낌은 이 구절이 여기에 있으면 안 되겠다는 느낌일 것입니다.

"또 눈은 눈으로, 이는 이로 갚으라 하였다는 것을 너희가 들었으나 나는 너희에게 이르노니 악한 자를 대적하지 말라." 이 말씀으로 인하여 전쟁과 살상과 극형의 문제들에 대한 논란이 일어나는 것 같습니다. 하지만 주님은 "누구든지 네오른편 뺨을 치거든 왼편도 돌려대며 또 너를 고발하여 속옷을 가지고자 하는 자에게 겉옷까지도 가지게 하며 또 누구든지 너로 억지로 오 리를 가게 하거든 그 사람과 십 리를 동행하고"(39-41절). 그런 다음 "네게 구하는 자에게 주며 네게 꾸고자 하는 자에게 거절하지 말라"라고 하였습니다. 여기서 우리는 의문점이 듭니다. 즉 "꾸어주는 문제와 악한 자를 대적하는 것이나, 되돌려 치지 않는 것이나, 싸우고 살상하는 것하고 무슨 관계가 있는가?" 하지만 여기에는 주님이 강권하고 계시는 원칙들을 이해하는 데 필요한 단서가 들어있습니다. 즉 주님은 '자아'의 문제와 우리 자신에 대한 우리의 태도에 내내 관심을 가지시는 것입니다.

주님은 결국, 우리가 참된 기독교인이라면 각자 자기에 대하여 죽어야 한다고 말씀하십니다. 문제는 내가 나에 대해서 어떻게 생각하느냐의 문제요 자신에 대한 나의 태도가 어떤 것이냐 하는 것입니다.

이것은 매우 영적인 가르침입니다. 이 가르침은 다음과 같은 점에서 작용합니다. 첫째로 나 자신에 대한 나의 자세와 어떤 악행이 나에게 가해졌을 때 즉각 일어나는 자기방어의 정신에 대한 나의 자세가 올발라야 한다는 것입니다. 동시에 나는 세상 사람들의 특징이 되는 복수심도 처리해야 하는 것입니다. 그리고 자아에게 불법한 일들이 행하여지고 사회나 국가가 자아에 대하여 무언가를 요구할 때 이것들에 대한 자아의 태도가 있습니다. 그리고 끝으로, 사유재산에 대한 자아의 태도가 있습니다. 주님은 여기서 자연인을 통제하는 이 무서운 것, 곧 자아의 가면을 벗기어 노출시키고 있습니다. 자아는 인간의 타락에서 기인하는 것이며 자기를 자랑하며 영화롭게 하며 자기를 신으로 올려 세우려는 무서운 경향이 있습니다. 사람들은 이 자아를 온갖 방법으로 보호하려고 합니다.

소유문제에 있어서도 그러합니다. 만일 다른 사람이 그에게서 무언가 꾸기를 원한다면 그의 본능은 "어째서 내 소유물을 다른 사람과 나누어 가짐으로써 내 것이 적어져야 하는가?"라고 반응합니다. 이렇게 언제나 자아가 문제되고 있습니다.

이 자아의 문제를 보는 순간 42절과 다른 절들과의 모순은 없어집니다. 바리새인과 서기관들의 비극은 "눈은 눈으로, 이는 이로"를 순전히 율법적으로, 물리적이며 물질적인 것으로 해석했다는 데에 있습니다. 그들은 이 놀라운 가르침을 극형이나, 전쟁을 해야 하는가 않는가의 문제로 평가절하 시켜버립니다.

주님은 결국 "아니다. 그것은 영의 문제이다. 그것은 너희의 태도의 문제, 특히 너 자신에 대한 너의 태도의 문제이다. 진실로 나의 제자가 되려면 너는 너 자신에 대하여 죽어야 함을 너에게 보여주어야 한다."라고 주님은 말씀하시고 있습니다. "누구든지 나를 따라 오려거든 자기(자기 자신에 대한 자기의 모든 권리와 자아에 대한 모든 권리)를 부인하고 자기 십자가를 지고 나를 따를 것이니라"(마 16:24).

27장

의복과 십 리(十里)

"38 또 눈은 눈으로, 이는 이로 갚으라 하였다는 것을 너희가 들었으나 39 나는 너희에게 이르노니 악한 자를 대적하지 말라 누구든지 네 오른편 뺨을 치거든 왼편도 돌려 대며 40 또 너를 고발하여 속옷을 가지고자 하는 자에게 겉옷까지도 가지게 하며 41 또 누구든지 너로 억지로 오 리를 가게 하거든 그 사람과 십 리를 동행하고 42 네게 구하는 자에게 주며 네게 꾸고자 하는 자에게 거절하지 말라" 마 5:38-42

앞장에서 우리는 본문의 도전적인 구절의 의미를 이해하기에 앞서서 반드시 생각해봐야 할 큰 원칙들을 설정한 바가 있습니다. 우리는 이 같은 난해한 성경 구절에서 가장 중요한 요소는 영(spirit)적 준비라는 것을 잊는 경향이 많습니다. 그것이 아무리 명료하고 강력하고 지적인 것이더라도 지력(知力)을 가지고 성경에 임하는 것으로는 성경을 이해하는데 있어서 충분하지 못합니다.

성경을 이해하고 설명하는데 있어서 영적인 것은 지력보다 훨씬 더 중요합니다. 그러므로 토론적이며 논쟁적인 기분으로 본문에 접근하는 것은 치명적으로 위험한 일입니다. 우리는 우리의 모든 태도가 말씀을 받아들일 만한 태도가 되었는지를 분명히 하기 위해 많은 설명을 들었습니다. 우리 주님은 어떤 환경과 상태에서든 우리가 해야 할 일의 완전한 목록을 말씀해주고 계시지는 않지만 먼저 우리가 자아에 대하여 죽어야 한다고 말씀하십니다. 이것은 무슨 뜻입니까? 이 구절은 우리가 자아에 대하여 죽고 있는지 아닌지를 우리로 시험해볼 수 있게 하는 몇 가지 방법을 보여주고 있습니다. "너희는 부르심 받았다. 너희는 하나님의 사람들임을 기억하라. 여기에 그 원칙이 있다. 가서 이 원칙들을 적용하여라!'라고 말입니다.

우리가 이 원칙들을 함께 논하는 것은 물론 좋은 일입니다. 하지만 율법 아래로 다시 돌아가지 않도록 조심해야 합니다. 이것을 강조할 필요가 있는 까닭은 개신교인들이 로마 가톨릭과 그 결의론(casuistry)을 반대하면서도 그들의 관념과 교리에 있어 매우 가톨릭적인 사람들이 많기 때문입니다. 그들은 매우 사소한 일에까지 자세한 해답을 주는 것이 교회의 임무라고 생각하고 있습니다. 그리고 그들은 항상 이런 일들 때문에 염려를 합니다. 하지만 우리는 이런 분위기에서 벗어나 큰 원칙의 영역으로 들어가야 합니다.

자아에 대하여 죽는 첫째 원칙은 대체로 "다른 편 뺨을 돌려댄다"는 것에 관한 문제입니다. "나는 너희에게 이르노니 악한 자를 대적하지 말라 누구든지 네 오른편 뺨을 치거든 왼편도 돌려대며." 이미 천명한 일반원칙에 비추어볼 때 이 말씀은 무슨 뜻입니까? 이것은 우리가 보복정신을 제거해야 하며, 우리에게 가해지는 가해나 악에 대하여 방어하고 복수하려는 욕망을 제거해야 할 것을 의미합니다.

우리 주님은 신체적인 차원에서 접근하십니다. 주님은 어떤 사람이 느닷없이 오른편 뺨을 치는 일을 상상하고 계십니다. 본능은 즉각 되받아 쳐서 그를 보복하려 합니다. 얻어맞는 순간 우리는 보복하려 합니다. 주님은 우리가 절대적으로(categorically) 해서는 안 될 것을 말씀하십니다. "원수 갚는 것이 내게 있으니 내가 갚으리라"고 주님께서 말씀하십니다.

이 가르침을 실천한 사람들의 두 가지 실례를 보여드리겠습니다. 첫째 실례는 유명한 콘월(영국 남서부의 주)의 전도자 빌리 브레이(Billy Bray)에 관한 것입니다. 개심하기 전에 그는 권투선수였는데 매우 훌륭한 선수였습니다. 어떤 날 광산촌에서 개심하기 전의 빌리 브레이의 무서운 힘과 공포 가운데서 살던 사람이 그가 개심했다는 것을 알고 마침내 기회가 왔다고 생각하고 빌리 브레이에게 다가가 그를 때렸습니다. 브레이는 그에게 쉽게 보복을 가하여 그를 땅에 쓰러뜨릴 수 있었지만 그렇게 하는 대신 그를 바라보며 "내가 너를 용서한 것같이 하나님께서도 너를 용서해주시기 바라네"라고 말했습니다. 그 결과 그 사람은 며칠 동안 마음속에 고민을 하다가 마침내 그도 곧 개심하게 되었습니다. 하나님은 그를 이렇게 사용하셨습니다.

또 한 가지 실례는 매우 다른 사람의 이야기입니다만 어느 날 저녁 중국의 강둑 위에 서 있던 허드슨 테일러(Hudson Taylor)는 그를 강 건너편으로 태워다 줄 배를 불렀습니다. 배가 가까이오자 허드슨 테일러가 외국 사람인 줄을 알아보지 못한 중국인이 먼저 타려고 허드슨 테일러를 쳐서 옆으로 밀쳤는데 너무 세게 밀쳐서 테일러는 진흙 속에 넘어졌습니다. 그러나 뱃사공은 자기 동족인 중국인을 먼저 태우려하지 않으며 말하기를 "이것 보세요! 당신 차례가 아닙니다. 이 외국분이 나를 먼저 불렀으니 그가 먼저 타고 가야 하오."라고 했습니다. 이 중국인 여행객은 자기가 실수한 것을 알고 깜짝 놀랐습니다. 그러나 허드슨 테일러는 불평하지 아니하고 그 사람을 배 안으로 인도해 들어갔습니다. 테일러는 그와 같은 대접에 분개할 수도 있었지만 그렇게 하지 않았습니다. 그의 속에 있는 하나님의 은혜 때문이었습니다. 대화가 오고 갔고 허드슨 테일러는 그 사람과 그의 영혼에 깊은 인상을 남겼습니다.

그 의미는 이것입니다. 즉 우리는 그것이 신체적인 것이든 다른 유형의 것이든 일신상의 가해나 모욕에 관심을 갖지 말아야 한다는 것입니다. 얼굴을 한 대 얻어맞는 것은 굴욕적이요 모욕적인 일입니다. 하지만 모욕은 여러 가지로 받을 수 있습니다. 모욕은 혀나 눈초리로도 가해질 수 있습니다. 주님은 그와 같은 것들로 해서 쉽게 화를 내지 않고 즉각적 보복의 수단을 찾지 않는 영이 우리들 속에 있기를 원하십니다. 예를 들어 사도 바울은 이것을 고린도전서 4장 3절에서 완벽하게 표현했습니다. 그는 자기에게 매우 불쾌한 소리를 하고 있던 고린도교인들에게 "너희에게나 다른 사람에게나 판단 받는 것이 내게는 매우 작은 일이라 나도 나를 판단하지 아니하노니." 바울은 일신상의 비판, 모욕, 욕설 및 사람들이 그에게 가할 수 있는 어느 것에 대해서도 무관심하였습니다. 이것이 우리 주님이 설정한 원칙입니다. 하지만 우리가 주의를 기울인 해석의 원칙중 하나를 깨뜨리지 않도록 조심해야 합니다. 우리 주님은 우리가 법과 질서를 지키는 데 무관심하라고 가르치심이 아닙니다.

다른 편 뺨을 돌려대는 것은, 국사(國事)에 어떤 일이 일어나건, 질서가 있건 혼란이 있건 상관이 없다는 뜻이 아닙니다. 우리 주님께서 말씀하신 것은 내가 나 자신에 대하여, 내 일신상의 명예나 이와 같은 것들에 관심을 갖지 않는다는 것입니다. 하지만 이것이 법과 질서유지나, 약자나, 돌보는 이 없는 사람들을 보호하는 일에 무관심한 것과는 거리가 매우 먼 것입니다. 다른 사람이 나에게 가하는 일신상의 어떤 모욕이나 경멸을 내가 참아야 하기는 하지만 동시에 나는 법과 질서를 믿어야 하게 되어 있습니다.

나는 "모든 권세는 하나님께서 정하신" 것이라는 성경말씀의 권위와 치안판사가 필요하다는 것과 악한 죄는 제재 받고 억제되어야 한다는 것과, 내가 한 사람의 시민으로서 이것에 관심을 가져야 하는 것입니다. 그리고 주님의 가르침을 일방적으로 해석해서는 안 됩니다. 예를 들어, 술주정뱅이나 정신병자가 다가와서 나의 오른편 뺨을 칠 때 내가 즉시 그에게 다른 편 뺨을 돌려야 한다고 말하는 것은 우리 주님의 가르침을 우스꽝스럽게 만드는 것이 됩니다.

왜냐하면, 만일 어떤 사람이 취한 상태에 있거나 광인이 나를 치려 한다면 이것은 일신상의 모욕이나 가해가 아니기 때문입니다. 자기의 기능을 통제할 수 없는 이 사람은 짐승처럼 행동하고 있는 것이며 자기가 행하고 있는 것을 알지 못하는 사람입니다. 이 가련한 사람은 알코올 때문에 자기가 하고 있는 것을 알지 못합니다. 그는 사실은 나에게 모욕을 주는 것에 관심이 없습니다. 그는 나와 다른 사람들에게는 물론 자기에게도 해를 주고 있습니다. 그러므로 그는 제재 받아야 합니다. 또는 어떤 사람이 어린 아이를 학대하거나 욕할 때도 그렇게 해야 합니다. 이 가르침은 나 자신에 대한 나의 관심에 언급하고 있습니다. 사람들은 "나는 모욕을 받았다. 나는 얻어맞았다. 그러므로 방어 자세를 펴야겠다. 내 명예를 지켜야 하겠다."라고 말들 합니다. 그러나 주님은 우리 삶에서 바로 이런 정신을 쫓아내려 애쓰십니다.

우리 주님께서 두 번째로 드신 실례는 겉옷과 속옷의 실례입니다. "또 너를 고발하여 속옷을 가지고자 하는 자에게 겉옷까지도 가지게 하며." 이 말씀이 무슨 뜻일까요? 이것을 다음과 같이 하나의 원칙으로 설정할 수 있겠습니다. 주님은 여기서 우리의 권리, 법적 권리를 주장하는 경향에 관심을 가지십니다. 주님은 내 속옷을 요구하러 법정에 와서 고발하는 사람의 실례를 드셨습니다. 유대법에 의하면 속옷을 요구하며 고발하는 것이 합법이긴 해도 그의 겉옷을 요구하며 고발할 수 없게 되어 있었습니다. 하지만 우리 주님은 "또 너를 고발하여 속옷을 가지고자 하는 자에게 겉옷까지도 가지게 하라"라고 말씀하십니다.

여기에 다시 매우 어려운 문제가 나옵니다. 이 문제를 다루는 오직 한 가지 방법은 원칙에 주의를 집중하는 방법뿐입니다. 그 문제란 그들의 법적 권리를 항상 요구하며 주장하는 사람들의 경향입니다. 우리는 현재 모두 이 일에 익숙해 있습니다. 오늘의 세계에서 진짜 문제가 되는 것은 자기 의무 대신 자기 권리만을 주장하는 이런 경향을 주님은 다루고 계십니다. 사람들은 항상 그들의 권리를 생각하며 "나는 그것들을 가져야 해."라고 말들 합니다. 이것은 세속정신이요, 자연인의 정신입니다. 이것은 기독교정신이 아님을 주님은 보여주시려 하십니다. 주님은 우리가 가끔 그 결과로서 불의를 당하더라도 우리의 법적 권리마저도 주장해서는 안 된다고 말씀하십니다. 이상은 이 원칙의 대략적인 진술입니다. 하지만 다시 한 번 우리는 이 진술을 정교화 해야 합니다. 이것과 관련된 매우 중요한 성구들이 있습니다. 여기서 성경을 성경으로 해석함의 중요성을 보며, 그것을 다른 성구와 모순되게 해석하지 말아야 할 것을 매우 분명하게 봅니다.

주님은 여기서 "너를 고발하여 속옷을 가지고자 하는 자에게 겉옷까지도 가지게 하라"라고 하십니다. 하지만 주님은 이렇게도 말씀하셨습니다. "네 형제가 죄를 범하거든 가서 너와 그 사람과만 상대하여 권고하라 만일 들으면 네가 네 형제를 얻은 것이요." 주님은 말씀을 계속하십니다. "만일 듣지 않거든 한두 사람을 데리고 가서 두세 증인의 입으로 말마다 확증하게 하라 만일 그들의 말도 듣지 않거든 교회에 말하고 교회의 말도 듣지 않거든 이방인과 세리와 같이 여기라"(마 18:15-17). 다시 말하면 주님이 여기서는 우리에게 다른 편 뺨을 돌려대라거나 속옷에 겉옷까지도 던져주라고 말씀하시는 것 같지 않습니다.

그런 다음 다시 요한복음 18장 22, 23절에서 "이 말씀을 하시매 곁에 섰던 아랫사람 하나가 손으로 예수를 쳐 이르되 네가 대제사장에게 이같이 대답하느냐 하니 예수께서 대답하시되 내가 말을 잘못하였으면 그 잘못한 것을 증언하라 바른 말을 하였으면 네가 어찌하여 나를 치느냐"라고 하셨습니다. 여러분이 보시다시피 주님은 관리의 행동에 항의하셨던 것입니다.

사도행전 16장 37절에 사도 바울에 대한 기록을 여러분에게 상기시키고 싶습니다. 바울과 실라는 빌립보에서 투옥 당하였고 그들의 발은 묶였습니다. 그런데 다음날 아침 지진과 그 전날 밤의 잊지 못할 여러 사건들이 있은 후 간수(교도관)는 그들이 과오를 범한 것을 알고 바울과 실라를 석방하라고 명령을 내렸습니다. 하지만 바울은 그들에게 이렇게 대답했습니다. "로마 사람인 우리를 죄도 정하지 아니하고 공중 앞에서 때리고 옥에 가두었다가 이제는 가만히 우리를 내보내고자 하느냐 아니라 그들이 친히 와서 우리를 데리고 나가야 하리라"고 했습니다. 그래서 치안관이 그들을 석방하러 감옥까지 와야 했습니다. 이것을 어떻게 조화시켜야 하겠습니까? 우리 주님은 여기 산상설교에서 여러분이 다른 편 뺨을 돌려 대는 일은 불가피하며, 또 여러분이 옷 때문에 고발을 당할 때에는 겉옷까지도 던져 주어야할 것은 불가피한 일이라고 말씀하시는 것 같습니다. 하지만 주님 자신이 얼굴에 일격을 받았을 때 다른 편 뺨을 돌려대지 아니하고 항의하셨습니다. 그리고 사도 바울도 치안관에게 자기를 석방하러 와야 한다고 주장했습니다.

이 두 가지 진술이 혼란스러울 수 있습니다. 하지만 우리가 처음의 원칙을 받아들인다면 이 두 가지 진술을 조화시키는 일은 조금도 어렵지 않습니다. 이렇게 해결할 수 있습니다. 이 실례들은 우리나 사도가 일신상의 권리를 주장한 것의 실례가 아니라는 것입니다.

우리 주님은 율법을 깨뜨리는 것을 꾸짖으셔야 했고, 그의 항의는 율법을 떠받들기 위한 것이었습니다. 주님은 그 사람들에게 이렇게 말씀하신 셈입니다. "너희는 이와 같이 나를 침으로써 율법을 깨뜨리고 있다"라고 말입니다.

주님은 "왜 네가 나를 모욕하느냐?"라고 말씀하시지 않았습니다. 주님은 울화통을 터뜨리거나 일신상의 모욕으로 받아들이시지 않았습니다. 주님은 성을 내시거나 자기에 대한 관심을 보이시지 않았습니다. 하지만 이 사람들에게 율법의 존엄성과 면목을 상기시키는 데 관심을 가지셨습니다. 사도 바울도 정확히 이렇게 하였습니다. 그는 투옥된 것에 항의하지 않았습니다. 그의 관심사는 치안관들이 자기를 투옥함으로써 불법을 자행하고 있었다는 것과 법을 수행하도록 임명받은 그들이 법을 깨뜨리고 있었음을 알게 하는 것에 있었습니다. 그래서 바울은 법의 존엄과 품위를 그들에게 상기시켜준 것입니다.

기독교인이 일신상의 모욕이나 자기방어에 관심을 가져서는 안 됩니다. 하지만 그것이 명예요 공의와 의와 진리의 문제가 될 때에는 관심을 가져야 하며 항의를 하는 것입니다. 법을 존중하지 않고 극악무도하게 깨뜨릴 때, 신자는 어떤 일신상의 관심이나 자기를 보호하기 위해서가 아니라 하나님을 믿는 신자로서, 모든 법은 궁극적으로 하나님으로부터 나오는 것을 믿는 사람으로서 행동해야 합니다. 율법과 법은 궁극적으로 하나님께로부터 옵니다.

모든 국가의 모든 것을 정하신 이는 하나님이십니다. 왕과 정부와 치안관과 법과 질서를 유지하는 사람들을 임명하는 것은 하나님이십니다. 그러므로 기독교인이라면 법은 준수되어야 할 것임을 믿어야 합니다. 그러므로 기독교인이 자기 일신상에 일어나는 모든 것에 대처할 준비가 되어있기는 해도 불의, 불공평이 행하여질 때는 항의해야 하는 것입니다.

이 문제가 현대의 기독교인들의 삶에 극히 중요하고 큰 의미를 지니는 것은 분명합니다. 이런 것들에 직면해있는 기독교인들이 중국과 기타 지역에 많이 있습니다. 우리들 자신도 이 문제에 직면할 때가 종종 있습니다. 그러므로 이상의 원칙들을 마음속에 명심해야 합니다.

다음 원칙은 십 리를 가주는 문제에 관한 것입니다. "또 누구든지 너로 억지로 오 리를 가게 하거든 그 사람과 십 리를 동행하고." 이 말씀은 이렇게 설명해야 합니다. 즉 오 리를 가자고 강요하던 일은 고대 세계에 매우 흔히 있던 습관이었습니다.

정부는 짐을 운반하는 문제로 사람을 징발할 권리가 있었습니다. 일정분량의 짐을 한 장소에서 다른 장소로 운반해야 할 때 당국은 그 장소에서 한 사람을 징발하여 그 장소에서 다음 장소로 짐을 운반시키는 일들이 있었습니다. 그런 다음 또 다른 사람을 붙들어 그것을 다음 장소까지 지고 가게 하였습니다. 이것이 특히 다른 나라를 정복한 국가가 사용한 권력이었던 것은 물론입니다. 그런데 그 당시 팔레스타인은 로마에 정복당하고 있었습니다. 로마군대는 유대인의 삶을 지배하고 있었으며 그들은 이와 같은 일을 매우 자주 행하였습니다. 사람이 어떤 일을 하고 있을 때 갑자기 군인들이 와서 그에게 "여기서 다음 단계까지 이

짐을 지고 가자. 오 리만 지고 가자."라고 말했습니다. 주님께서 "또 누구든지 너로 억지로 오리를 가게 하거든 그 사람과 십 리를 동행하고"라고 말씀하신 것은 이것을 의중에 두고 하신 말씀입니다. 그들이 요구한 것 이상으로 가주라, 즉 십 리를 가주라는 것입니다.

여기에 다시 매우 중요하고 매우 실제적인 문제가 대두되었습니다. 이 구절은 정부가 요구하는 것에 대한 자연인의 분개와 관계되어 있습니다. 이것은 우리가 시인하지 않는 즉 우리가 싫어하고 반대하는 법에 대하여 불쾌감과 혐오를 나타내는 것과 관련되어 있습니다. "그렇소, 그 법안이 국회에서 통과되었단 말이요. 하지만 왜 내가 복종해야 합니까? 내가 어떻게 해야 이 법에서 벗어날 수 있겠소?"라고 말하는 경향이 있습니다. 우리 주님은 이런 태도를 정죄하고 계십니다. 우리는 실제문제로 돌아가야 합니다. 세금 내는 일을 예로 들어봅시다. 우리는 세금을 싫어하고 혐오합니다. 하지만 여기에 내포된 원칙은 십 리를 기꺼이 동행하는 것과 정확히 같은 원칙입니다. 주님은 우리가 이런 일에 분개해서는 안 될 뿐 아니라 기꺼이 행해야 한다고 말씀하십니다. 우리에게 요구되는 것 이상으로 갈 준비마저 되어있어야 한다는 것입니다.

우리가 이 나라의 합법정부에 대해 느끼는 분개감을 주님은 정죄하고 있습니다. 권세를 갖고 있는 정부는 이런 일들을 할 권리가 있으며 우리는 법을 지킬 의무가 있습니다. 더 나가서 그 일에 우리가 전혀 동의하지 않으며 그것을 부당한 것으로 간주하더라도 그렇게 해야 합니다. 그 법이 권세와 재가(裁可)를 갖고 있는 한 우리는 그것을 이행해야 하는 것입니다.

베드로는 그의 서신에서(벧전 2장) "사환들이여, 극히 두려운 마음으로 주인에게 복종하시오. 착하고 너그러운 주인에게만 아니라 가혹한 주인에게도 그리하시오"(18절)라고 했습니다. 그는 여기서 우리 주님의 가르치신 정신을 보여주고 있습니다. 기독교인 주인이 종들에 관해 이렇게 인용하는 말을 자주 듣습니다.

"아, 문제는 종들이 의무는 이행하지 않으면서 권리만을 항상 주장하는 데 있어요. 그들은 온통 반항하며 착한 정신으로 일들을 하지 않아요. 그들은 매사를 억지로 마지못해 합니다. 그들은 일을 좋게 생각하지 않고 있어요." 하지만 이렇게 말하는 사람들이 정부와 법에 대해서는 종들을 정죄하던 똑같은 정신으로 말을 합니다.

소득세나 법에 대한 자세는 그들이 정죄하는 바로 그 자세인 것입니다. 그런데 이것이 그들에게는 눈에 띄지 않는 모양입니다. 하지만 우리가 고용주라면 베드로와 주님께서 종에 대해 하신 말씀이 우리 모두에게 적용됨을 기억해야 합니다. 우리는 모두 국가의 사환들이기 때문입니다. 그러므로 이 원칙은 이렇게 표현할 수 있겠습니다. 이런 일들에 흥분하거나 울화통을 터뜨린다면, 그리고 만일 우리가 이런 일들에 항상 말을 한다면, 만일 이런 일들이 그리스도에 대한 우리의 충성이나 헌신에 방해가 된다면, 만일 이런 일들이 우리 삶의 중심을 독점한다면 우리는 기독교인의 삶을 바로 해야 하겠다는 것입니다.

이것을 좀 부드럽게 표현하면 우리는 최저의 수준에서 살아야 하겠다는 것입니다. 주님은 이것이 옳다고 말씀하십니다. "만일 너희가 일을 하고 있는데 군대가 와서 짐을 오 리 지고 가자고 하면 너는 그것을 기쁘게 질 뿐 아니라 십 리도 가주어야 한다. 그 결과 네가 그곳에 도달하면 이 군인이 '이 사람은 어떤 사람인가? 그로 하여금 이렇게 행하게 하는 것은 무엇일까? 그는 이 일을 기쁘게 할 뿐 아니라 그 이상을 했단 말이야.'라고 말하게 될 것이다." 그래서 그들은 이런 결론을 내리게 될 것입니다. "아, 이 사람은 다르다. 그는 자기의 이해관계에 관심이 없는 것 같다."라고 말입니다. 기독교인으로서의 우리의 마음과 영적 상태는 그 아무 권세도 우리에게 모욕이 될 수 없는 경지에 이르러야 합니다.

오늘날 정복당한 나라에서 이런 입장에 있는 기독교인들이 많습니다. 우리에게 앞으로 어떤 일이 있을지 모릅니다. 앞으로 우리가 싫어하는 폭력적 군대에 복종해야 할 가능성도 있습니다. 그들은 우리가 싫어하는 일들을 강요할지 모릅니다. 주님은 그 같은 환경에서 이렇게 행해야 한다고 말씀하십니다. 여러분의 권리를 옹호하지 않습니다. 여러분은 자연인의 신랄함을 보여주지 않습니다. 여러분은 다른 영을 소유하고 있습니다. 각양각색의 모양으로 밀려오는 이런 곤경 앞에 저항하지 아니하는 영적 상태에 들어가야 합니다.

여기에 덧붙여야 할 것이 있습니다. 곧 이 명령은 우리가 정부를 교체할 자격이 없다고 말하지 않습니다. 하지만 이 일은 항상 합법적 수단을 통하여 행해져야 합니다. 우리가 헌법을 의지하여 합법적으로 하는 한 할 수만 있다면 우리는 그 법을 개정해야 합니다. 이 명령은 정치와 법의 개정에 관심을 갖지 말라고 말씀하지 않습니다. 개혁이 필요하다면 개혁을 이루기 위한 방안을 모색합시다. 하지만 법의 테두리 안에서만 해야 합니다. 만일 어떤 특정법이 불법을 내포하고 있다면, 우리의 신앙의 감정을 위해서나 사사로운 이익을 위해서가 아니라 공의의 이름으로 그 법을 개정하도록 노력합시다. 하지만 이 같은 변화에 대한 관심이 일신상의 것이나 이기적인 것에서가 아니라 정부와 공의와 진리와 의를 위해서 항상 행해져야 할 것을 분명히 해야 합니다.

끝으로 다루어야 할 문제는 주고 빌려주는 문제에 관한 것입니다. "네게 구하는 자에게 주며 네게 꾸고자 하는 자에게 거절하지 말라"(42절). 이 말씀을 기계적이며 문자적으로 해석하여 우스꽝스럽게 만들 수 있음은 물론입니다. 하지만 이 말씀의 정확한 의미를 이렇게 표현할 수 있겠습니다. "내가 갖고 있는 것을 그대로 쥐고 있겠다. 이것은 내 것이다. 궁극적으로는 내가 고통을 받을 것이기 때문에 다른 사람들의 요구에 귀를 기울일 수 없다."라고 말하는 정신이 완전히 그릇된 정신이라는 표현은 주님이 하신 표현과 같습니다. 그들이 얼굴을 한 대 맞았든, 옷을 빼앗겼든, 그들이 짐을 지고 가도록 강요당했건, 재산과 부귀를 가난한 사람에게 주라고 강요를 당했건, 주님은 항상 자기를, 자신만을 생각하는 사람들의 그릇된 정신을 꾸짖고 계십니다.

이것이 본문의 원칙이 됨을 인식하면서 이제는 제약(制約)에 관한 대목으로 넘어가겠습니다. 여기서 주님은 우리로 하여금 사기꾼이나 직업적인 거지나 술주정뱅이를 도와주라고 말씀하시지 않습니다. 저는 이것을 이렇게 분명히 표현하겠습니다. 우리 모두 이런 체험을 하고 있기 때문입니다.

어떤 사람이 술에 취하여 여러분에게 돈을 좀 달라고 요구한다고 합시다. 그가 하룻밤 숙박비를 내기 위함이라는 구실을 붙여 돈을 요구하긴 해도 여러분은 그가 가서 다시 술을 마셔버릴 것을 압니다. 주님은 그런 사람을 격려하거나 도우라고 말씀하시지 않았습니다. 주님은 사람이 자아와 자기중심성 때문에 가난한 사람들을 돕지 않으려는 경향을 생각하고 계십니다. 주님은 '내 것'에 대한 이런 집착문제에 관심을 가지십니다. 우리는 생각해서 말을 해야 하겠습니다. 즉 "만일 이 사람이 꼭 필요한 사람이라면, 그리고 내가 그를 도울 수 있는 입장에 있다면 그를 도와야 한다. 내가 위험을 무릅쓸 수도 있다. 하지만 그가 필요하다면 나는 그를 돕겠다."라고 할 수 있어야 합니다.

사도 요한은 이에 대해 완벽한 해석을 내리고 있습니다. "누가 이 세상의 재물을 가지고 형제의 궁핍함을 보고도 도와 줄 마음을 닫으면 하나님의 사랑이 어찌 그 속에 거하겠느냐 자녀들아 우리가 말과 혀로만 사랑하지 말고 행함과 진실함으로 하자"(요일 3:17, 18). 우리 모두는 이 길을 따라야만 합니다. 그러나 술에 취하여 우리에게 돈을 요구하는 사람은 가난한 사람이 아닙니다. 바울은 이런 사람들에 대하여 "누구든지 일하기 싫어하거든 먹지도 말게 하라"(살후 3:10)라고 했습니다. 그러므로 직업적인 거지들은 가난한 자가 아닙니다. 그런 사람에게 주지 않아도 됩니다. 하지만 나의 형제가 궁핍하며 내가 이 세상 재물을 가지고 있어서 그를 도울 입장에 있다면 그를 불쌍히 여겨 쌀독의 뚜껑을 닫지 않겠습니다. 내가 그렇게 하지 않는다면 하나님의 사랑이 내 속에 없는 것이기 때문입니다. 하나님의 사랑은 궁핍한 자들을 도와주고 힘을 주기 위해 자기를 주는 사랑이기 때문입니다.

이상으로 하나씩 단계적으로 연구하는 가운데 이 가르침을 살펴보았습니다. 우리가 이런 삶을 살기 위해서는 새 사람이 되어야 함을 분명히 보았습니다. 이것은 세상이나 비기독교인을 위한 이론이 아닙니다. 그 아무도 거듭나지 아니하고는, 그 아무도 성령을 받지 아니하고는 이런 삶을 살기를 소망할 수 없습니다.

성결은 집회 때에나 받는 그 무엇이 아니라 우리가 살아야 할 삶입니다. 우리는 우리 몸을 헌신하는 것에 관한 놀라운 말씀들에 귀를 기울일 때에 우리 자신이 감동할 수가 있습니다. 하지만 우리가 좋아하지 않는 세금이나 기타 우리를 괴롭히는 것들에 대한 우리의 태도도 주님의 가르침을 잊지 말아야 합니다. 이것은 모두 자아에 대한 태도의 문제입니다. 하나님께서 우리를 불쌍히 여기사 우리 하나님의 성령으로 충만하게 하시기를 간절히 기도합니다.

28장

자기를 부인하고 그리스도를 따름에 관하여

"38 또 눈은 눈으로, 이는 이로 갚으라 하였다는 것을 너희가 들었으나 39 나는 너희에게 이르노니 악한 자를 대적하지 말라 누구든지 네 오른편 뺨을 치거든 왼편도 돌려 대며 40 또 너를 고발하여 속옷을 가지고자 하는 자에게 겉옷까지도 가지게 하며 41 또 누구든지 너로 억지로 오 리를 가게 하거든 그 사람과 십 리를 동행하고 42 네게 구하는 자에게 주며 네게 꾸고자 하는 자에게 거절하지 말라" 마 5:38-42

본 장에서는 마태복음 5장 38부터 42절까지의 말씀을 다시 살펴보겠습니다. 앞서 우리는 이 대목을 대체적으로 살펴보았고 해석을 지배하는 어떤 원칙들을 상기한 바 있습니다. 그런 다음 이 진술들을 하나씩 자세히 생각해보면서 우리가 보복 욕망에서 해방되어야 함이 주님의 관심사였음을 알았습니다.

사람들이 이 대목에 올 때 상세한 점에 너무 몰두하여 옳고 그름의 문제로 논란을 벌이다 여기에 표현된 큰 원칙 곧 기독교인의 자기에 대한 태도를 조금도 보지 못하는 것보다 더 비극적인 일은 없습니다.

앞에서 본 몇몇 실례는 우리 주님이 이 중심 원칙에 대한 그분의 가르침을 표명하시기 위해 사용하신 것에 지나지 않습니다. 주님은 결국 "너희는 너희 자신에 대하여 올바른 견해를 가져야 한다. 너희의 문제는 너희가 이 점에 잘못을 범하는 경향이 있기 때문에 일어나는 것이다."라고 말씀하신 셈입니다. 환언하면 여기서 주님의 원초적 관심사는 우리가 무엇을 하느냐에 있지 않고 우리가 어떤 사람인가 하는 것에 있습니다. 우리의 행함이 중요한 까닭은 그것이 우리의 사람됨을 나타내주기 때문입니다. 주님은 여기서 이것의 실례를 들어 말씀하고 계십니다. 즉 "너희가 너희의 주장하는 그대로의 인물이라면 그것은 너희가 이것을 어떻게 하는가에 달려있다."라고 말입니다. 그러므로 우리는 그 행동으로 인도하는 정신보다 행동 그 자체에 주의를 집중해서는 안 됩니다. 거듭 말씀드리지만 이것은 우리가 산상설교를 그 순서대로 취해야 하는 것이 왜 그처럼 중요한가의 이유가 됩니다. 우리가 팔복의 가르침을 이미 파악했고 마스터했고 그 교훈에 굴복하지 않았다면 우리는 이 특정명령들을 생각해볼 권리가 없는 것입니다.

이 대목(38-42절)에서 저는 우리 자신에 대한 우리의 태도를 부정적으로 제시하였고, 그 이하 대목에서는 긍정적으로 제시한 바 있습니다. 거기서 우리 주님은 계속해서 말씀하십니다. "또 네 이웃을 사랑하고 네 원수를 미워하라 하였다는 것을 너희가 들었으나 나는 너희에게 이르노니 너희 원수를 사랑하며 너희를 박해하는 자를 위하여 기도하라"(44절). 하지만 여기서 우리는 부정적인 것과 관련됩니다. 이 가르침은 신약성경에서 너무 중요하므로 이것을 다시 한 번 생각해 보아야 하겠습니다.

산상설교가 교리로 가득 차 있다는 것을 우리는 이미 발견한바 있습니다. 수십 년 전에(지금도 그런 사람들이 있지만) 사람들은 말하기를 산상설교는 실제적인 교훈이며, 하나의 윤리선언서와 같으며, 교리나 교의(敎義)를 포함하고 있지 않다고 했습니다. 이처럼 생각하는 것보다 비참한 일이 없습니다. 왜냐하면 산상설교는 교리로 가득 차 있기 때문입니다. 중요한 것은 내가 다른 편 뺨을 돌려대는 것에 있지 않고 내가 그렇게 할 상태에 있느냐 하는 것에 있는 것입니다.

이 교리는 나 자신에 대한 나의 마음의 상태와 관계되어 있는 것입니다. 그러므로 우리는 각자가 자기에 대한 권리, 그가 무엇을 해야 할 것인지를 결정할 권리를 포기하고 그것을 처리하지 아니하는 한 아무도 주님이 여기에 든 실례를 실천할 사람은 없습니다.

우리가 살펴본 대로 삶의 온갖 문젯거리는 궁극적으로 자아에 대한 관심사이며 자아는 우리가 전적으로 제거해야 할 것이라는 것을 주님은 여기서 되풀이해서 가르치고 계십니다. 우리는 우리 자신의 이익 때문에 자기 방어적인 태도(모욕, 공격성, 가해)인 자아를 제거해야 합니다.

주님은 이것을 의중에 두고 계십니다. 이것은 우리가 자아에 대하여 민감하지 말아야 할 것을 의미합니다. 이 병적인 민감성, 자아가 '신경을 곤두세우는' 이 상태, 너무 예민하고 민감하게 저울질하고 균형 잡혀 있으므로 가장 경미한 교란에 의해서도 그 균형 상태가 쉽게 깨어지는 상태는 제거되어야 합니다. 주님은 여기서 사람들이 전혀 상처를 받을 수 없는 상태를 서술하고 계십니다. 이 상태는 가장 철저한 상태입니다.

저는 앞장에서 사도 바울이 고린도전서 4장 3절에서 자기에 대해 하신 말씀을 상기시켜 드렸습니다. "너희에게나 다른 사람에게나 판단 받는 것이 내게는 매우 작은 일이라 나도 나를 판단하지 아니하노니." 바울은 자기를 판단하는 문제를 하나님께 일임했습니다. 이렇게 해서 그는 자기가 상처받을 수 없는 그런 상태에 들어갔습니다.

우리가 목표하는바 이상적인 것은 이런 상태입니다. 곧 자아와 자기이익에 대한 무관심인 것입니다. 위대한 조지 뮬러(George Muller)가 한 말은 이 점에 대한 매우 분명한 실례가 될 것입니다. 그는 이렇게 기록했습니다. "언젠가 제가 죽은 날이 있었습니다. 조지 뮬러와 그의 의견과 그가 좋아하는 것들과 취미 및 그의 의지에 대해 철저히 죽은 날이 있었습니다. 세상과 세상의 칭찬과 비난에 대해 죽고, 나의 형제와 친구의 칭찬이나 꾸지람에 대해 죽은 날이 있었습니다. 그때 이후로 저는 하나님께 인정받기 위해 골몰해왔습니다."라고 말입니다. 이것은 깊이 숙고해봐야 할 진술입니다.

나는 조지 뮬러의 이 말보다 본문에 대한 우리 주님의 가르침에 대해 더 완벽하고 적절히 요약한 말을 상상해 볼 수 없습니다. 뮬러는 세상의 칭찬과 비난에 대하여 죽을 수 있었고, 심지어 자기 친구와 가장 가까운 동료들의 칭찬이나 비난에 대하여 죽을 수 있었습니다.

　우리는 그가 말한 순서를 주목해봐야 하겠습니다. 하지만 그는 자기가 이 두 가지 일에 모두 성공했다고 말했으며, 뮬러에 의하면 그 비결은 그가 자기에 대해, 곧 조지 뮬러에 대해 죽었다는 것이었습니다. 이것에는 매우 뚜렷한 순서가 있습니다. 가장 멀리 제거한 것은 세상이었고, 그런 다음 친구와 동료들이 옵니다. 하지만 가장 어려운 것은 사람이 자기에 대한 칭찬이나 비난에 대해 죽는 일입니다.

　세상의 여론을 무시하는 위대한 예술가들이 많습니다. 세상이 그들의 작품을 인정하지 않을 경우 위대한 예술가는 "세상은 더군다나 이해 못해요. 사람들은 너무 무지해서 이해하지를 못합니다."라고 말들 합니다.

　여러분이 대중과 폭도들과 세상의 여론에 대해서는 면역이 될 수도 있습니다. 그러나 여러분과 가깝고 소중한 사람들의 인정과 비난에는 민감합니다. 하지만 기독교인은 이것마저도 극복하고 그것의 통제를 받지 않는 것을 인식하는 단계에까지 나아가야 합니다. 그런 다음 그는 맨 마지막 단계, 곧 사람이 자기에 대해 어떻게 생각하는가에 대한 궁극적 단계 곧 자기 자신의 평가, 자기에 대한 시인, 자기에 대한 판단의 단계로 나아갑니다.

　여러분은 많은 사람의 전기에서 세상과 지기(知己)에 대한 민감성에서 해방되긴 했어도 자기와 자기에 대한 평가에 무관심 하는 일이 무서운 전투요 거의 이길 수 없는 싸움인 것을 깨달은 사람들의 이야기를 발견할 것입니다. 그러므로 조지 뮬러가 상기시키는 바와 같이 모든 것의 열쇠는 우리가 우리 자신에 대하여 죽어야 하는 데 있습니다.

조지 뮬러는 자기와 자기 의견과 자기 취미와 좋아하는 것과 싫어하는 것과 기호와 자기 의지에 대하여 죽었습니다. 그의 한 가지 관심사, 그의 한 가지 생각은 하나님께 인정받는 것에 있었습니다. 이것이 여기 우리 주님의 가르침입니다. 다음의 요점은 기독교인만이 이것을 할 수 있다는 것입니다. 이 구절 속에 들어있는 교리는 기독교인 이외에 이것에 도달할 수 있는 사람은 없다는 것입니다.

이 세상에서는 자기 명예와 이름을 위해 싸우는 사람을 신사라고 합니다. 오늘날 시대의 신사는 법에서 금하기 때문에 모욕을 받는 순간 결투 하지는 않습니다. 하지만 할 수만 있다면 결투를 하고 싶어 합니다. 신사와 명예에 대한 세상의 관념이 이러합니다. 이것은 항상 자기방어를 의미합니다. 이 관념은 개개인에게 뿐 아니라 국가와 그 개인에게 속한 모든 것에 적용됩니다.

세상은 이런 공격적 유형의 사람, 곧 자기를 주장하고 항상 자기와 자기 명예를 변호할 준비가 되어 있는 사람을 찬양합니다. 그러므로 기독교인이 아닌 사람치고 이 가르침을 실천할 수 있는 사람은 없습니다. 그래서 기독교인은 새 피조물이 되어야 합니다. "이제는 내가 산 것이 아니요, 오직 내 안에 그리스도께서 사신 것이라"고 말할 수 있는 사람 이외에 자기에 대해 죽을 수 있는 사람은 없습니다. 이것은 중생의 교리입니다. 우리 주님은 "너희는 이와 같이 살아야 한다. 하지만 네가 성령을 받아 너희 속에 새 생명이 있을 때에만 그렇게 할 수 있다. 너희는 철저하게 달라져야 한다. 너희는 전적으로 변화되어야 한다. 너희는 새 피조물이 되어야 한다."라고 말씀하십니다.

세상은 이 가르침을 싫어하며 사람이 도움을 받지 않고도 여러 가지 모양으로 이것에 가까워질 수 있다고 우리로 믿게 하려합니다. 유명한 운동선수가 시합을 하고 있을 때에는 명예감으로 충만하고, 양보하여 비켜설 줄도 알며, 자기 자신들을 생각지 않을 태세도 되어 있지만, 그들이 이혼법정의 인물로 등장할 때에는 명예감이 전혀 없고, 심지어 평범한 예의범절과 진실함과 정의감 및 페어 플레이감마저도 결여되어 있는 것을 보게 되기 때문입니다.

그렇습니다. '스포츠맨'이 된다고 해서 이렇게 살 수는 없습니다. 이 가르침은 세상과 세상의 최고 최상의 스포츠맨과는 철저할 정도로 거리가 멉니다. 이것은 중생한 사람, 주 예수 그리스도의 영을 받은 사람에게만 가능한 것입니다. 그러면 이제는 교리보다 실제적인 질문을 하겠습니다. "나는 어떻게 해야 그와 같이 살 수 있는가?"라고 말입니다. 어떤 사람들은 "당신은 우리에게 이렇게 가르치지만 내게는 그것이 너무 어렵다고 생각합니다. 어떻게 해야 그렇게 살 수 있겠습니까?"라고 질문할 수도 있습니다.

우선 이 문제를 실제적 차원에서 접근해봅시다. 우리가 맨 처음으로 해야 할 것은 이 자아의 문제를 정직하게 대면해야 한다는 것입니다. 구실을 대지 말며, 이것을 피하거나 우회하는 일을 중단해야 합니다. 이 문제는 정직하게 정면으로 대해야 합니다.

우리는 이것을 일반적 방법이 아닌 특별한 방법으로 해야 합니다. 내가 내 속에서 자기 방어나 성가시다는 생각이나 불평, 불만, 원망 등 내가 누군가로부터 해를 받고 악행을 당하고 불법을 당한다는 감을 느낄 때, 즉 내가 이 방어적 심리작용을 느끼는 순간 나는 조용히 나를 대면하여 다음의 질문을 물어봐야 합니다. "이것이 어째서 나를 뒤흔들어 놓는가? 어째서 나는 이것으로 가슴 아파하는가? 이 점에 대한 나의 관심사는 무엇인가? 내가 이렇게 마음이 흔들리고 불안해하는 것은 내가 마음속에 참된 대의명분을 가지고 있기 때문일까? 아니면 그것은 바로 나 자신 때문인가?" 이것을 정직하게 대면해봐야 하겠습니다. 이러한 자기 검토는 우리가 이 문제에서 승리를 얻어야 하는 한 필수적인 것입니다.

이것을 우리는 경험을 통하여 모두 알고 있습니다. 우리는 우리 속에서 말하는 소리에 귀를 기울여야 합니다. 만일 그 소리가 "아무개야 너는 바로 너 자신 스스로를 알고 있다. 너의 가공할 교만과 너 자신에 대한 이기심을 말이다."라고 말한다면, 우리는 이 점을 인정하고 고백해야 합니다. 이것이 극히 고통스러운 것은 물론입니다. 하지만 주님의 가르치신 수준에 도달하려면 이런 과정을 통과해야 합니다. 이것이 자아의 부정입니다.

실제적 차원에서 가장 중요한 것은 자아가 여러분의 삶을 지배하는 '범위'를 인식하는 일입니다. 이런 일을 시도해본 일이 있습니까? 여러분 자신과 여러분의 삶과 여러분의 일상적인 일, 여러분이 다른 사람들과 맺어야 할 계약관계 등을 검토해보십시오. 자아가 이것에 침투해 들어오는 범위를 잠깐 숙고해보십시오. 자기 이익과 자기 관심이 개입되는 범위를 보는 것은 놀라운 일이요, 무서운 발견입니다. 복음을 전하는 일에 있어서도 말입니다.

우리는 이 일을 잘 수행하는 일에 관심을 가집니다. 어째서 입니까? 하나님의 영광을 위해서입니까, 아니면 나 자신의 영광을 위해서입니까? 우리가 행하고 말하는 모든 것, 우리가 사람들을 우연히 만날 때 주는 인상 등에서 우리가 진짜 관심을 가지는 것은 무엇입니까? 만일 여러분이 여러분의 삶을, 여러분의 행동과 행위뿐 아니라 여러분의 옷, 용모, 기타 모든 것을 분석해보신다면 자아에 대한 이 불건전한 태도가 개입하는 범위를 발견하고 놀라실 것입니다. 하지만 한 단계 더 나아가 도대체 우리 삶의 비참과 불행과 실패와 기타의 문젯거리가 오직 한 가지, 곧 자아 때문이라는 것을 알고나 있는지 의아스럽습니다.

지난 한 주간에 여러분의 마음을 살펴보고 불행과 긴장과 짜증과 성냄과 여러분이 지금은 부끄럽게 여기는 말과 행동, 여러분을 불안하게 하고 균형을 잡지 못하게 한 순간들을 양심에 비추어 회상해보십시오. 그 일들을 하나씩 하나씩 바라보십시오. 그 모든 것은 거의 이 자아의 문제로 귀착되는 것을 발견하고 놀라실 것입니다. 이것에는 의심의 여지가 없습니다. 자아는 생활의 모든 불행의 주된 원인입니다. 여러분은 "아, 하지만 그것은 나의 허물이 아닙니다. 그것은 다른 사람이 한 일입니다."라고 핑계 할 수도 있습니다.

좋습니다. 여러분 자신과 다른 사람을 분석해보십시오. 여러분은 다른 그 사람도 그의 자아 때문에 그렇게 했음을 발견하실 것이며 여러분도 이 같은 이유로 이것을 느끼고 계실 것입니다.

우리 주님이 다음 구절에서 가르치시는 대로 만일 여러분만이 다른 사람에 대한 올바른 태도를 갖고 있다면 여러분은 그를 불쌍히 여겨 그를 위해 기도하게 될 것입니다. 그러므로 궁극적으로 꾸짖어 마땅한 것은 여러분 자신입니다. 실제적 면에서 이것을 정직하게, 정면으로 바라보는 것은 매우 유익한 일입니다.

불행이나 슬픔 등 삶과 체험에서 오는 우리의 문젯거리들은 대부분이 그 근원적 출처인 자아에서 오는 것입니다. 하지만 보다 높은 수준으로 올라가서 이것을 교리적으로 바라봅시다. 교리적, 신학적 방법으로 자아를 바라보는 일은 매우 유익한 일입니다. 성경에 의하면 인류의 타락은 그 책임이 자아에 있습니다. 자아가 아니었다면 죄는 세상에 들어오지 않았을 것입니다.

마귀는 자아의 세력을 충분히 알고 있을 만큼 영리했습니다. 그래서 마귀는 자아의 관점에서 죄를 짓게 했습니다.

마귀는 말하기를 "하나님은 너에게 공평하지 않다. 너는 정당한 원한과 불평을 갖고 있다."라고 했습니다. 그리고 사람은 이 말에 동의하였습니다. 이것이 타락의 원인이었습니다. 타락이 아니었다면 현대 세계 각국의 문제를 해결하기 위해 국제회합을 가질 필요가 없었을 것입니다. 모든 문제는 바로 자아, 자기주장 때문인 것입니다. 이것은 교리에서 본 자아입니다. 하지만 자아는 또 항상 하나님에 대한 도전을 의미합니다.

자아는 하나님 대신 나를 보좌위에 올려놓는 것을 의미합니다. 그러므로 나를 하나님과 분리시키는 것은 항상 자아입니다. 삶의 불행한 순간들은 궁극적으로 이 분리 때문에 일어납니다. 하나님과 주 예수 그리스도와 참된 교제를 가지는 사람은 행복합니다. 땅굴 속에 있든, 발이 차꼬에 매여 있든, 또는 화형(火刑)을 당하든 문제가 되지 않습니다. 그가 하나님과 교통하는 한 그는 행복합니다. 이것이 역대 성도들의 체험이 아닙니까?

그러므로 어떤 비참이나 불행을 막론하고 그 궁극적 원인은 하나님과 분리되어나간 것에 있으며 그로부터의 분리된 한 가지 원인은 자아입니다.

우리가 불행한 그 때는 이러 저러한 모양으로 우리가 언제나 하나님과 교통하는 대신 우리 자신을 보고 우리 자신을 생각하는 때인 것입니다. 성경에 의하면 사람은 전적으로 하나님의 영광을 위하여 살게 되어 있습니다. 마음을 다하고 목숨을 다하고, 뜻을 다하고, 힘을 다하여 하나님을 사랑하게 되어 있습니다. 그러므로 자아를 영화롭게 하거나 자기 이익을 보호하려는 욕망은 필연코 죄입니다. 왜냐하면 하나님을 바라보고 그의 영광을 구하는 대신 나 자신을 바라보기 때문입니다. 이것은 하나님께서 정죄하시는 바로 그것입니다. 이것은 하나님의 저주와 진노 아래 있습니다. 이런 의미에서 성결은 결국 이 자아 중심으로부터의 구원을 의미합니다. 바꾸어 말하면 성결은 근본 행동의 관점에서가 아니라 자아에 대한 태도의 관점에서 생각해야 한다는 것입니다. 성결은 본질적으로 내가 어떤 일들을 하고 또 어떤 일들을 시도하지 않는다는 것을 의미하지 않습니다. 혹 죄로 간주되는 것들을 하지 않는 사람들이 있다 하더라도 그들이 자아의 교만으로 충만하다면 성결과는 거리가 있습니다. 그러므로 성결의 본질은 우리의 삶과 체험에 그토록 많은 파멸을 일으켜온 이 자아에 대하여 우리가 죽었으며 완전히 죽었다는 것을 조지 뮬러와 함께 말할 수 있어야 할 것을 다시 인식하는 데 있습니다.

끝으로, 가장 높은 수준에서 그리스도에 비추어서 자아의 문제를 보기로 합시다. 하나님의 아들 주 예수 그리스도는 어째서 세상에 오셨습니까? 그는 궁극적으로 인류를 자아로부터 구원하시기 위해 오셨습니다. 자기를 돌보지 않는 삶을 우리는 그분 속에서 완전히 봅니다. 하늘 영광에서 베들레헴 말구유로 오심을 보십시오. 어째서 오셨습니까? 이 질문에는 한 가지 대답이 있을 뿐입니다.

주님은 자기를 고려하지 않으셨습니다. 이것은 바울의 빌립보서 2장의 진술의 본질이 되고 있습니다. 주님은 영원히 하나님의 아들이시요, 영원부터 '하나님과 동등'이셨습니다. 하지만 주님은 이것을 주장하시지 않았고 그의 영광을 나타내실 권리를 고집하시지 않았습니다.

주님은 자기를 낮추시고 자기를 부인하셨습니다. 하나님의 아들이 말하자면 자기를 제쳐놓지 않으셨다면 성육신은 없었을 것입니다. 그런 다음 여기 지상에서 자신을 돌보지 않은 삶을 보십시오. 그는 자기가 한 말이 자기 스스로 하는 말이 아니며, 자기가 행한 일이 "나 스스로 하는 것이 아니요, 내 아버지께서 내게 주신 것"이라고 말씀하셨습니다. 이것이 제가 이해하는 대로 십자가의 겸손에 대한 바울의 가르침입니다. 이것은 사람의 모양으로 오시므로 그가 일부러 자기를 하나님께 의존시키고 자기를 조금도 고려하지 않은 것을 의미합니다.

주님은 말씀하셨습니다. "하나님이여 내가 하나님의 뜻을 행하러 왔나이다." 주님은 만사에, 그가 하신 말씀에, 그가 행하신 것들에 하나님께 전적으로 의존하셨습니다. 바로 이 하나님의 아들이 자기를 이렇게 낮추셨습니다. 주님은 조금도 자기를 위하여 자기 스스로 살지 않으셨습니다. 사도의 논법은 "너희 안에 이 마음을 품으라 곧 그리스도 예수의 마음이니"(빌 2:5)인 것입니다. 이것의 극치를 십자가 위의 그분의 죽으심에서 보게 되는 것은 물론입니다. 그분은 순결하고 흠 없고 무죄하였습니다. 그 분은 결코 죄를 범하거나 어느 누구에게 해를 준 일이 없었으나 "욕을 당하시되 맞대어 욕하지 아니하시고 고난을 당하시되 위협하지 아니하시고 오직 공의로 심판하시는 이에게 부탁하시며"(벧전 2:23) 하였습니다.

바로 이것입니다. 그리스도의 십자가는 그 최고의 실례입니다. 그리고 신약성경의 논법은 이것입니다. 곧 우리가 주 예수 그리스도를 믿고 그가 우리의 죄를 위해 돌아가셨음을 믿는다고 고백하면 우리의 최대의 의욕은 자아에 대하여 죽는 것이어야 한다는 것입니다. 이것이 그의 죽으심의 최종 목적이었습니다. 곧 우리가 용서를 받으며 우리가 지옥에서 구원을 받도록 위함이었습니다.

또는 이렇게 표현할 수도 있겠습니다. 즉 새 백성이, 새 인간성이, 새 창조가 형태를 이루고, 자기와 같은 백성으로 구성된 새 나라를 세우기 위해서라고 말입니다. 주님은 "많은 형제 중에서 맏아들"이십니다. 주님은 모범이십니다. 바울은 에베소교인들에게 하나님께서 우리를 만드셨다고 했습니다. 즉 우리는 "그 아들의 형상을 본받게 하기 위하여 그리스도 예수 안에서 그의 만드신 바라." 성경의 어법이 이와 같습니다. 그러므로 십자가 위의 죽으심의 이유는 여러분과 제가 구원을 받고 자아의 삶과 결별하기 위한 것이라고 말할 수 있습니다.

사도 바울은 고린도후서 5장에서 "그가 모든 사람을 대신하여 죽으셨다"라고 했습니다. 우리는 "한 사람이 모든 사람을 대신하여 죽었은즉 모든 사람이 죽은 것이라 그가 모든 사람을 대신하여 죽으심"(14, 15절)을 믿습니다. 어째서입니까? 사도 바울은 이런 이유 때문이라고 합니다. 즉 "살아 있는 자들로 하여금 다시는 그들 자신을 위하여 살지 않고 오직 그들을 대신하여 죽었다가 다시 살아나신 이를 위하여 살게 하려 함이라."

우리는 이런 삶을 살도록 부르심을 받았습니다. 자기 방어나 자기 민감성의 삶이 아니라, 비록 우리가 모욕을 당하더라도 보복하지 않는 삶을 살기 위함입니다. 우리가 오른편 뺨에 일격을 받는다면 우리는 다른 편 뺨도 돌려댈 준비가 되어 있습니다.

어떤 사람이 법정에서 우리를 소송하고 속옷을 벗겨간다면 우리는 겉옷을 줄 준비도 되어 있습니다. 우리가 오 리를 강요당한다면 그 두 배를 갑니다. 어떤 사람이 와서 내게 무언가를 구한다면 "이것은 내 것이요."라고 말하지 않고 오히려 "이 사람이 궁핍하고 내가 그를 도울 수 있다면 돕겠다."라고 말합니다. 나는 자아를 끝장내고 자아에 대하여 죽었습니다. 나의 모든 관심사는 하나님의 영광이요, 경배입니다.

이상으로 예수 그리스도께서 우리를 부르시고 여러분과 저에게 살라고 말씀하신 삶에 관해 말씀드렸습니다. 주님은 이를 위해 돌아가셨습니다. 동시에 복음은 우리에게, 그가 다시 사셨고 성령의 회복력과 활력을 교회에 보내셨고, 그를 믿는 뭇 사람에게 보내셨다고 말씀합니다. 하나님께 감사할 따름입니다. 우리 자체로서 이런 유형의 삶을 살려 애쓰고 있다면 우리는 실패할 운명을 띠고 있습니다. 우리는 시작하기도 전에 파멸할 운명을 띠고 있습니다. 하지만 하나님이 성령을 보내시겠다고 약속하셨고 그 약속대로 우리들 속에 오셔서 거하시며 일하심에 우리의 소망이 있습니다. 하나님께서 이런 삶을 가능하게 하셨습니다.

조지 뮬러가 자신의 자아에 대하여 죽을 수 있었다면 왜 기독교인 우리 각자가 자신에 대해 죽어서는 안 되는 것입니까? 자아는 너무 사악하므로 큰 고통과 비참과 불행으로 인도하며 최종적으로 갈보리 언덕 십자가 위 하나님의 아들의 복되신 사역을 부정해버립니다. 여러분들도 각자 자신의 자아에 대해 죽을 수 있기를 바랍니다.

29장

원수를 사랑하라

"43 또 네 이웃을 사랑하고 네 원수를 미워하라 하였다는 것을 너희가 들었으나 44 나는 너희에게 이르노니 너희 원수를 사랑하며 너희를 박해하는 자를 위하여 기도하라 45 이같이 한즉 하늘에 계신 너희 아버지의 아들이 되리니 이는 하나님이 그 해를 악인과 선인에게 비추시며 비를 의로운 자와 불의한 자에게 내려주심이라 46 너희가 너희를 사랑하는 자를 사랑하면 무슨 상이 있으리요 세리도 이같이 아니하느냐 47 또 너희가 너희 형제에게만 문안하면 남보다 더하는 것이 무엇이냐 이방인들도 이같이 아니하느냐 48 그러므로 하늘에 계신 너희 아버지의 온전하심과 같이 너희도 온전하라"마 5:43-48

이제 마태복음 5장 43절에서 48절에 오게 되었습니다. 이 대목은 하나님께서 주신 거룩한 율법의 의미를 바리새인과 서기관들에 의하여 왜곡된 사항들을 대조해서 설명하신 여섯 가지 실례 중 가장 끝부분입니다. 여기서 우리는 우선 본문비평학적으로 문제를 발견할 수 있습니다.

개정영역을 보시면 44절에 약간의 상위점이 있음을 주목하실 것입니다. 흠정영역(A.V.)에는 "나는 너희에게 이르노니 너희를 저주하는 자를 축복하며 너희를 미워하는 자들에게 선을 행하며 너희에게 악행하고 박해하는 자를 위하여 기도하라"로 되어 있으나, 개정영역에는 단순히 "너희 원수를 사랑하며 너희를 박해하는 자를 위하여 기도하라"로 되어 있습니다(한글성경). 그러므로 흠정역은 개정역보다 길고 개정역에 없는 절(clause)들이 내포되어 있습니다. 이것이 본문비평학적으로 문제가 됩니다. 복음서들을 포함하는 고대사본이 많습니다. 그리고 여기저기에 사소한 상위점들이 있습니다. 하지만 교리상의 어떤 중요한 문제와는 관계가 없으며 이상과 같은 일부 세부사항과만 관련되어 있습니다.

공인된 사본들 가운데 흠정역에서 이런 부분을 내포하지 않은 사본이 많이 있습니다. 이 몇몇 진술이 개정역에 없는 까닭은 이상과 같습니다. 하지만 여기에 기록된 것과 동일한 가르침을 다른 곳에서도 찾아볼 수 있으므로 저는 흠정역에 기록된 가르침을 취하는 것이 좋겠다고 생각합니다.

우선 바리새인들과 서기관의 가르침부터 접근해보도록 하겠습니다. "네 이웃을 사랑하고 네 원수를 미워하라"(43절). 그들은 이렇게 가르쳤습니다. 따라서 우리에게 이런 질문이 즉각 제기됩니다. 곧 "그들은 이것을 구약성경의 어디서 찾아내었는가? 어딘가 이와 같은 진술이 있는가?" 그 대답은 물론 "아니요."입니다. 하지만 바리새인과 서기관들은 이렇게 가르쳤고 이렇게 해석을 내렸습니다.

그들은 말하기를 '이웃'은 이스라엘만을 의미한다고 했습니다. 그래서 유대인들에게는 유대인들을 사랑하라고 가르쳤으나, 동시에 다른 모든 사람을 외국인으로서만이 아니라 원수로 여기라 가르쳤습니다. 아닌 게 아니라 그들은 그런 사람을 모두 미워하는 것이 그들의 임무요 심지어 그들의 권리요 그들의 의무라고 암시하는 정도까지 나아갔습니다. 우리는 역사로부터 고대세계를 분열시킨 증오와 신랄함을 알고 있는 터입니다. 유대인들은 다른 사람을 모두 개(犬)로 여겼고, 많은 이방인들이 유대인들을 멸시했습니다. 세상을 갈라놓고 이렇게 격렬한 앙심과 원한을 야기한 이 무서운 '칸막이 중간 벽'(middle wall of partition)이 있었습니다.

이와 같이 열심 있는 바리새인과 서기관들 가운데 유대인이 아닌 모든 사람을 멸시함으로써 하나님을 영화롭게 하고 있다고 생각한 자들이 많았습니다. 그들은 원수를 미워하는 것을 그들의 임무로 생각했습니다. 하지만 이 두 진술은 구약성경 어디에서든 짝 지워 있는 채로 발견되는 일이 없습니다. 여기에서 바리새인과 서기관들의 가르침에 대해 조금 말씀드려야 할 것 같습니다. 우리가 이것을 말해야 하는 까닭은 바리새인과 서기관들의 잘못을 가볍게 만들기 위함이 아닙니다. 이 점에 있어서 많은 기독교인들 가운데도 상당히 문제를 일으켰고 지금도 일으키기 때문입니다.

거듭 말씀드리지만 우리는 구약성경에서는 "네 이웃을 사랑하고 네 원수를 미워하라."는 말씀을 찾아 볼 수 없습니다. 그렇지만 원수를 미워하라고 격려한다고 할 가능성이 있는 진술을 많이 보게 되는 것은 사실입니다. 그 중의 일부를 살펴보면 유대인들이 가나안 약속된 땅에 들어갔을 때 그들은 여러분이 아시다시피 가나안 사람들을 멸절시키라는 명령을 받았습니다. 그들은 문자 그대로 그들을 멸망시키라는 말을 들었습니다. 그들이 이 일을 실제로는 아니했지만 그렇게 했어야 마땅했습니다. 그때 그들은 아모리족과 모압족과 미디안족을 친절히 대하지 말라는 말씀을 들었습니다. 이것은 하나님의 특수명령이었습니다. 뒤에 가서 우리는 아말렉족의 행한 일들로 인해서 하늘 아래에서 말살되어야 했던 것을 봅니다.

그뿐이 아닙니다. 어떤 사람이 다른 사람을 살해했다면 살해당한 사람의 친척은 살해자가 도피성에 들어가기 전에 그를 잡을 수 있으면 그 살해자를 죽일 허락을 받았다는 것도 하나님의 법의 일부였습니다. 이것은 율법의 일부였습니다. 하지만 사람들이 이 문제에 직면할 때 마주치는 주된 문제는 소위 '저주시'(Imprecatory Psalms)의 문제입니다.

구약성경 시편에는 어떤 사람들에게 저주를 내리고 있습니다. 그 중 가장 유명한 실례의 하나는 시편 69편입니다. 여기서 시편 기자는 "그들의 눈이 어두워 보지 못하게 하시며 그들의 허리가 항상 떨리게 하소서. 주의 분노를 그들의 위에 부으시며 주의 맹렬하신 노가 그들에게 미치게 하소서. 그들의 거처가 황폐하게 하시며 그들의 장막에 사는 자가 없게 하소서"(23-25절)라고 했습니다. 바리새인과 서기관들이 이 구절을 이웃을 사랑하는 한편 원수를 미워해야 한다는 명령을 백성들에게 정당화시켜주며 이것이 구약성경의 가르침으로 간주한 것은 의심할 여지가 없습니다. 이 문제의 해답은 무엇이겠습니까? 이것을 직면하는 데에는 오직 한 가지 대답이 있을 뿐입니다. 즉 저주시편을 포함하여 이 모든 각양 명령은 개인적인 것이 아니라 항상 사법적인 것으로 간주해야 한다는 것입니다.

시편 기자는 시를 쓸 때 자기에 관해 쓴 것이 아니라 교회에 관해 썼습니다. 여러분이 발견하는 대로 그의 시들은 어느 경우 어느 저주시를 막론하고 하나님의 영광과 관련되어 있습니다.

자기에게 행하여진 일들을 말할 때 그는 하나님의 백성과 하나님의 교회에 행하여지고 있는 것들을 말하고 있는 것입니다. 그의 관심사는 하나님의 영광이며 그로 하여금 이것을 쓰게 한 것은 하나님의 집과 하나님의 교회에 대한 그의 열심 때문이었습니다. 그러므로 이것은 이렇게 해야 가장 잘 표현할 수 있겠습니다.

만일 여러분이 이 모든 저주가 항상 그 성격상 사법적인 성격을 띠고 있다는 원칙을 받아들이지 않는다면 여러분은 주 예수 그리스도와 관련하여 해결할 수 없는 문제에 말려들게 된다는 것입니다.

여기서 주님은 우리가 원수를 사랑해야 한다고 말씀하십니다. 그러면 마태복음 23장을 들쳐서 주님께서 바리새 지도자들에게 화(禍)를 선언하신 것에 귀를 기울이십시오. 여러분은 이 두 가지를 어떻게 조화시키겠습니까? 여러분은 여러분의 원수를 사랑하라는 권면과 바리새인들에게 선언하신 이 화를 어떻게 조화시키며, 주님께서 그들에 관해 말씀하신 기타 모든 말씀을 어떻게 조화시키겠습니까?

또는 이것을 다음과 같이 살펴봅시다. 여기서 주님은 원수를 사랑하라고 말씀하십니다. 왜냐하면 원수를 사랑하는 일이 하나님께서 하시는 일이기 때문이라고 하셨습니다. "이같이 한즉 하늘에 계신 너희 아버지의 아들이 되리니 이는 하나님이 그 해를 악인과 선인에게 비추시며 비를 의로운 자와 불의한 자에게 내려주심이라"(45절). 이 말씀을 다음과 같이 어리석게 해석하는 사람들이 있습니다. 즉 하나님의 사랑은 절대 보편적인 것이며 사람이 죄를 범하든 범하지 않든지 상관이 없다는 것입니다. 하나님은 사랑이시기 때문에 모든 사람이 천국에 간다는 것이며, 하나님은 사랑이시기 때문에 형벌을 주실 수가 없다는 것입니다. 하지만 이것은 처음부터 끝까지 성경의 교훈을 부정하는 말입니다. 하나님은 가인을 벌하셨고, 옛 세상을 홍수로 벌하셨습니다. 하나님은 소돔과 고모라 성을 벌하셨습니다. 하나님은 이스라엘이 완강하게 반항할 때 벌하셨습니다.

예수께서 친히 가르치신 신약성경의 교훈은 최후의 심판이 있을 것을 가르치고 있습니다. 곧 최종적으로 회개하지 않은 사람은 모두 지옥불에, 곧 "구더기도 죽지 않고 불도 꺼지지 않는 장소"에 가게 되어 있습니다. 만일 여러분이 이 사법 원리(Judicial principle)를 받아들이지 않는다면 여러분은 성경의 가르침뿐 아니라 주 예수 그리스도의 가르침에 일관된 모순이 있다고 말해야 합니다. 그런데 이것은 있을 수 없는 견해인 것입니다. 그러므로 이 문제를 해결하는 길은 사법적 요소가 있음을 인정해야 한다는 것입니다.

우리가 이생에, 이 세상에 있는 동안 하나님은 그 해를 악인과 선인에게 비추시며, 자기를 미워하는 백성에게 복 주시며, 자기를 거역하는 자들에게 비를 내려주십니다. 하지만 동시에 주님은 그들이 회개하지 아니하면 마침내 멸망하리라고 선언하십니다. 그러므로 궁극적인 모순은 없습니다.

모압족과 아모리족과 미디안족과 같은 백성들은 하나님의 일을 고의로 배척했으며, 하나님은 영원하신 재판장으로서 그들에게 심판을 선언하셨습니다. 그렇게 하는 것은 하나님의 주권입니다. 하지만 바리새인과 서기관들의 난점은 그들이 이렇게 구별하지 않았다는 것에 있습니다. 그들은 이 사법원칙을 취하여 이것을 그들의 일상사와 일상생활에 실천하였습니다. 그들은 이것을 원수를 미워하고 그들에게 거스르는 사람들은 누구든지 미워하는 것을 정당화하는 말씀으로 간주하였습니다. 그들은 이처럼 하나님의 법의 원칙을 고의로 깨뜨렸습니다. 그 법은 곧 이 위대한 사랑의 원칙인 것입니다.

이번에는 이것을 긍정적인 차원에서 생각해보면 대조가 쉬워집니다. 주님은 다시 바리새인과 서기관들의 왜곡된 가르침을 자신의 가르침과 대조하시면서 "나는 너희에게 이르노니 너희 원수를 사랑하며"(44절)라고 하셨습니다. 다음은 하나의 실례로서 "너희를 저주하는 자들을 축복하고 너희를 미워하는 자들에게 선을 베풀며 너희에게 악행하는 자들과 박해하는 자를 위하여 기도하라"고 말씀하셨습니다.

우리는 여기서 38-42절과 동일한 원칙을 다시 한 번 취급하고 있습니다. 이 원칙은 다른 사람들에 대한 기독교인의 태도가 어떠해야 하는가에 대한 정의가 되는 셈입니다. 앞장에서는 부정적인 형식으로 살펴보았고 여기서는 긍정적인 형식을 보게 됩니다. 앞장의 입장은 다른 사람들에게 모욕을 당하는 기독교인의 입장이었습니다. 그들이 기독교인들에게 와서 일격을 가하며 기타의 해를 끼칩니다. 그런데 앞의 구절에서 주님은 여러분이 되돌려 쳐서는 안 된다고 말씀하셨습니다. "또 눈은 눈으로, 이는 이로 갚으라 하였다는 것을 너희가 들었으나 나는 너희에게 이르노니 악한 자를 대적하지 말라." 이것은 부정적인 형식입니다. 하지만 이것은 기독교인의 생활의 클라이맥스입니다.

여기서 주님은 그의 가르침 중 가장 위대하고 가장 영광스런 것의 하나로 우리를 이끌고 계십니다. 본문을 지배하는 원칙은 다시 이 단순하고도 심오한 우리들 자신에 대한 우리의 태도에 관한 원칙입니다. 이것은 우리가 앞 문단(paragraph)을 해석한 원칙과 같은 원칙입니다.

사람으로 하여금 되돌려 칠 수 없도록 하고 다른 뺨을 돌려대며, 십 리를 가게 하며, 속옷을 요구할 때 겉옷도 주며, 절실히 필요한 사람들을 도와 줄 수 있게 하는 오직 한 가지 길은 자기에 대하여 죽고, 자기 이익에 대하여 죽고, 자아에 관한 염려에 죽는 길뿐입니다.

하지만 우리 주님은 여기서 훨씬 더 나아가십니다. 우리는 이 사람들을 적극적으로 사랑하라는 말을 듣습니다. 심지어 원수를 사랑하라는 말을 듣습니다. 그들을 되돌려 치지 않을 뿐 아니라 그들에 대한 우리의 태도가 적극적이어야 한다는 것입니다. 주님은 우리의 '이웃'에는 필연코 우리의 원수들마저도 포함되어야 함을 말씀하고 계십니다.

이 문제에 직면하는 최선의 방법은 이것을 원칙에 비추어보는 방법입니다. 이 가르침은 우리가 발견할 수 있는 중 가장 고양(高揚)한 가르침입니다. "그러므로 하늘에 계신 너희 아버지의 온전하심과 같이 너희도 온전하라"(48절)로 끝나기 때문입니다.

이것은 모두 사랑의 문제와 관련되어 있습니다. 그러므로 여러분과 저는 이 유한한 세상에서 우리를 공격하는 여러 가지 문제점과 어려움과 기타 많은 일들에 당면할 때 하나님께서 행동하시듯 처신해야 하며, 하나님을 닮아야 하며, 하나님께서 우리 인류에게 행하신 대로 우리도 행동해야 합니다.

주님께서 "이같이 한즉 하늘에 계신 너희 아버지의 아들이 되리니 이는 하나님이 그 해를 악인과 선인에게 비추시며 비를 의로운 자와 불의한 자에게 내려주심이라"고 말씀하시지 않았습니까? 여러분은 이와 같아야 하며 이와 같이 처신해야 한다고 주님께서 말씀하십니다.

이것은 무슨 뜻입니까? 첫 절의 의미는 필연코 우리는 그들의 신분에 따라, 그들이 우리에게 행하는 바에 따라 좌우되어서는 안 되겠다는 것입니다. 그들과 그들의 상태에 대한 우리의 견해가 통제되고 지배를 받아야 합니다. 주님께서 선언하시는 원칙은 이상과 같습니다.

악하고 더럽고 불의한 사람들이 있습니다. 그런데도 하나님께서 그들에게 비를 내리시며 그들 위에 해를 비추십니다. 그들의 수확은 선인의 수확과 같은 열매를 맺습니다. 그들은 생활에 어떤 이익을 얻으며 '일반은총'(common grace)을 체험합니다.

하나님은 기독교인 농부들의 노력만을 보시고 복 주시지 않습니다. 하나님은 동시에 불의한 자와 악한 자와 부정한 자의 노력도 보시고 복을 주십니다. 이것은 하나의 공통된 체험입니다. 하나님은 왜 이렇게 하십니까? 그 해답은 하나님께서 그들의 신분이나 그들이 하나님께 하는 행동에 따라 그들을 취급하시지 않는다는 것입니다.

경외감을 가지고 말씀드리지만 그들에 대한 하나님의 태도를 지배하는 것은 무엇이겠습니까? 그 대답은 하나님이 절대 사심 없는 사랑의 지배를 받으신다는 것입니다.

하나님은 우리 속에 있는 그 무엇에 의존하지 않으신다는 것입니다. "하나님이 세상을 이처럼 사랑하사 독생자를 주셨으니 이는 그를 믿는 자마다 멸망하지 않고 영생을 얻게 하려 하심이라"(요 3:16). 무엇이 하나님으로 이렇게 하시게 했습니까? 세상이 정답거나 사랑스럽거나 아름다운 것 때문입니까? 사랑이신 하나님의 영원한 마음을 자극한 것이 있었던 것입니까? 아닙니다. 아무것도 없었습니다.

하나님을 움직인 것은 하나님의 영원하신 사랑이었으며 이 외의 다른 것에 의해 움직이시지 않았습니다. 하나님의 사랑은 철저한 비이기적인 사랑이었습니다.

이것은 매우 중요한 원칙이 됩니다. 이유인즉 주님에 의하면 우리 모두 이런 사랑을 가져야 하며 다른 사람들에게 이런 사랑을 나타내야 하기 때문입니다. 이와 같은 유형의 삶을 사는 비결은 우리가 철저하게 초연해야 하는 데 있습니다. 우리의 행동은 다른 사람들의 행위의 지배를 받지 않는다는 의미에서 다른 사람들로부터 초연해야 합니다. 하지만 더욱 중요한 것은 그가 자기로부터 초연해야 한다는 것입니다. 왜냐하면 사람이 자기로부터 초연하기까지 다른 사람들이 그의 자아에 대하여 행하는 것에서 그가 결코 초연하지 못할 것이기 때문입니다.

사람이 자기를 위해서 사는 한 그는 민감하고 경계하고 시기가 많습니다. 다른 사람들이 여러분에게 행하는 것에서 여러분을 격리시키는 유일한 방법은 여러분이 먼저 자신으로부터 자신을 격리시키는 방법뿐입니다. 이것이 본 문단뿐 아니라 앞의 여러 문단을 지배하는 원칙임은 앞서 이미 살펴본 바와 같습니다.

기독교인은 악한 세상에서 벗어나 있는 사람입니다. 기독교인은 초연한 위치에 있으며 보다 차원 높은 수준에서 사는 사람입니다. 그는 다른 나라에 속해 있습니다. 그는 새 사람, 새 피조물, 새 창조물입니다. 이 때문에 그는 만사를 다르게 봅니다. 그러므로 다른 모양으로 반응합니다.

그는 세상에 속해 있지 않고 세상밖에 있습니다. 그는 초연한 위치에 있습니다. 주님께서 말씀하십니다. "너희는 이 점에서 하나님처럼 될 수 있다. 곧 너희가 다시는 다른 사람들이 너희에게 행하는 것에 지배를 받지 않을 것이다. 너희 행위와 처신을 결정해줄 것을 너희 속에 가지게 될 것이다."라고 말입니다. 이 문제로 머뭇거려서는 안 됩니다. 하지만 우리가 우리 자신을 검토해본다면 우리의 가장 비극적인 것의 하나는 우리의 삶이 다른 사람들과 그들이 우리에게 행하며 우리에 대해 생각하는 것에 너무 지배를 받고 있는 사실입니다.

여러분의 삶에서 어느 하루의 일을 회상해보십시오. 여러분의 생각과 마음속에 떠오르는 불친절하고 잔인한 생각들을 생각해보십시오. 무엇이 그것을 낳았습니까? 다른 사람입니다. 우리의 생각과 행동과 처신이 다른 사람들에게 얼마나 지배를 받고 있습니까? 이것이 우리의 삶을 그토록 비참하게 만들고 있습니다.

여러분이 어떤 사람을 보게 되면 여러분의 영은 혼란해집니다. 여러분이 그 사람을 보지 않았더라면 그와 같이 느끼지 않았을 것입니다. 다른 사람들이 여러분을 조종하고 있습니다. 주님은 결국 "너희는 이 상태에서 벗어나야 한다. 너희의 사랑은 너희가 사람들의 말에 지배와 통제를 더 이상 받지 않게 되어야 한다."라고 말씀하십니다.

여러분의 삶은 여러분 속에 있는 새 원칙 곧 사랑의 새 원칙의 지배를 받아야 합니다. 이 원칙을 소유하는 순간 우리는 사람들을 전과 다르게 볼 수 있게 됩니다. 하나님은 이 세상을 보시고 온갖 죄와 부끄러운 일을 보십니다. 하지만 하나님은 이것을 사탄의 활동에서 기인하는 것으로 보십니다. 하나님이 불의한 사람을 다른 방법으로 보신다는 말에는 일리가 있습니다. 하나님은 그에게 그의 유익과 복지에 관심을 가지십니다. 그러므로 해를 그에게 비추시며 비를 그에게 내려주십니다.

우리도 이렇게 하는 법을 이제 배워야 합니다. 우리는 다른 사람들을 보고 "네, 그들은 제게 이러 저러한 일들을 행합니다. 왜냐구요? 그들은 사탄에게 속은 자들이기 때문입니다.

그들은 이 세상 신의 지배를 받으며 그의 무기력한 희생물이기 때문입니다. 제가 괴로워해서는 안 됩니다. 저는 그들이 지옥행 죄인들임을 압니다. 저는 그들을 구할 수 있기 위하여 무슨 일이든 해야 합니다."라고 말하는 법을 배워야 합니다. 이것이 하나님의 방법입니다.

하나님은 이 사악하고 오만하고 더러운 세상을 보시고 독생자를 보내셨습니다. 하나님이 그 상태를 보시고 세상을 구원하려 하셨기 때문입니다. 이것을 어떻게 설명해야 하겠습니까? 하나님은 이 일을 우리의 유익과 복지를 위하여 하셨습니다. 그러므로 우리도 다른 사람들을 위해 이렇게 하는 법을 배워야 합니다.

우리도 그들의 유익을 위하여 적극적 관심을 가져야 합니다. 이렇게 생각하기 시작하면 하나님께서 우리에게 하라고 명하시는 것을 하는 일은 어렵지 않습니다. 버림받고 사악하고 멸망을 향해 가는 사람들에 대하여 이 같은 연민을 우리 마음속에 품게 될 때 비로소 우리는 이렇게 할 수 있을 것입니다.

우리가 이렇게 해야 할 이유는 무엇입니까? 사람들은 우리가 그들을 친구로 변화시킬 수 있기 위해 그렇게 해야 한다고 말합니다. 그들은 말하기를 "여러분이 사람들의 마음에 든다면 그들도 여러분의 마음에 들 것입니다."라고 말입니다. 이 일이 히틀러에게도 있었다고 생각한 사람들이 있습니다. 그들은 생각하기를 여러분은 그저 식탁 너머로 말을 건네기만 하면 되고 여러분이 그의 마음에 들면 그는 곧 여러분이 마음에 들 것이라고 생각했습니다. 아직도 이런 식으로 생각하는 사람들이 있습니다. 하지만 우리는 감상주의자가 아니라 현실주의자가 되어야 합니다. 이것은 진실이 아니며 이것이 소용없는 일임을 알기 때문입니다. 우리의 행동은 그들을 친구로 만드는 것에 목표를 두지 않습니다.

또 어떤 사람들은 말하기를 "하나님은 그들을 그들의 상태 그대로 간주하며 취급하시지 않고 그들이 앞으로 도달할 수 있는 가능성의 관점에서 취급하신다."라고들 말합니다. 이것은 현대 심리학의 견해입니다. 이 견해는 학교 교사들이 학생들을 다루는 방법을 지배하고 있습니다. 그들은 어린이들을 벌하거나 징계해서는 안 된다고 합니다. 그들은 그들을 아동으로 취급해서는 안 되며 가능성이 있는 인물로 취급해야 한다고 합니다.

어떤 사람들은 이 원칙이 감옥의 죄수들을 취급하는 문제와 관련해서 좀 더 광범위하게 운영되기를 바라고 있습니다. 그들을 벌하지 말고, 그저 친절해야 한다는 것입니다. 우리는 그들에게서 그 사람이 앞으로 어떤 인물이 될 가능성이 있는가를 보아야 하며 그로부터 이 가능성을 끌어내어야 한다는 것입니다. 하지만 그 결과는 어떠했습니까?

우리가 이런 일들을 해야 하는 것은 우리의 행동 때문에 어쨌든 이 사람들을 심리적으로 변화시킬 수 있으며 우리가 원하는 인물로 그들을 변화시키게 될 것이기 때문이 아닙니다. 이런 일을 해야 하는 까닭은 오직 한 가지 이유 때문입니다. 우리가 그들을 구할 수 있다거나 그들을 무언가로 만들 수 있기 때문이 아니라, 이렇게 해서 하나님의 사랑을 그들에게 보여줄 수 있기 때문입니다. 그들 마음속에 신성의 불꽃을 찾아내어 그것에 부채질을 하여 타오르게 하여 그들을 구원하는 것이 아닙니다.

사람들은 죄에서 출생하여 죄 가운데서 형태가 이루어집니다. 사람들이 그들 자체로서는 의로운 존재가 될 능력이 없습니다. 하지만 하나님은 놀라운 구원의 복음을 다음과 같이 사람들에게 전달하십니다. 그들은 어떤 사람을 보고 "무엇이 저 사람을 다르게 만들었습니까?"라고 묻습니다. 그 사람은 "나는 하나님의 은혜로 오늘의 내가 되었습니다. 내가 다르게 태어났기 때문이 아니라 하나님이 나에게 무언가를 해주셨기 때문입니다. 하나님께서 사랑 가운데서 내게 해주신 일을 당신을 위해서도 하실 수 있습니다."라고 말합니다.

그러면 다른 사람과 접촉할 때 하나님의 사랑을 우리는 어떻게 나타낼 수 있겠습니까? 여기에 그 해답이 있습니다. "너를 저주하는 자들을 축복하라." 이것을 일상용어로 표현하면 "신랄한 말을 친절한 말로 응답하라."라고 할 수 있겠습니다. 사람들이 거칠고 불친절한 것들을 말할 때 우리는 이렇게 불친절하게 응답하는 경향이 있습니다. "나는 그에게 말했다. 나는 그에게 대답했어. 나는 그것을 그에게 되갚아 주었어."라고 말입니다. 이렇게 해서 우리를 그들의 수준에 놓아버리고 맙니다. 하지만 우리는 신랄한 말 대신 친절한 말로 규칙을 삼아야 합니다.

둘째는, "너를 미워하는 자들에게 선행을 베풀라."입니다. 이 말씀은 악의로운 행동에 대하여 호의의 행동으로 반응함을 의미합니다. 어떤 사람이 우리에게 악의로 대하고 가혹할 때 우리가 그들과 같아서는 안 됩니다. 그러기보다 호의의 행동으로 반응해야 합니다. 어떤 농부가 하나님을 미워하며 불의한 죄인이어서 하나님께 반역할 수 있으나 하나님은 해를 그에게 비추시고 비를 내리시어 수확하게 하십니다. 가혹한 행동을 호의의 행동으로 반응하시는 것입니다.

끝으로 "너희에게 악행하고 박해하는 자를 위하여 기도하라."입니다. 환언하면 우리가 다른 사람에게 가혹하게 박해를 받을 때는 그들을 위해서 기도해야 할 때라는 것입니다. 무릎을 꿇고 하나님 앞에 아뢰기 전에 먼저 우리 자신에게 말해야 합니다. 신랄해지고 거칠어지는 대신, 자아의 관심사에서 반응하고 보복하는 대신, 우리가 행하는 모든 것에 우리가 하나님 아래 있으며 하나님 앞에 있음을 상기해야 합니다. 그런 다음 "자, 왜 이 사람이 이렇게 행동하지 않아서는 안 되는 것일까? 그것은 무엇일까? 그것은 내 속에 있는 것이 아닐까? 왜 그들은 그렇게 행하는가? 그것은 이 무섭고 사악한 성격, 그들을 지옥으로 인도하려는 성격이다."라고 말해야 합니다. 그런 다음 그들을 불쌍히 여길 수 있기까지, 그들이 무서운 파멸을 향해 가고 있음을 보게 되기까지 생각을 계속하며, 그들을 너무 불쌍히 여기게 되어 그들을 위해 기도를 시작하며, 마침내 그들을 너무 불쌍히 여기게 되어 정작 우리자신을 불쌍히 여길 시간이 없을 정도가 되어야 합니다.

우리는 이 방법으로 우리 자신을 시험해봐야 합니다. 여러분을 박해하고 멸시하는 사람들을 위하여 기도하십니까? 여러분은 하나님께서 그들을 불쌍히 여기며 그들을 범하지 말라고 기도하십니까? 여러분은 하나님께 때가 너무 늦기 전에 그들의 영혼을 구하며 그들의 눈을 뜨게 해달라고 기도하십니까?

이것의 의미와 관계를 분명히 할 수 있기 위하여 사랑하는 것과 좋아하는 것과의 차이를 알아야 하겠습니다. 주님은 "네 원수를 좋아하라."라고 말씀하시지 않고 "네 원수를 사랑하라."고 말씀하셨습니다.

좋아하는 것은 사랑하는 것보다 우리의 타고난 천성에 더 가깝습니다. 우리는 모든 사람을 좋아하라는 요구를 받고 있지 않습니다. 우리는 어느 누구나 사랑할 수는 없습니다. 하지만 사랑하라는 명령을 받을 수는 있습니다. 어느 누구에게 다른 사람을 좋아하라고 명령하는 것은 우스꽝스런 일입니다. 좋아하는 것은 신체나 기질이나 기타 무수히 많은 것들에 좌우됩니다. 이런 것은 중요하지 않습니다. 중요한 것은 우리가 좋아하지 않는 사람을 위해 기도하는 일입니다. 이 것은 좋아하는 것이 아니요 사랑하는 것입니다.

사람들은 이것에 걸림이 되어 왔습니다. "사랑하기는 하되 좋아하지 않는 것 이 옳다는 말입니까?"라고 그들은 묻습니다. 저는 그렇다고 대답합니다. 하나 님은 우리가 다른 사람을 사랑하며 우리가 그를 좋아하는 듯이 대우하라고 명 하십니다.

사랑은 느낌이나 감정 이상의 것입니다. 신약성경에서의 사랑은 매우 실제적 인 것입니다. "하나님을 사랑하는 것은 이것이니 우리가 그의 계명들을 지키는 것이라"(요일 5:3)입니다. 사랑은 능동적인 것입니다. 그러므로 우리가 어떤 사람 들을 좋아하지 않더라도 그들을 좋아하는 듯이 대우하고 있는 한 그것으로 염려 할 필요는 없습니다. 이것이 사랑입니다. 그리고 주님이 어느 곳에서나 가르치 고 계시는 것도 이것입니다.

우리는 신약성경에서 영광스런 실례들을 봅니다. 여러분은 "누가 나의 이웃입 니까?"라는 질문에 대답하여 말씀하신 선한 사마리아 사람의 비유를 기억하실 것입니다.

유대인들은 전통적으로 사마리아 사람들을 미워했으며 유대인들은 사마리아 사람들의 원수였습니다. 하지만 그 유대인이 여리고와 예루살렘 길 사이에서 도 둑과 강도들에게 공격을 받았을 때 몇몇 유대인들이 옆으로 지나갔으나 그를 도 와주지 않았습니다. 그러나 전통적으로 원수였던 사마리아 사람은 길 건너편으 로 가서 그를 돌봐주고 그에게 할 수 있는 모든 조처를 취했다고 주님은 말씀하 셨습니다. 이것이 우리 이웃과 원수를 사랑하는 것입니다.

내 이웃이 누구입니까? 도움이 필요한 사람, 죄나 다른 것 때문에 곤란한 상태 에 있는 사람은 누구나 이웃입니다. 그가 유대인이든 사마리아인이든 우리는 그 를 도와야 합니다. 그것이 비록 원수를 사랑하는 것이더라도 이웃을 사랑하십시오. "너희를 미워하는 자에게 선을 행하라." 우리 주님은 이것을 가르치셨을 뿐 아니라 행하셨습니다.

우리는 그가 십자가 위에서 죽으신 것을 봅니다. 그를 정죄하여 십자가에 보낸 사람들에게, 잔인하게 못을 박은 사람들에게 주님은 무엇이라 말씀하셔야 했습니까? 그분의 거룩한 입술로부터 나온 복된 말씀은 "아버지 저들을 사하여 주옵소서 자기들이 하는 것을 알지 못함이니이다"(눅 23:34)였습니다.

동시에 이것은 사도들의 가르침과 실천이 되었습니다. 산상설교가 현대의 기독교인에게 적용되지 않고 미래에 그 나라가 임할 때를 가리킨다고 하는 말은 얼마나 어리석은 말이겠습니까? 산상설교는 지금의 우리를 위한 것입니다. 바울은 "네 원수가 주리거든 먹이고 목마르거든 마시게 하라"(롬 12:20)라고 했습니다. 이것도 똑같은 가르침입니다. 이것은 신약성경 어디서나 그러합니다. 사도들은 이것을 가르쳤을 뿐 아니라 그대로 살았습니다. 잔인하고 어리석은 원수들에게 돌로 쳐죽음을 당하는 놀라운 사람 스데반을 보십시오. 그의 최후의 말을 소개합니다. "주여, 이 죄를 그들에게 돌리지 마옵소서"(행 7:60). 그는 그의 주인의 수준에 도달했습니다.

하나님께서 하늘에서 죄 많은 이 세상을 사랑하신 것처럼 스데반도 사랑했습니다. 역대의 성도들도 이와 같은 사랑을 보여주었습니다. 그들도 이 영광스럽고 놀라운 영을 나타내었던 것입니다.

우리도 그와 같습니까? 이 가르침은 우리를 위한 것입니다. 우리도 원수를 사랑하며 우리를 미워하는 자들에게 선을 행하며 우리를 멸시하고 중상하는 사람들을 위해 기도하게 되어 있습니다. 우리는 이렇게 되게 되어 있습니다.

나는 이 이상의 단계로 나아가려고 합니다. 우리도 이렇게 될 수 있습니다. 사랑과 평화의 영이신 성령을 우리에게 주셨으므로 우리가 이렇게 되지 못한다면 우리에게는 구실이 있을 수 없으며, 높고 크신 우리 주님께 큰 욕을 돌리게 된다고 말씀드립니다.

하지만 여러분에게 한마디 위로의 말씀을 드리겠습니다. 왜냐하면 제가 크게 잘못 생각하고 있지 않는 이상 이런 것들에 직면해있는 사람들은 이 순간 정죄감을 느끼고 계실 것이기 때문입니다. 하나님은 내가 정죄 받고 있다는 느낌을 아십니다. 하지만 이 점에서 저는 위로의 말씀을 드리겠습니다.

나는 "그 해를 악인과 의인에게 비추시며 비를 의로운 자와 불의한 자에게 내려주시는" 하나님을 믿습니다. 하지만 내가 아는 하나님은 그 이상을 주셨습니다. 하나님은 나를 구원하시려 독생자를 무참한 갈보리 십자가 위에 보내셨습니다.

나는 실패합니다. 우리는 모두 실패합니다. 하지만 "우리가 우리 죄를 자백하면 그는 미쁘시고 의로우사 우리 죄를 사하시며 우리를 모든 불의에서 깨끗하게 하실 것이요"(요일 1:9)인 것입니다.

여러분이 이런 유형의 삶을 완전히 살지 못한다고 해서 기독교인이 아니라는 생각을 가지지 마십시오. 그러나 무엇보다 이 위로를 받으시고 나서 이것을 기회로 삼아 이용하지 마시며, 여러분이 주님을 닮지 못하기 때문에 마음속에 더욱 아픔을 느끼며, 마음이 깨어지는 감정을 느껴야 마땅합니다. 우리 모두가 이렇게 사랑하기 시작하여 세계의 모든 기독교인이 이렇게 사랑하고 있었다면 어떻게 되었겠습니까? 만일 우리가 모두 이렇게 사랑했다면 부흥은 즉각 임했을 것입니다. 그러면 온 세상에 어떤 일이 생겼겠습니까? "너희 원수를 사랑하고, 너희를 저주하는 자들을 축복하며, 너희를 미워하는 자들에게 선을 행하며 너희를 멸시하고 박해하는 자들을 위하여 기도하라. 이같이 한즉 하늘에 계신 너희 아버지의 아들이 되리라."

30장

남보다 더하는 것이 무엇이냐

"43 또 네 이웃을 사랑하고 네 원수를 미워하라 하였다는 것을 너희가 들었으나 44 나는 너희에게 이르노니 너희 원수를 사랑하며 너희를 박해하는 자를 위하여 기도하라 45 이같이 한즉 하늘에 계신 너희 아버지의 아들이 되리니 이는 하나님이 그 해를 악인과 선인에게 비추시며 비를 의로운 자와 불의한 자에게 내려주심이라 46 너희가 너희를 사랑하는 자를 사랑하면 무슨 상이 있으리요 세리도 이같이 아니하느냐 47 또 너희가 너희 형제에게만 문안하면 남보다 더하는 것이 무엇이냐 이방인들도 이같이 아니하느냐 48 그러므로 하늘에 계신 너희 아버지의 온전하심과 같이 너희도 온전하라" 마 5:43-48

원수에 대하여 가져야 할 태도를 고찰함에 있어서 특히 47절 "남보다 더하는 것이 무엇이냐?"란 말씀에 집중할 필요가 있습니다. "또 너희가 너희 형제에게만 문안하면 남보다 더하는 것이 무엇이냐 이방인들도 이같이 아니하느냐?"며 주님은 자기 백성이 원수를 어떻게 대우하고 간주해야 하는가를 상세히 설명하시고 나서 이 대목의 전체 교훈을 웅장하고 영광스런 클라이맥스로 이끌어 가십니다.

우리가 살펴본 대로 주님은 자기 백성들의 상세한 행동에 대해서는 관심을 보이시지 않으시고 그들이 누구며 어떻게 살아야 하는가를 이해하고 파악해줄 것을 원하시고 계십니다. 주님은 마지막 절에서 "그러므로 하늘에 계신 너희 아버지의 온전하심과 같이 너희도 온전하라"는 놀라운 말씀으로 지금까지의 모든 것을 요약하고 계십니다. 우리는 이러한 삶을 살아야 합니다. 산상설교를 윤리적

강령이나 일종의 사회개혁의 계획안으로 간주하는 것처럼 우스꽝스런 태도도 없다고 하겠습니다. 이미 앞부분에서 다루었지만 다시 이것을 살피는 것은 이와 같은 거짓 관념을 경계해야 하기 때문입니다. 이 한 문단은 신약성경의 복음 중에서도 가장 본질적인 특성을 내포하고 있으며, 이것은 신약성경에 일관해서 흐르고 있는 역설(paradox)입니다. 메시지의 본질인 이것은 시작에서 끝까지 모순이 있는 것처럼 보입니다.

이 복음의 역설성은 옛 사람 시므온이 아기 예수를 팔에 안았을 때 처음 나옵니다. "이 아이는 이스라엘 중 많은 사람을 패하거나 흥하게 하며 비방을 받는 표적이 되기 위하여 세움을 받았다"(눅 2:34). 그는 동시에 많은 사람을 넘어지게도 하고 일어나게 하는 표징으로 세워진 분입니다.

복음은 항상 이 두 가지를 포함합니다. 우리도 이 두 요소를 내포하고 있지 못하다면 우리의 견해는 바른 견해라 할 수 없습니다. 그런데 우리는 산상설교를 살펴보면서 그 완전한 실례라고 느끼지 않았습니까? 본문 5장 17절에서 48절까지를 예로 들어봅시다.

주님께서 이 여러 자세한 실례들을 주신 것은 우리가 어떤 삶을 살아야 하는가를 보여주시기 위한 것인데 이보다 더 낙심천만한 것이 또 있겠습니까? 평범한 도덕 표준인 십계명도 지키기 어렵다는 느낌이 드는데 정욕을 품고 바라보지 말며, 십 리를 가주며, 속옷과 함께 겉옷도 주라는 이 진술들을 보십시오. 산상설교 이상 우리의 마음을 무겁게 하는 것은 없습니다.

산상설교는 우리가 채 시작도 하기 전에 우리를 내던져 우리의 모든 노력을 파멸시키는 느낌입니다. 하지만 동시에 산상설교 이상으로 용기를 북돋아주는 것이 또 어디 있겠습니까? 산상설교 이상으로 우리를 격려하며 찬사를 던지는 것이 또 어디 있습니까? 우리에게 이런 일들을 하라고 명령하는 사실로 봐서 이 명령에는 이 일이 가능하다는 뜻을 함축하고 있습니다. 이것은 우리가 할 수 있다는 암시가 되고 있습니다. 산상설교는 낙심천만한 것인 동시에 용기를 북돋아줍니다. 그런데 어리석고 소위 물질적 산상설교관이 문제가 되는 것은 산상설교의 어느 면도 명료하게 보지 못하였다는 데 있습니다. 물질적 산상설교관은 이 두 가지 면을 모두 약화시켰습니다. 이런 설교관을 견지하는 사람들은 "산상설교는 실제적인 것이요, 우리가 행할 수 있는 것이다."라고들 말합니다.

이렇게 말하는 사람들에게는 우리가 하나님의 온전하심과 같이 온전해야 한다고 대답해야 합니다. 그러나 실제로 직면하는 순간 이것이 자연인에게는 절대 불가능함을 보게 됩니다.

그들은 산상설교의 어떤 진술들을 다른 진술들과 고립시켜서 말하기를 "이것이 우리가 해야 할 전부이다."라고 합니다. 그들은 어떤 환경에서든 싸움하는 것을 좋게 생각하지 않습니다. 그래서 그들은 "우리는 원수를 사랑해야 한다."라고 말합니다. 그래서 수동적 저항자가 되어버립니다. 하지만 이것이 산상설교의 전부는 아닙니다.

산상설교는 "그러므로 하늘에 계신 너희 아버지의 온전하심과 같이 너희도 온전하라"는 명령을 포함하고 있습니다. 동시에 그들은 다른 면, 곧 우리가 하나님의 자녀요, 다른 사람과 유별나고 특이한 존재들이라는 사실과 기독교인의 위치가 영화롭고 숭고하고 특이함을 본 일이 없습니다. 그들은 기독교인을 항상 다른 사람보다 윤리적 노력을 더 많이 하고 자기를 훈련하는 사람 정도로만 봅니다. 환언하면, 그들이 산상설교나 신약성경의 가르침에 대해 범한 과오는 기독교인이 된다는 것이 무엇인가를 그들이 깨닫거나 파악하지 못하였다는 데 있습니다. 이것이 근본문제입니다.

그리스도 안에서 받는 구원에 어려움을 느끼고 있는 사람들은 기독교인이 무엇인가를 깨달은 일이 없기 때문입니다. 이 어구에서 우리는 다시 한번 무엇이 기독교인으로 만드는가에 대한 완벽한 정의 하나를 가지는 셈인데 이중적인 면

이 있습니다. 그것은 낙심천만과 동시에 의욕이며, 넘어졌다가 다시 일어나는 것이요, "남보다 더하는 것이 무엇이냐?"인 것입니다. 모펫 박사(Dr. Moffat's)는 "너희가 너희 친구들에게만 문안하면 그것의 특별한 점이 무엇이냐?"(If you only salute your friends, what is special about that?)라고 했습니다. 이것이 열쇠입니다. 우리는 이 사상을 여기서 뿐 아니라 마태복음 5장 20절에서도 봅니다. 주님은 "내가 너희에게 이르노니 너희 의가 서기관과 바리새인보다 더 낫지 못하면…"이라고 말씀을 시작하였습니다. 바리새인과 서기관들은 높고 높은 표준을 갖고 있었습니다. 하지만 우리가 고찰하고 있는 의는 그들의 의를 능가합니다. 이 의에는 특별한 점이 있는 것입니다.

이 중요한 원칙을 세 가지 형태로 나누어 생각해보기로 합시다. "기독교인은 본질적으로 특이하고 특별한 사람"입니다. 이것은 아무리 강조해도 오히려 부족한 감이 있습니다. 많은 기독교인들이 기독교인의 이 특유하고 특별한 성격을 인식하지 못하는 것 이상으로 비극적인 일은 없다고 하겠습니다. 기독교인은 생래적인 관점에서는 설명할 수 없는 사람입니다.

주님은 여기서 이 특별성, 특유성이 이중적인 것이라고 말씀하십니다. 무엇보다 기독교인을 기독교인이 아닌 사람과 구별하는 것은 이 특유성입니다. "너희가 너희를 사랑하는 자를 사랑하면 무슨 상이 있으리요 세리도 이같이 아니하느냐?" 기독교인이 아닌 사람들도 이렇게 합니다. 그러니 여러분은 달라야 합니다. "또 너희가 너희 형제에게만 문안하면 남보다 더하는 것이 무엇이냐?"(흠정역에는 이렇게 되어 있으나 개정역에는 "이방인들도 이같이 아니하느냐?"로 되어 있다.) 기독교인은 다른 사람들과 달라야 하는데 다른 사람들이 행하는 대로 합니다. 어떤 경우에는 기독교인들은 그들이 하는 것 이상으로 합니다.

우리 주님이 내내 강조하시는 것이 바로 이 점입니다. 오 리는 누구라도 갈 수 있습니다. 하지만 십 리를 가는 것이 기독교인입니다. 기독교인은 항상 다른 사람보다 더하는 사람입니다. 이것은 매우 중요한 점입니다. 동시에 기독교인은 원초적 정의에 의하면 사회에서 눈에 띄는 사람입니다.

기독교인은 자연인의 관점에서는 설명할 수 없습니다. 하지만 우리는 그 이상 나아가야 합니다. 신약성경에 일관해서 반복되고 있지만 우리 주님의 정의에 의하면, 기독교인은 다른 사람들보다 더하는 사람일 뿐 아니라 다른 사람이 할 수 없는 것을 하는 사람입니다. 이렇게 말한다고 해서 자연인의 역량이나 능력을 깎아내리려는 것은 아닙니다. 이것을 다음과 같이 강조할 수 있겠습니다. "기독교인은 최상 최고의 수준에 있을 때의 자연인보다 위에 있고 자연인을 초월하는 사람이다."라고 말입니다. 주님은 이것을 바리새인과 서기관들의 도덕 표준과 행동에 대한 태도에서 보여주셨습니다. 그들은 백성들의 선생이요, 다른 사람들을 권면하던 사람이었습니다. 주님은 귀를 기울인 사람들에게 "너희는 그 이상이어야 한다."라고 말씀하셨습니다.

우리 역시 그 이상 나아가야 합니다. 세상에는 기독교인이 아니면서도 매우 도덕적이며 극히 윤리적인 사람들이 많이 있습니다. 그들의 말이 곧 보증서요, 고지식하고 정직하고 바르고 곧은 사람들이 있습니다. 그들은 누구에게도 떳떳하지 못한 일을 하지 않습니다. 그들은 기독교인이 아닙니다. 그리고 그들도 아니라고 말합니다. 그들은 주 예수 그리스도를 믿지 않으며 신약성경의 가르침을 온통 경멸하며 거부합니다. 하지만 절대 바르고 정직하고 진실합니다. 그런데 여기에 정의된 바에 의하면 기독교인은 최선의 자연인도 할 수 없는 것을 할 수 있는 사람입니다.

기독교인은 뛰어납니다. 기독교인은 다른 모든 사람들로부터 독립된 사람이며, 가장 악한 사람들과 다를 뿐만 아니라 최선 최고의 사람들과도 다른 사람입니다. 기독교인은 원수를 사랑하며 그를 미워하는 자들에게 선을 행하며 그를 멸시하고 박해하는 사람들을 위해 기도하는 이런 역량을 일상생활에서 보여주는 사람입니다.

기독교인의 특유성의 또 하나의 면은 기독교인이 다른 사람들과 다를 뿐만 아니라 "그가 적극적으로 하나님과 그리스도를 닮게 되어 있다."는 것입니다. "이같이 한즉 하늘에 계신 너희 아버지의 아들이 되리니… 그러므로 하늘에 계신 너희 아버지의 온전하심과 같이 너희도 온전하라." 이것은 엄청난 말씀입니다. 하지만 이것이 기독교인에 대한 본질적인 정의입니다. 기독교인은 하나님을 닮게 되어 있습니다. 기독교인은 이 가혹한 세상의 일상생활에서 하나님의 특징을 나타내게 되어 있습니다. 기독교인은 주 예수 그리스도께서 사신대로 살며, 그의 본을 따르고, 그의 모범을 닮게 되어 있습니다.

우리가 기독교인인지 아닌지 확실히 알고 싶을 때 물어야 할 질문은 이것입니다. 즉 "내게 생래적 관점에서 설명할 수 없는 것이 있는가? 나의 삶에 비기독교인에게서 찾아볼 수 없는 특별하고 특이한 것이 있는가?"입니다. 기독교인을 하나님을 믿는 사람으로, 도덕적으로 선하고 바르고 곧은 사람으로 생각하는 사람들이 많습니다. 하지만 이것으로 기독교인이 되는 것은 아닙니다. 그러면서도 그리스도를 부인하는 사람들도 있기 때문입니다. 예를 들어 이슬람교도들입니다. 그들은 하나님을 믿으며 행동은 극히 윤리적이며 바르고 곧습니다. 그들은 윤리 법전을 갖고 있으며 그것을 준수합니다.

이런 입장에 있는 사람들이 많습니다. 그들은 하나님을 믿는다고 말합니다. 그들은 극히 윤리적이며 도덕적입니다. 하지만 그들은 기독교인이 아니며 특별히 그리스도를 부인합니다. 간디와 그의 추종자들처럼 하나님을 신앙하는 사람들이 많이 있습니다. 그리고 여러분이 그들의 생활과 행동을 보면 비판할만한 근거가 별로 없는 것이 사실입니다. 하지만 기독교인은 아닙니다. 그들도 자기네가 기독교인이 아니라고 말했습니다. 그러므로 기독교인의 특징은 바로 다음의 자질이라고 추론해낼 수 있습니다. 저는 이 자질을 질문의 형태로 표현하고 싶습니다. 나의 활동을 검토하며 나의 생활을 세밀히 살펴볼 때 평범한 용어로는 설명할 수 없으며 주 예수 그리스도와의 관계의 관점에서만 설명될 수 있는 것이 있다고 나는 주장할 수 있는가? 내게 어떤 특별한 것이 있는가? 내게 이 특유한 성격, 이 "남보다 더하는 것"이 있는가? 이것이 문제입니다.

이제는 두 번째 원칙을 생각해보겠습니다. 둘째 원칙은 첫째 원칙을 설명해줍니다. 기독교인이 이 특유성과 특별한 자질을 나타내는 방법을 살펴보겠습니다. 기독교인이 모든 생활에서 이것을 나타내야 합니다. 그 까닭은 신약성경에 의하면 기독교인은 새 피조물(new creation)이기 때문입니다. "이전 것은 지나갔으니 보라 새 것이 되었도다"(고후 5:17). 기독교인의 특징은 영에 더 관심을 가진다는 데 있습니다.

도덕적 윤리적 인간은 법의 테두리 안에서 살고 싶어 합니다. 하지만 비기독교인은 법의 궁극적 본질인 정신은 생각하지 않습니다. 이것을 다른 방법으로 표현해보면, 자연인은 억지로 마지못해 순종하고, 기독교인은 "속사람을 따라 하나님의 법"을 즐거워한다는 것입니다. 이것을 도덕의 관점에서 살펴보면 도덕에 대한 자연인의 태도는 대체로 부정적입니다. 그의 관심사는 그가 어떤 일들을 해서는 안 되겠다는 것에 있습니다. 즉 나쁜 일을 하지 말라는 행동의 문제에서 접근합니다. 그러나 기독교인의 태도는 항상 적극적입니다.

이것을 다시 죄의 관점에서 생각해봅시다. 자연인은 죄를 행동의 관점에서, 즉 어떤 일을 하고 어떤 일은 하지 않는다는 관점에서 생각합니다. 하지만 기독교인은 마음에 관심을 가집니다.

우리 주님도 이 설교에서 이것을 강조하시고 있습니다. 주님은 결국 "너희는 육체적 간음을 범하지 않은 한 괜찮다고 생각하나 나는 너희에게 묻는다. 너희 마음은 어떠하냐? 너희 생각은 어떠하냐?"라고 말씀하신 셈입니다. 이것이 기독교의 관점입니다. 기독교인은 행동에 그치지 않습니다. 행동을 넘어 마음에까지

가는 것입니다.

자연인도 자기가 완전하지 못함을 인정할 태세가 되어 있습니다. 자연인은 "내가 완전한 성자가 아니라는 것은 너도 알지. 내게도 성격상의 결함이 있어."라고 말합니다. 하지만 자기가 온통 잘못되어 있고 악하다는 기독교인의 느낌을 가지는 사람은 하나도 찾아볼 수 없습니다.

자연인은 자기의 죄성 때문에 결코 '심령이 가난'하지 않습니다. 그는 결코 이것 때문에 '애통'하지 않습니다. 자연인은 자기가 지옥에 가야 마땅한 죄인임을 보지 못합니다. 그는 결코 "십자가 위에서 그리스도께서 돌아가시지 않았다면 내게는 하나님을 볼 소망이 없었을 것이다."라고 말하지 않습니다. 그는 결코 찰스 웨슬리처럼 "저는 죄와 악함이 가득하게 찼으되"라고 말하지 않습니다. 자연인은 이것을 도리어 모욕으로 생각합니다. 왜냐하면 자기는 항상 선한 생활을 살아보려 애를 써왔다고 주장하기 때문입니다. 그러므로 그는 이것을 분개하며 자기를 정죄하는 데까지 나아가지는 못하는 것입니다.

그러면 기독교인과 비기독교인(자연인)이 다른 사람에 대해 가지는 태도는 어떠한 것이겠습니까? 자연인도 다른 사람들을 아량 있게 대우할 수 있습니다. 자연인도 그들을 불쌍히 여기며 다른 사람들에게 너무 가혹해서는 안 되겠다고 말할 수도 있습니다. 하지만 기독교인은 그 이상으로 나아갑니다. 기독교인은 다른 사람들을 죄인으로 보며 사탄의 포로로 보며, 죄의 무서운 희생물로 봅니다. 기독교인은 그들을 '이 세상 신(神)'의 지배를 받는 자들로, 갖은 모양으로 사탄의 포로가 된 자들로 봅니다. 기독교인은 자연인 이상으로 나아갑니다. 이것은 그들의 신관(神觀)에 있어서도 마찬가지입니다. 자연인은 원래 하나님을 순종해야 할 대상으로, 두려워해야 할 대상으로 생각합니다. 하지만 기독교인에게는 그렇지가 않습니다. 기독교인은 하나님을 사랑합니다. 하나님을 아버지로 알게 되었기 때문입니다. 기독교인은 하나님을 까다롭고 가혹한 법률을 부과하신 분으로 생각하지 않습니다. 기독교인은 하나님이 거룩하시지만 정다운 하나님으로 압니다. 기독교인은 하나님과 새로운 관계에 들어갔습니다. 기독교인은 하나님과의 관계에서 다른 모든 사람을 넘어서며 마음과 목숨과 힘과 뜻을 다하여 하나님을 사랑하려 노력하며 이웃을 제 자신과 같이 사랑하려 노력합니다.

생활면에서도 기독교인은 매사에 다른 사람과 다르게 행합니다. 기독교인의 삶의 동기는 사랑입니다. 바울은 이것을 괄목할만하게 표현했습니다. "사랑은 율법의 완성이니라." 선하고 도덕적인 자연인과 기독교인이 다른 점은 기독교인이 그의 행동에 은혜의 요소를 갖고 있다는 점입니다. 요컨대 다른 사람은 기계적으로 행동하지만 기독교인은 예술가와 같습니다. 선을 행함에서 기독교인과 자연인의 다른 점은 무엇이겠습니까? 자연인도 이 세상에서 선한 일을 많이 하는 것이 사실입니다.

자연인이 선행의 기록을 보전하고 싶어 한다고 말한다고 해서 이 말이 부당한 말은 아닌 줄 압니다. 자연인은 간접적으로 자기의 선행을 언급하는 방법이 교묘합니다. 어쨌든 그것을 항상 의식하며, 그 전말을 보존하고 있습니다. 한 손은 다른 손이 하는 것을 항상 알고 있습니다. 그 뿐이 아닙니다. 그의 행동에는 항상 한계가 있습니다. 하지만 기독교인은 손실을 고려하지 않고 주며, 희생적으로 줍니다. 그리고 한 손이 하는 것을 다른 손이 알지 못하게 줍니다. 하지만 이두 사람이 이생에서 발생하는 사건들에 반응할 때의 모습을 보십시오. 질병이나 전쟁과 같은 시련과 고난이 올 때 그들은 어떻게 반응합니까? 혹 선하며 도덕적인 자연인은 이런 일들을 참으로 위엄 있게 대처하는 것이 사실입니다. 그렇다고 그가 환난 중에 기뻐하는 것이 무엇인지 압니까? 하지만 기독교인은 압니다.

기독교인은 그 속에 숨은 의미를 보기 때문에 환난 중에 기뻐합니다. 기독교인은 하나님을 사랑하는 자에게는 모든 것이 합력하여 선을 이룬다는 것과 하나님이 그를 완성품이 되도록 가끔 시련을 허용하심을 압니다. 기독교인은 폭풍과 씨름할 수 있고, 시련 가운데 기뻐할 수 있습니다. 하지만 자연인은 그렇지가 못합니다.

우리 주님은 마지막으로 상해(傷害)와 불법에 대하여 말씀하십니다. 자연인이 고난을 당할 때는 어떻게 행합니까? 다시 말씀드리지만 자연인도 고요하고 무쇠같은 의지로 이것에 대처할 수는 있습니다. 자연인도 그럭저럭 되돌려 치고 보복하지 않을 수도 있습니다. 자연인은 그것을 모두 무시해버리거나 그를 오해하는 사람을 냉소적으로 물리쳐버립니다. 하지만 기독교인은 십자가를 일부러 지며 "자기를 부인하고 십자가를 지라"는 그리스도의 명령을 견지합니다.

주님은 결국 "나를 따르려는 자는 박해를 받으며 고난을 당할 것이 확실하다. 그러나 십자가를 지라."라고 말씀하신 셈입니다. 여기서 주님은 우리가 이 일들을 어떻게 행해야 하는가를 말씀해주셨습니다. "누구든지 네 오른편 뺨을 치거든 왼편도 돌려대며 또 너를 고발하여 속옷을 가지고자 하는 자에게 겉옷까지도 가지게 하며 또 누구든지 너로 억지로 오 리를 가게 하거든 그 사람과 십 리를 동행하고 네게 구하는 자에게 주며 네게 꾸고자 하는 자에게 거절하지 말라"(39-42절). 기독교인은 이것을 기쁘게 기꺼이 행합니다. 이것이 기독교인입니다. 이것은 이웃에 대한 태도(그가 원수라 하더라도)에 있어서도 같습니다.

자연인도 가끔 수동적일 수 있습니다. 자연인도 되돌려 치려고 마음먹지 않을 수 있습니다. 하지만 이 일을 쉽게 하지는 못합니다. 다시 말씀드리지만 원수를 사랑할 수 있고, 그를 미워하는 자들에게 선을 베풀며, 저주하는 자들을 축복하며, 멸시하고 박해하는 자들을 위해 기도할 수 있는 자연인은 결코 없었습니다.

원수를 사랑하는 것은 여러분이 싸우지 않거나 살상하지 않음을 의미하지 않습니다. 사랑은 원수를 적극적으로 사랑하며 그를 위해 그의 구원을 위해 기도하는 것을 의미합니다. 이와 같은 차원에 오를 수 있는 것은 기독교인뿐입니다.

자연인의 윤리와 도덕이 수동적 저항자를 만들어낼 수도 있지만 기독교인은 적극적으로 원수를 사랑하는 사람이요, 그를 미워하는 사람들에게 선을 베풀며,

모욕하고 악행하는 자들을 위해 기도하는 사람입니다.

마지막으로 자연인과 기독교인이 임종할 때의 모습을 살펴봅시다. 자연인이 위엄 있게 죽을지는 모릅니다. 자연인이 침상이나 전쟁터에서 불평 한마디 없이, 투덜댐이 없이 죽을 수는 있습니다. 자연인의 죽음에 대한 태도는 삶에 대한 태도와 같습니다. 그는 극기적인 냉정함과 체념을 가지고 숨을 거둡니다.

기독교인이 죽음에 직면할 때는 이와 다릅니다. 기독교인은 바울이 죽음에 직면했을 때처럼 죽음에 직면할 수 있으며 "내게 사는 것이 그리스도니 죽는 것도 유익함이라 … 내가 … 떠나서 그리스도와 함께 있는 것이 훨씬 더 좋은 일이라 그렇게 하고 싶으나"(빌 1:21, 23)라고 말할 수 있어야 할 사람입니다.

기독교인은 영원한 집에, 하나님 존전에 들어가게 되어 있습니다. 기독교인은 자기가 가는 곳을 압니다. 기독교인은 두렵지가 않습니다. 기대감도 있습니다. 기독교인에게는 항상 특별한 점이 있는 것입니다. 무엇이 기독교인을 이렇게 특별한 사람으로 만드는 것입니까? 이 특유함은 무엇이겠습니까?

기독교인은 자기가 철저하게 소망 없고 정죄 받은 존재임을 압니다. 기독교인은 자기가 하나님 앞에 죄진 자요 하나님의 사랑을 조금도 청구할 수 없는 자임을 압니다. 기독교인은 자기가 하나님의 원수임을 압니다. 그런데 기독교인은 예수 그리스도 안에서 값없이 주시는 하나님의 사랑을 보고 무언가를 깨달은 사람입니다.

기독교인은 하나님께서 자기의 독생자를 세상에 보내셨을 뿐 아니라 악한 죄인이요, 반역자인 자기를 위해 예수님을 십자가의 죽음으로 보내신 것을 압니다. 기독교인은 용서를 받을 자격이 없을 때 용서를 받은 사람입니다. 그러니 그가 원수를 용서해주지 않을 권리가 어디 있겠습니까? 그뿐이 아닙니다. 기독교인은 이 세상에서 삶에 대하여 전혀 새로운 전망을 가집니다. 그는 이것이 참 생명으로 들어가는 과정에 지나지 않으며 나그네임을 알게 되었습니다. 히브리서 11장에 서술된 믿음의 사람들처럼 기독교인은 "터가 있는 성을 찾고"(10절) 있는 사람입니다.

기독교인은 "우리는 여기는 영구한 도성이 없고 오직 장차 올 것을 찾나니"라고 말합니다. 이것이 기독교인의 인생관입니다. 이것은 그의 모든 것을 변화시킵니다. 그는 또 영광의 소망을 갖고 있습니다. 기독교인은 자기가 그리스도의 얼굴을 보게 될 것을 믿는 사람입니다.

저 위대한 아침이 올 때, 그가 악함에도 불구하고 그를 위해 가혹한 십자가를 견디신 분의 얼굴을 보며, 또 기독교인은 그분의 눈을 보았을 때 이 세상에 있을 때 자기가 어떤 사람을 용서하지 않은 사실이나 그 사람을 사랑하지 않고 그를 멸시하고 미워하고 그에게 적대한 사실을 기억하게 되기를 원치 않는 사람입니다. 그러므로 그는 원수를 사랑하며 그를 미워하는 자들에게 선을 베풉니다. 왜냐하면 그는 그를 위해 무엇이 행하여졌으며 무슨 일이 그에게 일어나려는가를 알며 장차 임할 영광을 알기 때문입니다. 기독교인의 전망은 변화됩니다. 그 자신이 변화되었기 때문에 이 일이 생기는 것입니다.

기독교인은 어떤 사람입니까? 기독교인은 산상설교를 읽고 "나는 이렇게 살려고 한다. 나는 그리스도를 따르며 그분을 닮으려고 한다. 내가 살아야 할 삶이 있다. 나는 나의 큰 의지력으로 실천하고 싶다."라고 말하는 사람이 아닙니다. 기독교인은 하나님의 자녀가 되었고 하나님과 특이한 관계를 갖고 있는 사람입니다. 이것이 기독교인을 '특별하게' 만들어줍니다. "남보다 더하는 것이 무엇이냐? 기독교인은 특별해야 하며 여러분도 특별해야 합니다. 여러분은 특별한 사람이기 때문입니다. 사람들은 비유컨대 번식에 대한 말들을 합니다. 그렇다면 기독교인의 번식은 무엇입니까? 그것은 기독교인은 거듭나고 영적으로 다시 태어나 하나님의 자녀가 된다는 것입니다.

우리 주님께서 사용하신 표현을 눈여겨보셨습니까? "나는 너희에게 이르노니 원수를 사랑하며 너희를 저주하는 자를 축복하며, 너희를 미워하는 자들에게 선

을 베풀며, 너희를 모욕하고 박해하는 자들을 위하여 기도하라." 그것은 "이같이
한즉 하늘에 계신 너희 아버지의 아들이 되리니"인 것입니다. 하나님은 기독교
인에게 아버지가 되십니다. 하나님은 비기독교인의 아버지는 아니십니다. 하나
님은 비기독교인에게는 하나님이시요, 율법을 주신 분 일 뿐입니다. 하지만 기
독교인에게는 아버지이십니다.

우리 주님은 "하늘에 계신 너희 하나님의 온전하심과 같이 온전하라"라고 말씀
하시지 않습니다. "하늘에 계신 너희 아버지의 온전하심과 같이 온전하라"인 것
입니다. 하나님이 여러분의 아버지시라면 여러분은 특별해야 합니다. 신의 성품
이 여러분 속에 있고, 성령을 통하여 여러분 속에 들어가 있다면 여러분은 다른
사람과 같을 리가 없습니다. 여러분은 달라야 합니다. 성경은 어디서나 기독교
인에 대해 이렇게 말씀하고 있으며, 그리스도는 성령을 통하여 기독교인의 마음
속에 충만하게 거하신다고 말씀합니다.

성령께서 그 안에 계셔서 그를 채워주시며 그의 인격 속에서 성령의 강력한 힘
을 사용하시며 그 분의 뜻을 그에게 가르쳐주십니다. 여러분 속에서 활동하셔서
자기의 기뻐하시는 뜻을 따라 여러분에게 의욕을 일으켜 일하게 하시는 이는 하
나님이십니다. 더구나 하나님의 사랑이 성령을 통하여 기독교인의 마음에 부은
바 되었습니다. 기독교인은 특별하지 않을 수가 없습니다. 기독교인은 특이해야
합니다. 기독교인은 이것을 피할 수 없습니다. 마음속에 하나님의 사랑을 부음
받지 못한 사람이 어떻게 원수를 사랑하며 이런 일을 할 수 있겠습니까? 그것은
불가능한 일입니다.

본 설교는 이런 유형의 엄청나게 지나친 것을 강요하지 않습니다. 여러분이 산
상설교를 읽을 때 처음에는 여러분을 낙심천만하게 하며 여러분을 쓰러뜨립니
다. 하지만 그런 가운데도 본 설교는 여러분이 하늘에 계신 우리 아버지의 자녀
요, 여러분 자신이 내버려져 있지 않고 그리스도께 속하여 주님이 우리 안에 거

하시며 그의 처소를 여러분 속에 마련하시러 오셨음을 상기시키고 있습니다. 여러분은 포도나무의 한 가지입니다. 힘과 생명과 양식이 거기에 있습니다. 여러분은 절대적으로 열매를 맺게 되어 있습니다.

저는 이제 매우 의미가 있는 질문으로 끝을 맺으려 합니다. 이 질문은 이생에서, 이 세상에서 사람이 직면할 수 있는 가장 심원(深遠)한 질문입니다.

여러분에게 특별한 점이 있습니까? 저는 여러분이 선하며, 도덕적이며 바른 삶을 살고 있는가를 묻지 않습니다. 저는 여러분이 기도하는지, 여러분이 교회에 규칙적으로 참석하는가를 묻지 않습니다. 왜냐하면 이런 것을 잘 하는 데도 기독교인이 아닌 사람들이 있기 때문입니다.

> 만일 이것이 전부라면 여러분은 남보다 더하는 것이 무엇입니까?
>
> 여러분에게 특별한 그 무엇이 있습니까?
>
> 여러분에게 이 특별한 자질이 있습니까?
>
> 하늘 아버지의 그 무언가가 여러분에게도 있습니까?

자녀들이 어버이를 많이 닮지 않는 일이 있을 수 있습니다. 그런데도 사람들은 그런 아이들을 보고 "결국 아버지를 닮았군 그래."라고 하거나 "어머니를 닮았는걸, 많이 닮지는 않았으나 닮은 데가 있어."라고 말합니다. 여러분에게도 적어도 이 정도로 하나님을 닮은 데가 있습니까? 이것이 시금석(試金石)입니다. 하나님이 여러분의 아버지시라면 이러 저러한 모양으로 여기저기에 닮은 데가 있을 것이며 여러분의 '어버이'의 흔적이 나타날 것은 불가피한 일입니다.

여러분에게 특별한 것이 있습니까? 각자 자신을 검토할 때, 다른 사람들과 우리가 구별될 뿐 아니라 하늘에 계신 아버지의 자녀임을 선언하는 이 특이한 분리성을 여러분이 발견할 수 있기를 기원합니다.

산상설교(상)

개정판 발행일   2024년 3월 15일 1쇄

저 자   마틴 로이드 존스
역 자   문창수 · 안광현
펴낸이   방주석
내는곳   베드로서원
주 소   경기도 고양시 일산동구 고봉로 776-92
전 화   031)976-8970
팩 스   031)976-8971
이메일   peterhouse@daum.net
등 록   (제59호)2010년 1월 18일 / 창립일 : 1988년 6월 3일

ISBN 978-89-7419-337-9 03230
      978-89-7419-339-3 (세트)

책값은 뒷 표지에 있습니다.

베드로서원은 말씀과 성령 안에서 기도로 시작하며
영혼과 삶이 풍요로워지는 책을 만드는 데 힘쓰고 있으며,
문서선교 사역의 현장에서 최선을 다하겠습니다.

나의 힘이신 여호와여 내가 주를 사랑하나이다(시 18:1)